ÖLÜ CANLAR

ISBN 975-385-020-4
Baskı: Umut Matbaa ve Kağıtçılık Ltd. Şti.
Dizgi: Doğa Basım Yayın Tel: 212.293 63 45

1. Basım Ağustos 2001

ODA YAYINLARI SAN. VE TİC. LTD.ŞTİ.
Tünel, Kumbaracı Yokuşu 119 Beyoğlu-İSTANBUL
Tel: 0212. 252 07 63-252 87 53 Fax: 249 79 62

GOGOL

Türkçesi:
Celal Öner

ÖLÜ CANLAR

BİRİNCİ BÖLÜM

I

Bir il merkezi otelciğinin avlu kapısı, oldukça güzel, küçücük yaylı bir arabaya, bekârların, komutanların ve emekliye ayrılmış yüzbaşıların, yüz canlı çift-çubuk sahiplerinin, uzun sözün kısası orta halli bütün insanların kullandıkları arabalardan birine açıldı. Araba ne güzel, ne çirkin, ne şişman, ne zayıf, ne genç, ne de yaşlı bir bay tarafından kiralanmıştı. Onun kente gelişi kimsenin umurunda olmadı; sadece, otelciğin karşısındaki bir içkievinin kapısı önünde duran, halktan iki adam, yolcudan çok araba üzerine biraz konuştular.

«Şu tekerleğe baksana sen,» dedi biri, «gerekirse acaba Moskova'ya kadar gider mi?»

«Hem de nasıl gider,» dedi diğeri.

«Ama, kuşkusuz, Kazan'a kadar gidemez.»

«Yok canım, olmaz bu kadarı, olmaz.»

Konuşma burada son buldu. Araba, otelin önünde beyaz pazenden, kısa, dar pantolonlu, gömleğinin yakası Tula modasına uygun, küçük tabanca biçiminde tunçtan bir iğne ile tutturulmuş, fraklı bir delikanlıyla karşılaştı. Delikanlı döndü, arabaya baktı, uçmak üzere olan kasketini eliyle tuttu, ve sonra yoluna devam etti.

Avluya girince yolcu, yüz çizgileri zor seçilen, canlı, çevik bir garson tarafından karşılandı. Garson, ensesine kadar yükselen bir elbise giyerek tuhaf bir kılığa, bürünmüş bu adam, elinde havluyla, saçlarını şöyle bir geriye attı, ve taşra havası kokan odayı göstermek üzere yolcuyu tahta bir bölmeden ilk kata geçirdi. Bu oda, tıpkı han gibi, it kopuk yatağı olup, günde şöyle iki ruble karşılığı, yolcuların içinde rahat bir oda buldukları il merkezinin diğer bütün otellerine benziyordu. Her köşede, kuru erikler gibi iri türden hamamböcekleri çıkı çıkıveriyordu; önü oldum olası bir konsol ile kapalı bir kapı sessiz, kendi halinde, ama içi çıfıt çarşısı, bitişikte olup biteni öğrenmeye dünden susamış bir komşunun oturduğu yan odaya açılıyordu. Otelin dışyüzü, içyüzüne benziyordu. İlk kat, öteden beri süregelen gelenek gereğince, sarıya boyanmıştı. Badanasız bodrum katının kirliliği, kötü havalar yüzünden bir kat daha artmıştı; burası kararmış, al tuğlalardan yapılmıştı. Hamutlar, ipler, ekmek satan dükkânlar, alt katı dolduruyordu. Köşedeki dükkân, kırmızı bakır bir semaver taşıyan ve öylesine al bir yüzü, üstelik kara kehribar sakalı olmasa, uzaktan bakılınca, bir semaver sanılacak bir yüze sahip olan salep satıcısına barınak oluyordu.

Yolcu odayı gözden geçiredursun, eşyaları da getirildi: Önce besbelli onun ilk yolculuğuna çıkmışa benzemeyen beyaz deriden bavulu getirildi. Koyun postu kürk giymiş bodur arabacı Selifan ile, otuz yaşlarında, efendisinden miras kalmış alabildiğine bol ve eski elbiseli, bir parça yabani görünüşlü, burnu Tanrı vermeyegörsün soyundan, etli dudaklı uşak Petruşka tarafından getirilmişti bu. Bundan sonra Karelya'lı kayın ağacından yapılma küçük bir sandık, çizme kalıpları, ve en sonra da mavi kâğıda sarılı kızartılmış bir piliç geldi. Bunlar olup bitince, arabacı Selifan atları tımarlamak üzere ahıra gitti, bu sırada Uşak Petruşka pis çiçek kokusu yayarcasına kokan mantosunu önceden yerleştirdiği oldukça karanlık, küçük dehlize giriyordu. Şimdi buraya içinde türlü eşyalar olan ve gene aynı kokuyu saçan bir torba taşıyordu. Bu bakımsız yere, üzerine ince ipek kumaş gibi şöyle düz ve alımlı, şiltemsi bir şeyi, dil döküşleri sayesinde otel patronundan koparabildiği dar bir yatağı duvar boyunca dayadı.

Uşaklar ortalığı temizlediği sırada, bizim yolcu da her gelene açık, genel yemek salonuna indi. Üstü dumandan kararmış, altı gelip geçici müşterilerin ve hele, pazar kurulduğu günler, altı yedi kişi bir olup çay içmeye gelen dağ ayısı satıcıların sırtlarından aşınmış, kirlenmiş aynı duvarlar; dumandan kararmış aynı tavan; garsonun, üzerinde fincanların deniz kıyısındaki kuşlar gibi dolup taştığı bir tepsiyi şöyle tutarak, kullanıla kullanıla artık canı çıkmış halıda her seğirtişinde kristal parçaları çın çın eden aynı gürültü; duvarlar boyunca asılı duran aynı yağlıboya tablolar. Uzun sözün kısası, her yerde görülen şey. Düşünülmezcesine koca memeli bir peri tek özelliktir. Doğanın bu cilvesi ne zaman ve kimin eliyle Rusya'ya sokulduğu bilinmeyen, çoğu zaman sanat hastası büyük soylular tarafından danışmanlarının önerisine uyarak İtalya'dan satın alınmış olan çeşit çeşit tarihi tablolarda görülür zaten.

Yolcu kasketini çıkardı ve renk renk yünlü atkısını, kadınların kendi elceğizleriyle ördükleri ve ille de tak şunu diye aklı başında önerilerle kocalarına sundukları o atkılardan birini çözdü; ömrüm boyunca atkı taşımadığım için, bekârlara bu saygıyı kim gösterir bilmem öyle. Bundan sonra, yolcu yemeğini getirtti. Önüne hanların beylik yemeği kondu: Uzun zamandır saklanmış dilim dilim bir poğaça ile lahana çorbası, haftalardır, küçük küçük bezelyeli beyinle, lahana turşusu ile birlikte domuz sucukları ile, kızartılmış bir tavuk, bir hıyar turşusu ile her kullanılışta şöyle güzelcene dilimlenmiş o değişmez pasta ile süslenmiştir. Kendisine bu soğuk ya da sıcak yemekler getirilirken, o da olanca ipe sapa gelmez şeyler üzerinde garsona sorular soruyordu. Otel ne kadar edermiş? Daha önceden kime aitmiş? Şimdiki sahibi öyle sapına kadar dümenci bir insan mıymış? Bu son soru üzerine, garson beylik karşılığı verdi:

«O! Evet, bayım, frenk bozması bir madrabazdır!»

Rusya besbelli ki uygarlığa ayak uydurur: Bütün Avrupa gibi, o da, garsonla çene yarışına çıkmadan ve takılmadan handa yemeklerini yiyemeyen pek saygıdeğer, kodaman insanlarla dolup taşar. Ne var ki, bizim yolcu incir çekirdeğini doldurmaz sorular soruyordu yalnızca. Kılı kırk yararcasına, valinin, mahkeme başkanının, savcının, bütün yüksek memurların adlarını sordu. Çevredeki çift-çubuk sahipleri üzerinde gene daha önemli olan şeyleri sordu: Ne kadar can sahibiymişler, kentten ne kadar uzakta otururlarmış, kente sık sık gelip giderler miymiş, huyları suları nasılmış? Bölgenin durumu hakkında da inceden inceye sorular sordu: Burada birkaç salgın, öldürücü sıtma, çiçek ya da bu türden başka hastalık hiç olmuş mu? Bütün bu sorular meraktan daha ileri görünen bir ısrarla sorulmuştu. Bu bayın ağırbaşlı bir havası vardı; ortalığı kırar geçirircesine burun siliyordu: Nasıl yaptığını bilmem ama borazan gibi ötüyordu burnu. Bu sıcak özellik ona, her aksırışta saçlarını arkaya deviren, daha saygılı bir durum alan, başını eğen garsonun saygı duymasını sağlıyordu, garson şöyle soruyordu:

«Bir şey mi istiyorsunuz bayım?»

Yemeğin üzerine, yolcu bir fincan kahve içti ve yumuşak yün yerine, içi Rus hanlarının modasına uygun, tuğlayı veya kaldırım taşlarını anımsatan bir şeyle doldurulmuş bir yastığa sırtını dayayarak, kanepeye oturdu. Şıp diye esnemeye başladı ve odasına götürülmesini istedi, burada iki saat güzel güzel uyku çekti. Böyle bir dinlenişten sonra, kiminle yüz yüze geldiğini öğrenmeye can atan garsonun isteği üzerine, tuttu, bir bildirim kâğıdına adını, sanını ve soyadını yazdı. Merdivenleri inerken garson, şunları heceledi: *Pavel İvanoviç Çiçikov, danışman, çiftlik sahibi, işleri için yolculuk etmekte.*

Garson daha yazıyı çözmeyi bitirmemişti ki, Pavel İvanoviç Çiçikov kendi başına kalkıp kenti dolaşmaya çıktı, ona hoş geldi kent, çünkü burayı diğer il merkezlerinden düşük bulmadı. Tuğla evlerin sarı boyası göze batıyor, ahşap evlerin o kendi halindeki külrengi üzerinde tabak gibi ortaya çıkıyordu. Evler kimi zaman bir kat ya da yarım kat üzerine kurulmuştu. Kimi yerlerde bu evler bir tarla kadar geniş bir sokak ile sonu gelmez bir tahta çit arasında yok olmuşa benziyordu; kimi yerlerde ise birbiri üzerine biniyordu, ve o zaman da ortalık daha bir hareketli, daha bir canlı oluyordu. Şurada burada yağmurdan boyaları hemen hemen dökülmüş, pasta, çizme resimleri ile süslü tabelalar görülüyordu; mavi bir pantolon *Varşovalı bir terzi*'nin dükkânını gösteriyordu. Daha ileride, bir bilardo masası vardı, masanın çevresinde iki oyuncu durmuş, tiyatrolarımızın beşinci perdesinde «ortaya çıkanların» kine benzer kılıkta, elleri hafifçe arkalarına çekilmiş, bacaklar ayrık, bir ısteka ile nişan alıyorlardı. Bu tabelanın yazısı şöyleydi: Bir de içerisini görün. Burada, bütün sokağa serili masalarda çörekler vardı; cevizler, sabun, sabuna benzer çörekler vardı; şurada, iri bir balık sırtına batırılmış bir çatal bir koltuk meyhanesini işaret ediyordu. Hele çoğunda git gide ortadan kalkmış iki başlı kartallar vardı, şimdi dilimize dolanan sözle bu, şu demekti: Meyhane. Kaldırım her yerde kötüydü. Yolcu üçgen biçimi güzel yeşil boyalı dayanaklarla tutturulmuş, bodur boylu ağaçlarla dolu, kent bahçesine bir göz attı. Bu fidanlar sazlardan hiç de büyük değildi öyle, ama gazeteler bahçenin açılışını şu sözlerle göklere çıkarmışlardı: *Belediye başkanımızın yardımıyla, yazın sıcak günlerinde gölgesine ve serinliğine doyum olmayacak, dallı budaklı koca koca ağaçlarla dolu bir kent bahçesi ile kenti güzelleştirmiştir. Hemşehrilerimizin kalplerinin saygıdan nasıl çarptığını ve gözlerinin belediye başkanına karşı duyulan sevgiye işaret olmak üzere nasıl yaşlarla dolduğunu görmek sizin için çok heyecanlı bir manzara demektir.*

Yolcu, kiliseye, mahkemeye, valiye gitmek için en kestirme yolu kent polisinden ayrıntılarıyla öğrendikten sonra kasabanın tam göbeğinden geçen ırmağı görmeye gitti. Yolda, bir direğe çivilenmiş bir afişi yırttı ve odasında rahat rahat okumak için cebine koydu; asker elbisesi giymiş, elinde bir paket taşıyan bir züppe tarafından izlenen, tahta kaldırımdan geçen, güzelcene bir kadını süzdü. Yerlerin durumunu adamakıllı bellemek için ortalığa bir göz attıktan sonra, doğruca hana yollandı, garsonun yardımıyla merdiveni çıktı. Çay içti, bir mum getirtti, cebinden afişi çıkardı, ışığa yaklaştırdı, ve sağ gözünü hafiften kısarak okumaya başladı. Bu afiş zaten pek önemli değildi öyle: İçinde Bay Popliyovin'in, Rolla'nın, Bayan Ziyallova'nın da, Cora'nın rolünü oynadıkları, Bay Kotzebue'nün bir dramı bildiriliyordu; diğer oyuncular henüz tanınmamışlardı. Ama bizimki bütün adları okudu, yerlerin fiyatına baktı, afişin Askeri Basımevi'nde basıldığına bile dikkat etti; sonra kâğıdı çevirdi, arkasını inceledi ama, burada göze batacak hiçbir şey göremediğinden, gözlerini ovaladı, kâğıdı katladı ve eline geçen her şeyi içine atmaya alıştığı küçük çekmeceye koydu. Gününü, galiba, köpüklü bir şişe kıvas ve bir porsiyon soğuk dana eti yemekle sona erdirdi ve büyük Rus İmparatorluğu'nun kimi yerlerinde söylenildiği gibi gürül gürül burnunu çekerek uykuya daldı.

Ertesi gün sabahtan akşama kadar ziyaretlere ayrılmış oldu. Yolcu bütün ileri gelenleri yokladı. Önce Çiçikov gibi ne pek şişman, ne pek sıska olan valiye gidip saygılarını sundu; vali, Ermiş Anna haçı taşıyordu ama, denildiğine göre daha da büyüğüne konmak üzereydi; bunun üstüne, tüle nakışlar işleyerek zamanlarını geçiren gönlü temiz bir insandı. Validen sonra, vali yardımcısına, savcıya, mahkeme başkanına, polis müdürüne, tekel kesenekçisine, devlet fabrikalarının müdürüne, şuna buna gitti... Bu yeryüzünün olanca yüksek kişilerini anımsamak ne yazık ki güçtür; ama şunu söyleyelim ki Çiçikov kimseyi esirgemedi, «taşra» mimarına gittiği gibi sağlık merkezinin müfettişine de saygılarını sundu ve gidip daha hangi memuru görebileceğini boşuna araya taraya, uzun zaman arabasında düşünceli düşünceli oturup durdu. Bu mevkii sahipleri ile konuşurken, her birini ustalıkla övmeyi bildi. Valiye, kente girerken insanın sanki cennete giriyormuş gibi bir duyguya kapıldığını, buradaki yolların kadife gibi yumuşak olduğunu, ve on parmağında on hüner var denilen memurların çok çok övülmeye hak kazandıklarını söyledi. Polis müdürüne, kentin zabıta memurlarını öven uzun birkaç söz yumurtladı. Vali yardımcısı ile mahkeme başkanı yanında konuşurken, yanılıp onlara, iki kez «Ekselans» diye hitap etti: Artık Devlet'in bu tatlısu danışmanlarının koltukları müthiş kabarmış oldu. Hatta vali aynı akşam için onu samimi bir toplantıya bile çağırdı; öteki memurlar ise ya yemeğe, ya oyuna ya da çay içmeye buyurdular.

Yolcu yalnızca beylik sözler söyleyerek ve cümlelerine kitabi bir hava vererek kendisinden alabildiğine alçakgönüllülükle konuştu. Onun gibi sünepe bir solucanın dikkate değer tarafı yokmuş. Yaşamı boyunca feleğin sillesini yemiştir o; herkese kol uzatmış doğruluğu, kendisine bir yığın düşman kazandırmıştır ki bu düşmanların hatta kimileri canına bile kast etmişlerdir onun. O şimdi şöyle rahat bir köşe arıyordu ve, bu kentten geçerken, ileri gelenlere saygılarını sunmak görevimdir diye düşünüyordu.

Valinin gecesine gitmekten zaten geri kalmayan yeni gelen hakkında, şimdi duyulabilen bütün şey budur. Oraya gitmek için iki saat hazırlanıp durdu ve üstüne başına bir hayli çekidüzen verdi. Bir parça şekerlemeden sonra, su getirtti, ve iyiden iyiye sabunlayayım diye dilinin yardımı ile şişirerek uzun uzun iki yanağını sabunladı. Sonra garsonun omuzundaki havluyu aldı ve garsonun yüzüne gözüne iki sefer şöyle sular sıçrata sıçrata, kulaklarından başlayarak tombul yüzünü güzelcene kuruladı; bu iş bitince aynanın önüne geçip gömleğini giydi, burnundan dışarı fırlayan iki kılı kopardı, derken alacalı bulacalı kırmızı bir giysi geçirdi sırtına.

Gene arabasına kurularak, bir pencereden sızan ölü gözü gibi ışığın uzaktan uzağa aydınlattığı, artık sonu gelmezcesine geniş sokakları aştı. Valinin konağı, şimdi sanki bir balo onuruna ışıl ışıldı; kapı önünde fenerlerini yakmış arabalarda iki jandarma duruyordu, arabacıların uzaktan gürültüsü geliyordu. Hiçbir şey eksik değildi eğlentide. Işık seline uğramış büyük salona girerken Çiçikov, mumların, lambaların, kadın elbiselerinin müthiş parıltısından kamaşmış gözlerini bir an kapamak zorunda kaldı. Sıcak bir temmuz günü, yaşlı bir hizmetçi kadının, açık pencere önünde pırıl pırıl dilimlere böldüğü bir kelle şekerine üşüşen sinekler gibi, kara kara elbiseler ortalıkta dolaşıyor, bir oraya bir buraya gidip geliyordu. Bu kadının çevresini saran çocuklar çekici indirip kaldıran sert ellerin hareketlerini gözlüyorlar, bu sırada, hafif rüzgârda havalanan bir sinek bulutu, ölü bakışlı ihtiyarı kör eden güneşin yardımı ile, şeker parçalarına konuyorlardı. Sinekler, cömert yazın kendilerine sunduğu iştah açıcı yemeklerle midelerini iyice şişirdikten sonra, yemekten çok kendilerini göstermek için geliyorlardı; şeker yığını üzerinde uça uça, ayaklarını birbirlerine sürtüyorlar, ayaklarını kavuşturuyorlar, sonra da tedirginleştirici yeni yeni alaylarla geri dönmek üzere uçup gidiyorlardı.

Çiçikov ortalığı şöyle daha tanımaya fırsat bulmuş bulmamıştı ki vali kendisini kolundan tuttu ve karısı ile tanıştırmaya götürdü. Yolcu ne kadar terbiyeli olduğunu bir yol daha döktü ortaya: Pek iyi giden bir kompliman, orta yaşlı ve şöyle böyle rütbeli bir insandan duyulabilecek bir kompliman yaptı. Zirzopluk başlayıp da bütün millet meydanı dansçılara bırakmak üzere duvar boyuna sıkışıp kalınca, Çiçikov, ellerini arkasına bağlayıp, önünden geçen çiftleri iki dakikacık inceledi. Kadınların çoğu pek güzel, diğerleri ise taşra geleneğine uygun biçimde giyinmişlerdi. Erkekler, her yerde olduğu gibi, iki gruba ayrılıyordu. Zayıflar, kadın milleti ile aşna fişna ediyordu. Kimilerini Petersburg'lu avanaklardan ayırmak olmazdı; Peterburg'lular gibi, inceden inceye taranmış favorileri ya da sinekkaydı tıraş edilmiş yüzleri vardı; gene Petersburg'lular gibi, kadınların yanlarında güzel güzel oturuyorlar ve kadınlara, komik Fransızca sözler fısıldıyorlardı. Şişmanlar, yani Çiçikov gibi ne pek şişman ne pek sıska olanlar, zirzopluktan pek az hoşlanıyorlar ve oyun masalarını hazırlamakla görevli uşağın gelişine her an göz kulak oluyorlardı. Kıvır kıvır çizgili, dolgun, benli, kimilerinin ise siğilli ya da çiçekbozuğu yüzleri vardı; ne fırça gibi sert, ne kıvırcık ne de Şeytan işi kadar karmakarışık saçları vardı ama, saçları ya kısa kesilmiş ya da şakaklarına yapış yapış taranmıştı. Bunlar kentin en yüksek memurlarıydı. Bu alçak dünyada, heyhat, işlerini kıvırma konusunda şişmanlar zayıflardan daha beceriklidirler. Böyle zayıflar çoğu zaman aylıksız memurlardır; hiçbir baltaya sap olmadan kullanılırlar; oda oda dolaşırlar; yaşamları arkadan gelen, güvensiz bir yaşamdır. Oysa, şişmanlar, her bakımdan önemli işlerde dikiş tuttururlar: Yer iyidir, kene gibi yapışırlar buraya, oturdukları koltuk belki altlarında ezilip kalır ama, onlar bu koltuğu bırakmazlar. Dış görünüşe hiç önem vermezler: Giysileri zayıflarınkinden daha az iyi dikilmiştir, kasketleri daha az fiyakalıdır. Üç yıl içinde, zayıfın rehin edilecek bir tek can'ı kalmaz artık elinde; ama bu süre içinde şişman, kalkıp karısının adına kentin bir ucunda bir ev satın alır şöyle helalinden, derken öbür ucunda bir başka ev, derken bir küçük köy, daha sonra da bütün binaları, şunları, bunları ile bir mahalle. Uzun sözün kısası, şişman, Tanrı'ya ve Çar'a iyice kul köle olduktan ve milletin saygısını kazandıktan sonra, kendi topraklarına çekilerek emekliye ayrılır, burada sofrası herkese açıktır ve artık kendisi de çubuğunu iyi tüttüren bir kasaba adamı yaşantısı sürdürür; ama arası pek geçmeden mızmız mirasçılar Rus geleneğine uyarak sermayenin dibine darı ekerler.

Açık açık söyleyelim, Çiçikov'un kalabalığı incelerken aklından geçirdiği düşünce hemen hemen bu idi; bu düşüncelerinin sonunda kalkıp kendisi de şişmanlar arasına sokuldu. İçlerinde bildik yüzler gördü: İçine kapanık, sessiz mi sessiz gür kaşlı ve sol gözü sanki: «Haydi bitişik odaya geçelim, size bir çift sözüm var söylenecek» der gibi açılıp kapanan savcı; espriler savuran ve filozof gibi konuşan, kısa boylu posta müdürü; çok cana yakın ve aklı başında bir adam, mahkeme başkanı. Çiçikov'u hepsi de kırk yıllık bir dost gibi selamladılar; o da kibarlıktan uzak olmayan ikircikli bir selamla iltifatlarda bulundu. Bu sırada kendisine çift-çubuk sahibi iki çelebi tanıttılar, pek nazik ve pek terbiyeli Manilov ile hantal Sobakeviç, ki daha ilk karşılaşmada bu, şöyle diyerek onun ayağına bastı: 'Özür dilerim!'

Az sonra eline bir pusula tutuşturarak Çiçikov'u bir whist partisine çağırdılar ki o da bunu aynı selamla kabul etti. Bu baylar yeşil masalara yerleştiler ve gece çorbası gelinceye kadar yerlerinden kalkmadılar artık. İnsanın kendini ciddi bir işe verdiği zamanda olduğu gibi, bütün konuşmalar kesilmişti. Posta müdürü, çenesi düşük mü düşük olduğu halde, bir yol ellerine kâğıtları alır almaz, yüzü düşünceli bir hal aldı, dudaklarını ısırdı ve oyunun sonuna kadar bu durumu bozmadı. Bir kâğıt oynandı mı, bu kâğıt bir damsa: «Çık bakalım papazın bunak karısı!», Eğer bir papaz ise: «Dayan yavrum, Tambov müjiği!» diye söylenerek masaya bir yumruk indiriyordu. Mahkeme başkanı bu söze karşılık veriyordu: «Ben de, ciğerini sökerim onun!» Kimi zaman kâğıtlarını sinirli sinirli atarlarken oyuncular, şöyle bağırıyorlardı: «Vız gelir, tırıs gider, lokumu çıkarıyorum elden!» ya da kendi toplumlarında kullanılan işaretlerle doğrudan doğruya renkleri söylüyorlardı.

Oyun bitince, her zamanki gibi, ileri geri bir tartışma başladı. Yolcumuz da tartışmaya karıştı, ama ustaca, gözlere batan bir çelebilikle karıştı. Artık: «Şu şu kâğıdı oynadınız...» demiyor ama, «Oynamak lutfunda bulundunuz.» «İkilinizi kırmak onurunu kazandım,» gibi sözler söylüyordu... Daha da kandırıcı sözler yumurtlamak için, dibindeki iki menekşenin kokulara boğduğu, gümüş mineli tütün tabakasını aklı başından gidenlere uzatıyordu. Çiftlik sahibi Manilov ile Sobakeviç özellikle dikkatini çekmişti. Mahkeme başkanı ile posta müdürünü şöyle bir yana çekerek, bu iki efendi hakkında küçük bir bilgi edindi. Üzerinde yürüdüğü yol ince bir zekâyı ve sağlam bir düşünceyi gösteriyordu: Yalnız köylülerinin kaç can olduklarını ve mallarının durumunu öğrendikten sonra kalkıp iki köylünün adları ve sanları ile ilgilendi. Bundan başka, hemen bu taşralı soyluların servetini öğrendi. Manilov, şeker gibi tatlı gözleri her güldüğünde yumulan bu genç adam, bizimki tarafından hoşafın yağı kesilecek kadar tavlandı. Uzun boylu elini sıktı, tarife göre, on beş verst uzaktaki yerine, bir ziyarette bulunmasını rica etti Çiçikov'dan. Çiçikov kurnaz kurnaz eğilerek bu çağrıyı kabul etmeyi kutsal bir görev saydığını söyledi. Sıra kendisine gelince, Sobakeviç daha kısa yoldan: «Bizi de onurlandırınız!» dedi. Bunu söylerken Herkül'lerin soyunun tükendiğini gören Rusya'da, doğrusu, artık hiçbir insanın besbelli ayağına geçiremeyeceği o koca çizmelerini rap diye vurdu.

Ertesi gün Çiçikov, polis müdürünün evine gidip yemek yedi ve geceyi orada geçirdi, yemekten kalkınca öğleden sonra saat üçten, sabahın saat ikisine kadar burada durup etmeden whist oynadı. Gene burada Nozdryev adında, otuz yaşında sıkı bir hovarda ile tanıştı, adam iki üç sözden sonra, onunla senli benli oldu. Zaten Nozdryev savcı ve posta müdürü ile de uluorta konuşuyor, bundan da pek canciğer oldukları anlaşılıyordu; ama büyük oyuna oturur oturmaz, bu baylar hovardanın attığı hemen bütün kâğıtları sıkı sıkı gözleyerek, dudaklarına dikkatle baktılar. Ertesi gün Çiçikov, geceyi mahkeme başkanında geçirdi, burada da başkaları vardı, konukları, bir parça kirli elbiseli iki kadın ağırlamıştı. Çiçikov vali yardımcısının akşam davetine de, tekel kesenekçisinin büyük ziyafetine de, savcının ziyafetine de gitti –savcı şöyle böyle bir yemek diyordu buna– bunun ardından kilisedeki bir ayinden sonra –bir yemeğe bedel sayılan– belediye başkanının çayına da gitti.

Uzun sözün kısası, bizimki bir saat olsun odasında kalmıyor ve otele ancak uyumak için dönüyordu. Her zaman için çok bilmişlik ederek ve her yerde konuşmaya burnunu sokarak, kendisini tam salon adamı olarak gösteriyordu. Konuşma haralara gelince, haralardan söz açıyordu; köpeklerden mi konuşuldu, güzel birkaç düşünce atıyordu ortaya; maliye işleri üzerinde yapılmış bir incelemeden söz edilince, Adalet yolunda yürümesini bildiğini ileri sürüyordu; bilardodan ya da içkiden dem vuruldu mu, bilardoda da, içkide de pir görünüyordu; erdemden söz edilmeyegörsün, yaşlar boşanıyordu gözlerinden; gümrüğün adı geçince, kaşarlanmış bir gümrükçü gibi yürütüyordu konuyu. Dikkati çeken yön şu ki, hiç mi hiç öyle kararsız bir sünepelik göstermiyordu, ve hep gerekli sesle konuşuyordu. Bir kelime ile, hep kendi yerinde idi ve her yerde: Gelişi bütün memurları sevince boğdu. Vali ona pek temiz niyetli bir insan, savcı, tuttuğunu koparır soydan bir adam; jandarma albayı, bilgili bir kişi; mahkeme başkanı, bilgili ve saygıdeğer bir yaratık, polis müdürü, saygıdeğer ve sevimli bir adam; polis müdürünün karısı, erkeklerin en sevimlisi ve en incesi diyordu. Kentten oldukça geç dönen –kırk yılda bir şöyle taşı gediğine koyacak soydan yargılar veren– Sobakeviç bile, sıska karısının yanına yatarken şöyle diyordu:

«Biliyor musun, canım, polis müdüründe yemek yedim, valinin akşam toplantısında bulundum, ve Pavel İvanoviç Çiçikov adında, bir kolej danışmanı ile tanıştım: Ne hoş çocuk hani!» Karısı bu söze: «Yaa!» dedi ve kocasına tekmeyi yapıştırdı.

Bu yerli yerinde düşünce yolcunun garip yaratılışı ve okurun az sonra öğreneceği bir serüvenin hemen bütün kenti şaşkınlığa boğacağı güne kadar sürüp gitti.

II

Yolcu, bir haftadır kentte oturuyor, yemeklere ve akşam toplantılarına gidiyor ve pek hoş bir yaşam sürüyordu. En sonunda kalkıp ziyaretlerinin yolunu kent dışına çevirmeyi ve çift-çubuk sahibi Manilov ile Sobakeviç'e verilen sözü tutmayı kafasına koydu. Belki daha ciddi bir nedene güveniyordu; belki daha önemli bir işi, belki gönül serüveni vardı. Okurun, sona yaklaştıkça daha da dal budak saracak olan bu çok uzun öyküyü bitimine kadar okumaya sabrı varsa, yavaş yavaş ve sırası geldikçe öğreneceği şeydir bu: Son demek, bilindiği gibi, bir yapıta taç giydirir.

Arabacı Selifan sabah erkenden atları ünlü arabaya koşma emrini aldı. Petruşka'ya oda ve eşyaya göz kulak olmak için otelde kalmak düşüyordu. Okur, kahramanımızın bu iki kölesi ile tanışmakta yarar bulacaktır. Bunlar, anlaşılan, ikinci ya da üçüncü planda kalan kişilerdir; destanın zemberekleri bunlara dayanmaz; ama yazar her şeydeki tamlığı sever, ve kendisi Rus olduğu halde, bu görüşte bir Alman kadar kendini doğru dürüst göstermeye özenir. Bundan başka, bunları sayıp dökmek yerden daha az zaman alır; çünkü, okurun daha önceden bildiği noktalara, Petruşka'nın, efendisinin kahverengi ve bir parça bol eski elbisesini giydiğini, ve kendi halinde yaşayıp giden insanların çoğu gibi koca kulaklı ve burunlu olduğunu eklemek yeter. Ses çıkarmaktan hoşlanmayan huyu vardı, çalışmaya, yani içindekinin: Aşk serüveni olsun, alfabe olsun, dua olsun, kendisini hiç ilgilendirmediği kitapları okumaya karşı asil bir ateşle yanar, hepsini aynı ilgiyle ezberlerdi; eline bir kimya kitabı mı verildi, geri çevirmezdi. Okuduğundan daha çok, okumanın mekanizmasından, kimi anlaşılmaz anlamlara gelen sözcüklerin oldum olası harflerle biçim almasını sağlayan bir işten zevk duyardı. Çoğu zaman kendini, dehlizde, sürekli dayanmanın bir pide gibi inceltmiği yatağına uzanıp yatarak bu eğlenceli işe verirdi. Bu okuma hastalığından başka üzerinde durulacak iki alışkanlığı daha vardı: Tepeden tırnağa giyinik uyur ve dört bir tarafa pis bir koku; kapalı kalmış bir yerin kokusunu götürürdü: Yatağını bir yere sermek, üstelik o zamana kadar hiç ayak basılmamış bir odaya kaputunu ve eşyalarını taşımak yeterdi, odanın sanki yıllar yılı insanlarla dolu olduğu anlaşılırdı hemen. Çiçikov, uyanıp da, havayı şöyle ciğerlerine çekmeye başlayınca, titiz olduğu halde, kaşlarını çatmaktan ve sonra: «Oğlum, terliyorsun anlaşılan! Kalk da, bir hamama git!» diye başını sallamaktan hoşlanırdı. Karşılık vermeyi atlatmak için Petruşka, sıkı bir işe dalmış görünürdü; ya elde fırça, kalkar, efendisinin giysisine sokulur ya da ilk ele geçmiş şeyi düzene sokardı. Bu sırada ne düşünürdü acaba? Belki içinden şöyle geçirirdi, aynı şeyi otuz kez söyleye söyleye tüy bitmiş dilinde!.. Efendisinin azarladığı bir uşağın ne düşündüğünü kestirmek doğrusu, güçtür.

İşte, Petruşka konusunda söyleyebileceğimiz, şimdilik bu kadardır. Arabacı Selifan ise bambaşka bir insandı. Ama yazar, aşağı tabakaların yarattıkları sıradan ilgiyi denemiş bulunduğundan, bu değersiz insanlar üzerine dikkati çekmekten bir üzüntü duyar. İşte böyle yaratılmıştır Rus: Kendinden üstün; hatta yalnızca bir rütbe üstün olan herhangi biri ile tanışmaya can atar ve kontlarla ya da prenslerle kurulmuş karanlık ilgiler taşıyan ikircikli bir dostluğun cazibelerine yeğ tutar. Yazar, kahraman için, sıradan bir kolej danışmanı için de korku duyar. Saray danışmanları belki onunla tanışmak isterlerdi; ama general rütbesine erişmiş olan yüksek memurlar burnu bir karış havada insanın, kendinden aşağıdakilerine baktığı o hor görücü bakışlardan biri ile bakarlardı besbelli, veya daha acısı, ona –yazarın büyük umutsuzluğudur bu– hiç dikkat etmezlerdi. Bu iki olasılığı göz önüne almak gerekse bile, biz yeniden kahramanımıza dönmeliyiz.

Gerekli emirleri dünden vermişti; sabah çok erken uyandı, yüzünü yıkadı, bayram günlerinde yaptığı gibi –o gün de tam pazardı– tepeden tırnağa silindi, yanakları pırıl pırıl ve ipek gibi temiz olacak şekilde tıraş oldu, alacalı bulacalı kırmızı giysisini giydi ve kalın ayı postundan paltosunu sırtına geçirdi; otel garsonu tarafından kollarından bir şöyle bir böyle tutularak, merdiveni indi, en sonunda arabasına yerleşti. Araba kapısından gürültüyle dışarı çıktı; yoldan geçen bir papaz onu selamladı; kirli gömlekli birkaç yumurcak şöyle bağırarak el açtı:

«Bayım, zavallı bir öksüzü boş geçmeyin!»

Arabacı bunlardan birinin arabaların arkasına asılmaya can attığını sezdi; çocuğa hemen kırbacı salladı. Araba artık kaldırımlarda sıçraya sıçraya yol aldı: Çiçikov'un uzaktan, renkli sınır tahtasını görmesi kaldırım işkencesinin neredeyse biteceğini belirtiyordu; gerçekten, birkaç kez kafasını tavana acı acı vurduktan sonra, kendisini yumuşak toprakta yürütülüyor sandı. Kent gözden henüz silinmişti ki yolun iki yanından şimdi Rus manzarasının o değişmez dekoru yuvarlanıyordu; tepecikler, köknarlar, öbeklenmiş çamlar, güller, kireçleşmiş ağaç kütükleri ve aynı soydan türlü türlü süsler. Yol boyu sıralanmış, pervazlarında işlemeli peçeteler gibi saçaklar görünen kurşuni damlı evleriyle yığılı kütükleri andıran köyler görülüyordu. Kapıları önündeki peykelere kurulmuş, koyun postu ceketli birkaç mujik gene her zamanki gibi esniyor da esniyordu. İki kat pencerelerinden, tombul tombul yüzlü, giysileri göğüsten büzgülü kadınlar eğiliyordu; en alt kattakilerde ise bir dana ya da bir domuzun o biçimsiz yüzü görülüyordu. Pek belli tablo. On beşinci fersahın işaret levhası önünden geçerken Çiçikov, Manilov'un anlattıklarına göre, köyünün daha ötelerde olması gerekmediğini anımsadı; fakat bizim yolcular gene de hiçbir köy görmeden geldiler on beşinci fersaha. İki köylüye rastlamak onları sıkıntıdan iyice kurtardı. Zamanilovka köyünün daha uzakta olup olmadığının sorulduğunu duyan mujikler şapkalarını çıkardılar; içlerinden en uyanığı, keçi sakallı bir delikanlı tuttu, şu karşılığı verdi:

«Manilovka olmasın?»

«Hıı, öyle, Manilovka...»

«Manilovka! Tamam, bir fersah sonra, sağa sap.»

«Sağa mı?» dedi arabacı.

«Evet sağa,» dedi mujik, «Manilovka yoludur bu doğru. Manilovka, diyorum sana, köyün asıl adı böyle; Zamanilovka neymiş bilmeyiz hiç öyle. Sağına yürü, bir tepede, beyin tek katlı taştan güzel bir evini görürsün: Manilovka besbelli bu olacak. Zamanilovka'ya gelince, buralarda bu isimde köy yok, hem de oldum olası yok.»

Bizim yolcular Manilovka'nın peşine düştüler. İki fersah yol aldıktan sonra, bir köy yolunda durdular da taştan, tek katlı evin belirdiğini görmeden üç dört fersah daha gittiler. Bir dost sizi kendi topraklarına çağırınca, on beş fersah mı, iki katını hesaplamalı bunun; Çiçikov tam zamanında bu gerçeği anımsadı.

Manilovka'nın durumu bir parça çekici idi. Beyin evi, her rüzgâra açık ve kısa kısa biçilmiş çimenli bir tepede dikiliyordu tek başına. Bu İngiliz bahçesi biçimindeki çimenlikte iki üç leylak ve sarı salkımlı akasya kümesi boy veriyordu; şurada burada beş altı kayınağacı solgun doruklarını tepeye açıyordu. İçlerinden ikisi altında, yeşil kubbeli, mavi sütunlu bir kameriye görülüyordu ki üzerinde şunlar yazılıydı: *Yalnızlık Düşüncesi Tapınağı* Daha aşağıda otlarla kaplı, soylu köylülerimizin İngiliz bahçeleri biçimindeki o klasik gölcüğü uzanıyordu. Tepenin eteğine ve tepe yamacına doğru kahramanımızın, bilinmedik dalgalardan ötürü, sayısını hemen tahmine koyulduğu külrengi izbeler dağılıyordu. Bu kulübelerin arasında ufak tefek hiçbir ağaç, hiçbir yeşillik yoktu. Manzarayı yalnızca iki köylü kadın canlandırıyordu: Tablolardaki gibi kalkık kadınlar, dizlerine kadar suya girmişler, içinde iki yengecin çırpındığı ve bir kaya balığının pırıl pırıl yaraladığı yırtık bir ağı tutmuşlar, iki sopa yardımı ile, gölcüğe sokuyorlardı; bu iki kadın kavga ediyor, birbirine ileri geri sözler söylüyor görünüyorlardı. Bir parça ötede, bir çam ormanı mavi, sıkıcı mı sıkıcı bir leke saçıyordu. Gökyüzü bile eski askeri üniformaların rengini anımsatan külrengine bürünmüş, çevrenin hüznüne katılıyordu. Hava değişmelerinin bildiricisi bir horoz, manzarayı tamamlıyordu; sevda pınarında rakiplerinin gagalarından kafası beynine kadar yarılmış halde, gene de ötüyor ve eski kilimler gibi tüyleri dökülmüş kanatlarını çırpıyordu. Avluya girerken Çiçikov, kapı önünde duran, gelenleri daha iyi seçebilmek için elini gözlerine şöyle siper eden, yeşil yün redingotlu ev sahibini gördü. Araba yaklaştıkça, ev sahibinin bakışı ışıklanıyor ve gülümseyişi artmaya başlıyordu.

En sonunda, Çiçikov arabadan yere indiğinde ev sahibi:

«Pavel İvanoviç!» diye bağırdı.«Hele şükür bizleri anımsadınız!»

İki dost sarmaş dolaş oldular, Manilov konuğunu içeri aldı. Koridordan, sofadan, yemek salonundan geçmeleri oldukça kısa bir zaman sürse de, ev sahibi konusunda birkaç söz söylemek için bundan yararlanmaya bakalım. Yazar bu işin çetrefilliğini söylemek zorundadır. Büyük ölçüdeki karakterleri çözümlemek pek daha kolaydır; buna tuval üzerindeki renkleri bol bol oraya buraya serpiştirmek yeter: Pırıl pırıl gözler, çatık kaşlar, bir kırışıklıkla kesilmiş alın, siyah ya da ateş kırmızısı pelerin, işte portre tamam. Ama, ilk bakışta, hepsi de birbirine benzeyen, daha yakından bakılınca, içinden kolay kolay çıkılmayan bunca özelllik taşıyan bütün bu gibileri, işte böyle insanları resmetmek olmaz. Hemen hemen görünmeyen ufak çizgileri ortaya çıkarmak için, dikkatini olanca güçlerini toplamak ve gözlem sanatında önceden kazanılmış bir bakışı yeniden inceltmek gerekir.

Manilov'un doğasının ne olduğunu çözebilmeyi bir Tanrı becerir. Böyle insanlar, denildiği gibi, *ne şu, ne de budurlar*, Manilov da besbelli bu bölüme giriyordu. Mavi gözlü, şakır şakır gülümseyişli bu sarışının, sevimli bir yüzü vardı. Yüz çizgilerinde cazibe, ama pek tatlı bir cazibe vardı, tavırları,konuşup etmesi cana can katıyordu sanki! Onunla konuşmaya dalınca insan, ne temiz yürekli ve ne hoş adam! derdi içinden. Ama aradan şöyle bir parça zaman geçince artık hiçbir şey diyemez olurdu; ama, hemen düşman korkusu altında tabana kuvvet uzaklaşırken: «Ne şeytan herif be!» diye mırıldanırdı. Can damarına bastığınız herkeste ağızdan kaçan, o içli, daha doğrusu o kaba saba sözlerden birini hiç söylemezdi. Herkesin kendine göre merakı vardır: biri tazılara düşkündür; diğeri müziği iyi anladığına inanır; bir üçüncüsü kıtlıktan çıkmış gibi yemek yemeğe bakar; dördüncüsü, kendisine verilen rolden, kaldı ki bir parmak üstün rol oynamayı ister; dilekleri bakımından, en alçakgönüllüsü olan bir beşincisi yanında özel birlik yaveriyle dostlarına ya da tanımadıklarına çalım satmayı geçirir aklından; yedincisinin eli düzeni kurmaya, posta müdürünü ya da arabacıları haşlamaya çalıştığı anda, altıncısının eli kupanın birli veya ikilisinin kenarından büküp işaretlemek gibi önü alınamaz bir istek duyar. Uzun sözün kısası, her birinin kendine göre bir hastalığı vardır ama, Manilov'un hiçbir tutkusu yoktur öyle.

Evinde, pek sık sık yalnızca Tanrı bilir nasıl düşüncelere dalıp giderek, hiç konuşmazdı. Topraklarını değerlendirme kaygısı gütmez ve oralara gidip şöyle bir göz atmazdı dünyada. İşler öteden beri kendiliğinden yürürdü. Kâhya: «Şunu şöyle yapsak iyi olur.» , «Sahi, fena olmaz!» deyince, piposundan, en nazik, en sevimli, en aklı başında subay olarak tanındığı askerlik yaşantısından kalma alışkanlığıyla durmadan dumanlar çıkara çıkara, gelişigüzel karşılık verir. «Evet, evet, fena olmaz!» derdi. Bir köylü gelip kendisini bulur da ondan ensesini kaşıyarak vergisini ödemek için dışarıda çalışmaya bir izin isterse, bizimki gene piposunu tüttürerek: «Git çalış bakalım!» derdi; derdi ama köylünün yalnız ve yalnız gidip kafayı tütsülemek istediği düşüncesini aklının ucundan bile geçirmezdi. Kimi zaman merdiven ucunda durup, avluyu ve gölcüğü şöyle incelerken, evden köye uzanıp gidecek olan bir yeraltı tüneli açmak ya da gölcüğün üzerine köylüler arasında işe yarar soydan ötebeiilerin satıldığı dükkânlarla dolu bir taş köprü kurmak iyi olur diye düşünürdü. O zaman gözleri alabildiğine tatlılaşır, yüzü en saf ifadeye bürünürdü.

Bütün bu tasarılar olup olacağı güzel sözlerdi. Çalışma odasında, on dördüncü sayfasına bir işaret konmuş, okunması iki yıldır sürüp giden bir kitap saklardı. Hiçbir zaman işini iyiden iyiye yürütmemişti. Salonun en göz alıcı mobilyasını zengin, ipekli bir kumaş kaplardı ama, iki koltuk da vardı ki üzeri kumaşın yetmediğini belirten şöyle böyle bir kilimle kaplanmıştı; yıllar yılı, gelip gidenleri kabul ettiği zaman, bu güzelim eşyanın efendisi sırrını şöyle ele verirdi: «Aman oturmayın bu koltuklara, üzerlerine henüz kumaş geçirilmedi.» Balayından bu yana: «Kuzucuğum, geçici de olsa, bu odaya mobilya koymalı» diye karar verdiği halde, bir oda işte öylece boş duruyordu. Akşam basınca, inciden siperli, *Üç İyilik*'i temsil eden, kollu güzel bir tunç şamdan konurdu masaya, bu şamdanın yanına da, bakırdan, kırık dökük, eğri büğrü, dibi mum petekleri kaplı bir şamdan oturtulurdu; ne efendiler ne de uşaklar buna metelik bile vermezlerdi.

Gelelim karısına!.. Israr etmek boşunadır; birbirine tastamam uyuyorlardı. Dokuz yıldır evli oldukları halde, gerçek aşka yaraşan o dokunaklı sesle: «A gülüm, aç ağzını, al lokmanı» diyerek, birbirine gene bir bonbon şekeri, bir fındık, bir çeyrek elma verirlerdi. Ağız da hemen açılırdı güzel güzel. Doğum günleri için, birbirine muziplikler yapar, sözgelişi, üzerine sahte inciden işlemeler kondurulmuş kürdan kılıfları sunarlardı. Ve, çoğu zaman, kanepede yan yana oturup, biri piposunu, öteki de elindeki işini bırakır, uzun uzun, sevdalı sevdalı öpüşüp koklaşırlardı ki, bu oyuna dalıp gittikleri süre içinde insan, bir sigaracık içmeye bile zaman bulurdu.

Kısacası, onlara mutlu insanlar demek doğrusu tam yerindedir. Bir evin yönetiminde, muzipliklerden ve uzun boylu öpüşüp koklaşmalardan daha başka işler de olduğu, kendilerine her bakımdan sıkıcı sorular sorulabileceği akla gelebilir besbelli. Sözgelişi, mutfak işi, acaba neden bu kadar baştan savılacak iştir? Kiler boşalmaya ne diye bu kadar çabuk yüz tutmuştur? Kâhya kadın olacak neden çalıp çırpmaktadır? Neden uşaklar pis sarhoşlardır? Neden uşak milleti zamanın yarısını uyumak ve yarısını da dalga geçmekle geçiriyordu. Ama Bayan Manilov kadar iyi yetişmiş bir kadın için bunlar pek kaba işlerdir. İyi terbiye dediğin, bilindiği gibi, özel okullarda verilir; gece özel okullarında, kimsenin bilmemezlik etmediği gibi, bütün erdemleri üç nokta özetler: Evlilik mutluluğunda, ille de Fransızca, kocaya hoş birkaç dakika geçirmeye ayrılmış piyano; en sonra da düpedüz ev işi, yani para çantaları ve bunlara benzer daha başka şeylerin örülmesi. Zaten şimdiki zamanda, birtakım ilerlemeler bu yollara uydurulmuştur; her şey özel okul sahibelerinin bilgeliğine ve yeteneklerine bağlıdır. Bu okulda piyano başta gelir; sonra Fransızca; en sonra da ev işi. Şu okulda ise, ev işi, yani örgü işleri, ilk yeri tutar; Fransızca geriden gelir; en son da piyano. Görüldüğü gibi, yollar değişik değişik olur. Şunu da belirtmek gerekir ki Bayan Manilov... Ama değil, açıkçası şu ki, kadınlardan söz etmek benim pek canımı sıkar, gene en iyisi, birkaç dakikadır salonun kapısı önünde duran, sen buyur sen buyur diye birbiriyle kurnazca savaşan kahramanlarımıza dönmeye bakayım:

Çiçikov:

«Lütfen, rica ederim, ilk siz geçin,» diyordu. Manilov'a kapıyı göstererek:

«Olmaz, Pavel İvanoviç, olmaz, benim konuğumsunuz» diye karşılık veriyordu.

«Rica ederim, rica ederim, ilk siz buyurun!»

«Özür dilerim, böylesine bilgili bir konuğa borcumun ne olduğunu biliyorum.»

«Gülünç şey doğrusu. Siz geçin, lütfen!»

«Yoo, olmaz, bu onur sizin!»
«Ama nasıl olur?»
Manilov candan bir gülümseyişle:
«Çünkü!..» dedi.
En sonunda iki dost nazlana nazlana, ama birbirine dokunmadan geçtiler kapıdan.
Manilov:
«İzninizle size karımı tanıtayım,» dedi. «Yavrum, işte Pavel İvanoviç!»
Çiçikov, kapıdaki kibarlık taslamaların görmekten alıkoyduğu, kanepeye oturmuş bir kadının karşısında buldu kendini. Bu oldukça güzel kadın, kendisine çok yakışan, açık saçık ipekli bir sabahlık giymişti. İnce küçücük eli masaya hemen bilmem ne gibi bir şey bıraktı, sonra köşeleri işlemeli bir mendili buruşturmaya başladı. Ayağa kalktı; Çiçikov, hiç hoşlanıp etmeden elini öptü. Kadın, hafif hafif gargara yaparmış gibi bir sesle, gelişine pek iyi ettiğini, kocasının her gün diline doladığı bu Pavel İvanoviç'i en sonunda gördüğüne memnun olduğunu söyledi:
Manilov:
«Evet,» diye söze karıştı, «sık sık bana: 'Arkadaşın gelmekte neden gecikiyor böyle?' diyordu. Ben de: 'Sabırlı ol, yavrucuğum, gelir,' diyordum. Gelişinizle bizi öyle sevindirdiniz ki. Bize ne büyük zevk veriyorsunuz! Bizi doğrusu bayram sevincine boğuyorsunuz!..»
Çiçikov, gönül bayramından söz açıldığını görerek şaşırdı, kendi kıyıda köşede kalmış adının ve önemli mevkiinin bu kadar güzel karşılayışa değmediğini söyledi kibarca.
Manilov yeni bir gülümseyişle:
«Ama nasıl olur, nasıl olur,» dedi; «sizde hoşa gidecek tavar, hem de fazlasıyla!»
Bayan Manilov:
«Kentimiz için ne diyorsunuz?» diye sordu. «Eğlendiniz mi bari?»
Çiçikov:

«Kentiniz çok güzel,» dedi, «eğlendim doyasıya; insanları çok efendiden.»

Kadın:

«Ya valimiz için ne diyorsunuz?» dedi.

Manilov:

«İnsanların en sevimlisi ve en saygıdeğeri, değil mi?» diye söze karıştı.

Çiçikov:

«Tam üstüne bastınız,» dedi, «insanların en saygıdeğeri. işlerini hem de güzel beceriyor öyle, görevini ne kadar ileri düşünceyle yerine getiriyor! Onun gibi yüksek memurların çoğalmasını sağlamak iyi olur.»

Kulaklarının arkası hafifçe kaşınan bir kedi gibi gözlerini üzgün üzgün kapayan Manilov gene:

«Herkesi ne de iyi karşılamasını bilir! Davranışlarında ne kadar incelik var!» diye söze karıştı.

Çiçikov:

«Doğrusu nazik bir adam,» dedi, «hem on parmağında on hüner var. Ne güzel nakış örüyormuş meğer; gözlerime inanamıyordum. Yaptıklarından birini, bir para çantasını gösterdi; pek az kadın bu çantayı böylesine ustalıkla işleyebilir.»

Gözlerini yeniden yuman Manilov:

«Ya vali yardımcısı, ne mert adam, değil mi?» dedi.

Çiçikov:

«Çok ama çok değerli bir insan,» diye karşılık verdi.

«İzin verin efendim; ya polis müdürüne, ona ne diyorsunuz? Doğrusu, çok can insan.»

«Çok, çok hoş! O ne zekâ öyle, o ne bilgi! Evinde savcı ve yargıçla birlikte sabaha kadar whist oynadık! Çok, ama çok değerli bir insan!»

Bayan Manilov:

«Ya polis müdürünün karısı için,» diye sordu, «ne diyorsunuz? Pek sevimli bir kadın, değil mi?»

Çiçikov:

«Hem de nasıl! Tanıdığım en saygıdeğer kadınlardan biri,» dedi.

Bunun üzerine ne mahkeme başkanı unutuldu ne de posta müdürü, hemen hepsi de yeryüzünün en kibar insanları sayılabilen bütün memurlar o saat incelendi.

Konuşma sırası gelince Çiçikov:

«Siz hep köyde mi oturuyorsunuz?» diye sordu.

Manilov:

«Çoğunlukla,» dedi, «kibar insanlarla görüşmek üzere ara sıra inerim kente. Dört duvar arasında yaşadı mı bunalır insan doğrusu.»

Çiçikov:

«Çok doğru, çok doğru,» dedi.

Manilov:

«Öyle ya,» diye sözüne devam etti, «sağımızda solumuzda komşularımız olsa, onlarla şöyle derli toplu konular üzerinde konuşulabilse ve kendimizi, sözgelişi, ruhun canlanıp buhar haline geçmesi gibi bir incelemeye verebilsek elbet daha başka olurdu...»

Bu sesle sürdürecekti ama, ipin ucunu kaçırdığını görerek, elini şöyle savurup:

«... Kuşkusuz o zaman, köyün ve yalnızlığın hoşa gider yanı olursa... Ama, ortalıkta in cin olmayınca, geriye artık *Vatan Çocuğu*'nu okumak kalıyor.»

Çiçikov hak verdi:« Toplumdan uzak bir yaşam sürmekten, doğayı doya doya incelemekten, iyi bir kitap okumaktan daha güzel ne vardır şu yeryüzünde?»

Manilov:

«Orası öyle ama,» dedi.«İnsanın derdini dökmek için dostu olmazsa...»

Çiçikov:

«Doğrusu! Çok haklısınız!» dedi. «Hazineler neye yarar artık! *Para biriktirmektense, dost toplamak daha iyidir,* demişti bir filozof.»

Manilov, işini bilir bir doktorun, hastayı hoşnut etmeyi kafasına koyarak bir ilacı kalkıp gereğinden fazla tatlılaştırması gibi yüzüne tatlı bir ifade vererek:

«Bilirsiniz ya, Pavel İvanoviç,» dedi, «insan o zaman, sanki, bir ruh mutluluğuna erişir... sözgelişi, şu anda, yazgının bana sizinle konuşmak, hoş sohbetinizden yararlanmak gibi biricik mutluluğu bağışlaması gibi...»

Çiçikov:

«Aman efendim,» dedi, «konuşmam neden hoş olsun? Ben şöyle böyle bir insanım.»

«Haşa! Pavel İvanoviç! İzninizle açık konuşayım: Niteliklerinizin yarısına sahip olmak için ben seve seve servetimin yarısını feda ederdim!»

«Tersine, ben çok mutlu olurdum, şey olsaydı...»

Bir uşak içeri girip de yemeğin hazır olduğunu söylemeseydi, bu karşılıklı kıl çekme oyunları daha bilmem nereye uzamış olurdu.

Manilov:

«Lütfen buyurun!» dedi. «Çok özür dileriz sizden, koca dünyanın süsünü, başkentin o güzel yemeğini burada bulamayacaksınız. Soframız sadedir: Rus işi bir sebze çorbamız var, ama dumanı üstünde bir çorba hani. Rica ederim buyurun!»

Yeni bir tartışma başladı: Yemek salonuna önce kim girecek? Tartışma sonunda Çiçikov önce girdi içeri. O anda içeride, çocukların sofraya, ama yüksek sandalyelerde oturduğu yaşa gelmiş, Manilov'un iki küçük oğlu bulunuyordu. Kibarca bir gülümsemeyle selam veren, bir öğretmen vardı yanlarında. Ev sahibesi çorba kâsesinin başına geçti ve bir uşak çocukların peçetelerini taktığı sırada Çiçikov'u, kendisi ile kocası arasına yerleştirdi.

Çocukları gözden geçiren Çiçikov:

«Aman aman! Ne şeker şeyler!» dedi. «Kaç yaşındalar?»

Bayan Manilov:

«Büyüğü sekizine basıyor, küçüğü ise daha dün altısını bitirdi,» diye karşılık verdi.

Peçetesine takılmış çenesini kurtarmaya çalışan büyük oğluna, Manilov şöyle seslendi:

«Temistoklius!»

Manilov, neden olduğu pek öyle bilinmeyen bir Yunan adını, «ius» bağlantısı ile bitirdiğinde, Çiçikov kaşlarını hafif yollu kaldırdı, ama yüzüne hemen o her zamanki halini vermeye çalıştı.

«Temistoklius, Fransa'nın başkenti neresidir?»

Öğretmen Temistoklius'a dikkat kesildi; sanki çocuğu yutmaya hazır görünüyordu ama, 'Paris' diye karşılık verdiğini duyar duymaz yelkenleri suya indirdi ve başıyla onayladı.

Manilov yeniden:

«Ya Rusya'nın başkenti?» diye sordu.

Öğretmen, gene o heyecanlı havaya büründü.

Temistoklius:

«Petersburg,» karşılığını yapıştırdı.

«Ya ikincisi?»

«Moskova.»

Çiçikov:

«Aferin, küçük dostum!» diye bağırdı. Ama aşırı bir şaşkınlık içinde, Manilov'a dönerek, sürdürdü: «Söyleyin bana bakayım, bu çocuğun çok yetenekli olduğunu biliyor musunuz?»

Manilov:

«Ooo! Henüz tanımıyorsunuz onu!» dedi; «cin gibidir kerata. Küçüğün, Alkit'in, zekâsı daha ağırdır, minicik bir hamamböceği görür görmez, gözlerini fıldır fıldır döndürür, arkasına düşer, bakar bakar bakar ona. Kendisini diplomat yapmak niyetindeyim. Temistoklius, elçi olmak ister misin sen?»

Temistoklius, ekmeğini çiğneyerek ve başını sağa sola döndürerek:

«Hem de nasıl isterim!» diye karşılık verdi.

Bu anda, sandalyesinin arkasında duran uşak, tabağına büyük bir damlanın düşmesine kulak asmayan Elçi hazretlerinin tam sırasında burnunu sildi.

Yemek süresince konuşma, toplumdan uzak yaşamın zevkleri üzerinde dönüp dolaştı; Bayan Manilov Kent Tiyatrosu ile aktörleri konusunda birdenbire birkaç düşünce ileri sürdü. Öğretmen konuşmaları bir bir kolluyor ve onların gülümsemeye hazırlandıklarını görünce de ağzını yayıyor ve keh keh gülüyordu. Mert olduğu besbelli biri olan öğretmen, Manilov'un kendisine gösterdiği saygıyı böyle ödediğini sanıyordu. Yalnızca bir seferinde, yüzü ciddi bir durum aldı ve gözlerini karşısında oturan öğrencilerine çevirerek masaya küt küt vurdu. Çok doğru bir davranıştı bu: Temistoklius, Alkit'in kulağını ısırdığı için çocukcağız, gözler yumuk, ağız açık, avaz avaz bağırmaya başladı; bağırışlarının kendisini, bir kap yemekten yoksun bıraktığını anlayınca ağzını gene her zamanki biçimine soktu ve yağdan pırıl pırıl yanaklarla, yalandan ağlayarak bir koyun pirzolasını sıyırmaya başladı.

Ev sahibesi durmadan Çiçikov'un başının etini yiyordu:

«Yemek yiyor musunuz siz, hiçbir şey almadınız.»

Çiçikov da her sefer şu karşılığı veriyordu:

«Teşekkür ederim, aç değilim artık. Tatlı bir konuşma yemeklerin en iyisinden de daha iyidir.»

Sofradan kalkarken, Manilov, keyfi duman, elini konuğunun sırtına koydu ve onu salona götürmek istedi, ama tam bu anda konuk birdenbire önemli bir iş hakkında kendisiyle görüşmek istediğini ciddi bir sesle söyledi.

Manilov:

«Öyleyse,» dedi, «çalışma odama geçiniz.»

Konuğunu mavi sislerle dolu ormana bakan ufacık bir odaya götürerek:

«İşte köşem,» dedi.

Çiçikov odaya göz gezdirdikten sonra:

«Çok hoş,» diye karşılık verdi.

Oda, doğrusu, eşyasız değildi. Griye çalan soluk mavi renkli duvarlar; dört sandalye bir koltuk, üzerinde hani sözünü ettiğimiz o içi işaretli kitap duran bir masa; kullanılır birkaç kâğıt parçası ve bir de bol bol tütün: Paket paket tütün, kese kese tütün, masada tınaz gibi tütün. Pencerelerin kenarında özene bezene içilmiş pipoların artığı, kül yığınları duruyordu; bu ıvır zıvır işten ev sahibinin zevk aldığı görülüyordu.

Manilov:

«Rica ederim, şu koltuğa yerleşin hele,» dedi. «Burada daha rahat edersiniz.»

«İzin verirseniz ben sandalyede oturacağım.»

Manilov gülümseyerek:

«İzninizle buna izin vermeyeyim,» dedi. «Bu koltuk konuklar içindir: İsteseniz de, istemeseniz de, oturacaksınız.»

Çiçikov kabul etti.

«Size bir pipo sunmama izin verin.»

Çiçikov acıklı bir sesle:

«Hayır, içmiyorum,» dedi.

Manilov gene o sesle:

«Ama neden?» diye sordu.

«Bu merete alışmaktan kurtardım kendimi: Pipo göğsü kuruturmuş deniliyor.»

«Kuruntu bu. İzin verirseniz şunu size garantileyeyim. Pipo içmek bence enfiye çekmekten daha sağlıklıdır. Bizim alayda bir teğmen vardı, hoş çocuktu, bilgili çocuktu, piposunu ağzından hiç eksik etmezdi, yalnızca sofra başında değil, söylemesi ayıp, orada bile. Şimdi kırkını aştı ama, Tanrı'ya şükür, turp gibidir.»

Çiçikov buna aklının yattığını söyledi: İnanç yolunda, en ileri zekâların bile açıklayamayacağı çok şey vardı yeryüzünde.

Garip bir çığlığa benzer sesle:

«Ama izin verirseniz size şunu sorayım...» diye sürdürdü.

Ortada hiçbir şey yokken arkasına baktı, Manilov da neden olduğunu pek bilmeden arkasına baktı.

«Kölelerinizin sayısını hükümete bildireli çok oldu mu?»

«Sanırım, oldu epeyce; ama, işin doğrusu anımsamıyorum.»

«O zamandan bu yana, çok köylü yitirdiniz mi?»

«Vallahi, pek bilmiyorum; kâhyamın işidir bu. Hey, gelsin biri! Kâhyayı çağırın bana; burada olmalı bugün.»

Kâhya, kırk yaşlarındaki delikanlı, ortaya çıktı. Bu yontulmuş, tıraşlı ve güzelce giyimli köylü, pek rahat bir yaşam sürüyor olmalıydı; şişkin yüzü, sarımsı derisi, küçük küçük gözleri, ördek tüyü ve kuştüyü yataklara pek alışık olduğunu gösteriyordu. O saat anlaşılıyordu ki mesleğini bütün kâhyalardan öğrenmişti: Önceleri şöyle böyle bir çocukmuş, okuma yazma öğrenmiş, derken Bayan'ın gözdesi kızla, Kilerci Agaşka ile evlenmiş, sonra kilercibaşı, sonra da kâhya olmuş. Bu mesleğe girdikten sonra, o, anlaşılan, bütün meslekdaşları gibi hareket etmişti: Köyün ileri gelenlerinin arkadaşı ve dostu olarak, zavallı yoksullara angaryalar yüklüyordu; sabahları saat dokuzda kalkıyor, semaveri bekliyor ve ağır ağır çayını içiyordu.

«Bak, dostum, son sayımdan bu yana kaç köylü yitirdik?»

Kâhya eliyle bir geğirmenin önünü alarak:

«Kaç köylü mü?» diye sordu. «O zamandan beri ölen tümen tümen!»

Manilov:

«Zaten ben de böyle düşünüyordum,» dedi. «Çok öldü.»

Çiçikov'a dönerek:

«Doğru,» dedi, «ben de böyle tahmin ediyordum. Ölenler pek çoktur; ama sayısı bilinmiyor.»

Çiçikov kâhyaya dönerek:

«Peki dostum,» dedi, «bana şunları bir sayıver de bir isim listesi çıkar.»

Manilov konuşmaya:

«Evet, isim isim,» diye katıldı.

Kâhya:

«Başüstüne!» deyip çıktı.

Bunun üzerine Manilov:

«Bu listeyi ne yapmak istiyorsunuz?» diye sordu.

Bu soru ziyaretçiyi sıkar gibi oldu; kızardı ve söz bulmakta büyük güçlük çekiyor göründü. Gerçekten, insan kulağının daha hiç duymadığı şeyleri, olağanüstü şeyleri duyurmayı Manilov'a saklamıştı.

Çiçikov en sonunda:

«Ne yapmak istediğimi mi öğrenmeyi arzu ediyorsunuz?» dedi. «Bakın: Köylüler satın almak istiyorum...»

Durdu.

Manilov.

«Şunu sormama izin verin,» diye konuştu, «nasıl köylü satın almak istiyorsunuz: Topraklı mı, yoksa topraksız mı?»

Çiçikov:

«Hayır, tam köylü değil,» diye karşılık verdi; «ölmüşleri almak isterdim.»

«Nasıl? Affedersiniz... Kulağım biraz ağır duyar da garip bir şey duyar gibi oldum.»

«Sayım listelerinde yaşıyor görünen ölmüşleri satın almaya niyetliyim.»

Manilov, çubuğunu yere düşürdü, bir süre için ağzı açık kaldı. Dostluğun cazibeleri üzerinde az önce güzel güzel fikirler yürüten iki dost, eskiden bir aynanın iki köşesine asılan resimler gibi durup, göz göze öylece kaldılar. Derken Manilov, çubuğunu yerden aldı ve besbelli şaka etmek isteyen konuğunun dudaklarında bir gülümseme yakalamaya çalışarak, Çiçikov'u tepeden tırnağa şöyle bir süzdü. İşin garibi her zamankinden daha ciddi bulunca aptallaştı. O zaman Manilov içinden, herifin birdenbire aklını yitirip yitirmediğini geçirdi ve korku içinde iyice süzdü dostunu: Bu durgun gözlerde, beyni sulanmışların gözlerinde dolaşan, o kaygılı, o yabanıl parıltıyı hiç göremedi. Ne yapmak gerektiğini kavramak için kafasını boşuna kurcalayıp durdu, boğazında kısılıp kalan dumanı şöyle ince bir sütun halinde üfledi dışarı.

«İşte böyle böyle, henüz yasal olarak yaşadıkları halde, gerçekte sağ olmayan bu ölüleri, bana devretmek, bana satmak, uygun göreceğiniz herhangi bir şekilde mülkiyetime geçirmek isteyip istemeyeceğinizi öğrenmek istiyordum.»

Neye uğradığını bilemeyen Manilov, şaşırıp kalmış, bir tek söz bile etmeden, ona bakıyordu.

Çiçikov:

«Kararsız gibi görünüyorsunuz...» dedi.

O zaman Manilov:

«Ben mi?» dedi. «Hayır... pek o kadar değil; ama iyice anlamıyorum da... af buyurun... Ben, doğal hareketlerinizin her birinin, sanki, ortalığa saçtığı o yüksek terbiyeyi almış değilim; güzel konuşma sanatı da yok bende... Cümlenizin belki gizli bir anlamı vardır?.. Belki tarzınızın güzelliğinden böyle konuştunuz?»

Çiçikov:

«Hayır, hayır,» dedi, «gizli kapaklı konuşmuyorum; gerçekten ölü canlardan söz ediyorum.»

Manilov iyice deliye dönmüştü. Bir şey yapmak, bir şey sormak gerektiğini düşünüyordu, ama ne soracaktı ki? Bunu yalnız şeytan bilirdi. Yeniden bir duman savurdu, ama bu kez burun deliklerinden.

Çiçikov:

«Pek o kadar değil,» dedi. «Biz onları, sayım listesinde oldukları gibi yaşar göstereceğiz. Ben yasalara her zaman uyarım; zaten yasalara uymak başıma çok işler açtı; ama, af buyurun, bence iş kutsal bir şeydir, ama yasaya da boyun eğerim.»

Bu son sözler, işin özünü gene bir türlü kavrayamayan Manilov'un yüreğine su serpti; karşılık yerine, öylesine derin bir fırt çekti ki çubuğu düdük gibi ötmeye başladı. Bu duyulmadık konu üzerine bir düşünce kurmak istiyordu sanki: Ama çubuk sadece gırıldıyordu.

«Gizli bir düşünceniz mi var yoksa?»

«Yoo! Hiç de öyle değil! Görüşünüze hiçbir güvensizlik duymuyorum. Ama izinizle şu noktayı öğreneyim: Bu iş ya da daha hakçası bu alışveriş, evet, iyi söylüyorum bu alışveriş, Rusya'nın kurumlarına ve gelecek üzerine kurulmuş tasarılarına aykırı düşmez mi?»

Manilov burada, başını hafiften sallayarak, Çiçikov'u şöyle bir güzelce süzdü ve kendi yüz çizgilerine kısık dudaklarına, öylesine derin bir ifade verdi ki, pek büyük bir devlet adamının içinden çıkılması güç bir soru ile karşılaşmış yüzü bir yana, buna benzer bir bakış belki hiç görülmemişti.

Fakat Çiçikov pek dokunaklı bir sesle böyle bir işin ya da böyle bir alışverişin Rusya'nın kurumlarına da, gelecek üzerindeki tasarılarına da aykırı düşmeyeceğini söyledi. Bir an sonra, tescil haklarına konacağından, maliyenin bu işten kârlı çıkacağını da ekledi.

«Siz inanıyor musunuz?»

«Hem de nasıl»

İçi iyice rahatlamış Manilov:

«Öyleyse, söylenecek hiçbir sözüm yok,» dedi.

«Bize artık fiyat konusunda anlaşmak kalıyor.»

Malinov:

«Fiyat konusunda mı?» diye sordu. Ve bir duraklayıştan sonra şöyle ekledi: «Yoksa siz, ömürlerini belli bir zamanda tamamlayan canlar için, para filan mı isteyeceğimi sanıyorsunuz? Bakın, hani, aklınızda bu niyet varsa, canları size karşılıksız verir ve anlaşma giderlerini de üstlenirim.»

Bu olayların tarihçisi bu sözlerin yolcu üzerinde yarattığı sevinci yazmayı yanlışlıkla unutsaydı büyük bir zılgıt yerdi. Bu kadar ciddi ve bu kadar ağırbaşlı bir insan olmasına karşın Çiçikov, bir sıçradı ki, bu sıçrayış, bilindiği gibi, en büyük mutluluk anlarının sıçrayışı idi. Koltuğundan öyle bir dönüşle döndü ki, koltuğun arkalığını kaplayan yünlü kumaşta kocaman bir delik açtı. Borçluluk duygusu ona öyle bir teşekkür bolluğu esinledi ki, kendisini önce kararsız bir kaygı içinde uzun uzun süzen Manilov, şaşırıp kaldı, kızardı, başını salladı, en sonunda bütün bunların pek önemsiz şeyler olduğunu ve duyduğu içtenlikten dolayı ona silinmez bir anı verebilmek istediğini açıkladı ruhların manyetizmasından, yüreğin çalışmalarından söz açtı, belli bir şekilde ölüp giden canlara gelince, doğrusu bunlar, değmezdi hiçbir şeye öyle.

«Tam tersine!» dedi elini sıkarken Çiçikov. Sonra derin bir iç çekti; içten itiraflara hazır görünüyordu, çünkü bir an sonra, içli bir sesle konuştu: Dünyada yersiz yurtsuz, tek başına kalmış, bir garip insana nasıl hizmet ettiğinizi bir bilseniz. Yaşamda neler çekmedim neler, vahşi dalgalar içinde oradan oraya yalpa vurup duran küçük bir kayık gibi! Olanca acıları, sıkıntıları, eziyetleri tattım... Üstelik doğruluğu sevdiğim, kibarlığı baştacı ettiğim, dula el uzattığım, öküze dam altı verdiğim için oldu bütün bunlar...»

Bu sözlerde sonra Pavel İvanoviç, mendiliyle bir damla gözyaşını sildi. İki dost uzun zaman el ele, göz göze kaldılar; gözbebeklerinde yaşlar parlıyordu. Heyecanı doruğuna ulaşan Manilov, artık, kahramanımızın elini bırakmıyordu, kahramanımız en sonunda tatlılıkla kurtarabildi elini. Çiçikov, anlaşmanın, bir an önce olacağını söyledi ve bu iş için Manilov başkente bizzat gelebilirdi kuşkusuz. Bundan sonra, Çiçikov şapkasını aldı ve izin istemeye kalktı.

Bir düşten uyanıyormuş gibi, hemen hemen korkan Manilov:

«Nasıl! Demek hemen gidiyorsunuz!» diye bağırdı.

O sırada karısı içeri damladı.

Manilov, yana yıkıla:

«Düşün, Lizinka,» dedi, «Pavel İvanoviç bizi bırakıyor!»

Bayan Manilov:

«Sanırım sıkılıyor bizde,» diye karşılık verdi.

Çiçikov elini kalbine götürerek:

«Hanımefendi,» diye atıldı, «yanınızda geçirilmiş güzel dakikaların tadı, şuramda, evet, şuramda kalacaktır. Bir çatı altında olmasam bile, hiç değilse en yakın komşu olarak, sizinle bulunmaktan daha büyük mutluluk düşünemezdim.»

Bu fikir karşısında hemen aklı başından giden Manilov:

«Pavel İvanoviç,» dedi, «aynı çatı altında birlikte güzel güzel yaşamak ya da karaağacın gölgesine çekilip felsefeye dalmak, doğrusu ne kadar iyi olurdu!»

Çiçikov iç çekerek:

«Ne demezsiniz! Cennete dönerdi yaşam,» dedi. «Hoşça kalın, hanımefendi,» diye devam etti ve ev sahibesinin elini öperek: «Hoşça kalın, sayın dostum. Ricamı unutmayınız.»

Manilov:

«Emin olunuz!» diye karşılık verdi, «iki gün sonra gene görüşürüz.»

Yemek salonuna geçildi.

Kolu ve burnu çoktan kopmuş tahta bir süvari ile oyuna dalmış olan, Alkit ile Temistoklius'u görünce:

«Hoşça kalın, küçük dostlarım!» dedi.«Hoşça kalın, yavrularım. Size hiçbir şey getiremedimse, bu emin olun, varlığınızdan haberim yoktu da ondan. Bağışlayın beni; bir dahaki sefere elim dolu gelirim. Senin, senin bir kılıcın olacak; ister misin bir kılıç?»

Temistoklius:

«Evet, isterim,» diye karşılık verdi.

Alkit'e eğilerek:

«Sana da bir trampet. Tamam, bir trampet değil mi?» diye sordu.

Alkit başını öne eğerek:

«Tampet,» diye mırıldandı.

«Tamam, bir trampet getiririm sana, hem öyle bir trampet ki! Tra-ta-ta, ran-plan-plan... Hoşça kalın yavrum, Hoşça kalın.»

Çocuğu alnından öptü ve Manilov'a, karısına, yavrularının masumluğunu anne babalara anlatan o hafif yollu gülümseyişi ile baktı.

Avlu kapısına çıktıklarında Manilov:

«Pavel İvanoviç, kalsanız daha iyi ederdiniz!» dedi. «Baksanıza şu bulutlara.»

«Bu bulutlar hiçbir şey değil!»

«Ama, bari, sizi Sobakeviç'e götürecek yolu biliyor musunuz?»

«Ben de bunu soracaktım size.»

«İzin verin de arabacınıza tarif edeyim.»

Her zaman için sevimli Manilov, arabacıya bile bir ara «Siz» diye hitap ederek, iki geçit yolunu aşıp üçüncü yola sapmak gerektiğini bir bir anlattı.

Arabacı:

«Anlaşıldı, Bey! dedi, Çiçikov da, ev sahiplerinin ayaklarının ucuna basa basa doğruldukları, mendillerini salladıkları ve «gene bekleriz» ler savurdukları anda uzaklaşıp gitti.

Manilov uzaklaşıp giden arabayı izledi, ve araba artık ortalıkta görünmez olunca, sahanlıkta uzun zaman kalıp çubuğunu tüttürdü. Sonra içeri girdi, bir sandalyeye oturdu, ve konuğuna biraz hizmet etmiş olmanın tadını çıkardı. Artık Tanrı bilir ne gibi hayallere dalıp gitmek için düşünceleri, hiç de sezilmeden başka başka konulara sürüklendi. Önce dostluğun cazibelerine, bir ırmak kıyısındaki hep bir arada geçirilen yaşamın mutluluğuna daldı. Sonra bu su yolu üzerine hemen bir köprü kurdu, kıyıya bir yüksek taraçalı konak yerleştirdi, buradan bakılınca ta Moskova bile görülüyordu ve bu taraçada akşam üstü, tatlı tatlı konuşmalara dalınarak, çay içiliyordu. Çiçikov'un yanı sıra güzel bir arabaya kurulup bir toplantıya gitti, bu toplantıda sevimli inceliği sanki büyülüyordu milleti. Ülkenin en ileri adamı Çar, eşi bulunmaz dostlarının gidişini öğrenmiş, onları generaller katına yükseltiyordu. Ne var ki Çiçikov'un garip isteği hayallerinin akışını birden kesmeye yetti. Bu işe bir türlü aklı ermiyordu; bu fikri kafasında evirip çeviriyor, daha kötüye yoruyordu; durmadan pipo içerek, akşam yemeğine kadar bunu kurdu da kurdu.

III

O sırada, Çiçikov, keyif çata çata, uzun zamandır gidiyordu ana yolda. Onun asıl illetini bir önceki bölümünden bildiğimiz için, kalkıp o saat, vücudunu ve ruhunu başkasına vermesine şaşmayacağız. Yüzünde yankılar uyandıran tasarılar, hesaplar, ölçüp biçmeler, her an yarattıkları gülümseyiş içinde belirdiğine göre, pek hoş şeyler olabilirdi. Kendini olduğu gibi düşüncelerine kaptırdığından, yolcu Çiçikov, Manilov'un adamlarının o güzel güzel karşılaşmalarından, arabacının, sağ yanda yampiri koşulmuş ata tuhaf tuhaf sözler söylediğine dikkat etmiyordu. Bu kurnaz at arabayı çeker gibi yapıyordu, oysa ötekiler, bir doru, soldaki hayvan, o saygıdeğer memurların birinden satın aldığı için, *Vergi Memuru* diye anılan kır bir at, alabildiğine çabalıyorlardı: Zevk aldıkları gözlerinden okunuyordu.

Selifan doğrularak ve tembel hayvana kırbacı indirerek:

«İstediğin kadar huysuzluk et bakalım, yutturamazsın bana!» diyordu. «İşini bil, seni gidi Alman madrabazı seni! Bak doru, namuslu bir atmış doğrusu; işini doğru dürüst görüyor; ona seve seve bir parça bol yem vereceğim; Vergi Memuru, akıllı hayvandır o da hani... Anlaşıldı! Anlaşıldı! Kulak sallayacak ne var öyle? Sana ne diyorlarsa dinle, cahil! Şu mankafaya bakınız hele, ben ona sadece güzel güzel öğütler veriyorum! Dur ulan! Ne cehenneme gidiyorsun?»

Selifan burada gene bir kamçı salladı: «Hey, uğursuz Bonapart!»

Sonra hepsine birden seslenerek, bir kamçı daha salladı: «Deh, yavrularım!» Bu kamçı bir ceza değil, bu kez bir sevinci gösteriyordu. Hayvanlara bu zevki bağışladıktan sonra gene Yampiri'ye döndü:

«Hilemi gizlemeye mi çalışıyorsun sanki? Olmaz bu, gülüm, sana saygı gösterilmesini istiyorsan doğru yoldan sakın şaşma. Bak mesela yanından geldiğimiz evin efendisine; seninkilerden kat kat iyi insanlardı! Aklı başında bir insanla konuşmaktan her zaman hoşlanırım; hemen canciğer oluruz. Çaydan, şunu bunu ziftlenmekten söz açılmayagörsün, hiç çevirmem öyle geri. Kibar kişiler herkesin saygısını kazanırlar. Bak mesela, bizim beye, duyuyorsun ya, Devlet'e kulluk ettiğinden, kendisini herkes el üstünde tutuyor; kolej danışmanı üstelik...»

Bu gibi akıl yürütmeler Selifan'ı soyut kavramlara sürükledi. Çiçikov bu konuşmalara kulak vermeye kalkmış olsaydı, dangalağın kendi hakkındaki düşüncesini öğrenmiş olurdu; ama hiçbir şeye önem vermeden öylesine kendi havasına dalmıştı ki şiddetli bir gök gürültüsü onu düşüncelerinden uyandırmaya ve çevresine baktırmaya yetti. Gökyüzüne bulutlar çöküyordu; yağmur damlaları tozlu yolu ıslatıyordu. Daha kesin ve daha yakından bir ikinci gök gürültüsü duyuldu; hemen bardaktan boşanırcasına yağmur başladı. Yağmur arabanın gövdesine önce yan yan çarptı; sonra, tepeden inme bir yön tutturarak, arabanın damında başladı tık tık etmeye. Yüzü gözü zifoslar içinde kalan Çiçikov, kalktı, ortalığa bakmaya yarayan iki küçük aralıktaki deriden perdeleri kapadı ve Selifan'a daha hızlı gitmesini söyledi. Söylevinin en can alıcı yerinde kalan arabacı, bundan böyle, dalga geçilmeyeceğini anladı. Kasasından kurşun renginde çuhadan yapılmış bir şey çıkararak, gene arkasına attı, dizginleri kavradı ve gönlü cömert çocuğun verdiği ahlak dersinin tatlı bir uyuşukluğa daldırmış gibi olduğu atları bir güzelce haşladı; atlar, artık neredeyse duracaklardı. Yalnız iki mi yoksa üç mü yol geçtiğini anımsamıyordu. Birkaç dakika düşünüp ettikten sonra, hayli yol geçtiğini anladı. Rus, nazik anlarda, kendini kafa yorma zahmetine sokmadan nasıl hep bir karar alırsa, Selifan da hayvanlarına böyle bir karar aldırdı: «Deh, yavrularım!» Ve, nereye gittiğini pek bilmeden, hayvanları ilk geçit yoluna sürdü.

Bununla birlikte sağanak sürüp gidiyordu. Tarlalar hemen çamura gömüldü; atların işi, dakikadan dakikaya daha güçleşmişti.

Sobakeviç'in köyünün henüz görülmediğine şaşırıp kalan Çiçikov, kaygıya kapıldı: Dört bir yana göz atmak istedi ama, yalnızca karanlıklar gördü.

En sonunda arabanın dışına uzanarak:

«Selifan!» diye seslendi.

«Buyur, beyim.»

«Köy filan görünmüyor mu?»

«Hayır, efendim, hiçbir şey görünmüyor.»

Ve Selifan, kamçısını sallayarak bir türkü ya da daha doğrusu bir dua, sonu bir türlü gelmek bilmeyen içli bir hava tutturdu. Rusya'nın bir ucundan öbürüne kadar atlara söylenmesi gelenekleşen cesaret verici türlü bağırışlara daldı; dilinin ucuna gelen her çeşit sıfatlarla, ve hatta «kâtipler» diye diye atları hababam terletip durdu.

Bu sırada, Çiçikov, arabanın sarsıntılarından başı kazan gibi olmuş, arabanın şimdi ekili tarlalara yöneldiğini anladı. Selifan bundan pireleniyor gibiydi ama, tek söz söylemiyordu.

«Hey, sersem, nereye götürüyorsun bizi böyle?»

«Beyim, böyle bir havada n'etmeli ki? Kamçımı bile görmüyorum!»

Araba öyle yana yattı ki Çiçikov iki eliyle tutunmak zorunda kaldı; işte ancak o zaman arabacının sarhoş olduğunu anladı.

«Dikkat et, hayvan, devireceksin arabayı!» diye bağırdı.

Selifan:

«Devirmek mi? Yok, beyim,» dedi; «kötü şeydir devirmek, hiç devirmem, rahatınıza bakın siz.»

Böyle diyerek, arabayı öbür yana eğmeye koyuldu ve öyle eğdi ki arabayı iyiden iyiye yana yatırdı. Çiçikov kendini çamur içinde buldu. Selifan atları durdurmanın yolunu buldu, adamakıllı yorgun düştükleri için atlar, zaten kendiliğinden durmuşlardı. Bu beklenmedik olay arabacıyı şaşkına çevirdi. Efendisi kendini çamurdan kurtarmaya çalışırken, o da yerinden aşağı indi, arabanın önünde iki elini şöyle kalçalarına dayadı, birkaç dakika düşündükten sonra ağzını açtı:

«Olur şey değil, devrilmiş!»

Çiçikov:

«Dut gibi sarhoşsun sen!» diye parladı.

«Sarhoş mu, beyim, şaka ediyorsunuz, sarhoş olmak iyi değildir. Bir arkadaşla çene çaldım işte o kadar; kötülük yok ya bunda... Birlikte bir iki lokma atıştırdık; iyi insanlar arasında, ne bileyim, olur böylesi.»

«Son içişinde ne dedim ki hani sana? Unuttun mu, yoksa?»

«Özür dilerim, Sayım Bayım; nasıl unutmuş olabilirim? Ben işimi bilirim. Sarhoş olmak çok çirkindir, bilmez değilim bunu. Ama iyi insanlarla bir iki laf etmek için de...»

«Sen dur hele, gösteririm iyi insanlarla konuşmayı sana ben!.. İster misin seni şöyle eşek sudan gelinceye kadar döveyim gerçekten?»

Boynu bükük Selifan:

«Boynum kıldan ince Sayın Bayım,» diye karşılık verdi. «Efendi efendidir ve kamçı cennetten çıkmadır; köylü işlerini azıtınca, onu yola getirmelidir.»

Bu mantık Çiçikov'un elini ayağını bağladı; derken, talihi yetişti imdadına: Uzaktan bir köpek havlaması duyuldu. Hemen gözü açılan kahramanımız atları sürmesini buyurdu. Rus arabacısında olağanüstü bir koku alma yeteneği vardır; görmek kendisini yanıltınca, hayvanları dolu dizgin sürer ve sonunda bir yere varır. Selifan da, ortalığı hiç görmeden arabayı köye doğru öyle körlemesine sürdü ki ancak arabanın okları çite tosladığı anda durdu, daha fazla ileri gitmenin olanaksızlığını anladı. Yağan yağmurun perdesi altında Çiçikov, bir dam seçer gibi oldu. Selifan'ı evin kapısını aramaya yolladı. Kurnaz köpekler Rusya'da kapıcıların işini görmeseydi bu arama daha da uzun sürebilirdi; yolcunun gelişi ortalığa öyle bağıra çağıra duyuruldu ki bizimki kulaklarını tıkamak zorunda kaldı. Çite bakan bir pencereden soluk bir ışık süzüldü, bu ışık bizim yolculara evin kapısını gösterdi, Selifan kapıya küt küt vurmaya başladı. Küçük kapı hemen açıldı; üzerine kaba saba bir şey almış bir kadın gölgesi belirdi, boğuk bir ses yayıldı ortalığa:

«Kim o? Bütün bu gürültü de ne demek oluyor?.»

«Yolcular, valide hanım, geceyi geçirmek için izin istiyor.»

«Gelmek için tam da saatini seçmişsin ha,» dedi. «Han değil burası, hanımefendimizin konağı.»

Selifan:

«Doğru, kötü bir saat ama, erken bastırdı karanlık,» dedi.

Çiçikov:

«Budala, kapa çeneni sen!» diye atıldı.

Yaşlı kadın:

«Peki kimsiniz siz?» diye sordu.

«Bir soylu, nineciğim.»

'Soylu' sözü yaşlı kadında olumlu bir ekti yarattı.

«Durun hele; gidip Hanım'a haber vereyim,» dedi.

Gitti ama iki dakika sonra, elinde bir fenerle geri döndü, kapı açıldı. Bir başka pencerede ışık yandı. Araba avluya girdi, karanlıkta güç seçilen, pencerelerden düşen ve su birikintilerine vuran ışığın ancak yarısını aydınlattığı, küçük bir evin önünde durdu. Yağmur ahşap damı dövüyor ve gürültülü dalgalarla alttaki bir fıçıya dökülüyordu. Bu sırada köpekler gelenlerin onuruna perde perde sesli bir konser veriyorlardı. Hele içlerinden biri, başını arkaya devirmiş, öyle uzun uzun havlıyordu ki, sanki kendisine sırf bu iş için bol keseden para verilmiş sanılabilirdi; bir başkası acele acele uluyordu; küçük bir köpeğin cırlak sesi bu çıngırak seslerinin korosuna karışıyordu; iriyarı yaşlı bir köpek, boğuk sesiyle, bas'ı ilan ediyordu; öyle ki, bir konserin en can alıcı anında, tenorlar tiz perdeden bir ses çıkarmak için ayaklarının ucunda yükselir ve bütün millet alkışlara hazırlanırken, yalnız kontrbas, pis tıraşlı çenesini boyunbağının içine gömerek ve hemen hemen yere kadar eğilerek, pencere camlarını titreten bir ses çıkarıyordu.

Böylesine usta ses sanatçıları buranın önemini kat kat çoğaltıyordu, ama bizim kahraman, sıçana dönmüş, üşümüş, soğuktan çeneleri atan kahraman, yalnızca yatıp uyumayı düşünüyordu. Araba daha henüz durmuştu ki sahanlığa atladı, sendeledi, neredeyse düşecekti. Öncekinden daha genç gibi görünen bir kadın, onu, eşikte karşıladı ve alıp odasına götürdü.

Çiçikov çevresine alıcı gözüyle bir baktı: Yol yol eski kâğıtlar; kuş resimleri, kadranına çiçek resimleri oturtulmuş bir saat; çerçeveleri bükülü yaprak biçimi eski aynalar, ama arkasına bir mektup, bir iskambil takımı, bir çorap geçirilmiş aynalar... Başka bir şey göremedi; üzerine bal sürülmüş gibi yapış yapış oluyordu gözkapakları.

Biraz sonra ev sahibi göründü; bir hayli yaşlı, başında gece başlığıyla, boynuna bezden bir yün şal atmış bir kadın: Hani o, başı oldum olası bir yana eğik, durmadan sefaletten söz açan, ama gene de konsollarının çekmecelerindeki çizgili keselerinde ucun ucun paralar biriktiren, işleri tıkırında kadınlardan biri. Keselerin birinde rubleler vardır; ötekinde elli kapiklik paralar;

üçüncüsünde yirmi beş kapiklik bozukluklar durur. Bununla birlikte konsolda çamaşırdan, geceliklerden, yün yumaklardan, zamanı gelince bir bayram anısı olsun diye çörekler ya da şekerlemeler yaparken kullanılan ya da yanıp giden giysinin yerini tutsun diye, bir köşeye atılmış sökük bir hırkadan başka bir şey bulunmaz. Ama bu pek su götüren bir olasılıktır; bunamış kadın işlerinde titizdir, ve hırka uzun zaman öyle sökük kalır, bu da başka öteberi ile birlikte, vasiyete göre, dul bir kız kardeşin kızına devredilmek üzere durur da durur.

Çiçikov böyle çıkagelişinden ve rahatsızlık verişinden özür diledi.

Temiz yürekli kadın:

«Yok canım, yok canım,» dedi, «beni rahatsız etmiyorsunuz! Ne müthiş havada yola çıkarmış Tanrı! Yağmur yağıyor; rüzgâr esiyor, gök gürlüyor!.. Besbelli bir şeyler yemek istiyorsunuzdur, ama böyle bir saatte, bir şeyler hazırlamak olanaksız...»

Garip bir ıslık sesi söylevi kesti. Bir yılan akınından kuşkulanan Çiçikov, başını kaldırdı, ama saatin çın çın çalmaya başladığını görerek hemen aklını başına topladı. Islığı bir hırıltı kovaladı; en sonunda guguk, her şeyi veryansın ederek, kırık bir çanağa indirilmiş sopalara benzer seslerle ikiyi bildirdi; bundan sonra sarkaç gene o tik-taklı salınımına başladı.

Çiçikov yalnızca bir yatak istediğini bildirerek ev sahibine teşekkür etti. Kalkıp gene de bulunduğu yeri sordu; Bay Sobakeviç'in toprakları uzak mı diye? Yaşlı kadın bu adı taşıyan hiçbir çiftlik sahibi tanımadığını, galiba böyle birinin olmadığını söyledi.

Çiçikov:

«Ama herhalde Manilov'u tanırsınız?» diye sürdürdü.

«Manilov mu? Kim ola bu?»

«Bir çiftlik sahibi anacığım.»

«Hayır, tanımıyorum; bizim çiftlik sahiplerinin hiçbirinin böyle bir adı yoktur.»

«Peki kimler var buralarda?»

«Bobrov, Svinin, Kanapatyev, Harpakin, Trepakin, Pleşakov.»

«Zenginler mi?»

«Ne gezer! Yirmi, otuz canları var; hiçbirinin yüze yakın canı yok öyle.»

Çiçikov ıssız bir yere düştüğünü anladı.

«Başkentten uzak mıyız?»

«Altmış verst kadar çeker. Size yiyecek bir şey çıkaramadığıma üzülüyorum! Bari çay içseniz ya?»

«Teşekkür ederim, anacığım. Yalnızca bir yatak istiyorum.»

«Bu kadar uzun yoldan sonra yatıp uyumalısınız hani.Şuraya, Sayın Bayım, şu kanepeye yerleşin... Fetina, şilte, bir döşek, bir yastık getir. Hey Tanrım, ne hava bu! Gök nasıl da gürlüyor böyle... İkonların önüne akşamdan bir mum yaktırdım. Ah, efendim, ah, sırtın ve yanların bir yaban domuzununkiler gibi çamura batmış. Nerede kirlettin üstünü başını böyle?»

«Bereket sadece çamura battım! Tanrı'ya şükür kaburga kemiklerim kırılmadı!»

«Hey Allahım, ne kaza! İstersen sırtını ovsunlar?»

«Teşekkür ederim, teşekkür ederim. Fazla zahmet etmeyin. Ama söyleyin de hizmetçiniz giysilerimi kurutsun.»

Ev sahibi, elinde bir mumla eşikte görüldükten sonra, gidip bir döşek getiren ve iki eliyle bunu kabartarak döverken, odayı tüylere boğan kadına:

«Duyuyorsun ya, Fetina,» dedi, «beyefendinin ceketini ve çamaşırlarını al; zavallı ölen kocamın zamanında yaptığın gibi ateşin başında kurut sonra da güzelce tozunu silkip temizle.»

Fetina, şilteleri ve yastığı yerine yerleştirirken:

«Başüstüne, hanımefendi,» dedi.

Ev sahibesi:

«Yatağın hazır işte! Allah rahatlık versin, efendim,» dedi. «Başka bir şey ister misin? Belki uyumadan önce ayaklarının tabanını kaşıtırsın? Bizim rahmetli hep böyle yapardı da.»

Yolcunun bu ayak tabanını kaşıtma önerisini geri çevirmesi üzerine, yaşlı kadın odadan çıktı. Çiçikov acele acele soyundu ve sırılsıklam olmuş çamaşırlarını Fetina'ya verdi, Fetina bu ıslak giysileri aldı, kendi hesabına, hayırlı geceler diyerek çıkıp gitti. Tek başına kalan kahraman, tavana kadar yükselen yatağına keyifli keyifli baktı: Fetina şilteleri kabartmada ustaydı. Bir sandalyeye basarak bu yatağa çıktı; yatak, odanın dört bir yanına tüyler saçarak bizimkinin altında yerle bir oldu. Mumu üfledi, basma yorganın altına girdi ve hemen uyudu.

Ertesi sabah oldukça geç uyandı. Güneş pencereden tam gözlerine düşüyordu; duvarların üzerinde ve tavanda dünden uyuyakalmış sinekler, şimdi hep birden yolcuya çullanıyorlardı. Biri dudağına, biri kulağına, bir üçüncüsü de gözüne konuyordu; bir başkası ise burun deliğinin içinde vız vız etme küstahlığını gösterdi, ve böylece uyuyanın uykusunu piç eden bir aksırma yarattı. Odayı gözden geçirdiğinde, tabloların sadece kuşları temsil etmediklerini gördü: İçlerinde Kutuzov'un bir portresi ile İmparator Pavel Petroviç zamanında giyilenler gibi, kırmızı kollu üniforma giymiş bir ihtiyarın, yağlıboya resmi de vardı. Saat ıslık çaldı, onu vurdu; ara kapıda hemen kaybolan bir kadın yüzü belirdi, çünkü Çiçikov daha rahat uyumak için anadan doğma soyunup yatmıştı. Yüz ona bilinmedik bir yüz gibi gelmedi; başından geçenleri bir bir düşünerek bu yüzün ev sahibinin yüzü olduğunu çıkardı. Gömleğini giydi; kurutulmuş ve temizlenmiş giysileri kendisini bekliyordu. Giyindi, bir aynaya yaklaştı, derken öyle bir aksırışla aksırdı ki çok basık pencerenin yanında duran bir babahindi, o kendi garip diliyle bizimkine çabuk çabuk birkaç söz söyledi, ki bunlar besbelli şu anlama geliyordu: *Hoş geldiniz!*

Çiçikov hayvana aptal dedi gözlerinin önüne serilen manzarayı inceledi. Pencere besbelli kümese bakıyordu; kümesin altında uzanıp giden dar avlu baştan başa evcil hayvanlarla dolmuştu. Tavuklarla hindiler kum gibi kaynıyordu; içlerinde bir horoz ibiğini oynata sallaya ve sanki birine kulak veriyormuş gibi başını yana eğerek dolaşıyordu. Burada yavrularıyla birlikte bir dişi domuz da vardı; bu dişi domuz, bir çöp yığınını eşeleyen bir civcivin hesabını gördü ve hiçbir şey olmamış gibi gene karpız kabuklarını kemirmeye devam etti. Bu küçük avlu bir çitle çevrilmişti, çitin ardında lahana, soğan, patates, pancar ve türlü türlü sebzeler ekili büyük bir bahçe uzanıyordu. Bahçenin içinde yer yer birkaç elma ağacı ile bazı yemiş ağaçları bulunuyordu; ağaçları saksağanlara ve bulut halinde oradan oraya uçan serçelere karşı ağlar koruyordu. Gene bunun için olacak, kolları şöyle iki yana açık birkaç korkuluk dikilmişti; bunlardan; birinin başına ev sahibinin bir başlığı oturtulmuştu. Sebze bahçesinden sonra sıra sıra köy evleri başlıyordu. Çiçikov gene şuna dikkat etti ki derli toplu oluşlarına bakılırsa içlerinde oturanlar hiç de yoksul sayılmazdı: Her dam yenilenmişti, hiçbirinin yana devrik kapısı filan yoktu öyle, ambarların önünde hemen hemen yeni sayılabilecek iki ya da üç yük arabası duruyordu.

Bu yerlerin hanımı ile daha yakından tanışmaya karar veren kahramanımız, içinden, bak hele! güzel de bir yermiş! diye geçirdi. Kapının aralığından başını uzattı, ve ev sahibinin çay içmek üzere olduğunu görünce, tatlı ve sevinçli bir yüzle doğruca kadına ilerledi.

Kadın yerinden doğrularak:

«Günaydın, bayım, iyi uyudunuz mu?» diye sordu. Üstü başı dünkünden daha düzgündü, koyu renkli bir elbise giymişti, başında başlığı yoktu; ama gene her zamanki gibi boynu sarılıydı.

Bir koltuğa yerleşirken Çiçikov:

«Çok iyi, çok iyi uyudum,» diye karşılık verdi. «Ya siz valide hanım?»

«Fena, sayın bayım.»

«Neden öyle?»

«Uykusuzluktan patlıyorum. Yanlarımda kırıklıklarve topuk kemiğimin altında sancılar var.»

«Geçer, efendim geçer. Merak etmeyiniz.»

«Geçer inşallah! domuz yağı ve terebentinle ovuyorum. Çayı neyle içersiniz? İşte bir sürahi meyveli votka var.»

«Olur, valide hanım.»

Okur umarım ki, nazik haline karşın, Çiçikov'un ev sahibi

hanıma, Manilov'a olduğundan daha serbest davrandığına ve çok daha içli dışlı konuştuğuna dikkat buyurmuştur. Şunu belirtmek gerekir ki Rusya'da, bazı işlerde yabancılardan gene de geride kaldığımız halde, iş çevirme sanatında onları kat kat geçeriz. Bütün bu konuşmaları ve özellikleri ne Fransız anlar, ne de Alman; böyleleri milyonerlerin önünde bütün kalbiyle alttan alırlarsa da, onunla gene tütüncü ile konuştukları sesle konuşurlar. Bizde ise bu böyle yürümez. Bizim çulsuzlar iki yüz canlı bir beye üç yüz canlı bir çiftlik sahibine verdiğinden daha başka kara haberler verir; beş yüz canlı beyle konuştuğu dili ona karşı kullanmaz ve sekiz yüz can sahibine gene başka ağız yaparlar; hele milyona yükselin, gene ayrılıklar bulurlar. Bir devlet dairesi düşünelim. Ama burada değil, yeryüzünün bir ucunda olsun. Bu daireninin şefini ele alalım; bu adamın yanındaki küçük memurların ortasında çalım satışına bakalım: korkudan dilimiz tutulur! Bir Prometeus gibi poz verebilir! O ne tavırdır, ne çalımlı yürüyüştür o! Sanki bir kartal. Ama koltuğunun altında evrakla, müdürünün odasına gitmek üzere, daha odadan çıkar çıkmaz, keklik olur kartal. Toplum içinde, orada bulunan kişiler küçük rütbeden iseler, Prometeus gene Prometeus kalır. Ama orada az üstün rübede birine rastladı mi, benim Prometeus'um Ovide'in bile hiç düşünemediği bir değişim geçirir: Bir sinek olur, ne sineği, bir kum tanesi! Onu görünce:«İvan Petroviç değil bu! dersiniz. İvan Petroviç hiç gülmez, uzun boylu ve yüksek düşüncelidir, oysa bu bodur sıska hep gülüyor ve bir kuş gibi ötüyor.» Yaklaşınız, İvan Petroviç'i tanırsınız. Hay Allah, hay Allah! diye düşünürsünüz...

Şimdi gene kahramanlarımıza dönelim. Çiçikov, gördüğümüz gibi, hiç sıkılmadan saldırıya geçmeye karar vermişti. Çay ibriğini aldı, içine bir bardak meyveli votka boşalttı ve sert sert konuştu:

«Hanımcığım, çok güzel bir yeriniz var. Bu köyde ne kadar can yaşamakta?»

Ev sahibesi:

«Olsun olsun da seksen kadar,» dedi. «Ne yazık ki zamanlar kötü: Geçen yıl çok fena geçti; Tanrı böylesini başımıza vermesin!»

«Ama köylülerinizin görünüşü iyi; evleri sağlam... Bana adınızı söyleyebilir misiniz? O kadar geç geldim ki gece... Sormayı akıl edemedim.»

«Adım Koraboçka, kocam kolej başkâtibiydi.»

«Teşekkür ederim.Ya baba adınız?»

«Nastasya Petrovna.»

«Nastasya Petrovna. Ne güzel ad! Benim bir teyzem var, annemin kız kardeşi, onun da adı aynıydı.»

Çiftlik sahibi kadın:

«Ya sizin adınız, efendim, sizin adınız ne?» diye sordu. «Sanırım vergi memurusunuz?»

Çiçikov gülümseyerek:

«Yok, anacığım, vergi memuru filan değiliz; kendi işlerimiz için gezip dolaşıyoruz.»

«Ya! Ticaret yapıyorsunuz demek! Ne yazık ki balımı tutup yok pahasına tüccarlara kaptırdım! Herhalde satın alırdınız benden.»

«Bal mı? Hayır, almazdım.»

«Ya ne alırsınız? Kenevir, değil mi? Kenevirim az kaldı şimdi. Pek pek yirmi ölçek.»

«Hayır, valide hanım, başka ticaretten söz ediyorum ben. Söyleyin bana bakalım, çok köylü yitirdiniz mi?»

Yaşlı kadın:

«Ah, babam, on sekiz kişi!» diye içini çekti. «Hepsi de neşeli insanlardı, iyi işçilerdi hem! Başkaları doğdu, doğmasına. Ama bu kadarla ne yapılır ki? Vergi memuru geldi can vergisi almaya, sanki hepsi de hâlâ yaşıyorlarmış gibi. Geçen hafta demircim yandı, elinden çilingirlik de gelen yaman bir adamdı!»

«Bir yangın mı oldu?»

«Tanrı korusun! Yangın da kötüdür ha! Kendi kendine yandı, babam. Bir sarhoştu o, içi dışı ateş aldı; mavi mavi bir alev çıktı ağzından ve vücudu yandı yandı, kömür gibi kararıp kaldı... Halbuki ne demirciydi ama! Evimde elim kolum bağlı kaldı işte. Atlarımı nallatmak için kimsem yok.»

Çiçikov:

«Her şey düzelir, anacığım,» dedi, «Tanrı'ya karşı gelemeyiz ki... Peki, Nastasya Petrovna, bana versenize bunları.»

«Kimleri, babam?»

«Şey! Bütün bu ölüleri, işte.»

«Nasıl olur?»

«Olur işte... Evet, isterseniz, satın bana onları. Parasını tıkır tıkır sayarım.»

«Pek anlamıyorum. Ölüleri mezardan çıkarmak mı istiyorsun?»

Bu anlayışsızlık karşısında Çiçikov, gerekli birkaç açıklamada bulundu. Birkaç sözcükle satışın ve anlaşmanın sırf kâğıt üzerinde olacağını hanıma anlattı. Canlar yaşıyorlarmış gibi işlem görmüş olacaktı.

Bunak kadın, gözlerini iri iri açarak:

«Ne yapacaksın bu ölüleri?» dedi.

«O benim bileceğim iş.»

«Ama ölü bunlar!»

«Kim aksini söylüyor zaten? İşte sırf bu yüzden bu ölülerin zararını çekiyorsunuz. Onlara can vergisi vermek zorundasınız. Bütün bu sıkıntı ve zararlardan yakanızı kurtaracağım, hem de üstüne on beş ruble vereceğim size. Anlaşıldı mı?»

Yaşlı kadın bir sessizlikten sonra:

«Size ne diyeyim bilmem ki,» dedi. «Ben şimdiye kadar hiç ölü canlar satmadım.»

«Öyle! Ölü canlar satmış olsaydınız gerçek bir mucize olurdu bu. Bu ölülerden dişe dokunur bir şey mi çıkarılır diye düşünüyorsunuz?»

«Böyle bir şey düşünmüyorum! Ölüden ne beklenir ki? Beni sıkan nokta da, zaten bunların öbür dünyayı boylamış olmaları.»

Çiçikov içinden, kadının kafası kalın diye geçirdi.

Yeniden yüksek sesle:

«Hele düşünün şöyle bir parça, anacığım,» dedi, «ölüye

sanki yaşıyormuş gibi vergi verirken ananızdan emdiğiniz burnunuzdan geliyor...»

Yaşlı kadın:

«Ah, bana bundan söz etmeyin!» diye sözünü kesti. «On beş gün önce, yüz elli rubleden fazla para ödedim!.. Vergi memuruna üstelik rüşvet de verdim...»

«Görüyorsunuz işte! Bakın, düşünüp taşının, artık vergi memuruna rüşvet vermek zorunda kalmayacaksınız! Ben ödeyeceğim, yoksa siz değil artık; bütün vergileri üzerime alıyorum, giderleriyle birlikte, anlaşma yapabiliriz. Anlıyor musunuz?»

Bunak kadın düşünüyordu. İş kendisine kârlı geldiği halde, yeniliği onu ürkütüyordu; gece yarısı, Tanrı bilir ta, nerelerden gelmiş bu alıcı kendisini aldatmak mı istiyordu ne!

Çiçikov:

«Haydi, anacığım, anlaştık mı?» diye sordu.

«Doğrusu ya, Beyim, ben şimdiye kadar ölüler satmaya hiç fırsat bulamadım. Canlılara gelince, başka iştir bu; iki yıl önce, iki rubleye, Protopopov'a iki kız sattım, adam çok memnun kaldı. İkisi de eline çabuk işçilerdi: Peçete örmesini de bilirlerdi.»

«Canlıları bir yana bırakalım; yüce Tanrı yollarını aydın etsin onların! Ben size ölülerden söz açıyorum.»

«Doğrusunu isterseniz, ben ilk işte, zarara girmekten çekiniyorum. Belki aldatırsın beni? Belki daha fazla ederler?»

«Olacak şey mi hiç? Ne değerleri olabilir ki? Sırf toz toprak. Düşünün: Basbayağı toz toprak! Gereksiz bir şeyi, sözgelimi pis bir bulaşık bezini ele alın, bunun her zaman için bir değeri vardır: Bir kâğıt fabrikasına satabilirsiniz. Ama bunlar, bu ölü canlar neye yarar ki? Haydi, söyleyin.»

«Doğru, hiçbir şeye yaramaz. İşte canımı sıkan nokta da, zaten bunların ölmüş olması.»

Sabrı taşmaya başlayan Çiçikov içinden, vay anasını! Ne kalın kafaymış! dedi. Gel de anlaş bununla! Melun kadın, beni ter içinde bıraktı.

Cebinden mendilini çıkardı ve terli alnını sildi. Kızmakta çok haksızdı; pek saygıdeğer kişiler, devlet adamları tıpkı Bayan

Koraboçka gibi davranırlar. Kafalarına bir şey soktular mı, bunları akıllarından çıkarmak olanaksızdır! Gün gibi pırıl pırıl kanıtlar gösterin, bir lastik topu geri çeviren bir duvarın o inatçı karşı koyuşuna tutulurlar, bu işte. Terini sildikten sonra Çiçikov, kadını bir başka biçimde yola getirmeye kalktı.

«Sayın hanımcığım,» dedi, «ya sözlerimi anlamak istemiyorsunuz ya da bir şey söylemek için ille böyle konuşuyorsunuz... Ben size çil çil on beş ruble veriyorum. Anlıyor musunuz? Para demişler buna. Sokakta bulamazsınız. Bakın, açık söylüyorum, balınızı kaça sattınız?»

«On yedi kilosu on iki rubleye.»

«Yalan konuşmak günahtır, anacığım, hiç de bu paraya satmadınız.»

«Vallahi öyle.»

«Peki! Ama baldır bu. Toplanması bir yıllık uğraşmanıza, didinmenize, oraya buraya koşmanıza patladı belki; arılarınıza bütün bir kış mahzende bakmak zorunda kaldınız. Ölü canların ise bu dinine yandığım dünyada hiçbir güçlüğü yoktur öyle. Bu işte hiç mi hiç yorulmadınız; Tanrı'nın emriyle, başınıza işler aça aça göçüp gittiler bu dünyadan. Öbür işinizde, çalışıp etmeniz size on iki ruble getirdi; bu işte ise bedavadan on beş ruble alacaksınız, hem de, şöyle gıcır gıcır kâğıt paralar!»

Bu kadar sağlam kanıttan sonra, Çiçikov işi başardığına inanıyordu.

Ev sahibi kadın:

«Doğru olmasına doğru ama,» dedi, «ben şunun şurasında deneyimsiz zavallı bir dulum. Bir parça beklesek daha iyi; belki başka müşteriler gelir; fiyatları öğrenirim.»

«Ayıp! Ayıp! Valide hanım, ne diyorsunuz böyle! Aklınızı başınıza toplayın! Kim kalkar da ölüleri satın almak ister? Zaten ölüler ne işe yarayabilir ki?»

Yaşlı kadın:

«Kim bilir? Tarla işleri için belki de...» dedi.

Ama sözünü tamamlamadan, ağzı açık, ne diyeceğinden korka çekine, Çiçikov'a baktı.

«Vah! Vah! Gece ölüleri, sebze bahçenizdeki serçeleri korkutmak için korkuluk diye mi kullanacaksınız?»

Kadın istavroz çıkararak:

«Tanrı korusun bizi! Ne korkunç söz ediyorsun böyle!» diye bağırdı.

«Peki ölüleri ne yapmayı düşünüyorsunuz? Zaten, kemiklerle mezarlar şuracıkta işte. Hepsi de size kalıyor: Satış sırf kâğıt üzerinde olacak. Nasıl, anlaşıyor muyuz? Haydi, haydi, bir şey söyleyin!»

Yaşlı kadın düşüncelere daldı.

«Ne düşünüyorsunuz, Nastasya Petrovna?»

«Karar veremiyorum; siz benden en iyisi kenevir satın alın.»

«Kenevir ha! Ayol ben sizden neler istiyorum, siz ise bana kenevir sokuşturmaya bakıyorsunuz! Bunu şimdi bir yana bırakalım, bir başka sefer görüşürüz. Haydi, ne diyorsunuz Nastasya Petrovna?»

«Vallahi, olmaz; bu çok tuhaf bir ticaret; aklım ermez böylesine.»

Artık canına tak eden Çiçikov, kalktı, bir sandalyeyi yakaladı ve kadına, «şeytan götürsün seni!» diyerek sandalyeyi hırsla yere çaldı.

Şeytan sözü kadını çok korkuttu.

Yüzü sapsarı kesilerek:

«Allahaşkına, onun adını ağzınıza almayın!» diye bağırdı. «Önceki gün, o melunu bütün gece düşümde gördüm. Akşam duasından sonra iskambil falı açayım demiştim; Tanrı onu başıma, kuşkusuz beni cezalandırmak için saldı. Korkunçtu: Bir boğanınkilerden daha uzun boynuzları vardı şöyle.»

«Düzinelerle görmezseniz şaşarım! Saf bir Hıristiyan merhametiyle hareket ediyorum; içimden: 'İşte başı darda kalan bir dul!..' diyordum. Ama şimdi, içinizi yiyebilirsiniz, siz de yere batın, bütün köyünüz de yere batsın!»

Kadın konuğuna korkulu bir bakış fırlatarak:

«Ne acı sözler bunlar!» dedi.

«Elbette ya! Sizinle hangi sözlerle konuşalım ki? Sözüm

meclisten dışarı, samana yatmış bir sokak köpeğine benziyorsunuz, ne kendi yer, ne de başkalarına yedirmek ister. Ben sizden asıl çeşitli tarım ürünleri almak istiyordum; çünkü devletin zaman zaman müteahhitliğini yaparım ben.»

Bu suya sabuna dokunmayan, hazırlop yalan, beklenmedik bir başarı sağladı. Devlet müteahhitliği sözü Nastasya Petrovna'da derin bir etki yarattı; yalvarırcasına bir sesle konuştu:

«Neden parlıyorsun? Bu kadar çabuk sinirleneceğini bilmiş olsaydım, seninle dik konuşmazdım.»

«Kızmak mı? Gel de kızma! Sinek küçük ama mide bulandırır!»

«Peki, öyle olsun, ölüleri on beş rubleye bırakıyorum, ama bak, babam, öbür işlerinde de beni düşün; çavdar ya da kara buğday ununa, bulgura, davara, gerek duyarsan, n'olur unutma beni.»

«Kuşkusuz, anacığım, kuşkusuz!»

Ve bunu söylerken, yüzünde üç yoldan akan teri eliyle sildi.

Bundan sonra kadına, anlaşma ve benzeri işler için kentte bırakabileceği bir vekili olup olmadığını sordu.

Bayan Koraboçka:

«Ne demezsin!» dedi. «Başpapaz Kiril Baba'nın oğlu var, mahkemede yazıcı.»

Çiçikov ona bir vekâletname yazmasını rica etti, bütün zorluğu ortadan kaldırmak için de bunu kendisi yapmaya başladı.

Bu sırada bayan Koraboçka şöyle düşünüyordu, devlet adına unumu ve davarımı alırsa, ne iyi iş olur! Herifin yüzüne gülmeli bari! Dün geceden yufka kalmıştı; gidip Fetina'ya söyleyeyim de börek yapsın bize, bir de yumurtalı pasta donatsın; gayet güzel yapar bunu ve pek öyle zaman da almaz.

Ev sahibesi bu tasarıyı yerine getirmek ve bunu öbür mutfak işleri arasına sıkıştırmak üzere dışarı çıkarken, Çiçikov da sandığından gerekli kâğıtları almak için geceyi geçirdiği odaya girdi yeniden. Oda şimdiden derlenip toplanmış, rahat döşek götürülmüş, kanepe önüne üzeri örtülü bir masa konmuştu. Sandığını bu masaya koydu ve bir parça durup dinlenmek yerinde olur diye düşündü, gömlekten çoraplara varıncaya kadar, kuru bir yanı kalmamıştı çünkü.

Bir parça dinlendikten sonra:

«Hey cadı karı, ne hale soktun beni!» dedi.

Bundan sonra sandığını açtı. Yazar bu sandığın biçimini ve içyüzünü bilmek isteyen oldukça meraklı okurlar bulunduğuna emindir. Niçin bu okurların merakını gidermeyeyim? Ortada, bir sabun gözü; arkasında, usturalara ayrılmış beş altı oyuk, kalemlere, mühür mumuna ve başka uzunca şeylere tahsis edilmiş uzun bir bölme ile mürekkep hokkası ve rıh kutusu için dört köşe iki küçük göz; sonra, daha kısa şeyler: kartvizitler, ölüm kâğıtları, katlanmış ve ani olarak saklanmış tiyatro biletleri için ayrılmış, kapaklı kapaksız, türlü türlü bölmeler. Bütün bu bölüm kaldırılabilir ve altında kâğıtlarla dolu bir yer görülebilirdi. Burada da, sandığın köşelerinden biri üzerinde, para için gizli bir göz vardı; içinde tam ne kadar para olduğu öğrenilmesin diye açılıp kapanabiliyordu.

Çiçikov, hemen kalemini yonttu ve işe koyuldu. Bu sırada, ev sahibesi gene damladı içeri.

«Ne hoş sandığın var böyle, babam. Moskova'dan aldın değil mi?»

Çiçikov yazmaya devam ederek:

«Moskova'dan» diye karşılık verdi.

«Anlamıştım: Yalnız orada iyi mal yapılır. İki yıl önce kız kardeşim, bana oradan çocuklar için körüklü çizmeler getirmişti; hâlâ sapasağlamlar.»

İçi, doğrusu ya, tıka basa dolu olan kutuya bir göz attıktan sonra:

«Aman Allahım, ne güzel damgalı kâğıdın var öyle!» diye sürdürdü. «Bir yaprak da bana verebilir misin; benim yok, bir dilekçe yazmaya kalktım mı, neye yazacağımı bilemiyorum.»

Çiçikov ona, anlaşmalarda kullanılan bu kâğıdın, dilekçe için uygun olmadığını açıkladı; gene de içi rahat olsun diye bir ruble değerinde bir kâğıt verdi ona. Düzenlenen vekâletnameyi tutup imzalasın diye uzattı ve ölenlerin bir listesini istedi. Kadında liste yoktu, kütük defteri filan da tutmuyordu, ama bütün adları ezbere biliyordu. Bunları yazdırttı; kahramanımız bu adları yazmadan önce hep şöyle bir duralıyordu. Hele sıra *Ayaklarını-Tabağa-Sok* Piotr Savelyev'e gelince aklını kaçıracak gibi oldu.

«Bir türlü bitmiyor! Yaz yaz bitmiyor.»

Birine göbek adı olarak *İnek-Tuğlası* deniyor, öteki ise yalnızca *Tekerlek* İvan diye anılıyordu. İşini bitirdiği zaman, birkaç kez derin derin soluk aldı ve erimiş tereyağının o imrendirici kokusunu duydu.

Ev sahibesi:

«Biraz bir şey yemek ister misiniz?» dedi.

Çiçikov arkasına döndü ve masa üzerinde neredeyse bir tek kuş sütünün eksik olduğu bir kahvaltı gördü: Mantarlar, gözlemeler, sahanda yumurtalar, hamurlu börekler, puf börekleri, şekerli ve yumurtalı börekler, türlü türlü lokmalar: Ağzınıza layık soğanlı, haşhaşlı, beyaz peynirli, balıklı börekler...

Ev sahibesi:

«Yumurtalı bir börek alın tadına bakın!» dedi.

Çiçikov böreğe uzandı, ve yarısından az fazlasını yedikten sonra tadını iyi bulduğunu söyledi. Börek, doğrusunu söylemek gerekirse, aslında güzel olan börek, bu kadar yorgunluğun üzerine daha da lezzetli geliyordu.

Sevimli kadın:

«Ya puf böreklerine ne buyrulur?» diye sordu.

Çiçikov, karşılık olarak, üç parça puf böreği alıp katladı, erimiş tereyağına iyice buladıktan sonra mideye indirdi, dudaklarını ve ellerini sildi. Bu işi üç kez daha yeniledikten sonra, ev sahibi kadına arabasını hazırlatmasını rica etti. Nastasya Petrovna hemen Fetina'ya emir verdi, dönüşte daha sıcak puf börekleri getirmesini söyledi.

Çiçikov bir tabak dolusu yeni gelmiş böreğe bakarak:

«Puf börekleriniz, Bayan, hani, çok güzel olmuş!» dedi.

«Evet, fena yapmayız; ama ne yazık, bu yıl un iyi değil...»

Çiçikov'un şapkasını aldığını görünce:

«A, Beyciğim, ne acele ediyorsunuz?» dedi. «Araba henüz hazır değil.»

«Neredeyse hazır olur. Arabacım uyuşuk değildir.»

«Öyle olsun, satın alma işinde beni unutmazsınız, değil mi?»

Çiçikov sofadayken:

«Hiç unutur muyum!» diye karşılık verdi.

Ev sahibesi ardı sıra gelerek:

«Acaba domuz yağını almaz mısınız?» diye sordu.

«Neden almayalım? Ama, daha sonra,»

«Noel'e kadar yaparım.»

«Anlaştık. Her şey alırım sizden, fırsat düşerse domuz yağı da alırım.»

«Belki kuştüyü de istersiniz? Küçük Perhiz'e kadar hazırlarım.»

«Tamam, tamam.»

Merdiven sahanlığına vardıkları zaman ev sahibesi:

«Bak, gördün mü, babam, araban hazır değil daha,» dedi.

«Hazır olur. Ama, gösterin bana, ana yola nereden çıkalım?»

«Anlatması zor, yığınla sapak var. En iyisi yanına bir kız katayım; kıza arabacının yanında bir yerin vardır elbet?»

«Tabii var!»

«Öyleyse, sana yolu bilen birini veririm. Ancak kızı kaçırmaya kalkma ha! Geçenlerde tüccarlar kaçırdılar birini.»

Çiçikov bu konuda Bayan Koraboçka'ya söz verdi. Kadın da hemen avlusunu incelemeye koyuldu. Gözlerini tahtadan bir tas balla, kilerden gelen kâhya kadına dikti, derken kapıda beliren bir köylüye baktı ve yavaş yavaş kendini çiftlik yaşantısının hayhuyuna kaptırıp gitti.

Peki ama bir Koraboçka üzerinde bu kadar zaman öldürmek de niye sanki? Bayan Koraboçka'yı, Bayan Manilov'u, çiftlik yaşantısını, ıvır zıvır yaşamı geçelim bir kalem! Yeryüzü garip şeylerle dolu. Yalnız bunlar üzerinde öyle inceden inceye durulunca, neşeli manzaraların altında hüzün yattığı görülür; o zaman aklınızdan ne türlü delilikler geçer, Tanrı bilir. Belki şunu bile dilinizin ucuna getirirsiniz: «Aman canım, şu Koraboçka'nın insanlık ölçüsünde çok düşük bir değeri mi var sanki? Onu, bakırlar, akajular, halılar bulunan, içinde çalım sattığı demir parmaklıklı güzel bir merdiveni olan soylu konağın duvarları arkasına gömülmüş kız kardeşinden ayıran uçurum, acaba bu kadar derin mi? Soylu kadın dediğin, zekâsını bilmem kimin karşısında gösterebilmek ve bütün o ince düşüncelerini bir bir anlatabilmek için, bir soylunun ziyaretini beklerken, sonu getirilmemiş bir kitabın sayfalarını çevire çevire esner. Ve sekiz günlük modanın kurbanı olan bu düşünceler, gerçeklerin tam bir bilgisizliği ile, daha doğrusu Fransa'da beklenen hükümet darbesi ya da Katolik dünyasının son düşünceleri ile karışmış olan ev işlerine hiç benzemezler. Geçelim bunları! Neden bu düşünceler?.. Ve neden, o boş sevinç anlarında içimize hüznün çöküverdiğini duyarız sanki? Gülüş dudaklarımızda donup kalır, yüzümüz kızarır ve değişip bambaşka biri olup çıkarız hemen...

Çiçikov en sonunda arabanın geldiğini görünce:

«Tamam! İşte araba, işte araba!» dedi. «Ahmak herif, ne cehennemin dibine gittin böyle? Gene içe içe sızıp kaldın mı yoksa?»

Selifan bu söze karşılık vermedi.

«Allahaısmarladık, anacığım! Hani, o yanımıza katacağınız kız?»

Ev sahibesi, avluda duran, üstüne aptalcasına kalın bir basma giysi giymiş ve uzaktan bakılınca çizme gibi görünen, taze çamurlara belenmiş çıplak ayaklarıyla on bir yaşlarında bir kıza:

«Hey, Pelageya!» diye bağırdı. «Gel buraya Pelageya, beyefendiye yolu göster.»

Selifan küçük kızın oturmasına yardım etti. Önce bir ayağını basamağa attı, basamak çamur içinde kaldı; sonra arabacının yerine tırmandı ve yanına oturdu. Onun arkasından Çiçikov, aşırı derecede ağır olduğundan arabayı sağa doğru devirmek istermişçesine basamağa bastı, yerine yerleşip şöyle konuştu:

«Şimdi tamam. Allahaısmarladık, anacığım.»

Atlar fırladı.

Bütün yol boyunca Selifan, yüzü bir karış asık, ama kendi işine dikkat ediyordu; suç işledikten ve kafayı çektikten sonra hep böyle yapardı. Atlar şaşılır derecede iyi tımar edilmişti. O zamana kadar hep yırtık olan ve derilerin arasından tahta kısımları görülen hamutlardan biri ustaca onarılmıştı. Bu sefer Selifan susuyor ve atlara sövüp saymak ve kırbacını şaklatmakla yetiniyordu; oysa Kula atı, dizginler geveze arabacının ellerinde sallandığı, kamçı ise sırf iş olsun diye sırtları okşadığı sürece belli sözler duymaya istekli görünüyordu. Ama bugün dudaklarından tekdüze mızmız ünlemler dökülüyordu: «Dur dur hele sen, ben sana gösteririm esnemeyi!» Doru atla Vergi Memuru da o her zamanki: 'Yavrularım', 'kuzularım'ı duymadıkları için üzgün duruyorlardı. Kula etli kulaklarındaki yakıcı kamçı izlerinden huylanıyordu: vay canına, kim bu herifin bugün damarına bastı, diyordu kulaklarını kısarak içinden. Vuracağı yeri iyi seçiyor, doğrusu! Sırtıma vurmuyor da, ya kulaklarıma ya da karnımın altına indiriyor kamçıyı!

Selifan kız çocuğuna, yağmurdan pırıl pırıl parlayan, yemyeşil çayırlar arasında gözden silinip giden bir yolu kamçısıyla işaret ederek:

«Nasıl, sağa mı sapacağız?» diye sordu.

Çocuk:

«Yok, yok, ben gösteririm sana,» diye karşılık verdi.

Dönemece geldikleri zaman Selifan:

«Şimdi ne yana?» diye sordu.

Kız elini uzatarak:

«Te şuraya!» karşılığını verdi.

Selifan:

«Anlaşıldı, demek sağa!» dedi. «Bak sen küçük aptala, sağını solunu bilmiyor.»

Hava güzel olmasına karşın, toprak yağmurla o kadar ezilmişti ki tekerlekler, arabayı iyice ağırlaştıran bir çamur topağına gömüldü; toprak zaten killi ve son derece yapış yapıştı. Bu iki nedenle yolcularımız, öğleden önce köy yolundan dışarı çıkamadılar. Kız olmasaydı, hiç iş göremez, yengeçlerin bir torbadan dökülmesi gibi dört bir yana dağılan yolları aşamazlardı; bu kez Selifan, kendi suçu olmadan gene ters yola sapma belasını haydi haydi göze alırdı. En sonunda kız, eliyle uzaktaki bir yapıyı göstererek bağırdı:

«İşte anayol!»

Selifan:

«Ya o bina ne?» diye sordu.

Kız:

«Meyhane,» diye karşılık verdi.

«Oldu, sen git artık! Yolu biz tek başımıza çıkarırız.»

Atları durdurdu ve çocuğun inmesine yardım etti, dişleri arasından bağırdı: «Yallah, pis yumurcak!»

Çiçikov kıza bir mangır verdi, kız da, arabacı köşkünde çalım satmış olmaktan etekleri zil çala çala, kendi havasında, yavaş yavaş geri döndü.

IV

Meyhanenin önüne vardıklarında, Çiçikov iki nedenle dur emri verdi: Atların dinlenmeleri gerekiyordu bir, kendisi de bir şeyler atıştırmak istiyordu iki. Yazar bu gibilerinin iştahını ve midesini çok kıskandığını açık açık söylemek zorundadır. Bütün günlerini, yarının ya da öbür günün yemeğini düzenlemekle geçiren, ancak önce bir hap yuttuktan sonra yemek yiyen ve daha başka acayip şeyler ziftlenen, Karlsblad'a ya da Kafkas'ya'ya içmelere giden, Petersburg'lu ya da Moskovalı, önemli kişilerin aklı yoktur yazarda. Hayır, böyleleri yazarı hiçbir zaman kıskandırmamıştır. Ama ilk durakta jambon, ikincisinde daha yeni sütten kesilmiş domuz yavrusu, üçüncüsünde bir dilim mersinbalığı ya da sıcak sıcak sucuk getirten, sonra da, sanki hiçbir şey yememişler gibi ne saatte olursa olsun masa başına geçen ve balıklı bir börek yahut bir tatlısu balığı haşlaması yanında, balıktan, morina balığından ve cılız balıktan yapılan bir çorbayı gürültülü ve bulaşıcı bir iştahla içen orta halli insanlar, işte böyleleri doğrusu imrenilecek Tanrı vergisine sahiptirler! Orta halli insanın midesine sahip olmak için bir yığın önemli kişi, gerek Rusya'daki ve gerek Avrupa'daki bütün araç ve gereçleriyle birlikte köylülerin yarısını, topraklarının da yarısını içleri sızlamadan elden çıkarabilir. Ama ne yazık hiçbir para, hiçbir toprak –mükemmel olsun olmasın– taş çatlasa bu mideyi satın alamazdı.

Kararmış kütüklerden yapılma meyhane, Çiçikov'u, kollu eski kilise şamdanlarını andıran ahşap sütunlar üzerinde duran, dar, konuksever saçağı altına aldı. Bu sıradan bir Rus kulübesiydi ama, daha büyükçeydi. Pencerelerin pervazında ve damın altında, yaş odundan oymalı kornişler duvarların kararmışlığını pırıl pırıl gösteriyordu sanki; panjurları çiçekli vazolar dolduruyordu.

Çiçikov dar merdiveni çıktı; geniş bir sahanlığa gelince, gıcırtı ile açılan kapı önünde, alaca basmadan elbise giymiş şöyle duba gibi ihtiyar bir kadınla karşılaştı.

Hizmetçi kadın:

«Lütfen, şuradan buyrun!» dedi.

Kahramanımız içerde gene o orta halli anayol hanlarının beylik dekorunu buldu: Alacalı bulacalı, yani renksiz semaver; kaymak gibi rendelenmiş çam tahtası duvarlar; çay fincanları ve çaydanlıklarla dolu üçgen bir dolap; mavili allı şeritlerle ikonlar önüne asılmış o pırıl pırıl porselen yumurta fincanları; iki göz yerine dört göz ve bir yüz yerine hamur gibi bir şey gösteren bir ayna; en sonunda ikonlar arkasına asılmış, koklayanları aksırtan kupkuru, karanfil ve ot demetleri.

Çiçikov önünde dikilip duran köylü kadına:

«Domuz sütün var mı?» diye sordu.

«Var.»

«Yanında kremalı bayır turpu da var mı?»

«Kremalı bayır turpu da var.»

«Getir bakalım.»

İhtiyarcık gidip işe koyuldu, sonra bir tabakla birlikte, kurumuş bir kabak gibi dik tuttuğu pek kolalı bir peçete, sarı kemik saplı bir bıçakcık, iki dişli bir çatal, bir türlü düz durmayan bir tuzluk getirdi.

Kahramanımız, her zaman yaptığı gibi hemen çeneye başladı ve işçi kadına türlü türlü sorular sordu. Bu hanın sahibi kendisi mi, yoksa çalıştıranı mıymış? Ne gelir getirirmiş burası? Oğulları kendisiyle birlikte mi oturuyormuş? Büyük oğlu evli miymiş? Karısı olacak şöyle esaslı bir drahoma getirmiş mi? Kayınpeder bu evlenmeden hoşnut muymuş? Yoksa az düğün armağanı aldım diye gocunmuş mu? Uzun sözün kısası, hiçbir şeyi unutmadı. Kalktı, o çevrenin çift-çubuk sahiplerinin kimler olduklarını sormaktan da geri durmadı kuşkusuz, öğrendi ki bunlar Blohin, Poçitayev, Milnoy, Albay Çeprakov, Sobakeviç denen kişilerdi.

Çiçikov:

«Ya! Sobakeviç'i tanıyor musun?» dedi.

Hemen ihtiyarcığın yalnızca Sobakeviç'i değil, üstelik Manilov'u da tanıdığını öğrendi, hem Manilov, Sobakeviç'ten çok daha ince bir insanmış: Meyhaneye gelmeyegörsün, hemen bir piliç, dana eti, varsa koyun ciğeri getirtir, bir kelime ile söylemek gerekirse hepsinden tadarmış, Sobakeviç ise oldum olası bir tek yemek ister ve aynı para ile gene bir yarım tabak daha getirtirmiş.

Böyle konuşa konuşa, süt domuzunun da son dilimini yalayıp yuttuğu sırada bir araba gürültüsü duydu, pencereden baktı. Kaldırımda üç at koşulu hafif bir briçka duruyordu. İçinden iki kişi indi: Koyu mavi süvari paltosu giymiş irikıyım bir sarışın; sırtına çizgili sade bir kaftan geçirmiş, bodur boylu bir esmer. Uzaktan da içi boş, uzun yeleli, dizginleri ipten, hamutları yırtık dört atın çektiği, kötü bir araba geliyordu. Esmer'in, uşakla konuşarak ve gelen arabanın arabacısına işaretler vererek arabada bir şeyler aradığı sırada, sarışın da hemen merdivenden çıktı. Çiçikov onun sesini tanır gibi oldu. Kahramanımız adama bakarken, sarışın kapıyı açtı ve içeri girdi. Uzun boylu, kuru ve daha çok zayıf yüzlü, sarı bıyıklı, yanık derisi barut dumanına değil de tütün dumanına alışık olduğunu belirten bir adamdı bu. Çiçikov'a kibar kibar selam verdi, o da bu selama hemen karşılıkta bulundu. Artık besbelli daha iyi tanışabilirlerdi, buzlar çözülmüştü çünkü: İkisi de bir anda, yağmur, toz toprağı bastırmışken, bu serin havada yolculuk etmenin hoş olacağını söylemişlerdi. Ama, o sırada, esmer yolcu salona girdi ve şapkasını yere fırlatarak eliyle gür siyah saçlarını kabarttı. Orta boylu, sağlam yapılı, al yanaklı, kar gibi beyaz dişli, kömür gibi kara favorili, bol ahenk bir adamdı bu. Canlı ve turp gibi yüzünden kan damlıyordu:

Çiçikov'u görünce iki elini açarak:

«Vay vay!» diye bağırdı. «Ne rastlantı bu böyle?»

Çiçikov, Nozdryev'i, hani kendisiyle birlikte şu polis müdürünün evinde yemek yiyen, can ciğer olmak için ortada hiçbir neden yokken damdan düşercesine çene çalmaya başlayan bu asalet düşkününü tanıdı.

Nozdryev:

«Yolculuk nereye?» diye sordu, karşılığını beklemeden, devam etti: «Azizim, panayırdan geliyorum ama, koca donumu bile bastırdım kumara. Kutla beni, ömrümde böyle yolunmamıştım! Geriye dönmek için köylüden atlar kiralamak zorunda kaldım. Pencereden bak.» Çiçikov'un başını öyle bir eğişle eğdi ki bizimkinin başı az kalsın çerçeveye çarpıyordu. «Görüyorsun ya, ne uyuz hayvanlar! Beni buraya kadar getirinceye dek anaları ağladı alçakların! Arabasına binmek zorunda kaldım şunun.» Parmağıyla arkadaşını gösterdi. «Tanışmıyor musunuz? Kayınbiraderim Mijuyev. Bütün sabah senden konuştuk. 'Göreceksin,' dedim ona, 'Çiçikov'a gene rastlarız!' Ah! kardeş, ne yolunuş yolundum! Temizlendim, hem de son meteliğime kadar temizlendim: Üzerimde ne varsa söküldüm, o doludizgin giden dört atımı, kösteğimi ve saatimi verdim...» Çiçikov bir bakışta Nozdryev'in artık gerçekten ne kösteğinin ve ne de saatinin olmadığını gördü, favorilerinden biri bile ötekinden daha kısalmış gibi geldi ona. «Ama cebimde sadece yirmi ruble, evet çok değil, yirmi ruble olmuş olsaydı, gene hepsini basardım da sonra, namusum üzerine söylüyorum, cüzdanıma otuz bin ruble indiririrdim!»

Sarışın adam:

«Sana elli ruble ödünç verdiğim zaman da aynı ağzı yapıyordun,» diye atıldı, «ama bir çırpıda batırdın hepsini.»

«Aptallıktan oldu bu. Paranın iki katını bastıktan sonra, şu köpoğlu yediliyi çekmemiş olsaydım, banko diyebilirdim.»

Sarışın:

«Ama banko diyemedin,» dedi.

«Hayır, sırasında kâğıdı toplayamadığımdan oldu bu. Senin binbaşın pek mi iyi oynuyor sanıyorsun?»

«İyi, kötü, ama canına okudu ya senin!»

Nozdryev:

«Olan oldu!» dedi. «Ben, gene yenerim onu. Hele bir çift oynasın, görürüz ne oyuncu olduğunu o zaman! Ama, dostum Çiçikov, ilk günler de eğlendik, ne eğlendik! Panayırın çok güzel bir işyeri olduğunu söylemeli; tüccarlar bile biz ömrümüzde böylesine kalabalık görmedik dediler. Yanımda ne getirdimse, en iyi fiyata verdim. Ah! Ama şimdi aklıma gelince... canı cehenneme! Panayıra gelmiş olmamana çok üzüldüm doğrusu. Düşün ki kentten üç verst ötede bir süvari alayı vardı. Üstelik şu neşeli çocuk vardı, Yüzbaşı Potseluyiv: Bıyıkları, azizim, nah şu kadar uzun! Bordo şarabına ne diyor bilir misin? Şıra. 'Hey, yavrum,' diye bağırıyordu, 'getir bize şıra!' Ya teğmen Kuvşinikov, o ne kibar çocuktu öyle! Tam zevk sahibi! İçtiğimiz su ayrı gitmiyordu... Ponomarev de ne şarap verirdi bize! Şunu da söyleyeyim ki dümencinin biridir bu herif, çoğu zaman dükkânından hiçbir şey almaya gelmez. Şarabına her türlü uğursuzluklar karıştırır: sandal odunu, yanık mantar rengini ve mürvere boyar; ama dükkânın arkasından –özel köşe dediği yerden–, ağzınıza layık yıllanmış bir şişe çıkarıp getirdi mi, o zaman, azizim, insan kendini cennette sanabilir. Bize bir şampanya çıkardı ki valinin şampanyası onun yanında kıvas kalır!

Yani *klikomatra doza* gibi bir şey, senin anlayacağın, çifte kavrulmuş *kliko*(*). Ve sonra bir şişe Fransız şarabı çıkardı ki adı: Latilokum. Azizim, o ne koku öyle! Muhabbet çiçeği ve daha ne istersen o kokuyor. Ah, ne kafa çektik!.. Bizden sonra, bir prens geldi, şampanya aramaya adam yolladı... Kentte bir şişe bile arama artık: Subaylar hepsini çekmişlerdi! Yemekte, tek başıma on yedi şişe şampanya içtiğime inanır mısın?»

Sarışın adam:

«On yedi ha! Kaldıramazsın bu kadarını,» dedi.

Nozdryev:

«Namussuzum içtim!» diye dayattı.

«Atıyorsun, gel iç bakalım on şişe.»

«Bahse mi giriyorsun?»

«Nesine?»

«Haydi, kentte satın aldığın şu tüfeği koy ortaya!»

«İstemem.»

«Bir deneyelim!»

«Eksik olsun!»

«İyi ettin, çünkü şapkanın elden gittiği yetmiyormuş gibi, tüfeksiz de kalırdın üstelik... Eee, Çiçikov, bizleri bulamayışına çok üzülüyorum! Sen, ben, Kuvşinikov, ayrılmazdık birbirimizden: Çok iyi anlaşırdın onunla. Bir kapik üstüne titreyen savcıyla merkezindeki bütün cimrilerimizden daha başka bir insandır o. İstediğin her oyun oynar: Bakara, cimdallı, şu bu... Ah, Çiçikov, neden gelmedin ki sanki? Vallahi, sen, enayisin, bir ipek tüccarından farkın yok. Gel öp beni, kuzum; seni delicesine severim. Bak, Mijuyev, talih bizi birleştirdi. O neredeymiş, ben nerede? Ben burada oturup, duruyorum, oysa o Allah bilir ta nereden geliyor... Ah! Panayırda ne kadar çok araba vardı öyle, a babam!.. Hem şu bütün anlattıklarım solda sıfır kalır gerçeğin yanında... Lotarya oynadım, iki pomat kutusu, bir porselen fincan, bir gitar kazandım; ama ikinci oyunda, gene ba-

---

(*) Nozdryev, anlamadığı sözcükler kullanmaktadır. Bu sözcük de onlardan biridir. Aslında bir dans adıdır.

tırdım hepsini... Üstüne bedavadan uçtu gitti altı rublem... Ah! Bir bilsen, şu Kuvşinikov ne çapkın çocuktur! Onunla bir baloya gittim. Tüller, kırmalar ve Allah bilir daha neler de neler takıp takıştırmış bir kadın vardı!.. İçimden: 'Sat anasını be!' diye geçiriyordum. Ama hayvan Kuvşinikov'um kadının yanına oturdu Fransızca bir yığın övgülerle başladı maval okumaya... İster inan, ister inanma, köylü kadınlarını bile rahat bırakmazdı o, bu dalgaya *çilek toplamak* derdi... Ne güzel *balıklar* getirdik, ama ne güzel... Harika! Yanımda getirdim bir tane; iyi ki henüz züğürt değilken satın almayı düşünmüştüm!.. Şimdi sen nereye gidiyorsun böyle?»

«Birinin evine.»

«Yere batsın şu birinin evi. Sen bana gel!»

«Hayır, olmaz, beni bir iş bekliyor.»

«Bir iş mi! Atma!»

«Doğru söylüyorum, bir işim var, önemli üstelik.»

«Bahse girerim, yalan konuşuyorsun! Peki, nereye gidiyorsun şunu söyle bana bakayım?»

«Sobakeviç'e.»

Bu sözler üzerine Nozdryev, sırrını yalnızca şakaklarını titrete titrete ve şeker gibi beyaz dişlerini göstere göstere var gücüyle gülen sağlam yapılı insanların bildikleri o bol kahkahalardan birini kopardı öyle bir kahkaha ki, böylesi, bu sırada kendilerinden iki bölme ötede bulunan komşuları sıçratarak uykularından uyandırır ve gözleri iri iri açılmış, şöyle bağırtır: 'Vay anasını! Ahbap, makaraları amma da koyveriyorsun be!'

Bu gülüşten bir hayli alınan Çiçikov:

«Ne var bunda gülünecek?» dedi.

Fakat Nozdryev, gene mırıldanarak var gücüyle gülmeye devam etti:

«Hey Allahım, Allahım, gebereceğim gülmekten!»

Çiçikov:

«Bunda gülünecek hiçbir şey yok; gidip yoklarım diye söz verdim ona,» dedi.

«Yok eğer kalkıp şu pis cimriye gidersen, yaşama sevincini

de unutursun! Huyunu bilirim senin... Orada ağzına layık güzel bir şişe bulurum sanıyorsan, yandın şap gibi. Haydi, azizim, Sobakeviç'in canı cehenneme! Bana gelsen. Balığımı yersin. Şu çapkın Ponomarev ayrılırken bana: 'Bunu sana sakladım; bütün panayırı arasan, bir eşini bulamazsın,' dedi. Dedi ama sıfır numara düzenbazın biridir o. Bunu yüzüne karşı söyledim: 'Dinle,' dedim, 'bir votkacı, bir de sen, tanıdığım en malın gözü düzenbazlarsınız!' dedim. Utanmaz herif, sakalını sıvazlayarak güldü yalnızca. Biz Kuvşinikov'la her gün öğle yemeğini onun dükkânında yiyorduk... Ya, unutuyordum bak, sana bir şey göstermeliyim; ama baştan söylüyorum, on bin ruble de versen gene vermem.»

Pencereden, bir elinde bir bıçak ve bir elinde de arabadan şunu bunu çıkarırken koparabildiği bir parça mersinbalığı tutan uşağına:

«Hey, Porfiri!» diye bağırdı. «Hey, Porfiri! Getir bakalım hayvanı!..»

Gene Çiçikov'a dönerek:

«Şu köpek sevgisini görüyorsun ya,» dedi. «Para verip almadım, yürüttüm; efendisi, önüne altın döksem gene vermezdi dünyada. Anımsarsın, Hvostriyev'den aldığım kırmızı kısrağı bile vermeye kalkmıştım ona...»

Çiçikov'un kırmızı kısrak gibi Hvostriyev'den de haberi yoktu.

Bu sırada, ihtiyar kadın ona yaklaşarak:

«Beyefendi bir şey istemezler mi?» diye sordu.

«Hiçbir şey istemem... Ah! Ne eğlendik azizim, ne eğlendik hani!.. Neyse. Bir kadeh votka içerdim doğrusu. İçine rakı kattın mı?»

İhtiyarcık:

«Anason kattım,» diye karşılık verdi.

«Getir şu anasonludan.»

Sarışın adam:

«Bana da bir kadeh ondan!» dedi.

«Tiyatroda, yaman bir aktrist kanarya gibi şakıyordu! 'Bak,' diyordu yanımda oturan Kuvşinikov, 'işte çilek toplamaya gitme zamanı geliyor!..' diyordu. Oralarda, galiba, elliden çok baraka vardı. Bizim Fenardi(*) dört saat kadar sokak sokak sürtüp durdu.»

Bu sırada, Nozdryev, yerlere kadar eğile eğile tekrar tekrar teşekkür eden yaşlı kadının ellerinden ufacık kadehi kalkıp aldı. Kucağında köpekle içeri giren Porfiri'ye:

«Hey, tamam, getir onu, yere bırak,» diye bağırdı.

Uşak, efendisi gibi içi pamuklu, ama daha yağlı bir kaftan giymişti. Hayvanı yere koydu, köpek dört ayağını gererek, yeri koklamaya başladı.

Nozdryev hayvancığı ense kökünden tutup kaldırarak:

«İşte bizim piç kurusu!» dedi.

Hayvan yürek paralayıcı bir çığlık kopardı. Nozdryev Porfiri'ye dönerek ve köpeğin karnını inceleyerek:

«Vay canına! Sen emirlerimi yerine getirmemişsin,» dedi. «Tüylerini taramamışsın hayvanın.»

«Yok canım, taradım.»

«Ama bu pireler nereden geliyor, ha?»

«Hiç bilmem. Belki arabadan gelmiştir.»

«Yalan, yalan söylüyorsun! Taramayı aklının ucundan bile geçirmemişsin. Daha kötüsü, belki kendi pirelerini geçirdin ona. Bak, Çiçikov, ne kulaklar bu; biraz tut da bak.»

Çiçikov:

«Neye yarar tutmak? Tutmadan da cins köpek olduğunu görüyorum iyice.»

«Yoo, olmaz, kulaklarını tut.»

Gevezeye hoş görünmek için, Çiçikov kulakları tuttu ve dedi ki:

«Evet, güzel bir hayvan olacak.»

«Hele burnu ne soğuk. Tutup da bak şuna.»

Onu kırmamak için, Çiçikov gene tuttu.

«İyi koku alır bu.»

«Gerçek bir Douguin. Çoktandır böyle bir köpek istiyordum. Porfiri, götür şunu!»

Porfiri köpeği karnının altından tuttu ve gene arabaya götürdü.

(*) Kazanova.

Nozdryev yeniden:
«Dinle, Çiçikov,» dedi; «bana gelmelisin. Beş verst ötede oturuyorum buradan. Bir göz açıp kapayışta bende oluruz; oradan da, gönlün isterse, Sobakeviç'e uzanabilirsin.»
Çiçikov içinden, ne olur yani, diye geçiriyordu, şu Nozdryev'e de uğrayabilirim haydi haydi. Ötekilerden farkı yok, üstelik meteliğe kurşun atıyor! Her şeye hazır gibime geliyor; parasız bir şeyler koparırım belki.
«Kabul,» dedi. «Ama bir şartla: Beni fazla tutmayacaksın; zamanım dar.»
«Hay yaşa be! Canım, gel öpeyim seni.» Nozdryev'le Çiçikov öpüştüler. «Çok hoş olacak; üçümüz, hep birlikte yola çıkarız.»
Sarışın:
«Yo! Olmaz,» dedi, «ben gelmem, izin aldım; bir an önce eve dönmeliyim.»
«Saçmalıyorsun, kayınbirader.»
«Seni temin ederim, karım sonra küplere biner. Efendiden arabasında bir yer iste.»
«Dünyada olmaz! Bırakmam gidesin.»
Sarışın adam, sözde inatçılar bölümüne giriyordu. Böyleleri daha siz ağzınızı açar açmaz tartışmaya hazırdırlar; kendilerininkine karşıt bir düşünceyi kabul edebileceklerine, budala bir insana akıllı damgasını vurabileceklerine, kime olsa ayak uydurabileceklerine dünyada inanamazsınız; ama aradan zaman geçti mi, burun kıvırdıkları şeyi kabullenir, budala bir insana akıllı yaftasını yapıştırır, ilk önüne gelene ayak uydurur, uzun sözün kısası işe iyi başlar, kötü bitirirler.
Nozdryev yeni bir itiraz hamlesini keserek:
«Saçma!» dedi.
Sarışın, kasketini aldı, iyice başına oturttu, sonra da kendi yoluna sürükledi onu.
İhtiyar kadın dedi ki:
«Beyefendi, hani anasonlunun parası?..»
«Ah! Tamam, öyle ya, anacığım! Kayınbirader, şu hesabı kesebilir misin? Cebimde tek kapik bile yok.»

Kayınbirader:

«Borcumuz ne kadar sana?» diye sordu.

«Atla deve değil, efendi, topu topu seksen kapik.»

«Doğru mu! Şuna elli kapik ver, yeter.»

İhtiyar kadın:

«Bu pek az,» dedi.

Ama gene de sevine sevine parayı aldı ve onlara kapıyı açmaya bile koştu. Votka fiyatının dört katını istemiş olduğundan, zararda değildi.

Yolcular arabaya bindiler. Çiçikov'un arabası Nozdryev'le kayınbiraderinin yerleştikleri araba ile yan yana ilerledi; böylece üçü de yol boyunca konuşabildiler. Nozdryev'in, köylülerden kiraladığı atları koştuğu arabası, onları çok geriden izliyordu. Porfiri ile köpek de o arabadaydı.

Yolcularımızın gevezelikleri az ilgi taşıdığı içindir ki, destanımızda, belki de son rolü oynayacak olan Nozdryev'den birkaç kelimeyle söz açmak daha yerinde olur.

Okur, besbelli ki Nozdryev'i, daha önceden şöyle bir tanır: Bu gibi insanlar az bulunur soydan değillerdir. Kendilerine açıkgöz kişiler denir; çocukluklarında iyi arkadaş diye nam salarlar, ama bu gene de onları sık sık dayak yemekten kurtarmaz. Yüzlerinde hep doğruluk, ataklık göze çarpar. Bir çırpıda dost olurlar, bir çırpıda senli benli konuşurlar, size olanca dostluklarını veriyorlarmış gibi görünürler, ama genel olarak daha ilk gece eğlenti aleminde sizinle boğaz boğaza gelirler. Böyleleri gevezedir, işini öyle bırakıp eğlenceye koşan soydandır, fiyakalı giysileriyle caka satan, atak insanlardır. On sekiz ya da yirmisinde neyse, işte Nozdryev otuz beşinde de oydu: Bir uçarı. Evlilik kendisini değiştirmemişti, zaten karısı ona ne halt edeceğini bilmediği iki çocuk bırakıp, erkenden öbür dünyaya göçüp gitmişti; çocuklara nazik bir dadı bakıyordu. Nozdryev evinde artık bir gün bile durmuyordu. Keskin burnu kilometrelerce ötelerdeki panayırların, baloların, toplantıların kokusunu alıyordu. Hemen oralara koşuyor, tartışmalara burnunu sokuyor, yeşil masa başında bir rezalettir koparıyordu, çünkü bütün benzerleri gibi iskambillere tapıyordu. İlk bölümde görmüştük ki, oyunu pek öyle sağlam oyun değildi: Yazgısını değiştirmeye can atar ve daha bir yığın ıvır zıvır şey bilirdi; kendisini şöyle bir güzel döverlerdi: o sık favorilerini çeker de çekerler ve o da evine, artık bir hayli seyrelmiş, tek favori ile dönerdi. Ama yanaklarının öyle bir yaratma gücü vardır ki favorileri gene hemen, hem de eskisinden daha gür çıkardı. Ve, daha garip görülen nokta, hatta yalnız Rusya'da olabilen nokta, kendisinin böyle saçını başını yolmuş dostlarla, sanki hiçbir şey olmamış gibi yeniden düşüp kalkmasıydı.

Nozdryev, bir başka yönden, tarihi bir adamdı da: Burnunu soktuğu yerde, başına daima bir iş gelirdi; jandarmalar kendisini yaka paça tutarlar ya da dostları kibar kibar sepetlerdi onu. Bu nazik durumların dışında, başkalarının başına hiç gelmeyen serüvenlerle karşılaşırdı: Gülmekten başka bir halt edemeyinceye kadar içerdi; müthiş ipe sapa gelmez yalanlar kıvırır, sonunda bu yüzden kendi yüzü bile kızarırdı. Ortada fol yok, yumurta yokken yalan atardı; durup dururken kalkıp pembe ya da gök mavisi bir at olduğunu ileri sürer, öyle palavralar savururdu ki dinleyenler: «Bu martavallarla iyi uyutuyorsun bizi!» diyerek uzaklaşırlardı. Kimi insanların, çoğu zaman yok yere yakınlarına alçaklık etme kudurganlığı vardır. Rütbe sahibi, pek ahım şahım, göğsü nişanlı bir bay gelip elinizi sıkar, sizi herkesin gözünde o saat bir bilgisiz, göğsü nişanlı ve ileri konulardan söz açan bir adamdan çok, adi bir memur gibi bilgisiz göstermek için, yüksek meselelerden konuşur; apışıp kalırsınız, ama yalnızca omuzlarınızı silkersiniz. Nozdryev'de de bu garip hastalık vardı. İçtenliğine ne denli girerseniz, size o denli aşağılık oyunlar oynardı; ıvır zıvır saçmalarla hesaplarınızı bozar, bir evlenmeyi, bir işi aksatır, bunu yaptım diye de düşmanınız saymazdı kendisini. Tam tersine, size şöyle tesadüfen rastlamayagörsün, içten davranır, üstelik size şunu söylerdi: «Hey Allahım! Koca alçak, niçin uğramıyorsun benim fakirhaneye?»

Nozdryev düpedüz ikiyüzlü bir adamdı. Size nereye olursa olsun, hatta dünyanın ta öbür ucuna sizinle gitmeyi, sizi ne işe olursa olsun sokmayı, istediğiniz her şeyi neyle olursa olsun değiştirmeyi önerirdi. Tüfek, köpek, her şey onca değiş tokuş gereci idi, ama o bunda şu kadarcık bir kâr düşüncesi gütmezdi. Bu yorulma nedir bilmez bir kararsızlık belirtisiydi. Panayırda bir budalanın yakasına yapışır ve oyunda herifi söğüşlemek fırsatını bulursa, son meteliğine kadar dükkânlarda para harcar, gözlerine çarpan her şeyi satın alırdı: Hamutlar, saray şekerleri, dadıya başörtüleri, aygır, Korent üzümü, gümüşten el tası, Hollanda tülü, has un, tütün, tabancalar, ringa balıkları tablolar, bileyi taşları, çanak-çömlekler, çizmeler, porselen kap kacaklar... Bu öteberileri kırk yılda bir evine götürür, çoğu zaman daha o gün bunları talihi yolunda giden bir başka oyuncuya yutulur, hatta bunlar arasında bedavadan kendi tütün kesesi ile piposu da uçup giderdi. Ve, ertesi gün araba ve arabacıyla birlikte dört at da yok olurdu. O zaman da, düttürü, basit bir kaftan giyip kendisini arabasına almaya razı olan bir dost aramaya koşardı.

Nozdryev işte böyle bir insandı. Kimileri artık böyle tipler kalmamıştır derler. Ama heyhat! Yanılırlar. Nozdryev'ler öyle kolay kolay silinmezler ortadan. İçimizde bunların çoğu yaşar; ama, herhalde kılık değiştirdiklerinden olacak, derin düşünmesini bilmeyen kimseler böylelerini hiç göremezler.

Bu sırada atlı üç araba Nozdryev'in kaldırımına yanaşıyordu. Ev hiçbir karşılama törenine hazırlanmıyordu. Yemek salonunun tam ortalık yerinde, çift ayaklı bir merdivene çıkmış iki işçi, sonu gelmez bir türkü tutturmuşlar, duvarları badana ediyorlardı, döşeme baştan başa kireç lekelerine bulanmıştı. Nozdryev, badanacıların da, merdivenlerin de hemen sepetlenmesini buyurdu, yeni emirler vermek üzere de bitişik odaya geçti. Konuklar onun aşçıya yemek hazırlamasını söylediğini duydular; sanki içinin kazındığını sezen Çiçikov, sofraya saat beşten önce oturamaycaklarını hemen anladı. Nozdryev, konukları çiftlikte şöyle bir gezinti yapmaya götürdü. İki saat içinde, artık onlara gösterecek hiçbir şeyi kalmamıştı.

Önce ahırda durdular, burada biri demir kırı, öbürü al, iki

kısrak ile, Nozdryev'in on bin rubleye satın aldığını yeminle söylediği, oldukça sünepe görünüşlü doru bir aygır vardı.

Kayınbirader:

«On bin ruble ha!» diye atıldı. «Böylesi olmaz dünyada. Bin ruble bile etmez.»

Nozdryev:

«Namussuzum, on bin ruble saydım,» dedi.

Kayınbirader:

«İsteğin kadar yemin et!» diye dayattı.

Nozdryev:

«Bahse girmek ister misin?» diye sordu.

Kayınbirader burun kıvırdı.

Bundan sonra Nozdryev, sözüm ona bir zamanlar cins atların barındığı boş bölmeleri gösterdi. Burada bir teke, eski bir halk inancının bütün ahırlarda ille de bulunmasını şart koştuğu tekeyi de gördüler; atlarla güzel güzel geçinip giden bu teke, onların karınları altında dolaşıyor ve kendini burada sanki evindeymiş sanıyordu. Bundan sonra Nozdryev onlara bağlı bir kurt yavrusunu göstermek istedi.

«Anasının yardımı olmadan yaşayan bir kurt yavrusu gösterin bana bakalım,» dedi; «ben bun ne yapıp edip çiğ etle besliyorum, tam bir yırtıcı yapmak istiyorum onu!»

Küçük gölü görmeye gittiler; burada, Nozdryev'in dediğine göre, öyle koca koca balıklar varmış ki iki kişi güç bela birini çekip çıkarabilirmiş, bu palavradan kayınbirader gene pirelenmeye başladı.

Nozdryev:

«Bak, Çiçikov,» dedi; «sana olağanüstü bir çift köpek göstereceğim: Bir iğne gibi ince uzun burunları var, baldırlarının sağlamlığı ise değme gitsin hani!»

Onları dört bir yanı büyük bir çitle çevrili, güzel bir evciğe götürdü. Bu çevrili yerde her renkten –uzun tüylü, kısa tüylü, siyah benekli, kızıl, tuğla kırmızısı, kestane rengi, kumral, menekşe renkli, sarı benekli siyah– tazılar gördüler ki bunların çeşit çeşit adları vardı: Hurdacı, Dövücü, At Cambazı, Mağrur, Parlayıcı, Yıldırım, Azgın, Küstah, Yedi Bela, Kavgacı, Keskin, Kırlangıç. Bunlar arasında Nozdryev çocuklarının ortasındaki bir babayı andırıyordu. Hepsi de, kuyruklarını –ama köpek sevenlerimizin dediklerine göre *kamçılarını*– havaya dikerek, gelenlerin önüne atıldılar. Bir on kadarı ayaklarını Nozdryev'in omuzlarına uzattı. Dövücü aynı dostluk belirtisini Çiçikov'a da gösterdi; sonra arka ayakları üzerinde doğrularak bizimkinin dudaklarını yaladı, Çiçikov tiksinerek yere tükürdü. Baldırlarının güçlü oluşu ile dikkat çeken köpeklere de baktılar: Yaman hayvanlardı doğrusu bunlar. Bundan sonra, hemen hemen kör ve, Nozdryev'in dediğine bakılırsa iki yıl önce malın gözü bir köpek olduğu halde, şimdi neredeyse ölecek olan bir dişi Kırım köpeğini görmeye gittiler. Hayvanı incelediler. Gerçekten kördü.

Bundan sonra, değirmeni dolaşmaya başladılar, değirmen taşının üstünde hızla dönen ve bizim köylülerin çoğunun uçarı dediği oyuk yoktu.

Nozdryev:

«Demirhaneye gideceğiz,» dedi. Gerçekten hemen az sonra demirhaneyi de gördüler. Burasını da aynı biçimde dolaştılar.

Nozdryev bir toprak parçasını göstererek:«Şu tarlaya bakın,» dedi.«İçinde öyle çok tavşan vardır ki toprağı bile göremezsiniz; ben bir keresinde bir tavşanı ayaklarından yakaladım.»

Kayınbirader:

«Hadi canım sen de!» diye söze karıştı.

«Tavşan dediğin elle yakalanır mı hiç?»

«Gerçekten yakaladım, hem de güzel ve şirin bir tavşanı,» diye karşılık verdi.

Ve bunun üzerine Çiçikov'a dönerek devam etti:

«Sana arazimin sınırını göstereceğim: Bir odun parçası ile dar bir hendek. İşte benim sınırım! Bütün şu yanda gördüğün benimdir; üstelik odun parçasından sonra başlayan, ta ilerlere kadar mavileşen ormanla, arkasında bulunan bütün yerler benimdir.»

Kayınbirader:

«Orman ne zamandır senin oluyor?» diye sordu. «Yeni mi satın aldın?»

«Evet yeni,» diye karşılık verdi Nozdryev.

«Ne zaman ama?»

«Önceki gün; hemen hemen ateş pahasına.»

«Ama sen panayırda değil miydin?»

«Vay, sersem vay, insan hem panayırda olup hem de bir arazi satın alamaz mı sanki? Evet, panayırdaydım; bu sırada kâhyam burada benim yerime iş görüyordu.»

Kayınbirader başını kuşkulu kuşkulu sallayarak:

«Haa, kâhya aldıysa o olur!..» dedi.

Geziciler aynı yoldan eve döndüler; Nozdryev onları çalışma odasına götürdü, burası böylesi odaların havasını taşımıyordu. Ne kitap vardı burada, ne de kâğıt, ama yalnızca kılıçlar ve biri üç yüz öbürü sekiz yüz ruble değerinde iki tüfek vardı; kayınbirader, her köşeyi adamakıllı inceledikten sonra başını sallamaya başladı. Bundan sonra Nozdryev birinin üzerine yanlışlıkla *Usta Saveli Sbiryakov* yazısı yazılmış, Türk hançerlerini gösterdi. Dikkatlerine bir laternayı sundu, onların şerefine, tuttu, laternanın kolunu çevirmeye başladı. Laternanın sesi oldukça hoştu, ama makine hasara uğramış görünüyordu. *Malbrough savaşa gidiyor* bir mazurka ile bitiyor, bu sırada dilden dile dolaşan bir vals *Malbrough savaşa gidiyor*'da finalı gösteriyordu. Nozdryev nice zamandır laternayı çevirmemişti ama, yorulmak nedir bilmeyen bir delik gene zır zır etmeye devam ediyordu; ses birkaç dakika sürüp gitti. Bundan sonra Nozdryev, konuklarına topraktan, lüle taşından pipolarını, geyik derisinden kılıflı ya da kılıfsız, yeni ve eski pipolarını gösteriyordu; daha yakında kumarda kazanılmış amber ağızlıklı bir çubuk gördüler; kendisine bir handa deli gibi âşık olan bir kontesin elinden çıkma bir tütün kesesi gördüler, Nozdryev'in dediğine bakılırsa, kontesin *superflu*(*) derecede elleri varmış,

(*) Gereksiz, aşırı.

kuşkusuz bu söz, onun gözünde tam bir yetkinliği belirtiyordu.

Alabalıklı bir çerezden sonra, saat beşe doğru sofraya oturdular. Nozdryev'e göre iyi yemek yemek yaşamanın önemini belirtmiyordu; kimi yemekler yanıktı, hele birçoğu pişmemişti. Aşçının aklına estiği gibi davrandığı ve elinin altına gelen her şeyi tencereye boca ettiği görülüyordu: Biber, lahana, süt, sucuk, bezelye; yemek sıcaktı ya, tad artık geriden gelsindi. Henüz sofraya çorba konmuştu ki Nozdryev davetlilerine koca bardak bir Porto şarabı ile bizim taşralarda pek bilinmediği halde yüksek kalite Santernes şarabı sundu. Bundan sonra bir şişe Madera şarabı getirti ki «mareşal bile ömründe bundan içmemiştir.» Madera şarabı saraya giderdi; çiftlik sahiplerimizin zevkini bilen tüccarlar, bu şaraba rom ve hatta kimi zaman, Rus midesinin her şeye dayanacağını düşünerek rakı bile katmakta ustadırlar. Bundan sonra *Burgonya şampanya* diye tanıttığı bir şişe özel şarap istedi, bu içki, dediğine bakılırsa, iki şarap karışımıydı. Davetlilerle dolu dolu kadehler sunuyor, ama kendi bardağına az az şarap koyuyordu. Çiçikov pirelendi; Nozdryev'in çene yapmaya başladığı ya da kayınbiraderin bardağını doldurduğu sırada kendi bardağında kalanı kaşla göz arasında tabağına boca ediveriyordu. Az sonra Nozdryev'in, yanlışlıkla erik rakısı dediği üvez rakısı getirildi, ama davetliler bunu uzun boylu koklayınca, boğaz yakıcı bir boğma rakısı olduğu anlaşıldı. Daha sonra, ziyafet sahibinin çoğu zaman başka başka adlar verdiği şu akılda tutulması güç bir *pelesenk* içkisi yuvarladılar.

Yemek bitmiş, şişeler boşalmıştı ama, davetliler bir türlü sofradan kalkmaya yanaşmıyorlardı. Çiçikov, içini yiyip bitiren işi kayınbiraderin önünde ortaya dökmeye dünyada razı olmuyordu. Bu iş yalnızlığı, içtenliği gerektirirdi. Aslında, kayınbirader tehlikeli de olamazdı; burnunun ucunu görmezcesine içmiş de içmişti, başını sallaya sallaya sandalyeye pinekleyip duruyordu. Kendi umutsuz durumunu sezerek izin istemeye kalktı, ama mızmız, gönülsüz bir sesle hani bir Rus deyimiyle, sanki «bir ata hamut takmak için kerpeten kullanıyorcasına» yaptı bu işi.

Nozdryev:

«Bırakmam seni!» dedi.

Kayınbirader:

«Olmaz, dostum, olmaz; bırak da gideyim,» dedi; «kırıyorsun beni hem.»

«Şakayı bırak, hafif yollu bir bakara çevireceğiz.»

«Sen yalnız oyna, kardeş; karım sonra ifrit olur. Ona panayırdan haberler götüreceğim; onu ara sıra sevindirmeliyim: Tutma beni.»

«Aman, canı cehenneme senin karının da!.. Birlikte yapacağınız bu kadar önemli ne iş var sanki?»

«Olmaz, kardeş, olmaz; sadık ve eşi bulunmaz bir arkadaştır o! işlerime öyle koşar ki, yaşlar boşanır gözlerimden. Hayır, tutma beni; namuslu bir ev erkeği olarak döneyim yuvama.»

Çiçikov, Nozdryev'e:

«Bırak gitsin!» dedi. «İş görecek hali mi var, baksana.»

Nozdryev:

«Evet, evet, doğru!» dedi. «Zaten bu kılkuyruklardan hoşlanmıyorum. Ne cehenneme giderse gitsin! Git de karınla oynaş aptal!»

Mijuyev:

«Yoo, kardeş, aptal deme bana!» dedi. «Yaşamımı ben ona borçluyum. Öyle iyi, öyle tatlı, öyle okşayıcı bir kadın ki o! Gözlerimi yaşlarla doldurur. Panayırda ne gördüğümü soracak; olanı biteni anlatmalı ona. O kadar iyidir ki o kadar olur!»

«Pekâlâ, git anlat! İşte kasketin.»

«Olmaz, kardeş böyle konuşamazsın ondan; yaralar bu beni sonra, bilirsin... O kadar iyidir ki o kadar olur.»

«Yallah, tez git koş karına.»

«Gidiyorum, kardeş; özür dilerim kalamadığıma. Çok isterdim, ama olanaksız...»

Kayınbirader öyle uzun uzun dil döküp durdu ki, artık arabasına yerleştiğini ve önünde tarlalar denizinden başka bir boşluk kalmadığını bile sezemedi.

Nozdryev pencereden arabanın hızlı hızlı uzaklaşıp gidişine bakarak:

«Amma da hödük ha!» dedi. «Araba fena değilmiş, uzun zamandır ele geçirmek istiyordum bu arabayı. Ama bu ahmakla anlaşmak olanaksız.»

Bu sırada Porfiri mumları getirdi, Çiçikov işte o zaman ev sahibinin ellerinde nereden çıktığı bilinmeyen bir deste iskambil kâğıdı gördü.

Nozdryev:

«Haydi, arkadaşım,» dedi; «zaman öldürmek için üç yüz rubleye banko diyorum oldu mu?»

Parmakları kâğıtların kenarlarını şöyle bir yokladıktan, kâğıtları açıp kapadıktan sonra, oyun başladı, deste açıldı.

Çiçikov işi anlamamış görünüyordu. Birden aklına gelmiş gibi, dedi ki:

«Tamam! Şimdi sırası geldi, bir ricam var senden.»

«Neymiş?»

«Reddetmeyeceğine önce söz ver bana.»

«Ama nasıl bir rica?»

«Söz ver önce.»

«Söz!»

«Namusun üzerine mi?»

«Namusum üzerine.»

«Peki, ricam şu... Ölü canların çoğu, acaba, sayım listelerinde var mı hâlâ?»

«Evet, ne olacak yani?»

«Devretsene onları bana.»

«Ne yapmak istiyorsun?»

«Benim için gerekli.»

«Niçin gerekli?»

«Orası benim bileceğim iş. Gerekli diyorum sana.»

«Bir dalga çeviriyorsun. Açık söyle.»

«Yok canım. Böyle dalgadan ne çıkabilir?»

«Ama neden gerek duyuyorsun onlara?»

«Ne de meraklıymışsın hani! Her şeyi öğrenmek istiyor, her yere burnunu sokuyorsun.»

«Yoksa, dümen mi çeviriyorsun? Madem öyle, sen düşünceni bana açmadıkça, ben de hiçbir şey yapmam.»

«Öğrenirsen çok ileri gidersin! Hareketimin can damarı bu. Hiç namuslu davranmıyorsun: Yaparım diye bir de söz verdin.»

«Konuş istediğin kadar; sen söylemeden kılımı bile kıpırdatmam.»

Çiçikov içinden, acaba ne uydursam? diye geçirdi, bir an düşündükten sonra da, dünyada esaslı bir mevkii elde etmek için ölü canlara gerek duyduğunu bildirdi; bu ölüler, kendisinin büyük büyük çiftlikleri olmadığından, çiftlik yerini tutacaklardı.

Nozdryev:

«Yalan söylüyorsun, yalan söylüyorsun,» diye sözünü kesti.

Çiçikov ortaya atılmış bahanenin pek zayıf olduğunu kendi kendine itiraf etmek zorunda kaldı.

«Bak,» dedi, «gerçeği söyleyeceğim sana; rica ederim, kimseye bir tek söz etme bundan. Evlenmeyi kafama koydum; ama nişanlımın ana babası gözü yukarıda insanlar. Bu durumda ne yaparım ki! Nişanlının üç yüz canı olsun diyorlarmış ama, gel gör ki yarısı bile yok bende...»

Nozdryev gene:

«Yalan söylüyorsun, yalan söylüyorsun!» diye bağırdı.

Çiçikov başparmağı ile serçe parmağının ucunu işaret ederek:

«Şu kadarcık yalan yok bu işte!» dedi.

«Kafamı keserim ki yalan söylüyorsun sen!»

«Bu kadarı da olmaz hani! Beni ne sanıyorsun sen ayol? Sence ben, hep yalan mı söylüyorum?»

«Canım, ben malımı bilirim! Bir numara düzenbazsın sen; izninizle bunu elbette dostça söylüyorum. Amirin olsaydım, karşıma çıkan ilk ağaçta sallandırırdım seni.»

Çiçikov yerin dibine girer gibi oldu. Biraz kaba saba ve damdan düşercesine her konuşma onu bir hoş ederdi. İçtenlik sinirine dokunurdu; sadece büyük adamlarla senli benli olmaya katlanırdı. Bu yüzden adamakıllı kırıldı.

Nozdryev:

«Dinim hakkı için, asardım seni!» dedi gene. «Güceneyim deme, seninle pek candan, dostça konuşuyorum.»

Çiçikov alıngan bir tavırla:

«Her şeyin bir sınırı vardır,» dedi. «Böylesi sözlerle caka satmak istiyorsan, git subaylarla düş kalk!.. Ölü canlarını vermek istemiyorsan, sat onları bana,» dedi biraz sonra.

«Sana satmak ha Seni bilirim ben, düzenbaz; ucuza kapatmak istersin.»

«Bak hele şuna. Bu mübarekler altın mı sanki?»

«Tam üstüne bastın. Seni iyi anlamışım doğrusu!»

«Yahudi numaraları yapmaya utanmıyor musun? Armağan olarak vermelisin bana onları.»

«Dinle; bir cimri olmadığımı gösteririm sana. Aygırımı satın al, ben de sana ölü canları bedavadan veririm.»

Çiçikov bu öneriye şaşırarak:

«Aygırını ne yapayım ben?» diye bağırdı.

«Ama ben bu aygırı on bin rubleye satın aldım, dört bin rubleye bırakırım sana.»

«Ne yapayım? Hara kurmaya niyetim yok.»

«Dinle hele. Üç binini şimdi verirsin, kalanı da sonra ödersin.»

«Sana, yapamam diyorum.»

«Öyleyse kırmızı kısrağımı al.»

«Daha neler!»

«Sana gösterdiğim kısrak ile at için, topu topu iki bin ruble isterim.»

«Ama at filan istemiyorum ben.»

«Satarsın; ilk panayırda bu fiyatın üç katını verirler.»

«İş böyle ise, sen kendin satsana şunu! Sağlam bir işmiş işte.»

«İyi biliyorum, bunu iyi biliyorum ama senin de bundan çöplenmeni isterdim.»

Çiçikov iyi niyetinden ötürü ev sahibine tekrar tekrar teşekkür etti ama, kır at ile al kısrağı da açıkça geri çevirdi.

«Öyleyse, köpekleri al. Sana görülmeye değer bir çift köpek satarım: Uzun bıyıklar, dik tüy, o inanılmaz kaburgalar, yerde bir iz bile bırakmadan kayan o kalkık kalkık ayaklar.»

«Ne yapayım köpekleri? Avcı değilim.»

«Köpeklerden birinin senin olmasını görmek isterdim. Köpek de istemiyorsan, laternamı satın al. Dünyada eşi bulunmaz; iki gözüm kör olsun, bin beş yüz ruble saydım da aldım; sana dokuz yüze bıraktım.»

«Laternayı ne yapayım? Manivela kolunu çevirerek köpekler le birlikte sokaklarda dilenmeye çıkan o Almanlardan biri değilim ben.»

«Benim laterna Alman dilencilerininkine benzemez; baştan başa maundan; dur hele, şunu bir yol daha sana gösteriyim; iyi bak.»

Nozdryev, Çiçikov'u kolundan yakaladı ve alıp öbür odaya götürdü; direnişlerine ve tepinişlerine inat, bizimkini, nedense *Malbrough savaşa gidiyor*'u bir kez daha dinlemeye zorladı.

«Bunu satın almak istemiyorsan, sana işte şunu öneriyorum: Arabana karşılık bütün ölü canlarımı veriyorum sana; sen sadece yüz ruble vereceksin açıktan.»

«Bir bu eksikti doğrusu! Ya ben neyle gideceğim?»

«Bir başka araba veririm sana. Arabalığa gel gösteririm. Bir boya çektin mi pırıl pırıl olur.»

Çiçikov, bütün laternaları, arabaları, hatta kalkık ayaklarına ve kaburgalarının o inanılmaz gücüne karşın bütün köpekleri geri çevirmeyi iyice kafasına koymuştu, içinden, besbelli, herifi al basmış! diye düşündü.

«Sana işte, arabayı, laternayı, ölü canları bırakıyorum, yeter ki iş olsun.»

Çiçikov:

«İstemiyorum,» dedi.

«Ne diye istemiyorsun?»

«İstemiyorum da onun için... İşte bu kadar!»

«Ne adammışsın yahu! Canciğer arkadaşlar arasında adet olan işleri besbelli bilmiyorsun!.. Doğru insan olmadığın görülüyor hemen.»

«Beni budala yerine mi koyuyorsun? İşe yaramaz bir şeyi satın almamı sanırım istemezsin?»

«Bana ağız yapma! Bilirim şimdi seni. Sen ne hergelesindir sen!.. Dinle hele, bir iskambil oynayalım mı şöyle hafiften? Ölüleri ve fazladan da laternayı koyacağım ortaya.»

Çiçikov, Nozdryev'in tuttuğu kâğıtlara kuşkulu kuşkulu bakarak:

«Tehlikeye giremem,» dedi.

Kâğıtlar bizimkine çok kuşkulu geldi ve arkaları sanki inadına işaretlenmişe benziyordu.

Nozdryev:

«Ne tehlikesi?» diye sordu. «Şansın varsa, milyonlar kazanırsın babam milyonlar...»

Oyun arkadaşını kızıştırmak için kâğıtları karmaya başlayarak:

«Bak hele! Bak! Ne kâğıt geliyor! Ne kâğıt be! Ne kâğıt ama! Vay canına, uğursuz dokuzlu ha, işte varımı yoğumu bunun yüzünden yitirdim! Oyun ettiğini biliyor, gözlerimi yumuyor, içimden de, ah kör olası şeytanlar, ah uğursuz kâğıt başıma ne işler açıyorsun! diyordum.»

Bu nutuk sırasında Porfiri bir şişe şarap getirdi ama Çiçikov oyunu geri çevirdiği gibi içki içmeyi de reddetti.

Nozdryev:

«Canım, niçin oyun oynamak istemiyorsun?» diye sordu.

«Keyfim yok da ondan. Zaten, açık söyleyeim, oyunla başım hoş değildir.»

«Bu da niye?»

Çiçikov omuzlarını silkerek:

«Çünkü!..» deyip kesti.

«Aceminin birisin ancak!»

«Ne demezsin, böyle yaratılmışım.»

«Bir ahmak, bir şapşalsın sen! Ben de seni kibar bir adam sanırdım, meğer hiç görgün yokmuş senin. Seninle candan konuşmak olanaksız. İçtenlikten eser yok sende, candan değilsin sen. Su katılmamış bir rezilsin, bir başka Sobakeviç'sin sen.»

«Neden küfrediyorsun? Oyuncu değilsem suç benim mi? Bu uğursuza bu kadar değer veriyorsan, bana bari yalnızca ölü canları sat.»

«Hoppala! Sana bunları armağan olarak vermek istiyordum, ama şimdi yağma yok! Bana üç krallık ver, gene de satmam sana onları! Olup olacağı bir yalancı, bir madrabazsın sen. Seninle artık hiçbir işe girişemem! Porfiri git seyise söyle de atlarına arpa vermesin şunun; kuru otla başlarının çaresine baksınlar!»

Bu sonuç Çiçikov'u yüreğinden yaraladı.

Nozdryev:

«Seni hiç tanımamak isterdim!» dedi.

Bu ağız patırtısına karşın, iki adam gene de birlikte akşam yemeği yediler; ama bu kez sofraya o garip adları olan hiçbir içkiden getirilmedi. Masada yalnızca şıra gibi bir şarap, bir şişe köpüklü Kıbrıs şarabı vardı. Yemekten sonra Nozdryev, Çiçikov'u alıp içinde bir yatak serili bir odaya götürdü.

«İşte odan,» dedi, «ama sana iyi geceler demek bile gelmiyor içimden.»

Ev sahibi çekip gidince, Çiçikov kendini çok kötü bir durumda hissetti. Bu zaman kaybına yüreği yanıyordu. Nozdryev'in davetini kabul ettiğine pişman oluyor, hele onunla ölü canlar konusunda konuştuğu için lanetler savuruyordu. Bir şaşkın, bir çocuk, bir budala gibi davranmıştı; hiç insan kalkar da böyle bir adama bu kadar ince bir işi söyleyebilir miydi?.. Bu garipçik çene çalmaya, bire beş kata kata konuşmaya, Tanrı bilir daha ne muziplikler yapmaya can atıyordu... Çiçikov içinden, aptal! Aptal! diye sövüyordu. Bütün geceyi çok kötü geçirdi. Çok canlı böcekcikler onu din iman tanımadan ısırıyorlardı; Çiçikov da o ısırılmış yeri hart hart kaşıyor, sonra: «Allah belanızı versin, sizin de, Nozdryev olacak herifin de!» diye söyleniyordu.

Erken uyandı, ayağına çizmelerini geçirdi ve sırtına hırkasını aldı, ahıra koştu, Selifan'a hemen arabayı hazırlamasını emretti. Geri dönerken avluda, Nozdryev'e rastladı, sırtında güzelim hırka ve ağzında pipo ile bizimkine dostça selam verdi Nozdryev.

«İyi uyudun mu?» diye sordu.

Çiçikov soğukça:

«Eh,» dedi, «şöyle böyle.»

«Ben ise, arkadaşım, o yemekten sonra berbat oldum. Bütün gece, öyle kötü bir kâbusla pençeleştim ki anlatmak canımı sıkar. Bana nasıl dayak atıldığını düşün bir! Gözüm çıksın! Beni kimin dövdüğünü bil bakalım? Ama dünyada bulamazsın. Yüzbaşı Potseluyev'le Kuvşinikov.»

Çiçikov, içinden, keşke bu kabus gerçek olsaydı, diye geçirdi.

«Vallahi dayak yedim! Bereket ağır değilmiş elleri! Uyanınca, anam avradım olsun, kaşıntılar duydum: Besbelli, şu uğursuz pirelermiş! Haydi git giyin. Şu düzenbaz kâhya olacak herifi gidip bir güzel haşlayayım, gene gelirim.»

Çiçikov, giyinip kuşanarak, yemek salonuna girdiğinde, çay çoktan hazırdı; çayın yanında bir rom şişesi duruyordu. Oda bir gün önceki şölenin izlerini taşıyordu. Yere hiç süpürge vurulmamıştı, her tarafta ekmek kırıntıları vardı; masa örtüsünde bile tütün külleri duruyordu öylece. Ev sahibi çıkıp gelmekte gecikmedi, hırkasının altından o kıllı göğsü görünüyordu. Elde pipo, dudaklarda çay fincanı ile duruşu berber mankenlerinde görüldüğü gibi kıvır kıvır, pek hoş taranmış saçlı ya da kel gibi kesilmiş saçlı adamlardan nefret eden şu ressamları büyüleyebilirdi.

Birkaç dakika süren sesizlikten sonra Nozdryev:

«Haydi bakalım,» dedi, «canlar üzerine oyun oynamak ister misin şimdi?»

«Önceden de söyledim ya, kardeşim, oyun oynamam; ama ölü canları satın almayı çok istiyorum.»

«Ben de, ben de satmak istemiyorum; dostlar arasında olmaz böylesi. Bu dolma, yutmam. Bir el çevirelim bari.»

«Oynamam, oynamam diyorum sana.»

«Öyleyse, bir trampa yapalım?»

«Olmaz.»

«Peki, bir parti dama oynayalım. Kazanırsam, ölü canlar senin olur. Sayım listesinden bir yığın ölü çıkarırım. Hey, Porfiri, getir buraya damayı!»

«Boşuna zahmet: Oynamayacağım.»

«Ama kumar değil ki bu. Dama oyunlarında, hile de yoktur, şans da; bir hesap oyunudur bu. Hem sana şunu da diyeyim ki bu oyunu ben şöyle böyle bilirim. Önüme önceden birkaç taş avans vermelisin.»

Çiçikov, hımm! diye düşündü,«kabul etsem mi acaba? Eskiden damada epey iyiydim; hem herif bu oyunda hile yapmaya da kalkamaz.

«Peki, seni hoşnut etmek için, bir parti damayı kabul ediyorum.»

«Canlar yüz ruble olsun mu?»

«Nasıl, yüz ruble mi? Elli yeter.»

«Elli mi, bir para değil bu. Canlara orta halli bir köpek ya da trampet takımına takmak için bir altın mühür vermeyi de kabul ediyorum.»

Çiçikov:

«Öyle olsun,» dedi.

Nozdryev:

«Bana kaç taş avans vereceksin?» diye sordu.

«Bir tane bile vermem! Olmaz böylesi.»

«Bari başlamak için iki hamle ver açıktan.»

«Olmaz. Ben de kötü oynuyorum.»

Nozdryev öne bir taş sürerek:

«Ne kötü oynadığınızı biliriz biz!» dedi.

Çiçikov kendi sırası gelince, bir taş ileri süre süre:

«Yıllar var damaya el sürmedim,» dedi.

Nozdryev başka bir taş oynarken:

«Biliriz ne kötü oyun oynadığınızı!» dedi.

Çiçikov bir ikinci taş sürdüğü sırada:

«Yıllar var damaya el değdirmedim,» diye karşılık verdi.

Yeninin ucu bir başka taş yürütürken, kendi de bir üçüncü taşı ileri süren Nozdryev:

«Ne kötü oyun oynadığınızı biliriz biz!» diye söylendi.

Çiçikov:

«Çoktandır el sürmedim... A, dostum, bu taş nereden çıkıyor böyle? Şunu koysana yerine!» dedi.

«Hangi taş?»

Çiçikov:

«Nah şunu,» dedi.

Burnunun ucundaki bir başka taşın, artık hemen hemen damaya gittiğini çabucak görmüştü; taşın ne cehennemden geldiğini Tanrı bilirdi.

Ayağa kalkarak:

«Yoo, seninle oyun oynanmaz. Üç taş birden yürütüyorsun!»

«Nasıl, üç taş mı? Bir yanlışlık bu. Şunu bimeyerek oynamışım, yerine alıyorum.»

«Ya öteki, o nasıl gidiyor oraya?»

«Hangi öteki?»

«Şu damaya giden taş.»

«Nasıl, anımsamıyor musun?»

«Olmaz, arkadaşım, çok iyi anımsıyorum, her hamleyi saydım bir bir. Sen şu taşı, daha yeni oynadın oraya; baksana yer değiştirmiş!»

Kıpkırmızı kesilen Nozdryev:

«Nasıl, yer mi değiştirmiş!» dedi. «Amma da kuyruklu yalan sallıyorsun ha!»

«Yalan atan sensin, kardeşim; hem de kötü kıvırıyorsun yalanı.»

«Bir düzenbaz mı sanıyorsun yoksa beni?»

«Seni hiçbir şey sanmıyorum; ama bundan sonra oynamam seninle artık.»

Nozdryev:

«Oyun başladı bir kez!» diye köpürdü, «bitirmeli; hakkın yok bırakmaya.»

«Namuslu namuslu oynamadığına göre, bırakmaya da bal gibi hakkım var.»

«Ne diyorsun sen, yalancı?»

«Yalancı sensin!»

«Hile filan yapmadım, oyunu yarım bırakamazsın»

Dama tahtasını karmakarışık eden Çiçikov soğukça:

«Beni zorlayamazsın,» dedi.

Küplere binen Nozdryev oyun arkadaşının üzerine öyle bir yürüyüş yürüdü ki beriki iki adım geriledi.

«Zorlarım işte! Damayı karıştırman vız gelir. Hamleler bir bir aklımda. Taşları gene yerine dizeriz.»

«Hayır, kardeşim, olmaz! Oynamam seninle artık.»

«Oynamak istemiyor musun?»

«Seninle oyun oynamayacağımı kendin de bilirsin.»

Nozdryev daha da yaklaşarak:

«Açık konuş; artık oyun oynamak istemiyor musun?» dedi.

Çiçikov, iş kızıştığından yüzünü iyice buruşturarak:

«Hayır, istemiyorum artık!» diye karşılık verdi.

Bu önlem boşuna değildi: Nozdryev'in eli şöyle bir çevrildi, kahramanımızın yanaklarından biri öyle silinmez bir lekeyle kirlenecekti ki... Bereket Çiçikov, darbeyi karşılayarak, o pek hızlı kolları yakaladı.

Kendini kurtarmaya çabalarken kıpkırmızı kesilen Nozdryev:

«Porfiri, Pavluşka!» diye bağırdı.

Bu sözleri duyunca, Çiçikov, uşakları rezil bir sahnenin tanıkları yerine koymak istemeyerek ve Nozdryev'i daha fazla tutmanın boş olduğunu düşünerek, onu bıraktı. Porfiri, peşinde kendisiyle öyle pek ileri gitmeye gelmez soydan kapı gibi bir adam olan Pavluşka olduğu halde, o anda içeri girdi.

Nozdryev:

«Haydi bakalım, oyunu bitirmek istemiyor musun?» diye sordu. «Açıkça karşılık ver!»

Çiçikov:

«Olanaksız!» dedi.

Pencereden baktı. Hazırlanmış arabayı gelip kaldırıma yanaştırmak için yalnız bir işaret bekleyen Selifan'ı gördü; fakat o dev gibi iki uşak kapıyı tutuyordu.

Yüzü al al olmuş Nozdryev gene:

«Demek oyunu bitirmek istemiyorsun ha?» diye yineledi.

«Namuslu bir adam gibi oynasaydın... Ama iş böyle olunca, oynamam.»

Deli herif, ağzına kuş kirazı ağacından kütük gibi bir pipoyu alarak:

«Ya! Oynamıyorsun demek, düzenbaz! Yitiririm sanıyorsun da oynamak istemiyorsun artık! Pataklayın şunu!» diye bağırdı.

Çiçikov, yüzü bir çamaşır gibi bembeyaz kesilmiş Çiçikov, bir şeyler demek istedi ama, dudakları hiç ses etmeden oynuyordu.

Nozdryev; elinde çubuk, yüzü kıpkırmızı, vücudu ter içinde, ele geçirilemez bir kaleye saldırıya geçiyormuş gibi ilerleyerek:

«Dövün şunu!» diye gürlüyordu.

Tıpkı delice yiğitliği, görünüşe göre, her zaman bir emirle değişmiş olmak zorunda kalan gözü pek bir teğmenin, mutlak bir saldırı anında mangasına: *İleri!* diye bağıran sesi ile:

«Pataklayın şunu!» diye bağırıyordu.

Fakat kendi kızgınlığına kapılmış teğmenimiz, aklını kaçırıyor, kendini bir Suvorov sanıyor, zorlu bir işi tamamlamaya çalışıyordu. Genel saldırı tasarısında yaptığı sakarlığı, milyonlarca tüfeğin o ele geçirilmez duvarlardaki mazgallara çevrilmiş olduklarını, kendi zayıf mangasının ortadan toz gibi yok olduğunu, uğursuz bir merminin kendi savaş çığlıklarına bir son vermek üzere olduğunu düşünmeden, avaz avaz: «İleri, yavrularım benim!» diye bağırıyordu.

Nozdryev kendinden geçmiş bir teğmenin hemen hemen benzeri olduğu halde, saldırdığı kale, ele geçmez gibi görünmek şöyle dursun, korkudan tir tir titriyordu. Kendini korumak istediği sandalye uşak takımı tarafından çoktan alınmıştı elinden; şimdi, canlıdan çok ölü gibi, sopa yemeye hazırlanıyordu. Talih onun kaburgalarını, omuzlarını, bütün nazik yerlerini korumak istememiş olsaydı, kahramanımızın ne hale geleceğini Tanrı bilirdi. Gökten iner gibi çatlak kaldırıma dayandı, canları burnunda üç atın soluğu ta odaya kadar geldi. Herkes, kendiliğinden pencereden yana döndü. Pos bıyıklı, yarı askeri yarı sivil kılıklı bir adam, arabadan yere atladı, ve dehlizde sorup soruşturma yaptıktan sonra, odaya girdi ki tam bu sırada Çiçikov, korkudan yüreği üç buçuk atmış bir ölümlünün ömrü boyunca düşmediği durumdan daha kötü durumda bulunuyordu.

İyice şaşırıp kalmış olan yabancı adam, elinde çubuğunu sallayan Nozdryev'i ve güç bela kendini toparlamaya çalışan Çiçikov'u bir bir süzerek:

«Bay Nozdryev kim, lütfen?» diye sordu.

Nozdryev yeni gelene doğru yaklaşarak:

«Önce, kiminle tanışmak onuruna eriştiğimi öğrenebilir miyim?» dedi.

«Polis müdürü ile.»

«Peki ne istiyorsunuz?»

«Hakkınızda açılan dava hükme bağlanıncaya kadar sizi gözaltında tutmayı, emir üzerine, bildirmeye geldim.»

«Ne davası?»

«Maksimov işine karışmışsınız. Bu çiftlik sahibi, bir ziyafet sırasında, bana hakaretlerde bulundu diye sizi suçluyor; onu sopayla dövmüşsünüz.»

«Yalan söylüyorsunuz! Ben çiftlik sahibi Maksimov'u hiç tanımam.»

«Efendi, izin verin de size subay olduğumu söyleyeyim. Hoşunuza gidiyorsa, siz bu şekilde ancak kalkıp uşaklarınızla konuşursunuz; bana gelince, dayanamam buna.»

Çiçikov, Nozdryev'in karşılığını beklemeden şapkasını aldı ve, polis müdürünün arkasına sine sine, soluğu dışarda aldı. Artık arabasına atlayınca, Selifan'a atları doludizgin sürmesi buyruğunu verdi.

V

Kahramanımız gerçekten müthiş bir korku atlatmıştı. Araba olanca hızla yol alıyordu, Nozdryev'in köyü tarlalar ve tepeler arasında çoktan uzaklaşmıştı gözden, ama Çiçikov sıkıntılı bakışlarla durmadan dönüp dönüp arkasına bakıyordu. Sonra da, güçlükle soluk aldığına inanıyor, ve elini göğsüne koyduğunda, yüreğinin kafesteki bıldırcın gibi çırpındığını duyuyordu. «Ah! hayvan, bana ne kötü saatler geçirtti!» Burada, Nozdryev'e bin bir lanet, bin bir ağır söz yağdırdı. Siz de ne diyorsunuz sanki öyle! Çiçikov Rus'tu ve üstelik küplere binmişti. Ve sonra, bu işin şakaya gelir yanı yoktu. Polis müdürü olmasaydı, diyordu içinden, belki de gün ışığına veda etmem gerekecekti! Doğacak yavrularıma bir servet, bir unvan bırakmadan, artık şu su yüzündeki sabunlu bir hava kabarcığı gibi izler bırakmadan öbür dünyayı boylayacaktım. Kahramanımız kendi atalarından çok huylanırdı.

Selifan da içinden, Ne aşağılık beymiş bu! diye düşünüyordu; ömrümde böylesini görmedim. Yüzüne seve seve tükürürdüm. İnsanların yiyeceğini kesmek atların yemini kesmekten daha iyidir. At arpayı sever; yemidir bu, yemi!..

Atlara gelince,onlar da, Nozdryev'i tefe çalıyor gibiydiler. Doru atın, Vergi Memuru'nun Yampiri'nin müthiş keyfi kaçmıştı. Zaten Yampiri her zaman için arpanın en kötüsünü yerdi ve Selifan arpayı ancak, onu önce bir güzel azarladıktan sonra yemliğine doldururdu; bununla birlikte yediği hep arpaydı yoksa kuru ot değil; arpayı ağzını şaplatarak çiğner ve çoğu zaman, hele Selifan'ın yokluğu sırasında, payları yoklamak üzere uzun ağzını arkadaşlarının yemliğine uzatırdı. Ama şimdi kuru ottan başka bir şey yoktu, ne yazık! Herkes huzursuzdu.

Gel gör ki birden, huzursuzlar hemen hayallerinden çekip alındılar. Hepsi, arabacı da dahil olmak üzere, artık altı atla çekilen bir araba ile sanki çarpıştıklarını görerek ve hemen hemen bunların üstünde, arabayı dolduran kadınların çığlıklarını ve öbür arabacının küfürlerini duyarak kendilerine geldiler:

«Ah, domuz herif! sana sağa diye bağırmadım mı ulan? Sarhoş musun yoksa?»

Selifan kendini suçlu buluyordu; ama sapına kadar Rus olduğu için, suçunu açık açık ortaya dökmek istemedi ve gerekli bir şekilde şu karşılığı verdi:

«Ya sen neden böyle dörtnala gidiyorsun be? Gözlerini meyhanede rehin mi bıraktın yoksa?»

Bundan sonra yalnızca arabasını geri alma işine daldı ama, bunun üstesinden gelemedi, iki dizgin birbirine dolanmıştı. Yampiri iki yanında dikilip duran yeni arkadaşlarını halli halli kokluyordu. Bu sırada, arabanın iki yolcusu bu sahneyi korku içinde seyrediyordu. Biri kocamış bir kadın, öbürü ise çiçeği burnunda, on altı yaşlarında bir kızdı; pırıl pırıl saçları, özene bezene taralı saçları, küçük başını taçlandırıyordu. Yüzünün güzel, oval biçimi, kara elli bir kız tarafından taze mi değil mi diye bakılınca, güneş ışınlarını geçiren taze bir yumurtanın şeklini ve saydam beyazlığını andırıyordu. İnce, saydam yanakları, içlerine işleyen sıcak ışık altında kızarmıştı; yarı aralık dudaklarında korku okunuyordu; gözlerinde yaşlar parlıyordu. Bütün bunlar öyle hoş bir hava yaratıyordu ki kahramanımız, atlar ve arabacılar arasındaki kızılca kıyamete hiç önem vermeden, birkaç dakika bu görünümü inceledi.

Öbür arabanın arabacısı:

«Haydi be, karga surat, alsana kendini geriye!» diye bağırıyordu.

Selifan dizginleri kendine çekti; öteki de onu taklit etti; atlar birbirlerine daha da sokularak dizginleri iyice karman çorman ederek biraz gerilediler. Yampiri, rastlantı eseri tanımış olduğu yeni dostundan pek hoşlanmıştı, ondan ne olursa olsun bir türlü ayrılmak istemiyordu. Başı dostunun koynunda, ona besbelli çok saçma sözler fısıldıyordu. Çünkü öbürü, sürekli kulaklarını oynatıyordu.

Neyse ki bu kargaşalık yakınlarda bulunan bir köyün köylülerini oraya çekti. Bizim köylü için böyle manzaralar gerçekten bir Tanrı nimetidir; yabancıların kulüplere ya da gazetelere düşkün olmaları gibi bunlar da buraya koştular öyle. Ortalık hemen ana baba gününe döndü; köyde kala kala bir ayağı çukurda kadınlar ile küçük yaşta çocuklar kaldı. Dizginleri birbirinden ayırdılar; Yampiri'nin başına inen birkaç yumruk geriye bastırdı onu; uzun sözün kısası, hayvanları birbirinden ayırmayı başardılar. Ama, yeni dostlarından ayrı düşmenin acısından mı, yoksa salt inattan mı ne, öbür arabanın atları kırbacı hiçe sayıyor, yerlerinden kıpırdamıyorlardı. Köylülerin telaşı büsbütün artmıştı. Her biri akıl vermek istiyordu.

«Hey, Andruşka, git de sağdakini geminden tut! Mityay Baba, atla sen de şuna! Haydi, atla şuna, Mityay Baba!»

Kızıl sakallı, uzun boylu, sarsak Mityay ata atladı: Atın üzerinde bir köy kilisesinin çan kulesine, daha doğrusu kuyulardaki suyu çekmeye yarayan uzun sırığa benziyordu. Arabacı atları boşuna kamçıladı, Mityay Baba boşuna çaba gösterdi.

«Dur! Dur be!» diye bağırdılar. Mityay Baba, sen Minyay Baba'nın yerine geç de öbür ata atla!»

Soğuktan imanı gevremiş bütün bir çarşı yerine yetecek Sbiten(*) kaynatabilecek kadar büyük bir semaver gibi kocaman karınlı, geniş omuzlu, kömür gibi kara sakallı Minyay baba, hiç nazlanmadan ata atladı; at, adamın ağırlığı altında neredeyse çöktü çökecekti.

Köylüler:

«Yürü, yürü şimdi be!» diye bağırdılar. «Vur, vur, şuna kırbacı, vur haydi! Yerinde örümcek gibi kızıp duran Kula'ya indir kamçıyı!»

Andruşka yandaki ata atladığı sırada, hiçbir şeyin para etmediğini gören Minyay Baba, Mityay Baba'yı atın terkisine aldı. En sonunda sabrı tükenen arabacı iki yardımcıyı da başından uzaklaştırmakla doğrusu pek yerinde bir iş yaptı. Atlar, bir solukta bir menzillik yol almışlar gibi soluyorlardı. Arabacı onları bir dakika daha dinlendirdi; bundan sonra atlar kendi başlarına yol aldılar.

Bütün bunlar olup biterken Çiçikov meçhul genç kıza dikkatli dikkatli bakıyordu. Birkaç kez ona laf atmak istedi ama, bunun bir türlü yolunu bulamadı. Kadınlar uzaklaştılar; o tatlı çizgili güzel baş, bir hayal gibi uçup gitti; artık geriye bir yol, ara-

---

(*) Çok baharatlı bir tür bal şerbeti.

ba, okurun pek yakından tanıdığı üç at, Selifan, Çiçikov ve tarların engin boşluğu kaldı.

Şu kahpe dünyanın her yerinde, pislik içinde yaşayan aşağı tabakalar arasında, karanlık ve tekdüze bir can sıkıntısı içinde donup kalmış yüksek çevreler arasında, her insan, ömründe hiç değilse bir kez, içinde o zamana kadar duyulmamış duygular uyandıran bir rastlantıyla yüz yüze gelir. Yaşamımızın dokuduğu acılar arasında, her zaman, belirli bir anda, bir sevinç ışığıdır parlar. Bazen ıssız, sefil bir köyden, koşumları pırıl pırıl atları oynak, camları yaldız yaldız, zengin bir araba geçer böyle. Ve o güne kadar yalnızca kendi yük arabalarını bilen köylüler, arabanın çoktan uzaklaşıp gittiğini görmeden, ağız açık, elde şapka, uzun uzun, ama çok uzun dururlar. İşte sarışın bebek de, romanımızda, böyle beklenmeden görünüp geçti, gitti. Varın siz Çiçikov'un yerine ister bir genç, ister bir süvari subayı ister bir öğrenci ya da ister yaşama yeni atılan bir delikanlıyı koyun... İşiteceği azarları düşünmeksizin, dünyayı unutarak, yapacağı işi unutarak, uzun süre kımıltısız gözlerini ötelere diker dururdu.

Artık pek genç olmayan kahramanımız, kendini bu kadar kolayca baştan çıkarmadı. Soğuk ve ölçülü olduğundan mıdır nedir, düşünmeye başladı; ne var ki düşünceleri daha derli toplu, daha olumlu bir gelişme izledi. Tütün kesesinden bir tutam enfiye alarak, kendi kendine, sanki nurtopu parçası! diye düşündü. Ama işin açıkçası, acaba neden bu kadar hoş? Okuldan yeni çıkmış olmalı ki, henüz üzerinde hiçbir kadın kusuru yok: Hiçbir yapmacık, hiçbir sahtelik arama. Bir çocuk saflığı ile, aklından geçen her şeyi söyler, istedi mi güler. İnsan onu dileğince yoğurabilir. Eşsiz bir şey ya da bir bela olabilir, ama püsküllü bir bela da olabilir! Biz bu işi teyzelere ve analara bırakalım! Bir yıl içinde onlar, kızcağızı kendi öz babasını tanımaz hale getirirler. Kim bilir nereden, üzerine kibir gelir, gösteriş konar. Ezberlediği derslerin havasına uyarak, kiminle, nasıl, uzun uzun konuşabileceğini ve insanlar hakkında ne fikirler yürütebileceğini öğrenmek için kafa yorup durur. Artık ağzından uygunsuz bir söz kaçırmaktan hep korkar, içi içini yer, en sonunda bütün ömrü boyunca yalan kıvırır, Tanrı bilir ne biçim bir insan olup çıkar ortaya!

Bir parça durduktan sonra, gene şöyle düşündü:

Doğrusu babasının kim olduğunu öğrenmek isterdim. Şöyle ağırbaşlı, zengin bir çiftlik sahibi mi, yoksa iyi maaşla emekliye ayrılmış namuslu bir memur mu acaba? Bu yavrucak ile iki yüz bin ruble drahoma, işin açıkçası, bu yağlı kuyruk, namuslu bir adamın mutluluğu olabilir.

İki yüz bin ruble drahoma kafasında öyle göz alıcı bir tabloya dönüştü ki, kızılca kıyamet sırasında, seyise ya da arabacıya yolcuların adını sormayı bile düşünemedi. Ama, aradan pek geçmeden, Sobakeviç'in toprağı göründü; Çiçikov'un düşünceleri de hemen o her zamanki akışına girdi.

Köy ona oldukça büyük göründü: İki orman, biri kayın ormanı biri de çam ormanı; kırmızı damlı, kirli kül renkli duvarlı, asma katlı ahşap evi biri açık, biri koyu iki kanat gibi kuşatıyordu. Alman göçmenleri ya da askerler için yapılmış bir yapı. Simetri hastalığına tutulmuş kara cahil mimarın burasını yaparken, ev sahibinin zevkleri ile iyice çatışmış olduğu belliydi. Kendi rahatına düşkün ev sahibi, evin bir yanındaki pencereleri köreltirmiş, yerine kendisi için daha gerekli olan kiler için daracık bir pencere açtırmıştı. Cephe, ev sahibinin ille de şu şu olsun diye diklenişlerine boyun eğen mimarın onca çabasına karşın gene de yapının ortasına düşmüyordu: Bir sütun ortadan kalkmıştı; geriye artık kaba üç sütun kalmıştı. Avluyu koca kütüklerden bir çit çeviriyordu. Ev sahibi belli ki sağlamlığa pek düşkündü. Ahırlar olsun, arabalıklar, ayak yolları olsun öyle kalın kalaslardan yapılmıştı ki, yüzyıllarca dayanırdı.

Köylülerin evleri daha göze batıyordu: Ahşap, sağı solu oymasız ve süssüz, ama hayran olunacak kadar sağlam güzel izbeler. Kuyuların bileziği bir değirmende ya da bir gemide olduğu gibi çepeçevre meşeden yapılmıştı. Uzun sözün kısası, Çiçikov'un gördüğü her şey yerli yerindeydi, ağırdı, sağlamdı, kale gibiydi. Kaldırıma yanaşırken, hemen aynı anda, bir pencereye uzanmış iki baş gördü: Başı bağlı, bir salatalık gibi ince ve uzu bir kadın yüzü bir de bir Moldavya kabağı. Hani o Rusya'da balalaykalar, iki telli hafif çalgılar yapılan kabaklardan biri, bu çalgıların usul usul, ak gerdanlı, kendilerini dinlemeye can atan kızlara şöyle yolunca yordamınca bir göz atarak ve ıslık çalarak tıngırdatan yirmi yaşındaki delikanlıların eğlencesi ve süsü balalaykalar. Hemen o anda, iki yüz de geriye çekildi. Kurşuni giysili, gök mavisi yakalı bir uşak, Çiçikov'u sofaya aldı; ev sahibi de burada bulunuyordu; ev sahibi bizimkini kısaca: «lütfen buyrun!» diye karşıladı, daha içerlere götürdü.

Çiçikov, Sobakeviç'e baktı, bu kez ev sahibi ona, hemen hemen orta boylu bir ayıyı anımsattı. Benzerliği tamamlamak üzere bizim adam uzun bir pantolon ile geniş kollu bir giysi giymişti; topuklarına basarak, çoğu zaman da yanındakinin ayaklarına çarparak, yelim yelim yürüyordu. Kırmızı yüzünde bakır mangır rengi vardı. Doğanın pek öyle üstüne düşmediği bu gibi yüzler, bilindiği üzere çoktur. Doğa bu yüzleri eğe, burgu ve bu tür araçlar kullanmadan bir çırpıda yapıvermiştir; bir vurmuş burun, bir vurmuş dudaklar olmuştur; sonra, matkapla oyulmuş gözlere, güzel olsun ve millet: «Çok yakışıyor böylesi!» desin diye önem bile vermemiştir.

Sobakeviç'in de şeytanca yüzü vardı işte. O yüzünü hep öne eğik tutar, boynunu kıpırdatmazdı; bu çirkinliğinden ötürü, kırk yılda bir karşısındakine doğrudan doğruya bakar, başını hep sobaya ya da kapıya çevirirdi.

Yemek salonuna geçerken, Çiçikov onu bir daha süzdü: Bir ayı, düpedüz bir ayı! Aksi bir tesadüf olacak, adı Mihail Semyonoviç idi(*) Çiçikov, ev sahibinin alışkanlıklarını, insanların ayaklarına basma hastalığını bildiği için, gözünü dört açarak ilerliyor ve onu önden yürütmeye çalışıyordu. Sobakeviç, kendi hastalığını bildiğinden olacak, ona birden şöyle sordu:

«Sizi rahatsız mı ettim?»

Çiçik... rar tekrar teşekkür etti ve henüz böyle uygunsuz ...dığını söyledi.

... bu ad verilir.

Salona geçtiklerinde, Sobakeviç, gene, «Lütfen buyrun!» diye, Çiçikov'a bir koltuk gösterdi; koltuğa yerleşen kahramanımız duvarlara asılı tablolara bir göz attı. Bunlar boy resminde Yunan kahramanlarını gösteriyordu: Gözlüklü, kaputlu, kırmızı pantalonlu Miyaulis, Kanaris, Mavrokorda. Hepsinin de öyle kalın kalçaları, öyle uzun bıyıkları vardı ki, insan bunlara bakarken ürperiyordu. Bu dev gibi yaratıklar arasında, bilinmez neden, küçücük bir çerçeve içinde, çerden çöpten, ayaklarının dibinde küçük küçük bayraklar ve toprak bulunan, kıl kuyruk Bagrasyon'un resmi de vardı. Sonra gene bir Yunanlı kadın kahraman, bir bacağı bugünkü salonları dolduran o çıtkırıldımların toplam vücudundan daha kalın olan, Bobelina geliyordu(*) Evin uzun yapılı efendisi, çevresini kendisi kadar güçlü kuvvetli kimselerle kuşatmaktan hoşlanıyordu. Bobelina'dan sonra, tam pencere önüne asılmış bir kafeste, ona, Sobakeviç'e tıpatıp benzeyen, beyaz benekli bir karatavuk vardı.

Ev sahibi ile ziyaretçi susalı daha iki dakika olmuştu ki, salonun kapısı açıldı, içeri evin hanımı, uzun boylu, başında evde tekrar boyanmış kurdeleler bulunan bir kadın girdi. Tepeden bakan bir tavırla, başını palmiye gibi dik tutarak girdi.

Sobakeviç:

«İşte benim Feodulya İvanovna'm,» dedi.

Çiçikov öpmek üzere eline uzandı. Feodulya İvanovna da ona hemen elini sundu; Çiçikov, bu elin hıyar turşusunun suyuyla yıkandığını kokusundan anladı.

Sobakeviç:

«Sevgili karıcığım,» diye devam etti, «sana Pavel İvanoviç Çiçikov'u takdim ederim. Valilerde ve posta müdürünün evinde kendisini tanıma onuruna eriştim.»

Feodulya İvanovna, o da, Kraliçe rolüne çıkmış kadın oyunculara yaraşır bir baş işareti ile: «Lütfen oturun!» diye bir iltifat savurarak, Çiçikov'u oturmaya davet etti. Derken kendi de kanepeye oturdu, üzerine merinos yününden şalını aldı, kaşını

(*) Yunan mitolojisinde, bir kadın kahraman.

gözünü oynatmadan, öylece kaldı.

Çiçikov gözlerini bir daha duvarlarda dolaştırdı, gene Kanaris'i, o güçlü kalçalarını, o uzun bıyıklarını, Bobelina'yı ve kafesteki karatavuğu gördü.

Beş dakika hemen hemen sessiz geçti; yalnızca kara tavuğun kafesin dibini tık tık gagalarken çıkardığı ses duyuluyordu. Çiçikov odayı bir üçüncü kez gözden geçirdi. Odanın sağlam yapılı, kalın, hantal bütün eşyası ile ev sahibi arasında garip bir benzerlik vardı. Bir köşede, biçimsiz mi biçimsiz ayaklı, cevizden bir masa vardı ki bir ayı derisini ve bir ayı sırtını andırıyordu; masa, koltuklar, iskemleler, işte hepsi ağır, kaba saba, kullanışsız şeylerdi. Uzun sözün kısası, her eşya: «Ben Sobakeviç'e çok benziyorum!» ya da, «Ben de kendi çapımda bir Sobakeviç'im!» der gibiydi.

Çiçikov, ev sahiplerini konuşmaya girişme konusunda az istekli görünce, artık dayanamayıp:

«Geçen perşembe, Mahkeme Başkanı İvan Grigoryeviç'in evinde hep sizden konuştuk,» dedi. «Orada çok güzel vakit geçirdik.»

Sobakeviç:

«Sahi, ben o gece başkanın evine gidememiştim,» diye karşılık verdi.

«Ne cana yakın adam, değil mi?»

Sobakeviç, gözler sobaya çevrik:

«Kim?» diye sordu.

«Mahkeme başkanı.»

«Sizce öyle olabilir! Mason olduğu halde, dünyada bir eşi daha bulunmaz bir şapşaldır.»

Bu yargı, ağır olduğundan, Çiçikov'u biraz şaşırttı; hemen aklını başına topladı ve konuşmasına devam etti.

«Doğru her insanın zayıf yanları vardır. Buna karşılık, vali çok mükemmel bir adamdır doğrusu!»

«Vali mi adamdır!»

«Evet, değil mi ya?»

«Dünyanın bir numaralı haydutudur o!»

Çiçikov bu yüksek memurun nasıl hemen çetebaşı olduğunu anlamakta zorluk çekerek:

«Vali, bir haydut ha!» diye bağırdı. «Hiç ummadım doğrusu. Oysa davranışları çok kibar. İzin buyurun da bu noktaya dikkatinizi çekeyim.»

Çiçikov, sözlerine kanıt olarak, valinin kendi eliyle işlediği para kesesini gösterdi ve yüzünün o tatlı havasını övdü de övdü.

Sobakeviç:

«Bir haydut suratı!» diye karşılık verdi. «Eline bir bıçak verin, salın anayola, bir kapik koparmak için insanları boğazlar. O olsun, vali yardımcısı olsun, birbirinin ağzına tüküren insanlardır.»

Çiçikov içinden, besbelli, araları soğuk! diye geçirdi. «Polis müdürüne karşı,» diye başladı, «bir zayıflık duyuyorum. İçten, açık yürekli bir insan; yüzünden temizlik akıyor.»

Sobakeviç soğuk soğuk:

«O da düzenbazın biridir!» dedi. «Sizi aldatır, baştan çıkarır ve sonra gelip sanki hiçbir şey olmamış gibi yer sizinle. Tanırım onları, tanırım düzenbazları, bu hainleri; kenti doldurdukları gibi hepsi de birbirinden ahlaksız insanlardır. İçlerinde bir tek namuslu adam var: O da savcı; ama doğrusunu söylemek gerekirse, savcı da pis domuzun biridir.»

Bu derme çatma, ama öz övgülerden sonra Çiçikov, öbür memurları şimdi bir kalem geçmenin iyi olacağını düşündü; Sobakeviç'in hiçbir zaman doğru dürüst yargıda bulunmadığını anımsadı.

Bayan Sobakeviç kocasına:

«Haydi, canım, gidelim mi yemeğe?» diye sordu.

Sobakeviç de:

«Lütfen buyrun!» dedi.

Ev sahibi ile konuk, üzerine çerezler dizilmiş olan bir yemek masasına yaklaştılar, geleneğe uyup bir kadeh votka yuvarladılar, arkasından da bizim uçsuz bucaksız Rusya'da, kentteki gibi köyde de alışkanlık olduğu üzere çeşit çeşit tuzlu ve daha başka çerezlerden çöplendiler. Sonra yemek odasına geçtiler;

ev sahibi kadın bir kaz gibi yürüye yürüye önlerinde ilerliyordu. Oldukça küçük bir masaya, dört peçete konmuştu. Dördüncü yer çok geçmeden, kadın mı kız mı, akraba mı yoksa asalak mı olduğunun kestirilmesi güç, otuz yaşlarında, başı açık, ama göz alıcı elbise giymiş bir kadın tarafından dolduruldu. Kimi insanlar eşya üzerinde leke ya da ben gibi yaşarlar. Hep aynı yerde oturur, başlarını dünyada oynatmazlar; insan böylelerini hemen eşyalarla karıştırır, ömürleri boyunca ağızlarından tek bir söz bile çıkmadığını düşünür; hele siz bu gibilerini iş başında ya da kilerde bir görün işte o zaman, Allah vermesin, Allah vermesin, ortalığı birbirine katarlar!

Sobakeviç, tabağına koca bir niania, yani hep Rus çorbası ile yenen ve içinde kara buğday, beyin ve dana parçası ile doldurulmuş koyun işkembesi bulunan yemekten alarak:

«Yavrum, çorba bugün nefis,» dedi.

Çiçikov'a dönerek:

«Benzerini yiyemezsiniz kentte,» diye sürdürdü. «Tanrı bilir ne getirirler önünüze!»

Çiçikov:

«Yalnızca valide fena yemek yemez insan,» dedi.

«Onun evinde yemeklerin nasıl pişirildiğini bilseniz, koymazsınız ağzınıza.»

«Nasıl yapıldığını bilemem; ama sirke ile haşlanmış balık ve domuz pirzolasını nefis buldum.»

«Yanılmışsınız, doğrusu. Masasına çarşıdan ne alındığını bilirim. Şu düzenbaz aşçısı hiç de bir Fransız öğrencisi değildir; bir kedi alır da tavşan diye bunu koyar sofraya.»

Bayan Sobakeviç:

«Aman Tanrım! Ne korkunç!» diye söylendi.

«Ne demezsin, cicim, işleri böyledir! Bunda benim hiç suçum yok ki. Bizim Akulka'nın, af buyurun, süprüntü kutusuna attığı her şey, ama her şey onlarda çorbaya konur; evet, evet, tastamam, çorbaya.»

Bayan Sobakeviç:

«Sen de sofra başında hep böyle şeyler söylersin,» dedi. «Ama, yavrucuğum, benim suçum değil ki bu. Sana açık açık söylüyorum, yemek diye yer yerinden oynasa ağzıma süprüntüler sokturmam. Bir kurbağayı şekerleyip önüme sürsen, gene de yemem, istiridyeleri de yemem; istiridyeleri neye benzettiklerini bilirim.»

Çiçikov'a dönerek:

«Kara buğdaylı şu koyun parçasından tatsanıza,» dedi. «Büyük adamların sofrasında ucuza kaçsın diye kırpıntı etlerle yapılan yahnilerden bambaşkadır bu. Alman ve Fransız doktorlarının güzel uydurması; iş bana kalsa, topunu ipe çekerdim. Perhizi uydurmuşlar, açlıkla tedaviyi uydurmuşlar! Bu bodur boylu sıska insanlar Rus midelerini harcayabiliriz sanıyorlar; kalıbımı basarım, muratlarına eremeyeceklerdir! Hayır; bütün bunlar olup olacağı uydurmu, şu, bu...»

Sobakeviç başını kızgın kızgın salladı:

«Bir uygarlık lafıdır tutturmuşlar; ama, mim koyun sözüme, uygarlıkla alay ediyorum ben! Sofra başında söylenmesi ayıp kaçmasa, bir başka sözcük kullanacağım. Benim başka yollarım vardır. Evimde, bir kaz, bir koyun, bir domuz mu istiyoruz, getiririz hepsini ortaya! Yalnızca iki kap yerim ama, içim aldığı kadar yerim.»

Sobakeviç tabağına koyun budu alarak dediklerini kanıtladı, bu koyun budunu yaladı, kemirdi, son kemiğine kadar iliğini emdi.

Çiçikov, doğru, diye düşündü, adam ağzının tadını biliyormuş!

Sobakeviç ellerini peçetesine sile sile:

«Evet,» diye başladı, «sözgelişi, Piluşkin efendiden daha başka bir yaşam sürüyorum: Bakın bu temiz kalpli adamın sekiz yüz kölesi var ama benim çobandan daha kötü yemek yiyor.»

Çiçikov:

«Kim bu Piluşkin?» diye sordu.

Sobakeviç:

«Aşağılığın biri!» diye karşılık verdi. «Eşi bulunmaz bir cimri.

Forsalar bile ondan daha iyi yaşar; adamlarını açlıktan öldürdü.»

İlgilenen Çiçikov:

«Olur iş mi bu?» diye sordu. «Köylüleri çok mu ölüyorlar dersiniz?»

«Sinekler gibi.»

«Doğru ha, sinekler gibi demek! İzninizle size şunu sorayım, buradan uzakta mı oturuyor?»

«Beş verst ilerde.»

Kalbi daha da küt küt atan Çiçikov:

«Beş verst demek!» dedi. «Sizden çıkınca, sağa mı yoksa sola mı sapmalı?»

Sobakeviç:

«Böyle bir köpeğin evine giden yolu bilmeseniz daha iyi olur sizin için,» dedi. «Onun evine gitmektense daha adi yere gitmek çok daha iyi olur sizin için,» dedi.

Çiçikov:

«Ben bu soruyu, yalnızca şunun için sordum... Sağda solda ne var diye öğrenmek için,» diye karşılık verdi.

Koyun budundan sonra her biri bir tabaktan daha büyük peynirli börekler, sonra bir dana kadar iri, yumurta, pirinç, karaciğer ve mideye çok ağır gelen daha başka güzel şeylere doldurulmuş bir hindi geldi. Bu son yemek oldu; fakat, sofra başından kalkarken Çiçikov, kendini artık hayli ağırlaşmış hissetti. Gene salona döndüler ki burada davetlileri bir reçel –armut, erik yahut baka yemiş reçeli değil de: bilmem ne reçeli– kavanozu bekliyordu ama buna hiç el sürmediler. Ev sahibi hanım daha başka tatlılar getirmek üzere dışarı çıktı. Onun olmayışını fırsat bilen Çiçikov, geçip bir koltuğa kurulmuş, böyle tıka basa yenen bir yemekten sonra artık inleyen, işaretler yaparak ve elini sürekli ağzına götürerek, garip garip seslerle konuşan Sobakeviç'e döndü.

«Sizinle bir iş konusunda konuşmak istiyordum,» dedi.

Tam bu sırada başka bir tabakla geri dönen ev sahibi kadın:

«Bu da başka bir reçel,» dedi. «Balda kaynamış turp.»

Sobakeviç:

«Peki, peki, dedi. «Sen çekil bakalım odana; şimdi biz, Pavel İvanoviç'le ben, soyunup şöyle bir şekerleme yapacağız.»

Temiz kalpli kadın şilteler ve yastıklar getirtmek istedi ama, Sobakeviç onu koltukların yettiğine inandırdığı için, dışarı çıktı.

Sobakeviç, başını hafifçe yana eğip kulak kesildi.

Çiçikov uzak konuları ele aldı, genel olarak Rus İmparatorluğu'ndan söz açtı, eski Roma İmparatorluğu'nunkinden çok daha geniş alana yayıldığını, yabancılarda haklı olarak şaşkınlık uyandıran o sonsuz genişliğini övdü...

Sobakeviç, başı eğik, durmadan dinliyordu.

...Sözlerine şunu da ekledi ki, başka hiçbir devletle ünü böyle ölçülemez olan bu imparatorluktaki sıkı yasalara göre, kendi yeryüzü işlerini bitiren sayılı canlar, devlet dairesini ıvır zıvır bir işle yormamak ve ta öteden beri kendiliğinden Arap saçına dönmüş devlet mekanizmasına yeni bir çark eklememek için, yeni sayıma kadar vergi listelerinde yaşar görünürlermiş...

Sobakeviç, başı eğik, durmadan dinliyordu.

...Bu iş, oldum olası, doğru olduğu halde, ölülere yaşayan canlar gibi vergi ödeyerek güç duruma düşen çiftlik sahiplerinin birçoğu için çok ağırdı. O da ev sahibine beslediği saygıdan ötürü, bu ağır yükün bir parçasını kendi üzerine almaya hazırdı. Ama iş asıl konuya gelince Çiçikov, bunu büyük bir dikkatle ortaya döktü: Ölü canlar demedi de, *yaşamayan canlar* dedi.

Sobakeviç, başı eğik, durmadan dinliyordu. Yüzünden hiçbir anlam okunmuyordu; duygusuz vücut ruhtan uzak gibi görünüyordu; yok eğer, bir ruh varsa bile bu, bulunması gerekli olan yerde değil, şu *Ölümsüz iskelet* masalında olduğu gibi *dağların öbür ucundaki bir yerde* idi; bu ruhu öylesine kalın bir kabuk kuşatmıştı ki dipte olup biten şeyler hiçbir şekilde yüze vurmuyordu.

Çiçikov, hiç heyecana kapılmadan, bir karşılık sözü bekleyerek:

«Ne dersiniz bakalım?» dedi.

Sobakeviç, en küçük bir şaşkınlık göstermeden, sanki buğdaydan söz ediliyormuş gibi, pek basit bir şekilde:

«Ölü canlar mı gerekiyor size?» diye sordu.

Çiçikov, ifadeyi gene iyice yumuşattığına inanarak:

«Evet, daha doğrusu *yaşamayan canlara* gerek duyuyorum,» diye karşılık verdi.

Sobakeviç:

«İnanın, bulunur.»

«Öyleyse siz, besbelli, seve seve, kurtulmak istersiniz bunlardan.»

Bu kez başını hafifçe kaldıran ve bu işten alıcının bir çıkar sağlayacağını sezen Sobakeviç:

«Peki, satmaya hazırım,» dedi.

Çiçikov, cehennem olasıca herif! Ben daha bu konuda ağzımı açmadan o kalkmış satmaktan dem vuruyor! diye düşündü. Sonra yüksek sesle:

«Ama fiyatı ne?» diye sordu. «Böyle bir işten söz etmek soğuk kaçacak, çünkü fiyat konusu oldukça garip...»

«Size hemen son sözümü söyleyeyim: Tanesi yüz ruble.»

Çiçikov:

«Yüz ruble ha!» dedi.

Çiçikov, iyi duyup duymadığını ya da Sobakeviç'in mızmız dilinin başka bir şey söyleyeyim derken ağzından böyle bir söz çıkarıp çıkarmadığını düşünerek, ağzı bir karış açık baktı karşısındakine.

Sobakeviç:

«Pahalı mı geliyor?» diye sordu.

Az sonra da:

«Ya siz ne kadar verebilirsiniz?» diye sordu.

«Benim vereceğim mi? Aramızda bir anlaşmazlık var. Nasıl bir işten söz edildiğini unutuyoruz. Elimi vicdanıma koyarak söylüyorum, can başına artık seksen kapikten fazla veremem!»

«Ne diyorsunuz! Seksen kapik ha!»

«Bana kalırsa, fazla etmez.»

«Size çarık satmıyorum ama ben.»

«Açıkça söyleyin, bunlar da insan değil öyleyse.»

«Size sayılı bir can için seksen kapik veren budalayı bulurum mu sanıyorsunuz yoksa?»

«Rica ederim, neden böyle konuşuyorsunuz: Neden sayılmış can diyorsunuz? Ölüp gitmişler çoktan; adları kalmış yadigar. Kısacası, son olarak, bir buçuk ruble veririm size. Daha fazla vermek olanaksız.»

«Bu fiyatı verdiğinize utanmıyor musunuz? Haydi, bana uygun bir fiyat söyleyin.»

Burada elli kapik artıran Çiçikov:

«İnanın, Mihail Semyonoviç, fazla veremem; olanaksız, olanaksızdır,» dedi.

Sobakeviç:

«Ne demeye cimrilik ediyorsunuz?» dedi, «ama ben sizden fazla istemiyorum ki. Madrabazın biri çıkıp sizi kafese koyar, canlar diye size bir yığın süprüntü bile yutturur. Oysa ben size istek üzerine seçme bir mal veriyorum: İçlerinde ustalar, ne sıkı köylüler var! Sözgelişi, şu araba ustası Miheyev'i ele alın. Ömründe yaylı araba yapmamıştır. Ve size şunu da söyleyeyim Moskova işi, yani kaptıkaçtı işi yapmaz. Hayır, elinden çıkan sağlamdır... Üzerine kumaşı geçiren de kendisidir, boyayan da kendisi!»

Çiçikov Miheyev'in artık bu dünyada yaşamadığını söylemek için ağzını açtı; ama Sobakeviç, bu anda, konuşmanın en ateşli anında olduğu gibi, söz söyleme yeteneğini geliştirmiş görünüyor ve artık durmak nedir bilmiyordu.

«Ya o, Doğramacı *Mantar* Stepan!» dedi. «Kafamı keserim ki eşini bulamazsınız! Düpedüz bir Herkül! Muhafız alayında hizmete girmiş olsaydı, mesleğinde hayli ilerlemiş bulunurdu: Üç arşından fazladır boyu, Efendi!»

Çiçikov yeniden Mantar'ın artık yaşamadığını ileri sürmek istedi; ama Sobakeviç ateş almıştı besbelli; bu nutuk atma coşkunluğu önünde, kendisini susturmak olamazdı.

«Ya şu, Tuğlacı Miluşkin! Hangi eve olursa olsun becerir soba kurmayı! Şu, Kunduracı Maksim Taliyatnikov: Bir biz vuruşta, bir çift çizme çıkarırdı size, hem de ne çizme ha! Üstelik ağzına dünyada içki sokmazdı! Ya şu, Yeremey Sorokplickin! Bütün ötekilerine taş çıkarırdı bu, Moskova'ya çalışmaya gider ve bana iyi kötü elli ruble harç öderdi yılda. Bir Piluşkin'in satacağı parçaya benzemez bu adamlar.»

Artık sonu gelmez gibi görünen bu ağız kalabalığından şaşıp kalan Çiçikov, en sonunda dayanamayıp:

«İzin buyrun!» dedi. «İzin buyrun, bu adamların becerilerini sayıp dökmek neye yarar? Madem öbür dünyayı boylamışlar, hiçbiri artık çıkarılamaz mezardan. Atasözünü anımsayın: *Bir ölüden çit bile yapılamaz.*»

Bu sözü birden anımsar gibi olan Sobakeviç:

«Doğru, öldüler,» dedi.

Sonra da hemen ekledi:

«Ama, bugün canlı diye geçinen insanlara ne buyurursunuz? İnsanlar mı? Değil, sinekler demek doğru.»

«İnsanlar ne de olsa sağ; ama bunlar yalnızca hayal.»

«Hayal mi, değil hiç de! Miheyev gibi adamları bırakın da söyleyeyim, siz böylelerini bulamazsınız! Şu odaya sığmayan bir dev, bir attan daha güçlü omuzlar! Böyle hayali bugün nerede bulursunuz, öğrenmek isterdim doğrusu!»

Bu son sözleri Bagrasyon ile Koloktronis'in resimlerine doğru söyledi. Hani, iki kişi konuşurken içlerinden biri kalkıp sözü kimi zaman karşılık alamayacağını, itiraz edilemeyeceğini, onaylanamayacağını bilerekten, hiç tanımadığı birine, bir yeni gelene çekinmeden söyler. Sanki aracılığını ister gibi gözünü ona diker, yeni gelen de, şaşırıp kalır, hiçbir şey anlamadığı bir konuya burnunu soksun mu, yoksa görgü kurallarına uyduktan sonra çekip gitsin mi, kestiremez bir türlü.

Çiçikov:

«Hayır, açık açık söylüyorum, iki rubleden fazla veremem,» dedi.

«Peki, sizi zora sokmamak ve pek pahalı aldım dememeniz için, tam yetmiş beş kâğıt rubleye bırakıyorum bunları, temiz paradır bu. Sırf şu dostluk hatırı için.»

Çiçikov, ah kâfir! Beni bir aptal mı sanıyor ne? diye düşündü, sonra yüksek sesle:

«Garip doğrusu, hiçbir şey anlamıyorum bundan; komedi mi oynuyoruz. Pek basit bir işten, değersiz bir ticaret işi söz konusu ortada!»

«İzin buyrun, madem satın alıyorsunuz, demek ki gerekli size.»

Çiçikov dudaklarını ısırdı ve ne karşılık vereceğini bilemedi. Kimi aile sorunlarından ötürü bir işe giriştiğini söylemek istedi, ama Sobakeviç kısa yoldan sözünü kesti onun.

«Vız gelir bana! Ben aile işlerine burnumu sokmam. Canlar mı gerekli size, satıyorum işte; almazsanız, pişman olursunuz.»

Çiçikov:

«İki ruble,» dedi.

«Peki! Atasözündeki saksağan gibisiniz hani: *bir söz bilir ve hep bunu söyler!* Siz de iki ruble diye tutturmuşsunuz, bundan dönmek istemiyorsunuz. Haydi, doğru dürüst bir fiyat verin.»

Çiçikov içinden, eşşoğlu! dedi. Bir kemik atalım da yalasın! Yüksek sesle:

«Peki,» diye konuştu, «elli kapik daha veriyorum.»

«Ben de size, bakın son sözümü söyleyeyim: Elli ruble. Vallahi, zarar ediyorum. Siz bu kadar ucuz canları hiçbir yerde bulamazsınız.»

Çiçikov, ne cimri, diye düşündü. Sonra yüksek sesle:

«Ciddi bir işten söz ediyormuş denecek hani. Başka yerden almaya niyetim olmadığına inanıyor musunuz? Hem herkes bu canları bana seve seve, şunlardan kurtulduk diye seve seve veriyor. Ağır bir vergi ödemek üzere böylelerini yanında alıkoymak isteyecek insan ne budaladır!»

«Bilirsiniz ya böyle alışverişler –aramızda kalsın, canciğer dostuz diye söylüyorum– her zaman yasal değildir, ister ben olayım isterse bir başkası, konuyu sağa sola yayarsak, böyle işle uğraşan insan, anlaşmalarda yahut işlerde güvenilir sayılmaz artık.

Çiçikov, düzenbaz herif bak nereye varmak istiyor! diye düşündü. Ama hemen büyük bir soğukkanlılıkla:

«Nasıl isterseniz öyle davranmakta özgürsünüz,» dedi. «Satın alıyorsam, ben bu işi, sandığınız gibi, bana gerekli diye yapmıyorum, sırf aklıma bir takılma isteği takıldığı için yapıyorum. İster razı olun, isterseniz olmayın, iki buçuk ruble.»

Sobakeviç, vay canına! Vay canına! İşi oluruna bırakmıyor! diye düşündü.

«Haydi bakalım,» dedi, «otuz kâğıt ruble verin de alıp götürün.»

«Hayır, görüyorum ki satmak istemiyorsunuz. Hoşça kalın.»

Sobakeviç kolundan tutarak ve ayağına basarak:

«Durun canım, rica ederim!» dedi.

Kendini korumayı unutmuş olan kahramanımız, aman Allah, yandım diye bir çığlık kopardı ve zıplamaya başladı.

«Özür dilerim, sanırım canınızı acıttım, değil mi? Rica ederim, şuraya oturun, Lütfen.»

Bizimkinin, kendisine: «Haydi göster bakayım, Mişa, güzel kadınlar hamamda nasıl terler?» Ya da, «Haydi, Mişa, yaramaz çocuklar bezelye çalmak için ne yaparlar?» gibi sorular sorulduğunda kıvır kıvır kıvırmaya ve çeşit çeşit hareketler yapmayı bilen, terbiye yüzü görmüş bir ayı lütfu ile koltuğa oturttu.

«Doğrusunu isterseniz zaman yitiriyorum; başımı kaşıyacak zamanım yok benim.»

«Durun hele biraz, size bir çift söz söyleyeceğim ki hoşunuza gidecektir.»

Hemen konuğun yanına oturdu ve gizli gizli, kulağına şunu fısıldadı:

«Yirmi beş ruble verir misiniz?»

«Hayır, dörtte birini bile vermem. Bir kapik bile eklemem.»

Sobakeviç ağzını açmadı. Çiçikov da ses çıkarmadı. Sesizlik şöyle helalinden iki dakika uzadı. Bagration ile gaga burnu bu pazarlığı dikkatle gözlediler.

En sonunda Sobakeviç:

«Son sözünüz ne?»

«İki buçuk ruble.»

«Demek sizce bir insan ruhunun bir turptan fazla değeri yokmuş. Hiç olmazsa üç ruble verin.»

«Olanaksız.»

«Öyle olsun! istediğiniz yere çekebilirsiniz. Bu işten zarar ediyorum, zayıf yaradılışımdan dolayı bir başkasını hoşnut etmekten alamıyorum kendimi. Kuşkusuz her şeyin doğru dürüst olması için, bir anlaşma yapmamız gerekecek.»

«Elbette.»

«Ben de öyle diyorum; kente gitmeli.» İş böylece sonuçlanınca, anlaşma yapmak üzere ertesi gün kentte buluşmaya karar verdiler. Çiçikov köylülerin bir listesini istedi. Sobakeviç kabul etti, geçti yazı masasına, kendi elceğiziyle bir isim listesi çıkardı, yetenekleri ve nitelikleri neymiş yazdı.

Artık, yapacak hiçbir işi kalmayan Çiçikov, ev sahibinin o dev gibi vücuduna bakmaya başladı. Bu küçük Viyatka atlarının sağrısı kadar geniş sırtı, bu bazı yaya kaldırımları boyunca dikilen dökme külçelere benzer bacakları incelerken, şöyle düşünüyordu, doğrusu ya, yaradan ne güzel yaratmış seni! Biçkisi kötü ama dikişi esaslı denen biri işte! Hani anadan doğma ayı mısın a mübarek, yoksa bu taşra yaşantısı, şu tarla işleri, şu köylülerle didinip durmalar mı seni *ayı kılığına* sokmuş, cimri denildiği gibi, *eli sıkı* yapmış? Hayır, sen bence zamana göre terbiye almış olsaydın, işini uydurmuş olsaydın, şimdi Petersburg'da yaşasaydın, gene de böyle olurdun. Yalnız, bir tabak kadar koca poğaçayı çerez yapıp kara buğdaylı bir çeyrek koyun budunu yalayıp yutacak yerde, mantarlı pirzolalar ziftlenirdin! Tek fark bu olurdu. Evet, şimdi burada, bir de şu nokta var: Köylülerinle güzelcene geçinip gidiyor ve onlara zerre kadar haksızlık etmiyorsun, böyle bir şey yaptın mı artık burnundan fitil fitil gelir, orada, işte orada, emir kullarını çalıştırır ve Devlet'i soyup soğana çevirirdin. Elini sıkan insan bir daha açamaz bunu. Hele bu sıkı el bir iki parmak açılsın, sonu daha da kötüye varır sonra. Böylesi heriflerden biri herhangi bir bilimden nur alsın, kendisini bir mevkiye geçirin, bu işin ehli olanların başına nasıl çorap ördüğünü görürsünüz artık. Üstelik kendini göstermeye kalkar da biri çocuğunun anasını ağlatan bilgiççe bir düzen getirir ortalığa... Ah! Eğer bütün bu fatihler...

Sobakeviç geriye dönerek:

«İşte liste,» dedi.

«Gösterin bakayım.»

Çiçikov listeyi gözden geçirdi, listenin açıklığına ve kılı kılına yazılışına hayran oldu. Her birinin yaşı, durumu, mesleği, aile geçimi, noktası noktasına belirtilmişti, sayfa kenarlarına da ahlak durumları, içkiye düşkün olup olmadıkları gibi durumlar yazılmıştı; görülmeye değerdi doğrusu.

Sobakeviç:

«Ama bana şimdi, bir parça avans verebilir misiniz?» diye sordu.

«Ne kadar? Kentte hepsini birden alırsınız.»

Sobakeviç:

«Adet böyledir,» dedi.

«Üzerimde para yok. İsterseniz, alın şu on rubleyi.»

«On ruble mi! Bana bari elli ruble verin.»

Çiçikov üzerinde para taşımadığını boşuna söyleyip durdu ama, Sobakeviç onu öyle sertçe reddetti ki, kahraman en sonunda bir yeni kâğıt daha çıkardı.

«Alın,» dedi, «on beş ruble daha, hepsini yirmi beş ruble oldu. Ama bana bir makbuz verin.»

«Makbuz neye yarar ki?»

«İşi sıkı tutmalı. Başına ne geleceğini insan bilmez.»

«Peki, verin parayı.»

«Para mı? elimde. Siz makbuzu verir vermez, alabilirsiniz.»

«Ama makbuzu yazmak için, önce parayı görmeliyim.»

Çiçikov paraları Sobakeviç'e tıkır tıkır saydı, o da bunları yazı masasının üzerine koydu, sol eliyle üzerlerini kapattı, sağ eliyle de satılık canlara karşılık avans olarak yirmi beş ruble aldığını bir kâğıt parçasına yazdı. Sonra kâğıt paraları bir bir inceledi.

İçlerinden birini ışıkta süzerek:

«Bu para çok eski, hem yırtık da,» dedi, «ama zarar yok, dostlar arasında böyle şeylere pek bakılmaz.»

Çiçikov içinden, ah! Cimri herif dedi, Üstelik şeytan kadar kaba!

«Söyleyin bana bakalım, kadın milleti sizi ilgilendirmez mi?»

«Hayır, istemem eksik olsun.»

«Fazla almazdım sizden. Dostluk hatırı için, yüz rubleye tanesi.»

«İstemem, başa çıkamam sonra.»

«Öyleyse bundan söz etmeyelim artık. Her insanın kendine göre bir zevki vardır! Atasözüne göre, *kimi papazı severmiş, kimi de papazın karısını.*»

Çiçikov:

«Bir şey daha : Bu işin aramızda kalmasını isterdim,» dedikten sonra izin istedi.

«Elbette canım. İşe bir üçüncüyü karıştırmak yararsız, sıkı fıkı iki dost, sır saklamasını bilir. Güle güle. Güzel ziyaretinize teşekkür ederim. Beni unutmayın artık; bir boş zamanınız olursa, yemeğe buyurabilirsiniz, güzel güzel vakit geçiririz. Belki de birbirimize ufak tefek yardımlarda bulunabiliriz.»

Çiçikov arabasına yerleşirken içinden, sen avcunu yala! diye geçirdi. Ölü can başına iki buçuk ruble kesti benden.

Sobakeviç'in tutumu bizim kahramanı sinirlendiriyordu. Ne de olsa, bir bildik sayılırdı; valilerde, polis müdüründe görüşmüşlerdi. Ama herif kendisinden, bir yabancıya yapıldığı gibi, ıskarta bir şeye karşılık para almıştı! Briçka avludan çıkınca, dönüp arkasına baktığında, Sobakeviç'i hâlâ eşikte ve kendisinden hangi yoldan gideceğini öğrenmek için gözünü dört açmış gördü.

Çiçikov dişleri arasından: «Hayvan, ayrılıp gitmiyor yerinden» diye mırıldandı. Ve hemen Selifan'a, beyin evinden görülmemek koşuluyla arabayı izbelerin arkasından geçirtmesini emretti.

Sobakeviç'in dediğine bakılırsa, köleleri, sinekler gibi ölen şu Piluşkin'in evine gitmeyi tasarlıyordu; tasarlıyordu ama bunu Sobakeviç'in bilmesini istemiyordu. Araba köyün sonuna gelince, anayol üzerinde kesilmiş ağır bir kalası yorulmak nedir bilmez bir karınca gibi omzunda taşıyan ilk önüne çıkan köylüyü çağırdı.

«De bakalım, babalık, beyin evi önünden geçmeden Piluşkin'e gitmek için hangi yola sapalım?»

Bu soru köylüyü terletir gibi oldu.

«Bilmiyor musun?»

«Vallahi bilmiyorum, Bey.»

«Nasıl da bilmezsin! Nasıl olur, bu saçlarına kar düşmüş, sen hâlâ Piluşkin'i, cimriyi, hani şu adamlarını kötü besleyen insanı tanımıyorsun demek?»

Köylü:

«Tamam! Çöpçü, çöpçü!» diye bağırdı.

Bunun üzerine çöpçü sözüne pek uygun, ama kibar takımı arasında pek kullanılmadığı için bizim buraya almadığımız bir sıfat ekledi. Bu sıfat çok hoş olmalıydı, çünkü Çiçikov, köylüyü gözden yitireli epey olduğu halde, arabasında hâlâ gülümsüyordu...

Rus milletinin zehir gibi sözleri vardır. Birine bir ad taktı mı, bu ad soyuna sopuna geçerek, onu memurluk yaşantısı süresince, Petersburg'da olsun, dünyanın ta diğer ucunda olsun kovalayıp duracaktır. Hileler yapmak, kibarlık taslamak, kendine eski bir prens süsü vermek için nüfus memurlarına paralar dökmek boş olur, nafile bir çabadır bu: Takma ad, bu inatçı karga, gırtlağının olanca gücüyle bağıracak ve kuşun gelişini ortalığa yayacaktır.

Tıpkı yazılı bir kelâm gibi, iyice takılan bir lakap balta vursan da yok olmaz. Ne bir Alman'ın, ne bir Finli'nin, ne de başka bir yabancının bulunmadığı, ırkın saflıkta doğduğu yerde, Rusya'nın derinliklerinde, canlı, yiğit, kendi kendini yetiştirmiş Rus zekâsı tavuklar gibi kuluçkaya yatarak değil de birdenbire bir lakap yumurtlayıverir; bu lakap insana pasaportundaki bir damga gibi yapışıverir; bu hazırcevap zekânın yaşadığı yerde doğan her şeyde incelik ve güçlülük vardır: Artık burun ya da dudakların biçimi şöyledir böyledir diye ayrıntıları belirterek konuşmak boş olur, tek sözcük insanı tepeden tırnağa şıp diye anlatıverir.

Kubbeli, çiçekli, haçlı, sayısı belirsiz bir yığın kilise ve manastır, dindar, merhametli Rusya'ya dağılır; dünyanın her köşesinde bir yığın sayısı belirsiz kuşak, halk, ulus kaynaşır ve oynaşır. Her halkın kendine göre bir güç belirtisi vardır, her halk kendine göre yaratıcı gelişmeleri, pek ileri nitelikleri, hatta tanrısal, ulusal yaratılışının bir çizgisini dile getirir; Fransız'ınki hafif, oynak, ömrü kısa bir parıltı ile parlar; Alman anlaşılması insanların çoğuna güç gelen yorucu bir cümleyi düşünüp tasarlaya tasarlaya uzun zamanda kurar, ama hiçbir söz insanı ciğerinden vuran bir Rus sözü kadar yürekten gelmez, yürekten fışkırmaz, bu kadar güçlü bir canlılıkla titretmez.

VI

Bir zamanlar, o artık çok gerilerde kalmış gençlik yıllarımda, o bir daha geri dönmemek üzere uçup gitmiş çocukluk döneminde, yabancı bir yere ilk kez yaklaşırken sevinçten eteklerim zil çalardı: Kenar mahalle, köy, bucak, bir yoksul ilçe merkezi... İşte çocuk bakışım her yerde kendi merakını neyin giderdiğini bulup çıkarırdı. Her yapı, belli bir özelliği bulunan her şey, her şey beni durdurur, bakışlarımı tutsak ederdi. Taştan, kaba bir mimari tarzda, pencerelerinin yarısı sahte oymalı, resmi bir yapı; kar gibi beyaz yeni bir kilisenin tepesini kaplayan sactan düzgünce onarılmış bir kubbe, bir çarşı, kente dünyayı ben yarattım gibilerden dolaşmaya gelmiş bir kasaba züppesi, –hiçbir şey benim çocuk dikkatimin keskinliğinden kaçmazdı. Burnumu yolcu arabasının kapısından görülen içleri çivi kükürt, sabun, kuru üzüm dolu kutuları, kuruyup kalmış Moskova şekerleme kutularını incelerdim. Hafif arabasında yol alıp giden şu kısa kaftanlı tüccara baktığım gibi, Tanrı bilir nereden, bir taşra köşesinden kalmış, sıkıntıdan patlayarak buraya yeni gelmiş subayı da gözlerdim; onların o yürekler acısı yaşamlarını tasarlardım. Bir memurla mı karşılaştım, hemen içimden şunları geçirirdim, arkadaşlarının birine akşamı geçirmeye mi gidiyor, yoksa sular kararıncaya kadar şöyle bir yarım saat eşikte oturmak, derken bir ayağı çukurda anacığı, karısı, baldızı, bütün ailesiyle birlikte erkenden yemek yemek için kendi evine mi gidiyor? Çorbadan sonra boynunda incik boncuktan gerdanlık bulunan bir hizmetçi kız ya da kalın ceketli bir oğlan eski bir şamdanla mum getirince acaba neler konuşacaklar?

Bir köy toprağının kıyılarına gelince, uzun ahşap bir çan kulesine ya da karanlık ve geniş bir eski kiliseye baktığım zaman merakım artardı. Orman yeşillikleri içinden, konağın kırmızı damını ve beyaz bacalarını bir bir süzerdim; bu konağın bir an önce koruluklardan sıyrılmasını ve hemen sıkılmaya başlayan gözlerimin önüne tümüyle sermesini sabırsız sabırsız beklerdim. Evet, bu konağın duruşundan, beyin huyunu suyunu çıkarmaya zorlardım kendimi. Oğulları mı vardır, yoksa kara gözlü, çın çın gülüşlü, oyun peşinde koşmaktan usanmayan, en küçüğü en güzelleri olan yarım düzine kızı mı vardır? Kendisi şöyle dev gibi ve neşeli bir adam mıdır, yoksa bir eylül ayı sonu gibi asık suratı mıdır? Çavdarlar ya da buğdaylar üzerine uzun uzadıya konuşmak gençleri sıkar mı?

Oysa şimdi, tanımadığım bütün köylere vurdumduymazlıkla yaklaşıyorum. Gösterişsiz manzaralarına soğuk bir bakışla bakıyorum. Hiçbir şey açmıyor beni; hani bir zamanlar bir yüzün canlılığı, bir kahkaha, bir söz çağlayanı yaratabilmiş olan her şey, her şey önümden akıp gidiyor, hareketsiz dudaklarım mutlak bir sessizlik içinde kalıyor. Ey gençliğim benim! Hey gidi pembe çağım!..

Çiçikov köylülerin Piluşkin'e taktıkları lakabı düşüne düşüne, için için, gülerken, briçka da büyük bir köyün ortasına giriyordu. Kentlerin taş kaldırımına hiç benzemeyen kalas döşeli kaldırımda, araba öyle bir sallandı ki köyü işte ancak o zaman gördü. Bu kalaslar piyano tuşları gibi inip kalkıyordu; gözü havada bir yolcu, alnının ortalık yerinde bir morarma, ensesinde bir şiş kazanır ya da kan çıkana kadar dilinin ucunu ısırırdı bu sallanıştan.

Köyün yoksul görünüşü Çiçikov'un içine işledi. Her ev, geçmiş zamanın izini taşıyordu. Evlerin kalın kalasları kararmıştı, kurt yenikleriyle doluydu. Çoğu damlar kevgir gibi delik deşik görünüyordu; kimilerinde yalnızca üst kirişle kafes kafes çatı tabanları vardı, latalar ile kiremit altı tahtaları, yağmurlu havada böyle bir kulübenin kendilerine sığınak işi göremeyeceği ve açık havada ise, yağmurdan çekinilecek hiçbir şey olmayacağını haklı olarak düşünen ev sahiplerince ortadan kaldırılmıştı;

zaten, meyhanede, anayolda, neresi hoşunuza giderse orda sere serpe oturulduğuna göre, eve postu sermek neye yarar ki? Kimi bezlerle ya da bir kaputla kapatılmış pencerelerde, hiçbir cam yoktu. Kimi izbelerin saçağında, nedense hâlâ duran çarpık çurpuk, kararmış, parmaklıklı balkonlar, artık hiçbir güzelliği kalmamış yıkıntıdan başka bir şey değildi. İzbelerin çoğunun arkasında, çoktandır unutulup kalmış koca koca buğday yığınları duruyordu; renkleri, iyice pişmemiş eski tuğlaların rengini andırıyordu; tepelerinde çılgın bitkiler boy vermiş yanlarında yörelerinde çalılar bitmişti. Buğday besbelli çiftlik sahibinindi. Saman yığınları ile bozuk damlar arasından, yolun orası burası derken, sağda ve solda, yan yana açıkta, köyün iki kilisesi yükseliyordu: Biri, ahşaptı, boştu; diğeri taştan, kirli sarı, çatlak duvarlıydı. Beyin evi yavaştan görünmeye başladı; artık o sıra sıra uzayıp giden izbelerin yerini alçak, yer yer kırık bir çitle çevrili bir sebze bahçesi ya da lahana tarlası alınca, büsbütün ortaya çıktı. Bir türlü bitmek nedir bilmeyen tam uzun, garip konak, yaşlı sakat bir adama benziyordu. Kimi yerde zemin katlı, kimi yerde ise tek katlı görünüyordu; bu yapının ihtiyarlığını fena koruyan karanlık dam üzerinde, yıkık, boyaları parça parça dökülmüş iki kule, karşılıklı duruyordu. Şurada burada bağdadiyi ortaya çıkaran, çatlak duvarlar, havanın, yağmurun, güz boralarının azgınlıklarına uğramıştı.(*) Pencerelerin çoğunun kapalı panjurları vardı; bu işi kimilerinde tahtalar görüyordu; zaten, gösterişsiz olan pencerelerin yalnızca ikisi açıktı, bunların birinde üçgen biçimli koyu mavi renkli şeker kâğıdı bulunuyordu.

(*) Yapıtın ilk kaleme alınışında, burada çok ilgi çekici satırlar vardır. Nedense Gogol bu satırları sonradan çıkarmış, daha doğrusu, daha özlü biçime sokmuştur. Bu ilgi çekici satırlar şöyle:

Yağmur ile zamanın duvarlarda bol bol eski izleri vardı ve duvarlar üzerine biri Avrupa şeklinde olan büyük lekeler bırakmıştı.

Avlu, besbelli, bir zamanlar boyalı olan, oldukça sağlam bir çitle çevrilmişti; fakat çiftlik beyi badanayı yenilemek istemediği için, bu önemli dünyada her şeyi boyayan o yorulmak nedir bilmez sanatçı tarafından ele alınmış, böylece buraya, ne demek olduğu pek anlaşılmaz şekiller ve bizim hoşlanıp hoşlanmayacağımızın bilinmediği erkek ve kadın yüzleri işlenmişti. Biz belki bu sanatçının fırçasını sevmeyecektik. Bu sanatçının adı Zaman'dı.

Evin arkasında uzayıp giden eski, kendi haline bırakılmış bahçe köyü aşıyor ve tarlalar arasında gözden siliniyordu ama, bu geniş ve hüzünlü toprağa tatlı bir kır havası veriyordu. Ağaçların, o kendiliklerinden yukarlarda birleşen uçları, ufku yeşil bulutlarla, eğri büğrü titrek kubbelerle dolduruyordu. Koca bir kayınağacının beyaz gövdesi, pırıl pırıl parlayan bir mermer sütun gibi, yeşillik denizi üzerinde yükseliyordu; fırtınayla ya da yıldırımla kesilmiş güdük, eğri tepesi bu kar gibi beyazlıkta sanki parlıyordu: Ağaç bir şapka giymişe ya da siyah bir kuş tarafından örtülmüşe benziyordu. Mürver, üvez, ceviz filizlerini boğarak, bütün çiti saran şerbetçiotu, en sonunda da kırık kayınağacına saldırmıştı. Yarı gövdeye gelince durmuş, öteki ağaçların tepelerine uzana tırmana aşağı sarkıyor ya da usul usul salınan tüy gibi kancalarını yuvar yuvar kapatarak havada asılı duruyordu. Yeşil, güneş içmiş yığınlar, bazen karanlığa gömülmüş koca bir uçuruma açılıyordu. Bu kapkara derinlikte oraya buraya giden bir keçiyolu; kırık bir korkuluk sallanan bir çardak, içinden bir nohut fidanının gür sürgününün fışkırdığı yaşlı bir söğütün oyuk gövdesi, kuruyup kalmış bir yaprak ve dal cümbüşü; nihayet yeşile çalan el gibi açık dallarını yana uzatan genç bir akçaağaç dalı görünüyordu. Bir güneş ışığı, Tanrı bilir, nasıl, bu dallardan birinin altına süzülüyor, bu dalları bu koyu karanlıklarda ateş gibi parlayan, saydam bir biçime sokuyordu. Bundan başka, bahçenin ta öte ucunda, öbürlerinden daha da yüksek, birkaç uzun akçakavak, tepelerinde koca koca karga yuvalarını barındırıyordu. Kimileri buruş buruş yapraklı, gövdeden yarı ayrılmış dallarını aşağı sarkıtıyordu. Böylesine tam bir tablo, doğa ile sanatın ortaklaşa çalışmalarını gerektirir; böyle bir görünüm yaratmak için, insanın lüzumundan fazla çalışması doğanın da kutsal keskiyi vurması, ağır kütleleri hafifletmesi simetri fazlalığını bozması, planın ukala çıplaklığını gizlemesi, ölçünün ve titizliğin soğuk işlerine hoş bir sıcaklık katması gerekir.

Kahramanımız, bir iki yeni dönemeç geçtikten sonra, en sonunda kendini, yakından daha da hüzünlü gibi gelen konağın önünde buldu. Yeşil yosunlar, kapıyı ve çevresini sarıyordu. Bir yığın yıkık dökük yapı –ayakyolları, kilerler, ambarlar– avluyu dolduruyordu; sağ ve solda, başka kapılar öbür avlulara açılıyordu. Çetin bir yaşamın bütün işleri hüznü dile getiriyordu burada. Hiçbir şey tabloyu ışıklandırmaya çalışmıyordu: Hiçbir kapı açılmıyordu; hiç kimse görünmüyordu ortalıkta, hiçbir kımıltı, hiçbir uşak hareketliliği yoktu. Yalnızca araba kapısı, o da sırf, bir köylünün, bu ölüm ülkesine bir yaşam canlılığı vermek için sanki bile bile buraya getirdiği, üstü tenteli bir yük arabası geçsin diye, ardına kadar açıktı. Üzerine demir bir çengel ile koca kilit asılmış bu kapı, daha başka zamanlarda, hep kapalı dururdu. Yapılardan birinin yanına geldiğinde. Çiçikov, hemen arabacı ile tartışmaya girişmiş garip birini gördü. Bunun kadın mı erkek mi olduğunu uzun süre anlamaya çalıştı. Biçimsiz, daha çok yeldirmeyi andıran bir elbise giymişti; başında bir başlık, hizmetçi kızlarının her zaman için süsü sayılan bir başlık vardı; ama sesi Çiçikov'a bir kadın sesi gibi pek boğuk geldi. İçinden, kadınmış! dedi, sonra hemen, hiç de değil! diye söylendi ve garip kişiyi daha dikkatlice süzünce, kadın vallahi! dedi, o da bizimkine bakıyordu. Bir konuğun çıkıp gelişi ona, besbelli olağanüstü görünüyordu; çünkü, inceden inceye süzdükten sonra bakışlarını Selifan, derken baştan kuyruğa inceledi, atlar üzerinde dolaştırdı. Kemerinde taşıdığı anahtar destesine, köylüye söylediği ağır sözlere bakılırsa, Çiçikov kâhya bir kadın karşısında bulunduğunu anladı.

Arabadan inerek:

«Bak hanımcığım,» dedi, «beni beye...»

Kâhya kadın cümlenin sonunu getirtmeden, lafı ağzına tıkadı:

«Evde yok!» dedi.

Bir dakika sonra da:

«Ondan ne istiyorsunuz?» diye sordu.

«Bir iş var da.»

Kâhya kadın:

«Girin içeri!» diyerek arkasını döndü; una bulanmış giysisinin sırtında nah bu kadar bir delik vardı.

Çiçikov karanlık, koca bir sofaya girdi içerde bir mahzendendekini andıran bir soğuk vardı, bundan sonra gene karanlık ama kapının altındaki geniş bir aralıktan sızan ışıkla şöyle böyle aydınlanmış bir odaya geçti. Bu kapıyı açınca, sonunda ışık yüzü gördü, gözlerine çarpan karışıklığa şaşırıp kaldı. Buradaki bütün eşya, döşemeler silinirken sanki geçici olarak kaldırılmış gibi görünüyordu. Bir masa üzerinde, içine örümceğin ağını kurduğu kırık bir iskemle, şöyle atılıvermiş, sarkacı durmuş bir saat vardı. Bunun yanında, duvara dayalı bir büfede, küçük küçük sürahiler, eski gümüş takımı, Çin işi porselenler vardı. Sedef işlemesi yer yer dökülmüş, üstü sarı sarı tutkal lekeli bir yazı masasında, gelişigüzel bir yığın ıvır zıvır vardı: Tepesine bir yumurtacık oturtulmuş yeşil mermerden bir kâğıt kıskacı altında, kargacık burgacık bir yazı ile dolu bir tomar kâğıt; deri ciltli kırmızı kenarlı eski bir kitap; ceviz parçası büyüklüğünde sıkılmış bir limon; bir koltuk kolu; üzeri bir mektupla örtülü, içindeki suda üç sineğin yüzdüğü ayaklı bir kadeh; bir parça balmumu; bir bez parçası; belki Fransızların kuşatmasından beri ev sahibinin kullana kullana sararttığı bir kürdan.

Duvarlarda, birkaç tablo yan yana rastgele asılı duruyordu. Köşeleri ince ince tunç pullar ve gül gibi şekilllerle işlenmiş akaju bir çerçevede, bir savaşı canlandıran, koca koca trampetli, avazı çıktığı kadar bağıran üç renkli şapka giymiş askerleri, suda boğulan atları gösteren uzun, sararmış bir gravür duruyordu. Bunun yanında, duvarın yarısını kaplayan kararmış, kocaman bir tablo, çiçekleri, yemişleri, dilim dilim bir karpuzu, bir yabandomuzu başını, tepesi aşağı gelmiş bir ördeği gösteriyordu. Tavanın ortasında toz, toprağın ipekböceği ile birlikte bir kozaya döndürdüğü, üstü bir hasırla örtülü bir avize sallanıyordu. Daha büyük, masalara konulmaya layık olmayan şeyler bir köşeye atılmıştı. Bu yığının neyin nesi olduğunu kestirmek güçtü, çünkü dokunan ellere eldiven giydirecek şekilde toz toprak kaplamıştı; kırık bir kazma sapı ile eski bir ayakkabı tabanı da göze çarpıyordu. Masanın üzerinde sürünüp duran eski bir kapak, canlı birinin varlığını ele vermemiş olsaydı, bu odada oturulmaz olduğuna inanılabilirdi.

Çiçikov bu darmadağınıklığı gözden geçirirken, yan kapı açıldı, avluda karşılaştığı kâhya kadın içeri girdi. Çiçikov işte o zaman onun kadın değil, erkek kâhya olduğunu anladı. Kadın dediğin sakal kesmezdi, oysa bu iki cins karışımı insanın, pek seyrek de olsa, yüzü ustura görmüştü, çünkü çenesi bir kaşağıya benziyordu. Çiçikov yüzünde, sorulu bir ifadeyle, kâhyanın kendisine ne diyeceğini dört gözle bekliyordu. O da Çiçikov konuşsun diye duruyordu. En sonunda kahramanımız daha fazla dayanamadı, şaşkınca sordu:

«Bey evde mi?»

Kâhya:

«Bey burada,» diye karşılık verdi.

Çiçikov:

«Nerede?»

Adam:

«Aman, beyim,» dedi, «kör müsünüz yoksa? Ev sahibi benim işte!»

Kahramanımız bu sırada karşısındakine bakarken elinde olmaksızın geriledi. Ne sizin sayın okur, ne de benim belki hiç göremeyeceğimiz kadar, o her türlü insan görme fırsatını bulmuştu; ama böylesine henüz rastlamamıştı. Adamın sıska ihtiyarlarınkine benzer yüzü hiçbir özellik taşımıyordu; ama çenesi öylesine ileri uzamıştı ki, tükürecek olsa, bir mendille örtmek zorunda kalırdı. Hâlâ da kıvılcımlı minik gözleri, sivri burunlarını o loş yuvalarından dışarı uzatma tehlikesini göze alarak, sağda solda bir kedi ya da ele avuca sığmaz bir çocuk var mı diye kulaklar kirişte, bıyıklar tir tir, ortalığı kolaçan ettikleri, havayı sindire sindire kokladıkları zaman fındık farelerinin bakışları gibi, kalın kaşlarının altında fır fır dönüyordu. Giysisi çok daha ilgi çekiciydi. Hırkasının biçimi olanca inceliğini gösteriyordu: Kollar ve etekler öyle yağlı, öyle pırıl pırıldı ki sanki 'çizme derisi' mübarek denebilirdi; arkadan dört yırtmaca bölünüyor da buradan yığın yığın pamuk fırlıyordu dışarı. Boynunda ne olduğu anlaşılmaz bir şey taşıyordu: Belki bir çorap, bir atkı, bir kuşaktı bu ama, hiç de bir boyunbağı değildi. Uzun sözün kısası, Çiçikov bir kilise kapısı önünde bu gülünç kıyafetle bu adama rastlamış olsaydı besbelli tutup eline bir kapik tutuştururdu, çünkü kahramanımız, onuruna yaraşırcasına, merhametliydi ve sadaka vermeden edemezdi. Ama önünde bir dilenci değil, bir çiftlik sahibi duruyordu. Üstelik bu çelebinin bini aşkın canı da vardı; ambarları, buğday, tohum, un doluydu; kilerleri, malları kurutma yeri, mutfağı, bez, örtü, sert ya da ince koyun derileri, isli balık, sebze, mantar, her cins tuzlama doluydu; insan böylesini ne kadar güç bulurdu. İçlerinde hiçbir zaman kullanılmamış her cins alet bulunan işyerlerini gezen biri, kendini Moskova'da, hani kaynanaların, arkalarında aşçı kadınlarla her gün ev ihtiyaçlarını görmeye gittikleri tahta pazarında sanırdı; işlenmiş, çevrile edile bir biçime sokulmuş, ayarlanmış, kıvrım kıvrım tahta yığınlarının yığıldığı bu çarşıda neler bulunmazdı ki: Küçük küçük tahta fıçılar, ufacık tenekeler, çamçaklar, kovalar, kasnaklar, bardaklar, testiler, içine köylü kadınların ipliklerini ve çürüğe çıkmış ıvır zıvırlarını doldurdukları minik sepetler, bükülmüş akçakavaktan kutular, ıhlamur ya da hünnap ağacından ve bu ağacın kabuğundan yapılma fanuslar, dünyalığı bol Rus kadar yoksul Rus'un da kullandığı, daha bir yığın öteberi.

Böyle yığın yığın eşyanın Piluşkin'e sanki ne yararı olabilirdi? Şimdiki gibi iki çiftliği bile olsa, ömrü boyunca bunları kullanamazdı. Ama bütün bunlar ona yetmiyordu. Her gün köyünün sokaklarını arşınlıyor, küçük köprülerin, geçitlerin altına bakıyordu; elinin altına düşen her şeyi eski köseleler, bez parçaları, çiviler, cam parçaları gibi... her şeyi alıp evine getiriyor, Çiçikov'un bir köşede gördüğü yığına katıyordu. Onun *ava* çıktığını gören köylüler: «Çöpçü işte gene işine gidiyor!» derlerdi.

Artık ortalıkta, o geçtikten sonra temizlenecek hiçbir şey kalmazdı besbelli. Subayın biri giderken bir mahmuzunu düşürsün, mahmuz gidip o belli yığını şişirirdi; bir köylü kadın kuyu başında kovasını mı unuttu, bizimki kovaya konardı. ne var ki biri onu suçüstünde yakaladı mı gık demeden suç aletini geri verirdi; ama bu ele geçen yığına katılmayagörsün, iş tamamdı artık! Kendi malı olduğuna, şu tarihte, filancadan satın aldığına, ya da büyükbabasından miras kaldığına yemin billah ederdi. Odasında, yerde gördüğü her şeyi: Kalem, kâğıt parçası, balmumu parçası demez alır, bunu yazı masasının üstüne ya da pencere kenarına koyardı.

Oysa bu adam da bir zamanlar evine komşuları yemek yemeye, kendisinden çiftlik yönetimi nedir, güzel yönetim nedir öğrenmeye gelen, tutumlu bir aile reisiydi. Evine her şey canlılık getirirdi; her şey düzgün bir akışla sonuçlanırdı. Değirmenler, basmahaneler gürül gürül çalışır; kumaş fabrikaları, elişi ve dokuma işyerleri tıkır tıkır işlerdi. Toprağının dört bir yanında, ağını kuran çalışkan bir örümcek gibi, didinip duran ev sahibinin o keskin gözü her yere bakardı. Yüz çizgileri canlı duyguları göstermezdi ama, gözlerinde zekâ parlardı. Konuşmaları, deneye ve dünya bilgisine dayanırdı; insan onu dinlemekten hoşlanırdı. Evin güzel bayanı da konukseverliği ile ün salmıştı; sarışın, güller gibi taze iki güzel kız gelenleri karşılar, bu sırada evin oğlu, cin gibi bir oğlan gelip, hoşa gitsin gitmesin aldırış bile etmeden herkesi öperdi. Hiçbir pencere kapalı değildi; ilk katta, yüzü her zaman sinekkaydı tıraşlı, üstelik ava müthiş meraklı Fransız öğretmen otururdu; yemeğe hep yabanhorozları, yabanördekleri ya da kimi zaman yalnızca kendisinin yediği o omleti yapmak için serçe yumurtaları ile gelirdi. Gene o katta, hemşehrisi, bir dadı da otururdu. Ev sahibi birazcık kullanılmış, ama gene de sağlam, dirseklerinde öyle üst üste yama filan olmayan bir redingotla yemeğe inerdi.

Gel zaman git zaman ev sahibi kadın öldü. Anahtarların bir kısmı ve onlarla birlikte ufak tefek ev, iş dertleri de Piluşkin'in üzerine kaldı, böylece adamcağızın huyu suyu değişti; bütün dullar gibi, daha pireli ve daha cimri oldu. Büyük kızına Aleksandra Stepanovna'ya hiç güvenmezdi; ama olan da oldu, çünkü havalı kız, garip bir inançla kumarbaz ve hovarda olduklarına inandığı için babasının subaylardan yaka silktiğini bile bile kalkıp Tanrı bilir hangi alaydan bir süvari yüzbaşısı ile birdenbire kaçmış ve aman zaman demeden pis bir kilisede onunla evlenmişti. Baba hayırdua yerine beddua etti, bundan böyle arkasına da düşmedi. Ev boş kaldı. Ev sahibi gitgide cimrilik belirtileri gösterdi; bu hastalıkla o duruma geldi ki, saçları her gün biraz daha kırlaşıyordu: Cimrilik ve ağarmış baş bilindiği gibi, iyi uyuşur. Aleksandra Stepanovna'nın kaçırılışında parmağı olduğundan huylanarak, dadıya yol verildi. Öğretmen de izin istedi; oğlan kendi işini kendi görecek yaşa gelmişti. Babası tarafından, ciddi işlerde yetiştirilmek üzere, il mahkemesine gönderilen çocuk, bir alaya yazılmayı tercih etti ve Piluşkin'den teçhizat parası istedi, ama baba zırnık bile vermedi.

Artık, son kızı da ölüp gidince ihtiyar, mallarının tek sahibi ve bekçisi kalmıştı. Tek başına yaşamak, cimriliğine tereyağı sürdü. Bu tutku, bilindiği gibi, bir kurt açgözlülüğüne sahiptir; ne denli yese, gene o denli acıkır. Zaten, içindeki pek derin olmayan o insani duygular durmadan zayıflıyordu; bu birden yıkılış günden güne hızlanıyordu. Asker ocağına kapılanmış insanlara ilişkin düşüncesini sağlamlaştırmak içinmiş gibi oğlu kumarda yüklü bir para yitirdi. Bütün kalbiyle ona lanet okudu ve artık onun varlığı ile ilgilenmedi. İkisi dışında, evinin bütün pencerelerini yavaş yavaş kapattırdı; bunlardan biri de, bildiğimiz gibi, bir kâğıtla yamanmıştı.

Yıldan yıla, odasında topladığı kalemlere ve kâğıtlara cimrice bir dikkat göstererek çiftliğinin asıl işlerini savsakladı. Toprağının yetiştirdiklerini satın almaya gelenlerle artık konuşamaz oldu. Bu uzun boylu pazarlıktan anaları ağlayan alıcılar, insan kılığına girmiş bir şeytan bu diye söylene söylene, çekip gidiyorlardı. Ot ve buğday da çürüyüp gidiyordu; tezek haline gelmiş buğday tınazları, lahana yetiştirmek için iyi bir gübre olabilirlerdi; mahzenlerdeki un, taş kesilmişti, balta bekliyordu; insan kumaşlara, bezlere ve ev işi öteki dokumalara elini sürmekten korkardı: Artık toz olmuşlardı. Piluşkin mallarının hesabını çoktan unutmuştu, ama adamlarının gizli gizli boşaltmasına engel olmak için üzerine kendi eliyle bir işaret konmuş, içinde bir şurup tortusu bulunan küçük bir sürahinin, büfenin filanca köşesinde durduğunu anımsıyordu; bütün tüy kalemlerinin, bütün balmumu parçalarının tam yerini de biliyordu. Buna karşın toplanan şeyler tıkır tıkır geliyordu: Köylüler gene harç ödüyor, kadınlar gene cevizden öşür veriyor, dokumacılar gene şu kadar parça keten getiriyordu. Bütün bunlar mahzenlere konuyor, mahzenlerde çürüyor, paçavra haline gelip kullanılmaz oluyordu; son olarak Piluşkin de insan paçavrası haline gelmişti.

Aleksandra Stepanovna iki üç kez küçük çocuğu ile geldi, bir şey koparmaya baktı; gezici yaşam besbelli artık evlenmeden önceki aynı çekiciliği taşımıyordu. Piluşkin kızı bağışladı, üstelik torununun masadaki bir düğme ile oynamasına bile göz yumdu ama, paradan yana metelik koklatmadı. Aleksandra Stepanovna sonra gene geldi, bu kez iki çocuk, bir çörek ve bir hırka da getirdi, babasının hırkası insanın yüzünü kızartıyordu. Piluşkin iki torununu bağrına bastı, onları dizlerine oturttu, atçılık oynadı onlarla, çöreği ve hırkayı kabul etti, ama gene de kesenin ağzını açmadı. Aleksandra Stepanovna ettiği masraflarla kaldı.

Çiçikov'un önünde duran adam işte böyle bir adamdı. Açık konuşalım, böyle tiplere Rusya'da ender rastlanır. Rusya'da bütün insanlar kendilerini sıkmaktan çok açılıp saçılmayı yeğler. Bu yaşlı adamın böylesine şaşırtıcı özelliklere sahip olmasının bir nedeni de hovardaca har vurup harman savuran bir komşuya sahip olmasıydı. Bu eliaçık ve kibar komşunun evini görünce iyice şaşırıp kalan bir yolcu, nasıl olmuş da varlıklı bir prens konağını bu kılkuyruk çiftlik sahiplerinin yakınına yaptırma hevesine kapılmış diye düşünürdü. Fırıldağı, taraçası, bacası ve davetliler için sayısız odası bulunan bu güzelim yapıyı bir yığın yol kuşatırdı. Balolar gırla gider, tiyatro oynanır; bütün gece, ateşlerle ve fenerlerle aydınlanmış bahçede mızıkalar çalardı; gece, göğü daha da karartıp daha da korkunç olurken, artık içine girilmez karanlıkta kıvır kıvır tepeleri gitgide kaybolmuşa benzeyen koca koca ağaçlar aşağıda dallarını aydınlatan yapma ışıkla bezenirlerken, ildeki kibarların yarısı, süslü püslü ve neşe içinde gürgen ağaçları altında dolaşırdı.

Birkaç dakikadır, Çiçikov ses etmeden duran Piluşkin'in önünde bulunuyordu; odanın ve ev sahibinin garip görünüşü karşısında aklı başından gitmişti, ziyaretinin nedenini nasıl sözlerle açıklayacağını bilemiyor, bir türlü konuşmaya başlayamıyordu. Piluşkin'e ne denli erdemli olduğunu duyduğunu, bu haklı ün nedeniyle kendisine saygılarını sunmayı görev bildiğini söyleyecekti, ama bu eski eşyaya şöyle son bir göz atış *erdem* sözünün *yönetim ve tutumluluk* sözleriyle yer değiştirmesinin daha yerinde olacağını ona anımsattı. Hemen söze başladı, tutumluluk düşüncesinin ve mallarını korumaya karşı gösterdiği titizliğin göklere çıkarıldığını duyduğunu, şahsen gelip saygılarını sunmayı görev bildiğini söyledi.

Piluşkin karşılık olarak, dişleri arasından diyemem, çünkü ağzında artık diş filan kalmamıştı, dudakları arasından, besbelli, senin de Allah belanı versin, saygılarının da! demek isteyen belli belirsiz bir şeyler geveledi. Ama, konukseverlik yasaları bizde öylesine serttir ki bir cimri bile bunları çiğneyemezdi. Bunun için de daha anlaşılır bir sesle:

«Rica ederim, oturun şöyle. Artık çoktandır ziyaretçi kabul etmiyordum, konuklardan çare ummadığımı söylemek isterim. Ne uğursuz gelenekmiş bu böyle! İşlerini öylece bırakacaksın da bu heriflerin atlarına saman yedireceksin! Ben hanidir yemek yedim; bizim mutfak da ufacık, basık tavanlı bir yerdir; baca olduğu gibi yıkılmıştır; yakmaya kalkarsam, evi ateşe vermekten korkarım.»

Çiçikov içinden, iyi! diye geçirdi. Ne iyi etmişim de Sobakeviç'te bir börekle bir koyun budu indirmişim gövdeye!

Piluşkin:

«Düşününüz ki bana kala kala bir tutamcık saman kalıyor,» diye sürdürdü. «Zaten nasıl olabilirim başka türlü? Topu topu bir parça toprağım var, köylülerim elleri kolları bağlı durur, akılları fikirleri kafayı çekmekte... Bu gidişle ihtiyarlık günlerimde beni yoksul düşürecekler görürsünüz.»

Çiçikov:

«Ama bana,» dedi, «sizin binden fazla köleniz var dediler.»

«Kimmiş bunu size söyleyen? Kötü bir şaka! Sizinle alay etmiş olduğu için, Efendi, kalkıp suratına tükürmeliydiniz onun! Gidip sayın, görürsünüz kalan neymiş! Üç yıldır, zehirli sıtma elimden bir yığın köylümü aldı!»

Çiçikov acımaklı bir sesle:

«Sahi mi?» dedi.

«Evet, Bayım, çok can sizlere ömür.»

«Sorabilir miyim, kaç can gitti şöyle böyle?»

«Seksen köle.»

«Olacak iş mi bu?»

«Yalan söyleme huyum yoktur benim, Efendi.»

«Bir şey daha sorayım: Bu canlar acaba son sayımdan sonra mı öldü?»

«Hiç de değil! Eğer bugüne kadar sayarsak, yüz yirmi köle eder.»

Çiçikov, şaşkınlıktan ağzı bir karış açık kalarak:

«Ne diyorsunuz siz, yüz yirmi ha!» diye bağırdı.

Bu hemen hemen sevinçli çığlıktan alınmış görünen Piluşkin:

«Bayım, yalan konuşarak kendimi eğlendirmek için çok yaşlıyım; yetmişime geliyorum,» dedi.

Çiçikov başkasının felaketine bu kadar ilgisiz kalmanın doğru olmadığını sezdi; hemen içini çekerek, üzüntülerini Piluşkin'e bildirdi.

Zavallıcık:

«Üzüntünüz ne işime yarar ki benim?» dedi. «Cebime koyamam ki! Komşu komşu diyen bir yüzbaşı var –ne cehennemden geldiğini Tanrı bilir– kendini akrabam sanıyor. Elimi öperek: 'Amca, amca!' diyor. Acımaya kalktı mı, artık kulaklarımın zarını delecek kadar inleyip duruyor. Kıpkırmızı suratlı, düpedüz bir ayyaş. Subayken besbelli varını yoğunu yemiş ya da bir aktris tarafından yolunmuş! Ne yüzle gelip acınıyor sanki bana.»

Çiçikov içinin acısının yüzbaşınınkine benzemediğini açıklamaya çalıştı, bunu boş sözlerle değil de başka şekilde göstereceğini ileri sürdü. Sözgelişi, bunca uğursuzluk yüzünden ölüp gitmiş olan bütün köylülerin vergisini kendi üzerine almayı önerdi.

Bu öneri Piluşkin'i allak bullak eder gibi oldu. Gözlerini açarak, Çiçikov'u uzun uzun süzdü ve sonunda şunu sordu:

«Söyleyin bana, sayın bayım, siz subay mısınız yoksa?»

Pavel İvanoviç:

«Hayır,» diye karşılık verdi; «sivil işlerde çalışırım ben.»

Piluşkin dudaklarının arasından neler söylediği pek anlaşılmaz şekilde:

«Sivil işlerde mi?» diye yineledi. «Ama o zaman, bu işin sizin zararınıza olacağını düşünmüyor musunuz?»

«Gönlünüzü hoş etmek için, ben bu zarara seve seve katlanırım.»

Piluşkin, öyle sevindi ki, burnundan kahve telvesi gibi akan enfiye, hırkasının eteklerinin açılıp da müthiş gülünç iç çamaşırının görünmesine bile dikkat etmedi:

«Ah, canım Efendim! Ah, velinimetim benim!» dedi. «İhtiyarlığımda bu ne iyilik böyle! Hey, Allahım! Hey, Cennet uluları!»

Piluşkin fazla bir şey söyleyemedi. Ama, bir dakika sonra, bu tahta suratı birden ışıklandıran sevinç, yerini gene öyle ani bir dalgınlığa bıraktı. Mendili ile yüzünü kuruladı, mendilini katladı ve üst dudağını sildi.

«Bir şey daha izninizle: Her yıl vergi vermeyi üzerinize alıyor musunuz? Parayı bana mı vereceksiniz yoksa doğrudan doğruya maliyeye mi teslim edeceksiniz?»

«Yaşıyorlarmış da bunları bana devrediyormuşsunuz gibi, kısa yoldan bir satış işlemi yaparız.»

Piluşkin gene dudaklarını kıpırdata kıpırdata:

«Evet, doğru, bir satış işlemi...» dedi. «Ne var ki satış işlemi pahalıya patlar. Memurlarımız açgözlüdürler. İnsan eskiden biraz para, bir çuval un verdi mi bu işin içinden çıkardı, ama şimdi bir araba dolusu seçme bulgur gerek, bir kırmızı onluk gerek. Bu ne açgözlülük böyle! Kimsenin bunları neden düşünmediğini, kimsenin böyle heriflere neden Tanrı buyruklarını anımsatmadığını doğrusu anlamıyorum. Tanrı buyruklarına kim karşı durabilir?»

Çiçikov, a iki gözüm, sen durabilirsin! diye düşündü, hemen sonra da, adama karşı olan saygısından, alışverişteki harcamaları ödemeyi üstlendiğini bildirdi. Piluşkin, bu haberi duyunca, artık ziyaretçinin aptallığından kuşku duymadı, sivil bir işte çalıştığını boşuna söylüyor, aktrislerin peşinden koşan subay olduğu gün gibi belli! diye düşünüp, sevincini saklamayı oldum olası beceremediğinden, Çiçikov'a ve önce var mı yok mu diye sormadan çocuklarına hayır dualarda bulundu. Sonra pencereye gitti, camı tıklattı bağırdı:

«Hey! Proşka.»

Bir dakika sonra, sofada acele acele bir ayak sesi duyuldu. En sonunda kapı açıldı, içeri Proşka, on üç yaşlarında, yürürken ayaklarından çıkıverecekmiş gibi koca çizmeler giymiş çocuk girdi. İnsan onun böyle çizmeler giyişine şaşmaz; niçin olduğunu hemen söyleyelim: Piluşkin'in bütün hizmetçilerinin kendi durumlarına göre topu topu bir çift çizmesi vardı, hep sofada dururdu bunlar. İçlerinden biri çağrıldığını duyunca, bütün avluyu çıplak ayakla tıpış tıpış geçer, içeri girmeden önce çizmeleri ayağına geçirirdi. Çıkarken, çizmeleri gene yerine koyar ve kendi ayacıklarıyla çekip giderdi. Bir güz sabahı, ilk buzlar çözülürken, pencereden bakıldı mı, bütün uşak milletinin en kıvrak dansözlerin bile besbelli tiyatroda beceremeyecekleri zıplayışları görülebilirdi.

Piluşkin, ona Proşka'yı göstererek:

«Bakın ha Efendim, şu buruna bakın,» dedi. «Kaz gibi hayvandır, ama, yanında bir şey bırakın, hop yürütür. Budala herif, de bana bakayım, ne halt etmeye geldin buraya?»

Piluşkin azıcık sustu, Proşka da buna gene sessizlikle karşılık verdi.

«Semaveri hazırlasana, duymuyor musun? Şu anahtarı al da Mavra'ya ver; söyle ona kilere gitsin; Aleksandra Stepanovna'nın getirdiği bir çörek kurusu bulacak orada; çayla hazırlasın bunu... Dur hele, aptal; nereye koşuyorsun böyle? Şeytanı mı kovalıyorsun? önce sana ne dendiğini dinle. Çörek biraz bozulmuştur; üzerini bir bıçakla kazısın; kırıntıları sakın atayım demesin, tavuklara versin onları. Sen de, dostum, kilere adım atayım deme; yoksa yersin sonra sopayı! Zaten iştahın yerinde, sopayı da yedin mi büsbütün açılır iştahın. Dene, dene bakalım kilere girmeyi; seni pencereden gözleyeceğim.»

Proşka ile çizmeleri ortadan yok olduktan sonra, Çiçikov'a dönerek:

«Bunlara güvenilmez ki,» dedi.

Ama hemen, konuğunun bakışındaki kuşku, içine işledi: Böylesine bir eliaçıklık ona inanılmaz gibi geldi. Kendi kendine, herhalde, diye düşündü, bu da belki bütün şu har vurup harman savuranlar gibi bol keseden atan bir adamdır olup olacağı! Böyleleri bir bardak çaya konmak için, karşınızda her boyaya girmekten hoşlanılar ve sonra, koydunsa bul bakalım yerinde! Bundan sonra, insan belki de yarına çıkmaz diye, hem yedek önlemleri almak ve hem de onu denemek üzere, pek gecikmeden satış işini tamamlayıvermenin doğru olacağını söyledi.

Çiçikov da o saat anlaşma yapmaya hazır göründü; ama, köylülerin tam bir listesini istedi.

Bu ağız Piluşkin'in yüreğine su serpti. Bir şey düşünüyormuş gibi göründü, anahtarlarını aldı, büfenin kapısını açtı, bardaklarla fincanlar arasında uzun uzadıya araştırma yaptı, sonunda:

«Güzel bir likörüm vardı; hırsız heriflerim yoksa içtiler mi? El altında bir şey bırakamıyorum. Durun, bu olmasın?»

Çiçikov onun elinden iyiden iyiye toza bulanmış küçük bir sürahi gördü.

«Rahmetli karımdan kalmadır. Şu hırsız kilerci kadında dikkat yokmuş; ağzını bile kapatmamıştı. Bütün böcekler içine düşüp boğulmuştu, hepsini bir bir temizledim; artık pırıl pırıl oldu işte; bir kadehcik doldurayım size.»

Bu içkiyi içmekten kurtulmak için Çiçikov, özür diledi: Bugün tıka basa yiyip içmişti.

Piluşkin:

«Demek tıka basa yiyip içtiniz!» dedi. «Kibar insan dediğin belli olur hemen: Karnı tok olmak için yemek yemeye gerek yoktur; oysa başka bir madrabaz gelir bir türlü doyuramazsınız onu... bakın, sözgelişi, yüzbaşıya. Beni yoklamaya geldiği zaman der ki: 'Amcacığım,' 'bana bir şeyler hazırlasana!' O ne kadar benim büyükbabam değilse ben de o kadar onun amcası değilimdir. Evinde ağzına koyacak bir şey bulamadı mı, kırk kapının ipini çekmeye bakar... Özür dilerim, bütün bu hayvan heriflerin listesini mi istiyorsunuz? Tamam! Gelecek sayımda adlarını düşerim diye tam bir listesini çıkardım onların.»

Piluşkin gözlüğünü taktı, kâğıtlarını eşeledi, bir kâğıt tomarını çözdü; bu tomarın kaldırdığı toz konuğu aksırttı. En sonunda her tarafı yazı üstüne yazı dolu bir liste çıkardı. Burada köylülerin adları sinekler gibi sıkış tıkıştı; listede her soydan ad vardı: Paramonov, Pimiyonov, Panteleymonov ve bir de *Gitvaramazsın-sen* Grigori adları vardı... topu yüz yirmiden fazla tutuyordu. Bu bolluğu görünce, Çiçikov gülümsedi ve listeyi cebine indirdi. Bundan sonra sözleşme yapmak üzere kente inmek gerektiğini Piluşkin'e anımsattı.

«Kente gitmek mi? Ne diyorsunuz?.. Yuvamı nasıl bırakabilirim? Bütün adamlarım ya hırsızdır ya da madrabaz; bir günde evimi öyle soyup soğana çevirirler ki artık ortalıkta kaftanımı asacak bir çivi bile kalmaz.»

«Kentte bir tanıdığınız vardır sanırım.»

«Ne gezer, bütün tanıdıklarım ya ölmüştür ya da ben izlerini yitirmişimdir...»

Birden:

«Ha, evet evet, özür dilerim, Bayım, aklım nereye gitti?» diye bağırdı. «Bir tanıdığım var, mahkeme başkanının ta kendisi, bir zamanlar sık sık gelirdi bana. Çocukluk arkadaşıyızdır; bir zamanlar duvarlardan birlikte atlardık. Bir dost dediğin böyle olur işte!.. Kendisine yazayım mı?»

«Güzel fikir!»

«Evet, eski bir dosttur. Dostluğumuz okuldan başlar.»

Bu odun gibi yüzde birden sıcak bir ışık, hafif bir duygu parıltısı belirdi. Sanki denizde boğulan birinin su yüzüne çıkması gibi, sanki kıyıda biriken halktan kopan sevinç çığlığı gibi. Erkek ve kız kardeşler, çırpınmaktan bir hal olmuş zavallının bir daha sırtını ya da kollarını görme umudu içinde boşuna bir ip atarlar. Artık hiçbir şey kımıldamaz, yeniden durulan deniz daha bir korkunç ve daha bir boş olur. Piluşkin'in yüzü, işte bu geçici duygululuktan sonra, daha yavan ve daha duygusuz bir hal aldı.

«Yazı masamda bir parça temiz kâğıdım vardı, Tanrı bilir ne olmuş! Benim soysuz heriflere güvenirsem böyle olur işte.»

Bakışlarını masanın üstünde, altında dolaştırdı, her yeri arayıp taradı, en sonunda bağırdı:

«Mavra, hey, Mavra!»

Bu seslenişe, içinde o ünlü çörek parçası bulunan bir tabakla bir hizmetçi kadın koşup geldi. Ve aralarında şu konuşma geçti:

«Haydut karı, kâğıdımı nereye soktun?»

«Hangi kâğıt, Efendim? Kadehinizi örttüğünüz kâğıt parçasından başkasını görmedim vallahi.»

«Ama ben, aşırmış olduğunu gözlerinden okuyorum senin.»

«Ne yapayım? Ne okuma bilirim ne de yazma.»

«Yalan söylüyorsun! Zangocun oğluna götürdün onu; o durmadan yazı yazar kargacık burgacık.»

«Yok canım, onu kâğıt gerekse, nereden bulacağını bilir. Kâğıt parçalarınızı hepten alaya alır.»

«Dur hele sen; mahşer gününde şeytanların yabalarının tadını tadacaksın; seni kazanlarda nasıl kaynatacaklar görürsün!»

«Neden kaynatsınlar, ulu Tanrım, madem masumum ben? Kâğıdınıza el sürmedim. Ufak tefek kusurlarım vardır ama, bana dünyada hırsız damgası vurulmamıştır.»

«Sana neler diyeceklerini görürsün. Ah! Ah! 'Seni gidi domuz!' diyecekler, 'efendini soyarsın ha! Al sana, al sana!' Yabalar içine işleyecek.»

«Ben de onlara derim ki, 'neden, ulu Tanrım, neden bu? Hiçbir şeye el sürmedim,'derim... Kağıdınız, bakın, işte masanın üzerinde. Herkesi haksız yere hep haşlıyorsunuz böyle.»

«Tamam artık! ne ağzın varmış be! Bir söz söylendi mi, on karşılık veriyor size. Dırdır edecek yerde, mektubumu yapıştırmak için bana çabuk ateş getir... Dur bir dakika! Sen, eminim kalkar mum getirirsin bana, boşuna yanmasın, istemem, en iyisi bir çıra getir.»

Mavra dışarı çıktı, Piluşkin bir koltuğa oturdu, eline bir kalem aldı, kâğıt parçasını uzun uzadıya döndürüp durdu. Son olarak, en ufak parçasını da bölemeyeceğini anlayınca, kalemi içi küf kokan, dibi kum gibi sinek kaynayan bir hokkaya batırdı, ve müzik notalarına benzer harflerle yazmaya başladı. Elini her an için durdurmaya hazır; bir satırı tutup cimrice öbürüne yapıştırıyor, olanca zorlamalara karşın bırakılması zorunlu olan boş aralıklara da içi yanıyordu.

Devenin gözü! bir insan böyle alçalabilir mi, bu kadar cimriliğe, bu kadar bayağılığa, bu kadar miskinliğe düşebilir mi böyle! Gerçeğe yakışır mı bu? Bütün bunlar gerçeğe benzer, insan yaradılışı her şeyi yapabilir. Bugün kanı kaynayan delikanlı günün birinde başına gelecek olan ihtiyarlığın resmini görecek olsa, korkudan sıçrar. Siz gençliğin o pembe yıllarından çıkarak, olgunluk yaşının çetin yoluna düştüğünüzde, yolluk diye insancıl duygularınızı da alıp götürün yanınızda; yoksa bunları artık bir daha bulamazsınız. İhtiyarlık, insanın bir kere bıraktığını artık hiç elde edemeyen o ihtiyarlık, tehdit eder sizi. Mezar da merhametlidir, insanlıktan uzaklaşmış ihtiyarlığın o karanlık ve buz gibi çizgilerinden hiçbir şey okunamadığı halde, mezarda şunlar okunabilir: *Burada bir insan gömülüdür!*

Piluşkin mektubu katlarken:

«Acaba,» dedi, «kaçan köylülere gerek duyan bir dostunuz yok mu?»

Çiçikov düşüncelerinden uyanarak:

«Sizde kaçaklar var mı?» diye sordu.

«Hem de nasıl! Bizim damat bir araştırma yaptı; dedi ki 'izleri yok olmuş'; ama bu asker adam, mahmuzlarını şakırdatmayı yargıçlara ağız yapmaktan daha iyi becerir.»

«Hepsi ne tutar şöyle?»

«Hemen hemen yetmiş kişi.»

«Nasıl olur?»

«Vallahi öyle! Bu aylak herifler sırf tıkınmayı bilirler, oysaki ben, ben açlıktan geberiyorum. Bu domuzlardan kimileri her yıl kaçıp giderler... Ne verseler kabul ederdim. Dostumuza söyleyin de alsın bunları; bir düzine bulsun da, öpüp başına kosun! Her sayılı can beş yüz rubleye gider.»

Çiçikov içinden, olmaz, işi kimseye kaptırmayız biz! diye düşündü. Hiçbir arkadaşın böyle bir pazarlığa girişmeyeceğini ileri sürdü: Fiyatlar çok yüksekti, üstelik, dalaverecilerin eline düşmektense, giysinin yenlerini onlara bırakarak yakayı kurtarmak daha yerinde olurdu. Fakat, Piluşkin bu kadar darda olduğuna göre, sırf iyilik olsun diye, kaçakları satın alacağını bildirdi, ne var ki bunlara yalnızca az bir şey verebilirdi.

Piluşkin gerçek bir Yahudi kesilmişti:

«Ama, ne kadara?» diye sordu. Elleri cıva gibi titriyordu.

«Can başına yirmi beş kapik.»

«Peşin para mı?»

«Peşin para.»

«Ah, iki gözüm Efendim, yoksulluğuma acıyın da, kırk kapik verin bari bana.»

«Sayın babacığım, size yalnızca kırk kapik değil, helalinden beş yüz ruble verirdim, iyi yürekli oluşunuzdan dara düşmüş bir insan olduğunuzu görüyorum.»

Piluşkin öne eğilmiş başını iki yana sallaya sallaya:

«Doğru, çok doğru!» dedi. «Başıma ne gelirse iyi yürekli oluşumdan geliyor.»

«Bakın, huyunuzu anladım hemen. Köle başına size seve seve beş yüz ruble vereceğimi söylüyordum ya, ama ne yazık... Param yetmez bunlara; pek pek beş kapik daha arttıracağım, can başına otuz kapik eder.»

«Ah, iki gözüm Efendim, bari iki kapik daha arttırın»

«Hatırınız hoş olsun diye, peki. Ne kadar kaçak adamınız var? Sanırım yetmiş dediniz, değil mi?»

«Hepsi yetmiş sekizdir.»

«Köle başına otuz iki kapikten yetmiş sekizi, şey...»

Hesaptan yana pek kuvvetli kahramanımız, tam bir saniye düşündükten sonra, gene:

«Yirmi dört ruble doksan altı kapik eder,» dedi.

Piluşkin'e bir makbuz imzalattı ve hemen parayı saydı, babalık parayı iki eliyle tuttu ve sanki her an dökmekten korktuğu bir sıvıyı taşıyormuş gibi, parayı gidip usul usul masasına yerleştirmeye baktı. Masanın yanına varınca, paraları bir daha saydı ve bunları teker teker, damadının, kızının ve belki de akrabası olduğunu söyleyip duran yüzbaşının o sonsuz sevinci içinde, köyün iki papazı, Karp Baba ile Polikarp Baba tarafından, kendisinin gömüleceği günlerde cenaze masrafı olur diye, gözlerden birine yerleştirdi. Para yerini bulduktan sonra, Piluşkin yeniden koltuğuna oturdu, belli ki artık konuşacak bir şey bulamıyordu.

Mendili çıkarmak için Çiçikov'un bir davranışına dikkat kesilerek:

«Şimdiden mi gitmek istiyorsunuz?» dedi.

Bu soru kahramanımıza daha fazla gecikmek için doğrusu ya ortada hiçbir neden olmadığını anımsattı.

Şapkasını alarak:

«Evet, yola düşmeliyim,» dedi.

«Ya çay?»

«Bu kadar istiyorsanız, bir başka sefere içeriz.»

«Ama semaveri kaynatın diye emir verdim! Doğrusunu isterseniz, ben çay tiryakisi değilimdir: Şu çay pahalı şeydir, üstelik şekerin de yanına yaklaşılmaz oldu. Proşka, hazırlama semaveri! Çörek parçasını Mavra'ya götür, söyle yerine koysun onu; yok olmaz, sen bana ver onu, ben koyarım yerine. Uğurlar ola, a iki gözüm Efendim, Tanrı kutsasın sizi! Mektubu başkana vermeyi unutmayın; eski bir dosttur kendisi, birlikte büyüdük!»

Bundan sonra bu buruş kırış kukla, konuğunu kapıya kadar uğurladı, arkasından da kapıyı hemen dikkatlice kapattırdı. Sonra, kulübelerine gitti, bekçilerin –tunç levha âdet olduğu halde, boş bir fıçıya kürek vura vura haber dağıtan bekçilerin– işleri başında olduklarını gördü; mutfağa bir göz attı, burada, köylülerin yemeğinden tatma numarası ile lapalı lahana çorbasından bol bol içti. En sonunda, hırsızlar ve alçaklar diye milleti bir güzel payladıktan sonra, yeniden odasına döndü. Tek başına kaldığı zaman, o gerçekten eşsiz cömertliğine karşılık olmak üzere konuğuna nasıl teşekkür edeceğini düşünmeye başladı. Kendi kendine, armağan olarak ona saatimi veririm, dedi. Gümüş bir saattir bu, ne tombaktır, ne de tunç; doğrusu pek iyi gitmiyor ama, tamir ettirir; henüz genç, nişanlısının hoşuna gitmesi için bir saat edinmesi gerek. Bir parça düşündükten sonra da, yok en iyisi, dedi, beni ölümümden sonra iyice anımsasın diye vasiyetnamemde saati ona bırakırım...

Kahramanımızın pek fiyakalı görünmek için hiç de saate filan gereksinimi yoktu. Bu kadar beklenmedik bir alışveriş, armağanların en güzeli sayılabilirdi: Ölü ve kaçak olarak, yuvarlak hesap iki yüz canı geçiyordu! Doğrusunu söylemek gerekirse, Piluşkin'e giderken, hop diye yağlı kuyruğa konacağını kestirmişti ama, böylesine kârlı bir işi taş çatlasa düşünemezdi. Artık, bütün yol boyunca, çılgınca sevinçli göründü: Islık çaldı, elini ağzına götürerek borazan taklidi yaptı, öylesine garip bir hava tutturdu ki Selifan, uzun uzadıya kulak kesildikten sonra, en sonunda, şöyle diyerek başını salladı:

«Vay canına be, bizim beyin bugün keyfi ne kadar yerinde!»

Sular kararırken kent dolaylarına vardılar. Aydınlıkla karanlık iç içe geçmişti; eşyalar da birbirine karışmış gibi görünüyordu, sınır işini gören renkli uzun tahta anlatılmaz bir renge bürünmüştü; nöbetçinin burnu seçilmiyordu bizimkine. Keskin sarsıntılar arabanın kaldırımlara vardığını belirtiyordu. Sokak fenerleri henüz yanmamıştı. Ara sokaklar ve çıkmazlar, askerlerin, arabacıların, işçilerin kum gibi kaynadıkları, omuzlarına al şallar atmış ve çorapsız ayaklarına ayakkabılar geçirmiş bayanların yarasalar gibi dört yol ağızlarında gidip geldikleri her kentte, bu saatte görülen manzaralara ve duyulan konuşmalara sahne olurken, yalnızca birkaç pencereden ışık sızıyordu. Çiçikov hiçbir şeye, elde baston, tepeden tırnağa kibar, besbelli bir kır gezintisinden dönen o kum gibi memurlara bile metelik vermedi. Kimi zaman kulağı, kadın seslerini seçiyordu: «Yalan söylüyorsun, sarhoş; ona dünyada pas vermedim ben!» Ya da kısaca: «Vurmasana bana, pis herif! Karakola gel, haklı olup olmadığını ben gösteririm sana!..» gibi sözler, tiyatro dönüşü, bir İspanyol gecesini, eli gitarlı ve saçları lüle lüle güzelim bir kızı hayal ederken, yirmi yaşındaki delikanlının rüyasını altüst eden kötü kötü sözler. O delikanlı ki kutsal bir büyüleniş içinde göklerde uçar, Schiller'le bir olur, korkunç sözler bir şimşek gibi birdenbire kulaklarına çarpınca da kendini yerde, çarşı alanında, bir meyhanenin yanında, her günkü yaşantının içinde bulur.

En sonunda bizimki, bir son sıçrayıştan sonra, hanın büyük kapısı altındaki bir çukura düşer gibi yuvarlandı, burada Petruşka bir eliyle arabadan inmesine yardım ederek, öbür eliyle de özellikle buruş buruş olduğunu görmekten hoşlanmadığı giysisinin eteklerini tutarak Çiçikov'u karşıladı. Hanın garsonu, elde mum ve omuzda peçete ile o saat orada bitti. Efendisinin dönüşü kendisini sevindirse bile, Petruşka bunu hiç belli etmezdi; fakat, Selifan'a bir göz atınca, asık yüzü güler gibi oldu.

Merdiveni aydınlatan garson:

«İyi yolculuk ettiniz mi?» diye sordu.

Sahanlığa vardığında Çiçikov:

«Evet,» dedi. «Ya sen, sen ne âlemdesin bakalım?»

Garson eğilerek:

«Allaha şükür, Bayım,» diye karşılık verdi. «Bir asker, bir teğmen geldi bize; on altı numarada kalıyor.»

«Bir teğmen mi?»

«Şu bu diyemem size, Riyazan'dan geliyor ve güzel doru atları var.»

Çiçikov odasına girerken:

«Tamam, anlaşıldı, sen gene işini yürütmene bak!» dedi.

Sofadan geçerken, burnunu tıkadı ve Petruşka'ya söylendi:

«Bari pencereleri açmayı akıl etmiş olsaydın be!»

Petruşka küstahça:

«Pencereleri açtım ama!» diye karşılık verdi.

Efendi, alçak herifin yalan söylediğini bile bile, üstelemedi. Yolculuk imanını gevretmişti. Bir yavru domuz yemeyi istedi, soyundu, yorganın altına girdi ve hemen derin bir uykuya daldı; böyle derin, güzel bir uykuyu ancak pireleri, basur memeleri ve pek aklı olmayan mutlu insanlar uyuyabilirdi.

VII

Rüzgârda, yağmurda, çamurda uzun uzadıya bir yolculuktan sonra, çıngırakların sesinden, şunu bunu yapma gürültülerinden, durmadan anayolların ayaktakımı –sürücüler, nalbantlar, uyuyakalmış menzil memurları ve şunlar bunlar– ile karşılaşmalardan serseme dönerek, en sonunda kendi damını gören yolcunun mutluluğunu düşünün: Sıcak bir karşılayışın avutuşunu; elde ışık, kendine doğru koşup gelmiş insanların çığlıklarını, çocukların fır fır gidiş gelişlerini; tüm acı yolculuk anılarını unutturan ateşli kucaklayışlarla karışmış o tatlı sözleri bilen bu yolcuya ne mutlu! Ne mutludur aile babası, ama vay bekârın haline vay!

Kendini, ille de değerli ruhların tasvirine vermek için, o pek yavan gerçekliği insanlığın onurunu düşüren ve bu onuru iki paralık eden soğuk kişilerden fellik fellik kaçan; boyuna değişen tasvir anaforu içinde, ne yapıp edip birkaç ender ayrıcalığı seçen; sazının yüksek perdesini hiç değiştirmeyen, hiç zavallı insanlara inmeyen ve yerden gök ülkesine uçan yazar da mutludur. Bu yazar iki yönden talihlidir: Kendini bu seçkinler arasında sanki kendi ailesi içindeymiş gibi bulur bir, bir de zaferinin yankıları dört bir yanda çınlar iki. Gerçeği kendilerinden gizleye gizleye, yalnızca gerçeğin büyüklüğünü ve güzelliğini göstermek için insanlığın kusurlarını ele vermeden, insanları över ve sarhoş eder. Herkes onu alkışlar ve zafer arabasının ardına takılır. Ona büyük şair derler, kartal nasıl yüksekten uçan bütün kuşların üstünde yol alırsa, deha yolunda onun da öbür iyi akıllıları geçtiğini söylerler. Adı geçince genç yürekler titrer, her gözde sevgi yaşları parlar. Kimse onun gücüne erişemez!..

Yaşamımızın içine yuvarlandığı alçaklıkların o korkunç fanusunu yerinden oynatma, tutup –o kimi zaman pek güç gelen, pek acı gelen dünya yolculuğumuzda, her adımda rastladığımız– soğuk, miskin, bayağı kişilerin uçurumuna dalma cesaretini gösteren ve kayıtsız gözlerimizin göremediğini acımasız bir kalemle gün ışığına çıkaran yazarı ise bambaşka bir yazgı bekler! Böylesi, halktan alkışlar, sevgi gözyaşları, ortak bir heyecan dalgaları görmeyecek, on altı yaşındaki kızlarda hiçbir kahramanlık ateşi uyandırmayacak, kendi sözlerinin büyüsüne kapılıp gitmeyecektir; en sonunda güzel yapıtlarını şeytanca ve garip yazılar diye dillerine dolayacak, kahramanlarının kusurlarını ona yükleyecek, ondaki bütün kalbi, bütün ruhu ve Tanrı vergisinin kutsal ışığını yadsıyacak olan ikiyüzlü ve duygusuz çağdaşlarının yargısından yakasını kurtaramayacaktır. Çünkü çağdaşlarımız gözle görülmeyecek kadar ufak böceklerin kımıldanışlarını ölçüp biçmeye yarayan camları, güneşi incelemeye yarayan camlarla bir tutuyor; hor görülen yaşamdan alınmış bir sahneyi ışıklandırmak ve bundan bir başyapıt yaratmak için büyük bir anlayış gücünün gerekli olduğunu yadsıyorlar; yaratmak; coşkun bir kahkahanın güzel bir lirik davranışı desteklediğini ve böylece bir kahkaha ile maskaraca bir sırıtış arasında bir uçurum olduğunu yadsıyorlar! Bunca şeyi yadsıyan zirzoplar, tanınmamış yazarın yapıtlarını alaya alacaklardır; hiçbir ses onun sesine karşılık vermeyecektir; yolun tam ortasında tek başına kalacaktır. İşi zor, yalnızlığı yürekler acısıdır.

Bana gelince, üstün bir güç, bana, garip kişilerimle uzun uzun, gene yan yana yürümek, şöyle yürekten bir kahkaha ve gözle görülmez gözyaşları içinde yaşamın o bitmek tükenmek bilmeyen akışını inceleme işini yüklemiştir, bilirim. Esinlenmenin kutsal esrikliğine kapılan kafamdan daha coşkun dalgalar fışkırtacağı ve okurlarımın heyecandan titreye titreye, çok daha başka sözlerle dopdolu gürleyişler duyacakları gün henüz çok uzaktır...

Yola, yola düşmeli! Atalım alnımızdaki buruşukluğu; yaşamın içine dalalım, gürültüsüne, uğultusuna dalalım ve Çiçikov'un ne yaptığını görelim.

Çiçikov uyandı, gerindi ve kendini iyiden iyiye dinlenmiş buldu. İki dakika sırtüstü uzanıp kaldı; ama birden dört yüz canın başı olduğunu aklına getirince, parmaklarını çıtlattı ve yüzü ışıl ışıl oldu. Yataktan yere atlayarak, aynada o çok sevdiği yüzüne, hele daha çok traş olurken güzelliklerini arkadaşlarının önünde övüp durmaktan hoşlandığı çenesine bakmayı düşünmedi.

Çoğu zaman çenesini okşayarak: «Bakın ne yuvarlak çenem var!» derdi. Ama bu kez, çenesini ve yüzünü bir yana bıraktı; rahatımıza düşkün olduğumuzdan, Toryok kentinde bol bol satılan üzeri alaca sahtiyan deriyle kaplı çizmelerden bir çiftini geçirdi hemen ayağına. İskoç kılığını andıran bu sade giyim içinde, yaşına ve karakterine uyan ağırbaşlılığı bir yana bıraktı, ayaklarını topuklarını yere değdirmeden şöyle bir iki kez açıp kapadı. Sonra, pek gecikmeden, işine daldı. Bir soruşturmayı bitiren bir yargıcın güzelce hazırlanmış bir sofraya kurulması gibi, çekmecesinin önüne keyifle yerleşti, içinden kâğıtlarını çıkardı. İşleri uzatmak istemeden, yazıcılara metelik koklatmamak için anlaşmaları kendi yazmaya ve kendi elceğiziyle temize çekmeye karar verdi. Basılı kâğıdı doldurmada pek usta olduğundan, çalakalem, önce büyük harflerle: *Yıl bin sekiz yüz...* diye yazdı, arkasından küçük harflerle: *Biz, şu, şu, çiftlik sahibiyiz...* diye, daha sonra da gerekenleri işledi. İki saatte hepsi tamamlandı.

Artık bu bütün küçük kâğıtlara bakınca, bir zamanlar etten ve kemikten olan, çalışan, toprağı süren, arabacılık eden, efendilerini –belki de iyi yürekli olan efendilerini– kafese koyan bu köylülere bakınca, kendisinin de anlayamayacağı garip bir duygu yapıştı yakasına. Her listenin kendine göre bir havası vardı, bu özellik listelerde bulunan köylülere de geçmiş görünüyordu. Bayan Koraboçka'nın köylülerinin hemen hepsi lakaplarla aptallaştırılmıştı. Piluşkin'in listesi kısalığı ile ayrılıyordu ötekilerden: Burada lakapları çoğu zaman arkasında iki nokta bulunan ilk harfler belirtiyordu. Sobakeviç'in listesi ipe sapa gelmez şeylerin bolluğu ile göze batıyordu; bu liste köylülerin tüm özelliklerini ele veriyordu. Bir ad şu unvanı almıştı: *İyi marangoz;* biri de şu: *Aklı ileridir ve ağzına hiç içki koymaz.* Her birinin ana baba adları ve ahlak durumları bile işlenmişti. Fedotov adlı biri sadece şu notu taşıyordu: *Meçhul bir baba ile Kapitolina adında ama namuslu ve iyi ahlaklı bir hizmetçi kızdan dünyaya gelmiştir.* Bütün bu açıklamalar kâğıtlara özel bir ruh veriyordu; bu anasının gözü insanlar sanki daha dün ölmüş gibi görünüyorlardı. Çiçikov yumuşadı ve içini çekerek bağırdı: «Sevgili dostlarım, nasıl da güzelcene toplanmışsınız buraya! Sevgili ahbaplarım, acep neydi yaşama koşullarınız? İki ucunu nasıl bir araya getirdiniz?»

Gözleri bir ara; Bayan Koraboçka'nın eski köylüsü, ünlü *Ayaklarını-Tabağa-Sok* Piotr Savelyev adına takıldı. Bunun üzerine gene şöyle demekten kendini alamadı: «Ne de uzun isimmiş ki bir türlü bitmiyor, sağlama bir satır tutuyor! Kimdin sen, a canım: Zanaatkâr mıydın yoksa yalnızca ırgat mıydın? Besbelli ya meyhanede can verdin, ya da yolun tam ortalık yerinde yatıp uyurken yüklü bir araba ezdi seni.»

Mantar Stefan, *doğramacı, ağzına bir yudum bile içki sokmaz.*

«Ah! Ah! İşte Stefan Mantar, muhafız alayına layık pehlivan! Evet, çocuğum, omzunda çizmelerin ve belinde baltanla, bir kapiklik ekmek ve iki kapiklik tuzlu balık yiyerek, yüz gümüş ruble elde etmek için, dağ tepe demez dolaşırdın! Kâğıt paraları çizmende saklardın, belki de kaba şayaktan pantolonundaki bir astarın içine sokardın. Hangi kör olası yerde yaşamdan ölüme göçtün? Daha fazla para kazanmak için, belki de bir kilisenin çan kulesini onarmaya kalktın da ayağın kaydı, yerde buldun kendini; Mihey Baba da ensesini kaşıyarak, 'Hey, hayrola! Oğlum; ne oluyor sana!..' diye mırıldandı ve beline hemen ipi dolayıp senin yerine geçme fırsatı buldu.

«Maksim Lelyatnikov, *kunduracı.* Ah! seni gidi kunduracı seni! Rus atasözü, *bir kunduracı gibi sarhoş* der. Tanırım seni, dostum, istersen, sana kalkar birkaç sözcükle yaşamını sayıp dökerim. Bir Alman'ın –hani hepinizi de aynı kaptan yediren, haylazlığınızın acısını sırtınızdan kayışla çıkaran ve sokak boylarında eğlenmenize izin vermeyen Alman'ın– yanında yetişen sen, iyi çalışırdın, Alman da artık karısının ya da *Arkadaşı*'nın yanında seni öve öve bitiremezdi. Öğreneceğini öğrendikten sonra kendi kendine dedin ki: 'Şimdi ben de dükkân açacağım, yalnız bizim cimri Alman gibi ucun ucun para toplayacak yerde küpümü birden dolduracağım.' Efendine harcını ödedikten sonra, işe giriştin ve siparişler gitgide arttı. Yok pahasına kötü deri aldın ve her çift çizmede iki misli para kazanmanın yolunu buldun; ama, on beş günde, çizmeler patladı da müşterilerin bir güzel kalayladılar seni. Dükkânın tamtakır kalınca, sen de kendini içkiye vurdun; sokaklara düşüp serseri oldun, dokunaklı konuşuyordun, 'dünya çivisinden çıkmış. Ruslar artık yaşamlarını kazanamıyorlar, işini yürütmek yalnızca Almanlara vergi!'

«Bu da ne biçim şey; *Serçe Yelizaveta!* Bir kadın ha? Ne halt etmeye girmiş buraya? Şu Sobakeviç domuzu beni aldatmanın yolunu bulmuş desene!»

Çiçikov'un hakkı vardı: Bilmem nasıl bir oyunla adı listeye geçmiş bir kadındı bu. Silmek gerekti.

«*Vay Hep-Git-varamazsın-sen* Grigori! Nasıl bir insandın acep sen? Arabacılık ederdin besbelli, üç atlı büyük bir araba edindikten sonra ocağına temelli veda ettin de tüccarları panayırdan panayıra dolaştırmaya kalktın değil mi? Ruhunu anayolda mı Tanrı'ya verdin? Yoksa dostların şişko ve al yanak bir sağdıç karı uğruna seni canından mı etti? Deri eldivenlerin, sağlam atların bir orman kaçkınının ağzını mı sulandırdı? Belki, düşünüp durdun kara kara, sonra meyhaneye gittin, derken kendini ırmağa atma isteğine kapıldın, silindin ortadan, artık adın anılmaz oldu. Bizim Ruslar ne garip kişilerdir ecelleriyle ölmeyi sevmezler!»

Gözlerini gene Piluşkin'in kaçak köylülerinin yazıldığı kâğıda dikerek:

«Ya siz, a benim iki gözüm dostlarım,» diye devam etti; «yaşamasına henüz yaşıyorsunuz ama, gene de pek değeriniz yok! Artık bu delice gidişiniz nereye vardıracak sizi? Piluşkin'in yanındayken pek kötü bir yaşam mı sürüyordunuz? Yoksa serserice bir yaşantıya imrendiniz de anayolları kesmekten zevk almaya mı kalktınız? Şu anda delikte misiniz, yoksa başka beylerin yanına kapılandınız da topraklarını mı sürüyorsunuz? *İnatçı* Yeremey, *Gezgin* Nikita, oğlu *Gezgin* Anton... Adlarına bakılırsa ikisinin de ayağına çabuk kişiler oldukları anlaşılıyor... Popov, uşak... Okuyup yazma biliyor besbelli. Eline bıçak almamıştır ama, dünyanın en namuslu adamı olarak aşıracaklarını aşırmıştır. Pasaportun yok diye yakayı ele vermişsin de şimdi polis komiserinin karşısında sorguya çekiliyorsun belki. Polis komiseri konuşmasının arasına şöyle okkalı bir küfür de ekleye ekleye: 'kimsin sen?' diye sorar. 'Filanca beyin adamıyım,' dersin dik dik. 'Ne halt etmeye geldin buraya?' der polis komiseri. 'Paramı yatırdım, izin aldım,' dersin hiç tınmadan. 'Hani pasaportun?' 'Ustamda, sanatkâr Pimenov'da bıraktım.' 'Getirin Pimenov'u'. 'Sen misin Pimenov?' 'Benim.' 'Bu çocuk sana pasaportunu vermeye kalktı mı? Doğru mu bu?' 'Dünyada vermedi!' 'Ne demeye yalan söylüyorsun?' diye sorar polis komiseri yeni bir küfür savurarak. 'Doğru ya, dersin korkmadan; eve çok geç kalmıştım da onu Antip Prohorov'a, zangoça verdim.' 'Getirin şu zangoçu... Pasaportunu verdi mi şu sana?' 'Elimi bile sürmedim!' 'Demek, gene yalan söyledin ha?' diye sorar polis komiseri okkalı küfürler savurarak. 'Görelim, nerede pasaportun bakalım?' 'Bir tane vardı ama, herhalde yolda düşürmüşüm.' 'Ya şu asker,' der polis komiseri gene sövüp sayarak, 'ya şu papazın paracıklarını taşıyan çekmece; ne demeye aşırdın bunları?' 'Çalmak mı!' dersin kılını kıpırdatmadan. 'Ben öyle şey yapmam.' 'Ama kaputu senin evde bulmuşlar; nereden geliyor?' 'Hiçbir şey bildiğim yok benim, biri getirmiştir onu oraya.' 'Ah! Seni gidi domuz!' der polis komiseri, elleri belinde başını sallayarak. 'Vurun zincirleri ayağına da tıkın içeri!' 'Peki, nasıl isterseniz öyle olsun dersin. Sonra tütün tabakanı çıkararak, seni zincirlere vuran iki malûl gaziye bir tutam tütün verirsin, sonra da kalkıp emekliye ayrılışlarının ve girdikleri savaşların tarihini sorarsın dostça. İşte deliktesin artık; davan sürüp gider; Çerevo–Koşkaysk'tan seni alıp başka kente; oradan Vesyevgonska'a ya da başka bir kente sürerler; böylece kodes kodes sürter ve yeni yerini görünce dersin ki: 'Hayır, doğrusunu söylemek gerekirse, insan Vesyevgonsk'ta daha rahattı ve millet daha çeşit çeşitti orada!'

«Abakum Firov! A kardeş ya sen nerelerde sürtüyorsun öyle? Yolun Volga'ya düştü mü, kendini yedekçilerin o özgür yaşantısına kaptırdın mı?...»

Çiçikov kendi kendine yaptığı konuşmayı kesti ve düşünmeye başladı. Abakum Firov'un yaşamını mı düşünüyordu, yoksa sadece, her yaştan, her rütbeden, her sınıftan Rus'un baştacı ettiği o dizginsiz engin yaşamı mı düşünüyordu? Gerçekten, Firov nerede olabilirdi? Besbelli tüccarların yanında iş almıştır ve şu an, etekleri zil çalarak, buğday rıhtımında sürtüp durmaktadır. Çiçekli ve şeritli şapkalı tüccarlar, boyunları kurdela, kolye dolu iriyarı güzelim karılarından ya da yavuklularından yüksek sesle izin koparırlardı. Şarkılarla danslar birbirine karışır, hamallar arkalıklarını alır, avaz avaz çığlıklar ve küfürlerle, sırtlarına şöyle yüz elli kilo nohut ya da buğday yükler, bağıra çağıra bunları içi derin mavnalara boşaltırlar, yulaf ve bulgur çuvalları yere yığılır; çuval piramitleri, sanki top gülleleri gibi alabildiğine uzanıp gider: Bu koca silah deposu, derin mavnalara yüklenmeye hazırdır, buzlar çözüldü mü mavnalar arka arkaya kuyruk olup ırmak boyunca süzülürler. Bu sonu gelmez kervan yola çıktı mı, saatiniz gelmiştir, yedekçiler! Eskiden nasıl seve seve işe sarılırsanız, işte gene öyle yürekten, ipi çeke çeke, çeke çeke, Rusya gibi dümdüz ve uçsuz bucaksız bir türkü söyleyerek dalarsınız işinize!..

Çiçikov saatine bakarak:

«Eyvah, öğle olmuş!» dedi. «Ben hâlâ burada dalga geçip duruyorum! Meğer ne aptalmışım!»

Bu sözden sonra İskoç giysisini çıkarıp bir Avrupa giysisi geçirdi sırtına. Belini sıktı, üzerine iyice kolonya sürdü, sonra çantasını koluna, pamuklu şapkasını eline aldı, satış işlerini bir düzene sokmak için acele acele sivil mahkemeye yollandı. Gözde kahramanlarını bir savaş kazanmaya zorlamak ve savaşlarını kısa kesmek için günleri uzatan veya kısaltan Homeros'un yaşlı Zeus'u gibi, oturumları keyfince kısaltıp uzatabilen mahkeme başkanı dostu olduğu için, geç kaldım diye korkmadı. Ne var ki işi bir çırpıda bitirmek istiyordu. Sözleşmeler onaylanmadıkça, iş karanlık görünüyordu ona: Canlar ancak yarı yarıya gerçekti ve bu durumda gecikmeden bu yükten kurtulmak daha yerinde olurdu. Dışı kahverengi kumaşla örtülü bir ayı postunu omuzlarına almayı unutarak, böylesi düşüncelere kapılıp sokağa çıktı. Daha ayağını henüz dışarı atmıştı ki, ilk sokak köşesinde, kendi gibi kulaklarına kadar inik bir şapka ile dışı kahverengi kumaşla örtülü ayı postu giymiş bir adamla burun buruna geldi. Beriki bir çığlık kopardı ve bizimkinin kollarına atıldı: Manilov'du bu. Sarmaş dolaş olmaları sağlama beş dakika sürdü; öpüşmeleri o kadar sert olmuştu ki, bütün gün dişlerinden sızlanıp durdular. Sevinç Manilov'un gözlerinin olduğu gibi kapanmasına neden oldu; yüzünde yalnızca burnu ile dudakları görülüyordu. Bir çeyrek saat kadar kırarcasına Çiçikov'un elini sıkıp durdu. Pavel İvanoviç'i görür görmez boynuna atılmak için nasıl koştuğunu anlattı, en ateşli sözlerle çiçeği burnunda bir kızı dansa davet eden bir kavalyenin dudaklarında bile görülmeyen bir iltifatla söylevini tamamladı. Çiçikov nasıl teşekkür edeceğini bilmeden ağzını henüz açtı ki Manilov, üzeri pembe ipek şeritle bağlı bir kâğıt rulosunu kürkünün altından çıkardı.

«Bu da neyin nesi, canım?»

«Köylüler.»

«Ya! Güzel!»

Çiçikov kâğıdı çözdü ve şöyle bir göz attı, yazının inci gibi oluşuna hayran kaldı.

«Güzel yazılmış,» dedi. «Bir daha temize çekmeye gerek yok. Çerçeve bile çekilmiş; kim donattı bunu böyle?»

Manilov:

«Sormayın,» dedi.

«Siz mi?»

«Hayır, karım.»

«Ah! Allahım! Sizi bu kadar eziyete soktuğum için utanıyorum doğrusu.»

«Pavel İvanoviç için lafı mı olur!»

Çiçikov eğildi. Manilov, Pavel İvanoviç'in sözleşmeleri onaylatmak üzere mahkemeye gittiğini öğrenince yanına yoldaş olmayı önerdi. İki arkadaş, kol kola girdiler. En küçük harakette, yerin en ufak eğri büğrü oluşunda Manilov tatlı bir gülümseyişle Pavel İvanoviç'in ayacıklarının yaralanmasına dayanamayacağını ileri sürerek destek oluyor, Çiçikov'u hemen kaldırıyordu. Ne kadar ağır olduğunu bildiği için müthiş canı sıkılan Çiçikov'un nasıl teşekkür edeyim, diye, içi içini yiyordu. Birbirine yerli yerinde iltifatlar savura savura, en sonunda mahkemenin, tebeşir gibi beyazlığı, besbelli içinde çalışanların ruh temizliğini gösteren iki katlı taştan koca yapının bulunduğu alana vardılar. Çapları bakımından bu yapı alanın öbür yapıları ile uyuşmuyordu: İçinde nöbetçisi de bulunan bir kulesi, iki üç arabalık durak yeri, nihayet üzerine her zamanki gibi kömür veya tebeşirle yazılar yazılmış süslü uzun uzun tahta perdeler. Bizde *güzel bir alan* adı verilen ıssız alan böyleydi işte.

Artemis'in o rüşvet nedir bilmez rahipleri, birinci ve ikinci katın pencerelerinde bir an görünüp kayboluyorlardı hemen; müdür daireleri denetliyor olsa gerekti. Bizim ahbaplar merdiveni çıktılar; daha doğrusu uçarcasına aştılar merdiveni. Çiçikov, Manilov'un yardımlarından yakasını kurtarmak için yürüyüşünü hızlandırıyor, Manilov da kendi hesabına Pavel İvanoviç'in yorulmasını önlemek için iki ayağını bir pabuca sokuyordu. Soluk soluğa loş koridora vardılar. Gözlerine, ne koridorlarda, ne de odalarda temizlik çarpmadı; o zamanlar temizliğe filan bakılmazdı öyle; her yer kirli kalır ve göze güzel görünmesine hiç önem verilmezdi. Adalet Tanrıçası Artemis, konuklarını süslenip püslenmeden, içtenlikle karşılıyordu.

Bizim dostların daldıkları odaları burada anlatmak iyi olurdu; ama yazar resmi dairelerin önünde müthiş bir çekingenlik duyar. Bir iş onu –döşemeleri pırıl pırıl, masaları bal dök yala cinsinden temiz olan– odaların en iyisine bile çağırınca, burada pek fazla eğlenmez ve gözlerini kibar kibar yere eğer; odaların güzelliği neymiş bilmez. Bizim dostlar orada, bir yığın boş ve yazılı kâğıt, eğik baş, kalın enseler, taşra modasında giysiler ve redingotlar ve bunların yanı sıra da en göz alıcı, bir de açık kurşuni sade bir ceket gördüler. Bu ceketi giyen başını şöyle yana çevirmişti, kâğıda sanki yapışmış durumdaydı; bir çiftlik sahibi tarafından işgal edilmiş bir toprak meselesinin tutanağını çalakalem yazıyordu. Zaman zaman, boğuk bir ses şu ciddi ünlemleri koparıyordu: «Fedosey Fedoseyeviç, bana şu 368 numaralı dosyayı veriver!» , «Hokka kapağını hep yok ediyorsunuz ortadan!» Bazen dediğim dedik bir ses, besbelli müdürün sesi, şu emri veriyordu: «Bir daha temize çek şunu! Yoksa pabuçlarını çıkartır, yemeden içmeden altı gün kalırsın burada!» Kalemlerin kâğıt üzerideki gıcırtısı, içi araba yükü odunlarla dolu çalı demetlerinin, bir orman yolunda, bir ölü yaprak yatağı üzerinde çekilirken çıkardıkları sesi andırıyordu.

Çiçikov ile Manilov ilk masada oturan iki memura sokuldular.

«Satış sözleşmelerine bakan daire neresi, lütfen söyler misiniz?»

İki yazıcı, başlarını döndürerek:

«İşiniz ne bakalım?» diye sordular.

«Bir dilekçe vereceğiz.»

«Ne satın aldınız?»

«Satış sözleşmelerine bakan daireyi siz gösterin hele bana.»

«Bunu göstermemiz için, önce neyi kaça satın aldığınızı öğrenmeliyiz.»

Çiçikov, bütün genç memurlar gibi, bu iki acemi çaylağın çok meraklı olduklarını ve kendilerini daha önemli göstermek istediklerini anladı hemen.

«Dinleyin, dostlarım,» dedi, «önemleri ne olursa olsun, bütün satış sözleşmelerine aynı yerde bakıldığını çok iyi bilirim ben; artık bana gösterin orasını; bilmiyorsanız, başkalarına sorarız.»

Bu karşılık memur bozuntularının sesini kesti; içlerinden biri odanın bir köşesini gösterdi, burada ihtiyar bir adam dosyaları düzenliyordu. Çiçikov ile Manilov, masaların arasından geçerek, doğruca, işine daha dört elle sarılmış görülen ihtiyarcığın yanına gittiler.

Çiçikov selam vererek:

«İzninizle sorabilir miyim,» dedi, «satış sözleşmelerine burada mı bakılıyor?»

İhtiyar gözlerini kaldırarak:

«Burada hiçbir sözleşmeye bakılmaz,» dedi.

«Ya nerede bakarlar?»

İhtiyar:

«İvan Antonoviç'e başvurun.»

«İvan Antonoviç nerede?»

İhtiyar odanın öbür köşesini gösterdi. Çiçikov ile Manilov, İvan Antonoviç'e doğru yürüdüler; adam onların geldiklerini görünce şöyle bir baktı ve hemen yazı yazmaya daldı.

Çiçikov selam çakarak:

«Affedersiniz,» dedi; «sözleşmeler dairesi burası mı?»

İvan Antonoviç sanki sağır olmuştu, işlerine iyiden iyiye dalmış göründü. Zamanlarını çene çalmakla geçiren o zirzop gençlerden değildi! İvan Antonoviç, aklı başında biriydi, kırkını aşıyordu; gür kara saçlarla çevrili yüzünün orta bölümü ileri fırlamıştı, tıpkı bir testi ağzı gibi denebilirdi.

Sobakeviç:

«Sizi rahatsız ettiğim için özür dilerim,» dedi; «sözleşmeler dairesi tam burası mı?»

İvan Antonoviç, o testi ağzı gibi yüzünü kaldırarak:

«Evet,» diye karşılık verdi, hemen işine daldı.

«Bakın şunun için geliyorum: Bu ildeki çeşitli çiftlik sahiplerinden başka yerlere alıp götürmek üzere köylüler satın aldım; sözleşmeler hazır, ama bunların onaylanması gerekiyor artık.»

«Satıcılar burada mı?»

«Yalnızca bazıları burada; diğerleri vekâlet verdiler.»

«Bir dilekçe getirdiniz mi?»

«Evet. İşim acele... istiyordum ki... bu iş bugün tamamlanabilir mi acaba?»

İvan Antonoviç:

«Bugün mü!.. Olanaksız bu,» dedi. «Önce hacizde mi değil mi incelemeliyiz.»

«Başkan İvan Grigoriyeviç'le yakın dostuz, o böyle işleri çabuk yapar.»

İvan Antonoviç acı acı:

«Burada yalnızca İvan Grigoriyeviç yok ki; başkaları da var,» diye karşılık verdi.

Çiçikov, dolaylamayı anlayarak dedi ki:

«Ötekiler de unutulmaz. Ben de memurum, bilirim yolları...»

İvan Antonoviç, daha yumuşak bir sesle:

«Gidip görün İvan Grigoriyeviç'i,» dedi. «Gerekli emirleri versin; sizi fazla bekletmeyiz öyle.»

Cebinden bir kâğıt para çıkaran Çiçikov, bunu İvan Antonoviç'in masasının üzerine bıraktı, o da bunu görmemiş gibi yaptı ve üzerini bir sicil defteriyle kapattı. Çiçikov bunu belli etmeye kalktı ama, İvan Antonoviç, bir baş hareketi ile gereksiz olduğunu anlattı.

İvan Antonoviç ekibindeki memurlarından birine:

«Bu bayları mahkeme salonuna götürün,» diye emir verdi.

Bu delikanlı kendisini Artemis'e öylesine adamıştı ki dirsek yeri delik deşik olmuş kolluklarının astarı görünüyordu, bu çalışmasına karşılık yazıcılık rütbesini almıştı. Hani bir zamanlar Virgilius'un Dante'ye yol göstericilik etmesi gibi, o da bizim iki dosta yardım etti ve kendilerini mahkeme salonuna götürdü; burada, üzerinde iki kalın kitapla *adalet aynası*(*) bulunan bir masanın arkasına, bir sıra geniş geniş koltuklar dizilmişti. Başkan, masada güneş gibi tek başına çalım satıyordu. Kutsal köşenin önünde kutsal bir saygı gösterisinde bulunan yeni Virgilius, dönüp giderken iyice yıpranmış ve tavuk tüyleri gibi didik didik olmuş ceketinin arkasını gösterdi.

Salona girdiklerinde, iki dost gördüler ki başkan hazretleri yalnız değillerdi; Sobakeviç, aynanın arkasında oturuyordu. Bir hayret çığlığı gelişlerini bildirdi; resmi koltuklar paldır küldür sarsıldı. Başkan kollarını Çiçikov'a açtı, şapır şupur öpüştüler. Birbirlerinin sağlıklarını sordular: İkisi de sürekli otura otura yakalandıkları bel ağrısından acı çekiyorlardı. Besbelli, Sobakeviç tarafından haberdar edilen başkan, kahramanımıza tebriklerini bildirdi. Çiçikov, sırrın gizli kalmasını rica ettiği iki müşterinin yüz yüze geldiğini görünce hafiften şaşırdığı halde, gene de başkana teşekkür etti ve Sobakeviç'in halini hatırını sordu.

Gerçekten de yakınacak hiçbir derdi olmayan Sobakeviç:

«Allaha şükür, yakınacak şeyim yok,» dedi.

Demir bile bu irikıyım, güçlü kuvvetli adamdan daha çabuk üşütebilirdi.

(*) Adalet Aynası: Her Rus mahkemesinin yargıç masasında bulunur. Üç köşe bir aynadır. Üzerinde kartal vardır. Kartal adaleti simgeler. Aynanın üç yüzünde de, Büyük Petro'nun mahkeme ve vatandaş hukuk üzerine söylediği üç ünlü söz bulunmaktadır.

Başkan:

«Evet, sağlığınız övülmeye değer maşallah,» dedi, «rahmetli babanız da sağlam bir insandı.»

Sobakeviç:

«Tek başına bir ayı ile boğuşabilirdi,» diye karşılık verdi. «Bana öyle geliyor ki, isterseniz, siz de bir ayıyı tepeleyebilirsiniz.»

Sobakeviç:

«Yok,» dedi, «babam benden daha sıkıydı.»

Bir ah çektikten sonra:

«Bugün,» diye devam etti, «biz artık bu düzeyde değiliz. Şu sürdüğüm acı yaşama bir baksanıza.»

Başkan:

«Acı bir yaşam mı? Ama neden oluyor bu böyle, söyleyin rica ederim?» diye sordu.

Sobakeviç başını sallayarak:

«Evet, acı bir yaşam,» dedi. «Düşünün biraz, İvan Grigoriyeviç: En ufak hastalık çekmeden ellisini aştım; ne bir çıban çıkardım, ne bir kan çıbanı, ne de boğazım ağrıdı... Ne derseniz deyin, kötü bir belirti bu! Günün birinde bunun acısını çekeceğim.»

Sobakeviç karalara büründü.

Çiçikov ile Başkan da içlerinden, ne adam be yahu! diye geçirdiler. Yakındığı şeye de bak şunun!

Çiçikov Piluşkin'in mektubunu Başkan'a uzatarak:

«Size bir mektubum var,» dedi.

Başkan mektubu açtıktan sonra:

«Kimdenmiş bu? Vay canına Piluşkin'den!» diye bağırdı. «Nasıl, demek hâlâ yaşıyor! Ne talih: bir zamanlar ne zengin, ne akıllı bir adamdı, şimdi ne olmuş?»

Sobakeviç:

«Uyuz köpeğin biri oldu,» dedi, bütün köylülerini açlıktan öldüren pisin biri oldu.»

Başkan mektubu okuduktan sonra:

«Peki, peki!» dedi. «Ona vekâlet etmeyi kabul ediyorum. Anlaşmaları ne zaman yapmak istiyorsunuz?»

«Mümkünse, bugün hemen, yarın hareket etmek istiyordum; sözleşmelerle dilekçeyi getirdim.»

«Peki, peki! Ama boşuna konuşuyorsunuz, sizi bırakmayacağız! Sözleşmeler bugün biter, evet biter, ama siz birkaç gün daha kalacaksınız bizimle. Durun, gerekli emirleri vereyim.»

Dosyaları, bal peteklerine benzetmek doğru olursa, içi petekler üzerine üşüşmüş o çalışkan arıları andıran memurlarla dolu dairenin kapısını açarak:

«İvan Antonoviç orada mı?» diye sordu.

Bir ses:

«Evet,» dedi.

«Rica edin de gelsin.»

Okuyucunun daha önceden tanıdığı adına Testi Ağız denen, şu İvan Antonoviç mahkeme salonuna geldi ve pek saygılıca selam verdi.

«İvan Antonoviç, bu bayların sözleşmelerini alın da...»

«İvan Grigoriyeviç,» diye sözünü kesti, «unutmayınız, her taraf için en azından iki tanık olmalı. O halde savcıyı arattırıverin: Yapılacak hiçbir iş yoktur, çünkü bütün işini dünyanın en cimri adamı olan yardımcısı Zolotuha'ya yükler. Sağlık müfettişini de çağırtabilirsiniz: Bu aylak herif, bir yerde kâğıda dalmışsa besbelli evindedir. Buralarda daha başka tanıklar da bulabilirsiniz: Sözgelişi, Truhatçevski, Beguşkin gibi, yeryüzünü boşuna bir ağırlıkla dolduran iki insan.»

Sobakeviç:

«Çok doğru,» dedi.

Bütün bu insanları çağırmak üzere hemen birini yolladı.

Çiçikov:

«Sizden bir ricam daha var,» dedi. «Kendisiyle iş yaptığım bir bayanın vekilini de çağırabilirsiniz; memurlarınızdan biri bu, başpapaz Kiril Baba'nın oğlu.»

«Olur, olur canım, onu da çağırtırım. İçiniz rahat olsun, gerekli her şey yapılacak. Ama sizden rica ediyorum, memurlara bir şey koklatmayın; biz dostlara para verdirmeyiz.»

Sonra İvan Antonoviç'in hoşuna gitmeyen bir emir verdi. Sözleşmelerin, hele bütün satış toplamının aşağı yukarı yüz bin rubleye vardığını gören Başkan etkilendi. Çiçikov'a birkaç dakika derin bir hoşnutluk ifadesi ile dikkatlice baktı ve sonunda dedi ki:

«Demek böyle, Pavel İvanoviç, bütün bunları gerçekten satın aldınız demek.»

«Evet satın aldım.»

«Vallahi, yerinde düşünce! Güzel düşünce!»

«Evet, biliyorum ki daha iyisini yapamazdım. Ne deseler boştur, sağlam bir temel üzerine şöyle esaslı bir yapı kurmak için insan ancak gençliğin hayallerini bir yana bırakarak yolunu bulabilir gerçekten.»

Çiçikov, daha bir yığın ileri geri sözle delikanlıların liberalizmine çattı. Ama konuşmasında açıktan açığa bir tereddüt göze çarpıyordu. Sanki içinden, a kardeşim, yalan söylüyorsun, nasıl olur bu kadarı! der gibiydi. Gözlerinde sinirli bir ifade okurum korkusu içinde, Manilov ile Sobakeviç'e bakmaya bile cesaret edemiyordu. Boşunaydı korkusu: Sobakeviç'in yüzü öylecene duruyordu; Manilov ise güzel cümlelerle kendinden geçmiş, keman sesini de aşarak ancak bir kuş gırtlağını bile umutsuzluğa sürükleyecek keskin bir notayı çıkaran şarkıcı bayanın önündeki bir dinleyicinin o güzelim hayranlığı ile başını sallıyordu.

En sonunda Sobakeviç:

«Neden, bu kadar iyi şeyler satın aldığınızı İvan Grigoriyeviç'e anlatmıyorsunuz?» diye sordu. «Siz de öyle, İvan Grigoriyeviç, neden sormuyorsunuz bunu ona? Ama ne parça bunlar, som altın hani! Düşünün bir kez, ona ben bile araba ustam Miheyev'i sattım!»

Başkan:

«Miheyev mi, olmaz böylesi,» diye bağırdı. «Miheyev Usta, çok becerikli bir işçidir! Tanırım kendisini: Bir arabamı onardı. Ama müsaade buyurun... öldüğünü söylemediniz mi bana onun?»

Sobakeviç hiç oralı olmadan:

«Yok canım!» dedi. «Ölen kardeşiydi, kendisi eskisinden daha turp gibi. Geçenlerde bana Moskova arabacılarını kıskandıracak kadar güzel bir briçka yaptı. Doğrusunu söylemek gerekirse, o ancak çar için çalışabilir.»

Başkan:

«Evet,» dedi, «Miheyev işinde usta bir adamdır; kendisinden ayrı düştüğünüze doğrusu şaşıyorum.»

«Yalnız o olsa gene neyse! Doğramacı, Mantar Stefan, Tuğlacı Miluşkin, Kunduracı Maksim Telyatnikov, hepsini sattım gitti. Kurtuldum hepsinden!»

Böyle hazinelerin elden gittiğini görünce şaşırıp kalan Başkan'ın bir sorusu üzerine, Sobakeviç, atın ölümü arpadan olsun der gibilerden bir hareketle ağzını açtı:

«Ne diyorsunuz siz?» dedi; «bir kurt düştü içime, dayanamadım artık!»

Çılgınlığından içi yanmış gibi başını sallaya sallaya:

«Ağarmış saçlarım aklıma akıl vermedi,» dedi.

Buna karşılık Başkan:

«Durun hele, Pavel İvanoviç,» dedi, «neden topraksız köylüler satın alıyorsunuz; bunları başka yere yerleştirmek mi istiyorsunuz?»

«Tam üstüne bastınız.»

«Doğru! Anlaşıldı! Anlaşıldı! Nereye yerleştireceksin, söyleyin kuzum?»

«Nerede ha!.. Şey... Kerson bölgesinde.»

«Ooo, güzel! Bereketli topraktır orası! Ne geniş otlakları vardır!.. Bari topraklarınız bol mu?»

«Satın aldığım köylülere yetecek kadar.»

«Irmak var mı? Gölcük var mı?»

«Irmak da var, gölcük de.»

Bu sözleri söylerken Çiçikov, istemeyerek Sobakeviç'e şöyle bir baktı, onun o her zamanki durgun yüzünde şunları okur gibi oldu, aslanım, yalan konuşuyorsun: Senin ne toprağın, ne gölcüğün, ne de ırmağın var!

Derken tanıklar sökün etmeye başladı: Göz kırpan savcı, sağlık müfettişi, Sobakeviç'in dediğine inanmak gerekirse, dünyayı yok yere bir ağırlıkla dolduran, Truhaçevski, Beguşkin ve öbür tanıklar. Çiçikov içlerinden çoğunu tanımıyordu; birkaç yazıcı eksikleri giderdi hem de bol bol. Sonra yalnızca Kiril Baba'nın oğlunun değil, üstelik başpapazın bizzat geldiği görüldü. Her tanık adını, sanını ve mesleğini söyleyerek, eğik, yatık ve hatta, kimi harfleri Rus alfabesine uymaz görünen eciş bücüş bir yazı ile imzayı bastı. İvan Antonoviç işlerini bir çırpıda sona erdirdi: Satış sözleşmeleri o saat deftere işlendi, imzalandı, onaylandı, yüzde yarım vergi alındı ve harç giderleri hemen düşüldü. Çiçikov hemen hemen az bir para ödedi: Başkanın buyruğu üzerine, giderlerinin yarısı büyülü bir davranışla başka bir dilekçe sahibinin hesabına geçirilmiş oldu.

Bütün bu olup bitince, İvan Grigoriyeviç:

«Tamam!» dedi, «şimdi bu işi ıslatmak kalıyor geriye.»

Çiçikov:

«Ne zaman isterseniz,» dedi. «Kibar bir adam dediğiniz böyle bir toplantı için iki üç şişe köpüklü şarap açtırmaktan korkmaz ki.»

Başkan:

«Yok, hayır, anlamadınız beni,» dedi, «size ziyafeti biz çekeceğiz. Konuğumuzsunuz bizim, ağırlamalıyız sizi. Baylar, ne yaparız biliyor musunuz? Hep birlikte polis müdürüne gideriz. Bu candan arkadaşımızın, balıkpazarından ya da şarap halinden geçerken yalnızca bir göz kırpması yeter. Size nefis bir şölen vaat ediyorum. Bu fırsatla helalinden bir de whist çeviririz.»

Hiçbir karşı koyma olmadı. Balıkpazarı sözünü duyduklarında, tanıkların bile ağzı sulandı; her biri hemen şapkasını ya da kürklü kasketini eline aldı ve toplantı son buldu. Daireden geçerken Çiçikov, İvan Antonoviç tarafından durduruldu, zavallı memurcuk bizimkinin önünde saygıyla eğilerek dedi ki:

«Yüz bin rublelik köylü satın aldınız ama ancak yirmi ruble verdiniz.»

Çiçikov hiç istifini bozmadan:

«Doğru!» dedi, «yarısına bile değmez böyle süprüntüler.»

İvan Antonoviç pek göğsü kıllıya çattığını ve ondan daha fazla şey koparamayacağını anladı.

Sobakeviç de Çiçikov'un öbür kulağına:

«Piluşkin'e köylü başına ne kadar para verdiniz?» diye sordu.

Bizimki hemen:

«Listenize neden Serçe'yi geçirdiniz?» diye sordu.

«Hangi Serçe?»

«Serçe kadın, Yelizaveta.»

Sobakeviç:

«Hayır, hayır, listemde hiçbir serçe yok,» diye mırıldana mırıldana atlı kovalarcasına öbür davetlilere katıldı:

Millet hiç zorluk çekmeden polis müdürünün evine vardı. Gerçekten de hoş olan bu adam, kendisinen beklceneni anlar anlamaz, hemen, kalktı, rugan çizmeli, anasının gözü bir mahalle bekçisini çağırttı, kulağına bir iki söz fısıldayıp arkasından yüksek sesle: «Anladın ya?» dedi. Ve, davetliler whist oynayadursunlar, kendileri için bitişik odada ringa balıkları, mersinbalıkları, som balıkları, tane tane havyarlar, ezilmiş havyarlar, isli dil, çeşit çeşit peynirler hazırlanmış oldu. Bütün bu ağzınıza layık şeyler balıkpazarından geliyordu; bundan sonra, mutfakta yüz elli kiloluk bir mersinbalığının yanakları ve kıkırdakları ile karıştırılmış balıklı bir börek, mantarlı bir börek, kıymalı börekler, tavalar, kompostolar hazırlandı.

Polis müdürü bir bakıma kentin babası ve velinimetiydi. Kendini hemşehrileri arasında sanki evindeymiş sandığından, evine girer gibi pazara ve dükkânlara girip çıkardı. Makamının görevlerini öyle güzel yerine getirirdi ki onun mu memurluk için doğduğu yoksa memurluğun mu onun için yaratıldığı bilinmezdi. İşinden seleflerinin iki katı para çıkaran bu babacan adam, gene de, bütün kentin saygısını kazanabilmişti. Esnaf takımı senli benli oluşundan ötürü severdi onu; çocuklarını vaftiz kurnalarına oturtur, onlara vaftiz babalığı eder, onları iyiden iyiye yolduğu zaman bile bu işi ustaca, omuzlarına vura vura, şakalar ede ede, gelip dama oynayacağına söz vererek, işlerinin durumunu sorarak yapardı. Bir çocuğun hasta düştüğünü öğrendi mi, seve seve ilaçlar tavsiye ederdi. Uzun sözün kısası, yürekli bir insandı! Arabasına binip kenti denetlemeye çıkınca, her şeyin yerli yerinde olup olmadığına dikkat ederken de, herkes için hoş bir söz bulurdu. «Ya! Miheviç, bu bizim *gorka*(*) partisini bitirmeli artık!» Öbürü de, şapkasını çıkararak: «Doğru, Aleksi İvanoviç, bitirmeli,» derdi. «İlya Paramonoviç, gel de bak benim şu uyuza: Seninkini de bağlayalım; görürüz kimin kazandığını!» Atlara delice düşkün tüccar, belli bir zevkle gülümser ve sakalını sıvazlayarak: «Görürüz, Aleksi İvanoviç,» diye karşılık verirdi. Tezgâhtarlar bile, saygıyla şapkalarını çıkararak tatlı tatlı bakarlar ve sanki şöyle derlerdi, «Bizim Aleksi İvanoviç ne iyi yürekli adam doğrusu!» Uzun sözün kısası bütün milletin kalbini kazanmıştı; tüccarlar, hakkında şöyle düşünürlerdi:«Aleksi İvanoviç tavuğun tüyünü yolmasına yolar ama, bu işi tavuğu bağırtmadan yapar.»

Sofranın hazır olduğunu gören polis müdürü, oyunu yemekten sonraya bırakmayı önerdi, bütün davetliler yemek odasına geçtiler. Bu odadan yükselen iştah açıcı kokular onların koku duygularını hayli zamandır huylandırıyordu, aralık kapıdan şöyle kaçamak bir bakış fırlatan Sobakeviç, koca bir tabakta öbürlerinden biraz ayrı duran güzel bir mersinbalığına göz dikmişti. Konuklar, bizde mühürler yapılan Sibirya'nın saydam taşları gibi, koyu zeytin renkli votkadan birer kadeh yuvarlayarak iştahlarını açtılar; sonra, ellerinde çatallar, sofraya oturdular, burada kimi havyara, kimi som balığına, kimi de peynire saldırarak kendi huyunu döktü ortaya. Sobakeviç, bu ıvır zıvır şeyleri bir yana bırakarak dosdoğru mersinbalığına çullandı, davetliler içerken, yerken ve çene çalarken, bir çeyrek saatten fazla bir zamanda balığı iyice yalayıp yuttu. Polis müdürü en sonunda: «Baylar, bu doğa harikasına, ne buyrulur?» diye davetlileri mersinbalığına buyur ettiği zaman, bula bula yalnız ba-

(*) Bir iskambil oyunu.

lığın kuyruğunu buldu. Sobakeviç, şaşkın şaşkın, masum rolü oynadı, masanın öbür ucuna geçip çatalını kuru küçük bir balığa batırmaya kalktı. Bundan sonra bir koltuğa kuruldu ve kendini tatlı bir uyuşukluğa bıraktı.

Polis müdürü şaraptan yana cimri olmadığını gösterdi. Ha babam kadeh tokuşturdular: Her şeyden önce –okurların belki de keşfettikleri gibi– Kerson'lu yeni çiftlik beyinin onuruna, sonra köylülerinin sağlığına ve mutlu göçlerine, sonra da gelecekteki güzel karısının onuruna içtiler, sonuncusu kahramanımızın dudaklarında sıcak bir gülümseme yarattı. Hepsi başına üşüştü, bir on beş gün daha kalmasını rica ettiler.

«Olmaz, Pavel İvanoviç, yazgının ardından gidilmez. Bir izbenin kapısı yalnızca soğuk girsin diye mi açılır ki! Eşiği atladınız bir kez, bize sırt çeviremezsiniz artık! Hayır, hayır, sizi bırakmıyoruz! Durun, biz evlendireceğiz sizi; öyle değil mi, İvan Grigoriyeviç?»

Başkan:

«Tabii, elbette!» dedi. «Siz istediğiniz kadar inat edin, ayak diretin ve el vurun, biz evlendireceğiz sizi! Kurtlarla ulumak gerekir ve şaka etmekten hoşlanmayız biz.»

Çiçikov gülümseyerek:

«Kalmak için önce bir nişanlı bulmalı,» dedi.

«Buluruz size birini! İstediğiniz her şeyi buluruz!..»

«O zaman akan sular durur!..»

Her yandan:

«Varol, yaşa kalıyor! Yaşa Pavel İvanoviç,» diye bağırdılar.

Bütün millet onunla kadeh tokuşturmak istedi; o da kadeh tokuşturdu. En ateşlileri: «Bir daha! Bir daha!» diye bağırdı. İkinci derken bir üçüncü kez kadeh tokuşturdular, kadehler kırıldı. Dört bir yanı hemen sevinç kapladı. Tatlı bir sarhoşluğu olan başkan, Çiçikov'u arka arkaya kucakladı; ona: «Sevgili ruhum!» ve «Canım benim!» diyerek içini döktü. Ve bunun üzerine, parmaklarını şakırdatarak, yedi dile destan nakaratı mırıldana mırıldana çevresinde sıçramaya başladı.

Ah! Ah! Yanar döner, Kamarinskov müjiği...

Şampanyadan sonra, Macar şarabı ortalığı daha da kızıştırdı. Whist unutuldu: Tartışıldı, bağrıldı, her şeyden, hatta politikadan ve hatta askerlik sanatından bile söz açıldı; kimileri öylesine özgürce düşünceler ileri sürdüler ki, başka zaman kendi öz çocuklarını bu düşünceleri söylediler diye kırbaçlarlardı. Daha karışık sorunlar hemen çözüldü. Çiçikov kendini hiç böyle keyifli hissetmemişti: Gerçekten Kerson topraklarına sahip olduğunu sanıyor, yapacağı yenilikten, üç yıllık nadastan, birleşen iki gönlün mutluluğundan söz açıyordu. Üstelik tutup Sobakeviç'e Werther'in Charlotte'a yazdığı manzum bir mektubu okumak bile istedi; ama yemeğini şöyle rahatça sindiren beriki yalnızca, gözlerini kırptı ve koltuğuna gömüldü.

Çiçikov en sonunda pek ileri gittiğini anladı; bir araba istedi. Savcı ona, feleğin çemberinden geçmiş bir adam olan kendi arabacısıyla arabasını verdi: Arabacı bir eliyle arabayı sürüyor ve öbür eliyle de hazreti tutuyordu. Pavel İvanoviç evine öyle bir dönüş döndü ki, burada uzun zaman ipe sapa gelmez şeyler, yok para tomarları, yok Kerson toprakları, pembe renkli ve sağ yanağı gamzeli sarışın yavru diye geveleyip durdu. Hatta Selifan yeni çiftlikleri şöyle bir araya topla da buna tek isim ver bakalım diye emir bile aldı. Selifan uzun süre ses etmeden Çiçikov'u dinleyip durdu; en sonunda dışarı çıktı ve Petruşka'ya:

«Git de beyi soy!» dedi.

Petruşka efendisinin çizmelerini çıkarmak için bir hayli uğraştı ve bunu ancak efendisini yere yuvarlamayı akıl ettikten sonra başardı. Pavel İvanoviç soyundu ve müthiş gıcırdayan yatağında bir o yana bir bu yana döndükten sonra, gerçekten Kerson beyi olduğuna inanarak, uykuya daldı.

Ama Petruşka, pantolon ile kırmızı benekli giysiyi aldı, bunları bir askıya astı ve fırça ile öyle ateşli ateşli ve sopa ile öylü küt küt temizlemeye başladı ki koridor o saat toz toprakla doldu. Tam giysileri askıdan indirmeye kalkıyordu ki, koridorun alt başına bir göz attı, ahırdan dönen Selifan'ı gördü. Göz göze geldiler ve hemen anlaştılar: Efendi horul horul uyuyor; çıkıp dolaşmanın artık zamanıdır! Petruşka, frakla pantolonu yerine bıraktıktan sonra, hemen aşağı indi; ikisi de, havadan sudan konuşarak ve incir çekirdeğini doldurmaz şeyler söyleyerek, yalnızca nereye gidecekleri hakkında tek laf etmeden yola düştüler. Yolculuk uzun sürmedi. Sokağı geçtiler ve hanın karşısında bulunan bir eve gelince, alçak ve işlenmiş bir camlı kapıdan geçerek, mahzen gibi bir yere girdiler ki burada, daha önceden gelmiş her tür insan masa başına oturmuş bulunuyordu: Sakallılar, tüysüzler, ceketliler, gömlekliler ve kastor kaputlular. Selifan'la Petruşka'nın bu yerde na halt ettiklerini Tanrı bilir. Bir saat sonra, gene olanca saygıyı göstererek ve düşmeyelim diye birbirine sessizce destek olarak, kol kola dışarı çıktılar. El ele, birbirini kollamayı unutmadan, merdiveni hemen hemen bir çeyrek saatte tırmanabildiler. Petruşka, nasıl yatarsa daha rahat edeceğini düşünerek yatağın önünde birkaç dakika durdu; en sonunda, ayaklarını açıkta bırakarak enlemesine uzandı. Kendi yatağının ahıra bitişik uşak odasında olduğunu unutan Selifan da, başı Petruşka'nın karnına gelmek üzere kendini gene o yatağa koyverdi. Daracık odayı, bitişik odadan Çiçikov'un da katıldığı bir horultu ile doldurarak ikisi de hemen uyudular.

Az sonra ortalıkta bütün gürültü kesildi; bütün han derin bir uykuya daldı. Yalnızca bir tek odada, Riyazan'dan gelme, delicesine çizme düşkünü teğmenin odasında hâlâ ışık yanıyordu; çünkü dört çift çizme ısmarlamıştı ve şimdi de beşinci çizmenin denemesini yapmaktan kendini alamıyordu. Çizmeleri ayağından çıkarıp yatmak üzere birkaç kez yatağına boşuna yaklaştı: Çizmelerin korkunç güzelliği onu büyülüyordu; ayağını şöyle kaldırıyor, ökçesine baka baka kendinden geçiyordu.

VIII

Çiçikov'un köylüleri hakkındaki düşünceler alıp yürüyordu. Köylüleri satın alıp başka bir yere götürüp yerleştirmenin kârlı bir iş olup olmadığı konusunda yorumlar yapıldı; insanların çoğu bu konuda derin bir bilgi sahibi olduğunu ileri sürüyordu. Kimileri:

«Kuşkusuz,» diyordu, «Güney pek bereketlidir, buna bir şey denmez; ama su olmayınca Çiçikov'un köylüleri acaba ne yapacaklar? O memlekette bir tek ırmak yoktur çünkü.»

«Suyun olmaması gene pek öyle önemli değil, Stefan Dmitriyeviç; ne kulübeleri var ne de bahçeleri, böyle yeni bir toprağı sürmek kolay mı? Bizim göçmen köylüler dünyada dayanamazlar buna! Hemen kaçıp giderler, bir daha koydunsa bul!»

«Kusura bakmayın, Aleksi İvanoviç, kusura bakmayın ama sizinle aynı görüşte değilim ben. Bizim Ruslar her şeye katlanır, her iklime uyarlar. İsterseniz tutup onları Kamçatka'ya gönderin, ama ellerine şöyle güzel kürklü eldivenler vermeye bakın; ellerini keyiflice bir ovuşturdular mı birkaç baltada hemen bir kulübe çatarlar.»

«Af buyurun, İvan Grigoriyeviç; önemli bir noktayı unutuyorsunuz, Çiçikov bakalım nasıl köylüler satın almış? Besbelli, pek mal değiller öyle. Kafamı keserim ki hepsi de hırsız, sarhoş, boş gezenin boş kalfası, kötü huylu kimselerdir. Aklı başı yerinde, bir çiftlik beyi kalkıp da dünyada kendi iyi adamlarını satmaz.»

«Doğru, böyle ahlaksızlar hiç çekilmez hani. Ama işin püf noktası burada başlıyor: Bu ipsizler, bir başka yere göçtüler mi çok iyi uyruk olabilirler; bunun örnekleri görülmüştür, tarihte bile vardır.»

Devlet fabrikası müdürü:

«Olmaz, olmaz böyle şey,» diyordu; «inanın bana, olanaksızdır bu. Çiçikov'un köylülerinin karşısına iki düşman çıkacaktır. Önce, bilirsiniz, votkanın bol bol kullanılığı küçük Rusya illeri birbirine yakındır; kalıbımı basarım, en geç on beş gün içinde hepsi de kaşarlanmış birer ayyaş olup çıkarlar. İkinci düşman, her köylünün, bu göçler sırasında kazandığı o serserice yaşama alışkanlığıdır. İnanın bana, ancak Çiçikov adamlarını hep gözaltında tutarsa bu girişim başarıya ulaşabiir; onları kendi havalarına bırakmaması, en ufak suçlarını bile cezalandırması, kendi elceğiziyle ağızlarına ya da enselerine yumruğu patlatması gerekir.»

«Bu işi ne diye kendisi yapsın ki? Bu işlerle kâhyası uğraşır.»

«Önce bir kâhya bulmalı; efendilerin kendi işlerini başından attıklarını düşündükleri içindir ki hepsi de hırsızdır bunların.»

«Doğru,» dediler.«İnsandan anlayan ve en ufak çiftlik işini bilen biri her zaman için iyi bir kâhya bulabilir.»

Müdür bu ender bulunan kuşun beş bin ruble aylık isteyeceği düşüncesini ileri sürdü; başkan üç binin yeteceğini ortaya attı.

Müdür:

«Siz bu fiyata nerede bulursunuz böyle birini?» diye soru. «Burnunuzun içinde mi yoksa?»

Başkan:

«Hayır,» dedi, «ama bizim burada bulabilirim. Piyotr Petroviç Samoylov adlı birini gördüm; Çiçikov için biçilmiş kaftan.»

Adamların çoğu Çiçikov'un durumunu iyi anlıyordu; bunca köylünün bir yerden başka bir yere götürülmesi onları korkutuyordu; hatta bu azgın adamların yolda ayaklanma çıkarabileceklerini ileri sürdüler. Polis müdürü bu korkulara laf deyip geçti: Köy komiseri tehlikenin hakkından gelebilirdi; hatta yalnızca kasketini gönderse bir işe yaramaz köylülerin yelkenleri suya indireceğini yeni yerlerine kadar tıpış tıpış gideceklerini söyledi. Bu huysuz milletteki ayaklanma düşüncesini kökünden kazımak için artık türlü türlü yollar ileri sürdüler; kimileri oldukça merhametli davranmalı dedi, kimileri tamamen askeri bir şiddet ve zor kullanmalı, dedi. Posta müdürü, Çiçikov'a kutsal bir görev düştüğünü anımsattı: Köylüleri arasında baba gibi davranmalı, hatta onlara eğitimin yararlarını aşılamalıydı; bu fırsattan yararlanarak, Lancaster tarafından ortaya atılmış karşılıklı eğitim yolunu övüp durdu.

Böyle yorumlar kenti alevlendiriyordu. Birçok kişi Çiçikov'a besledikleri saygıdan dolayı bu öğütleri ileri sürdü; kervana katılsın diye askeri bir muhafız birliği vermeyi bile önerdiler. Çiçikov öğütlerin çok işe yaradığını ve sırası gelince bunlardan yararlanacağını bildirdi; ne var ki muhafız birliğini açıktan açığa reddetti: Köylüleri ağırbaşlı insanlardı; yolculuk heyecanı kendilerini büyülüyordu da ondan; yoksa, hiçbir ayaklanma filan çıkmazdı aralarından.

Böylesi bütün davranışlar Çiçikov'a pek yararlı sonuçlar sağladı: Ortalığa onun hemen hemen milyoner olduğu gürültüsü yayıldı gene. Bu durum kenttekilerin kendisine karşı olan sevgisini daha da çoğalttı. Doğrusunu söylemek gerekirse, birbiriyle anlaşan ve kaşının üstünde gözün var demeden geçinip giden yürekli insanlardı bunlar. İçten bir açıkyüreklilik görülürdü konuşmalarında: «Canım dostum, İlya İliç!» , «De bana, kardeşim, Antipator Zahoriyeviç!» , «Ah anacığım İvan Grigoriyeviç, iyi yutturuyorsun bize.» Posta müdürü İvan Andreyeviç'in lakaplarına, hep şöyle deniyordu: *Sprechen-Sie deutsch,* İvan Andreyeviç(*) Kısacası, can cana yaşıyorlardı. Kimileri mürekkep yalamış kimselerdi. Başkan, daha o sıralarda ortaya çıkmış Yukovski'nin *Ludmilla*'sını ezbere bilirdi; kimi yerleri göz kamaştırırcasına güzel okurdu, hele şu:

Güzel orman dalmış uykuya, vadi de mışıl mışıl dizesinde, *mışıl* sözcüğü gerçekten uyumuş vadiyi dile getirirdi; daha da gerçek olsun diye kalkar, bu dizeyi gözlerini yumarak okurdu. Posta müdürü kendini daha çok felsefeye veriyordu, Young'un *Geceler*'ine ve Eckarthausen'in *Doğanın Gizlerine Giriş*'ine pek tutkundu; bu yapıtları geceleri okuyor, hatta bunlardan kimseye göstermediği uzun uzun notlar çıkarıyordu. Zaten tatlı dilli, esprili bir insandı: «Sözlerimi süslemeyi severim,» derdi. Gerçekten, bu süslemeleri, şöyle bir yığın sözlerle yapardı: *a canım efendim; bilirsiniz; anlıyorsunuz ya; tasavvur buyurun;*

(*) «Almanca konuşuyor musunuz?» Burada özellikle 'Andreyeviç' sözcüğüyle uyak oluşturmak için kullanılmış.

öyle ..i; *denebilir ki.* Halli halli bir göz kırpıp en iğneli sözlerini söylerken bu sözcükleri daha da allayıp pullardı.

Diğer memurlar şöyle böyle bilgili kişilerdi: Kimi Karamzin'i okumuştu, kimi *Moskova Gazetesi*'ni alırdı, kimileriyse hiçbir şey okumazdı. Kimisi öyle bir uyuşukkanlıydı ki anca dayakla yerinden kalkardı, kimisi dayak da atsan gene bana mısın demez takımındandı. Gösterişlerine bakılmazdı zaten; içlerinde vereme tutulmuş hiçbir genç yoktu. Karıları onlara, en iç dökme anlarında hep şu sözleri söylerdi: «A benim şişkom; a benim helvacıkabağım; a iki gözüm göbeklim; tontonum, tombişim; oyuncağım.»

Bu gönlü zengin insanlar konuseverlik neymiş bilirlerdi; kaplarından yemek yiyen ve kendileriyle whist oynayan biri dostları olup çıkardı: Hele huyu suyu güzel olan, hoşa gitme sanatını iyi bilen Çiçikov gibisi olursa. Bizimkini o kadar seviyorlardı ki nasıl kaçıp gideceğini bilmiyordu; her taraftan, şöyle denildiğini duyuluyordu. «Bir hafta daha kalın Pavel İvanoviç, bir haftacık daha!» Kısacası, el üstünde tutuluyordu.

Durum erkekler için böyleydi; kadınlara gelince, bizimki kadınlar üzerinde çok daha şaşırtıcı bir etki yaratıyordu. Bu olayı şöyle böyle açıklayabilmek için, ilkin bu bayanlardan, toplantılarından uzun uzun söz etmek, ruh inceliklerini cafcaflı sözcüklerle allayıp pullamak gerekecektir; ne yazık ki yazar bu zorlu iş önünde dut yemiş bülbüle döner. Kendini bir yandan, yüksek memurların bayanlarına karşı duyduğu saygı önünde dize gelmiş bulur; bir yandan da... bir yandan da, aman Tanrım! Ne de zordur bütün bunlar! N... kentinin bayanları şeydir... Hayır, yürümüyor kalem: Çekingenlik yapışıyor yakama... N... kentinin bayanlarında en göze batan nokta şu ki... Garip doğrusu, kalem işini görmüyor, kurşunlaşıyor. Biz elimizden geleni yapalım, yaradılışlarını anlatma işini paleti daha canlı olana bırakalım; yalnızca dış görünüşleri üzerinde kalem oynatalım.

N... kentin bayanları, *kibarlık yönünden* örnek kadınlardı. Nasıl davranacaklarını bilirler, nezaketi, kurallara uygun davranmak gibi, gerekli şeyleri bir bir yerine getirirler; P[illegible] 'lu ya da Moskova'lı kardeşlerini bile geride bırakara[illegible] özellikle en ince noktasına kadar modanın peşinde koşarlardı. İki dirhem bir çekirdek giyinirler, güzel bir arabaya kurulurlar, arkalarından da, günün havasına uygun, altın sırmalı giysisiyle bir uşak gelirdi. Kartvizit, bir sinek ikilisinin ya da bir karo beyinin üzerine elle yazılmış bile olsa onlar için kutsal bir şeydi. Can ciğer dost ve üstelik akraba iki kadın, böyle garip bir kartvizit yüzünden boşuna birbirine girdiler ve ziyarete gidemediler. Kocaları ile akrabaları onları barıştırmanın yolunu bir türlü bulamadı: Bu dünyada insanın başına her şey gelirdi ama, bir etiket meselesinden dolayı aralarından kara kedi geçmiş iki kadını barıştırmak olmazdı; güzelim taşra ülkesinde yedi dile destan bir deyimle söylersek, ille de '*nezaket nezaket*' deyip durdular. Kurallara uygun davranışları da, ateşli sahnelere yol açardı, bu sahnelerde kocalar tepeden tırnağa kahraman kesilme hastalığına tutulurlardı. Hepsi de memur olduklarından, bu kavgaları hiçbir düello izlemezdi; ama zorlu saldırılara, hatta kimi zaman düellodan daha beter saldırılara geçerek birbirlerinin kuyusunu kazarlardı.

Sağlam ahlak yönünden, N... kentinin bayanları, her türlü günaha ve her türlü rezalete, erdemli bir öfkeyle karşı dururlar, hiçbir hafifliği bağışlamazlardı. İçlerinden biri küçük bir dalga çevirse, öylesine güzel bir sır perdesiyle örtbas edildiğinden olacak, her şey alabildiğine sütliman görünür, aldatılmış koca bile, tutup uslu uslu şöyle karşılık verirdi: '*Kardeş kardeş oturmuşlardır, kimi ne ilgilendirir?*'

Petersburg'un kadınları gibi, N... kentininkiler de, konuşmalarında kılı kırk yararak, düzgün bir dille konuşurlardı. Bu bayanlar: «Sümkürdüm, terledim, tükürdüm» demezler de bunun yerine: «Burnumu hafiflettim; mendilime başvurdum» derlerdi. Pek açık bir imadan da kaçınarak, bir bardak ya da bir tabak leş gibi kokuyor demez, şu cümlelere başvururlardı: «Doğru dürüst bir bardak değil bu.» Rus dilini daha kibarlaştırmak için sözcüklerin yarısını sözlükten atarlar, bunların yerine çok daha tehlikeli Fransızca deyimler kullanırlardı.

İşte, pek ince eleyip sık dokumadan, N... kentinin bayanları hakkında ilk ağızda bunlar söylenebilir. Daha derinlemesine bir inceleme elbette ki çok başka şeyleri de ortaya döker; ne var ki kadın kalbini deşmek demek çok tehlikeli bir oyun oynamak demektir. Biz de pek ileri gitmeyelim ve konumuza dönelim.

N... kentinin gülleri, hepsi de terbiyesi tamdır diye kesin bir düşünce yürüttükleri halde, o zamana kadar Çiçikov'la az ilgilenmişlerdi; bizimkine milyoner damgası vurulur vurulmaz, onda başka özellikler buldular. Bununla birlikte, gene de umursamadılar; ama para konusu bir yana, *milyoner* sözünün büyüsü uluorta kişileri olduğu kadar kibar kişileri de etkiler. Milyonerin hesaba kitaba gelmeyen bayağılığı tanıma, bunu olanca çıplaklığıyla görme hakkı vardır; insanların çoğu ondan zırnık bile koparamayacaklarını bilirler, bilirler ama gene de önüne koşarlar, onu selamlarlar, yüzüne gülerler, ziyafete kendilerini de çağırtmaktan geri kalmazlar.

N... kentinin gülleri bayağılığın bu tatlı çekiciliğine kapılıyorlar mıydı? Bunu söylemeye dilim varmaz benim ne olursa olsun, Çiçikov'a daha bir dikkatle baktılar. «Kuşkusuz,» diyorlardı, «pek o kadar ahım şahım değil; ama üzerinden tam erkeklik akıyor; fazla şişmanladı mı bozulur.» Bu arada sıska adamların da sözü geçti: Denildiğine göre böyleleri, erkekten çok, kadınlara benzerlermiş. Bu kadınlar süslenmelerine büyük bir önem verirler. Dükkânlarda iğne atsan yere düşmüyor, neredeyse birbirlerini çiğniyorlardı; arabalar yığın yığın gelip burada duruyorlardı; çarşı, günlük gezinti yerine dönmüştü. Tüccarlar panayırdan getirilmiş ve çok yüksek fiyatları o güne kadar müşterileri ürkütmüş olan kumaşların kapış kapış gittiğini görünce fiyatları az çok düşürmeye kalktılar. Bayanın biri şaraplı ekmek törenine öyle açılıp saçılan bir etekle geldi ki kiliseyi baştan başa kapladı; orada, tesadüfen bulunan mahalle komiseri, bu kadar güzel tuvaleti korumak için, milleti dış kapıya kadar itiş kakış geriletti.

Çiçikov en sonunda ucu kendisine dokunan ilgileri sezdi. Bir gün, oteline döndüğünde, masanın üzerinde, nereden geliğini kestiremediği bir mektup buldu; garson kendisine ağzını sıkı tutması için yemin verdirdiklerini söyledi. Mektup pek keskin bir sözle başlıyordu: «Dayanamadım, yazmalıyım sana!» Daha sonra mektupta ruhların gizli bir yakınlığı olduğu söyleniyordu; bu gerçek, bir satırın aşağı yukarı yarısını dolduran nokta nokta ile perçinleşmişti. Buraya almak zorunda olduğumuzu sandığımız pek dikkate değer bir doğruluk taşıyan birkaç ünlü söz geliyordu sonra: «Yaşam nedir? Bir keder vadisi. Dünya nedir? Bir duygusuz insan yığını.» Bundan sonra mektubu yazan yirmi beş yıl önce ölen yufka yürekli annesi tarafından yazılmış satırlara baktıkça gözyaşları döktüğünü anlatıyor; Çiçikov'u kendi peşinden çöle çekilmeye, insanların havasızlıktan ve yer darlığından bunaldıkları, çevresi daracık kentlerden ölünceye kadar kaçmaya çağırıyordu; daha derin bir umutsuzluğa düşüyor ve mektubunu şu dörtlükle tamamlıyordu:

Sana bir çift kumru
Gösterecek buz tutmuş cesedimi
Ve sana ötüşleri
Söyleyecek gözyaşı içinde öldüğümü

Dizelerin ölçüsü hiç kuşkusuz aksıyordu; ama mektup çağın beğenisine göre yazılmış değildi. Ne adres vardı, ne imza, ne de tarih. Bir eklenti şunu diyordu ki, mektubu alanın kalbi bu satırları kimin donattığını anlayabilirdi ve mektubu yazan kimse ertesi gün valinin balosunda bulunacaktı.

Serüven Çiçikov'u deliye döndürdü; merakını ateşleyen isimsizlikten ötürü, mektubu ikinci kez okudu ve sonunda: «Bunu yazanın kim olduğunu öğrenmeyi çok isterdim!» diye bağırdı. İşi gerçekten ciddiye alıyordu; bir saatten fazla bir zaman düşünüp durduktan sonra, kollarını açarak ve başını sallayarak: «Doğrusu iyi yazılmış bir mektup!» diye karar verdi. Dikkatli dikkatli katlanan mektup, çekmecedeki o afiş ile yedi yıldır yerini değiştirmemiş bir evlenme davetiyesinin yanına katıldı tabii. Çok geçmeden Çiçikov'a, gerçekten de vali tarafından verilecek balo için bir davetiye geldi; il merkezlerinde pek olağan bir şeydir bu: Vali demek balo demektir; soyluların ona olan sevgi ve saygısı yok olurdu çünkü.

Bütün işleri seren kahramanımız, artık ileri geri düşünmedi, hemen balo hazırlıklarına girişti. Giyinip kuşanma belki de, dünya kurulalı beri bu kadar uzun sürmemiştir. Bir saati aşkın bir süre, yüzüne ağırbaşlı, saygılı, gülümseyen anlamlar vererek; bu dili bilmediği halde, gene oldukça Fransızcaya benzer sözler mırıldana mırıldana selamlar çakarak ayna karşısında kendisini inceleyip durdu. Kendini dev aynasında gören bir insanın, tek başına kaldığı ve her türlü kem gözden uzak olduğunu zaman, yaptığı oyunların aynısını yaptı! Son olarak, çenesine salladı yumruğu: «Ah, seni, seni gidi güzel yüz!» dedi. Derken o tatlı gönül rahatlığından bir an bile uzaklaşmadan giyinmeye başladı... Askılıklarını takarken, boyunbağını bağlarken, kibar kibar selam verdi ve ömrü boyunca dans etmediği halde tutup hatta –sonuç olarak pek güzel– komodini sarsan ve fırçayı yere düşüren bir adım bile attı.

Baloya gelişi heyecan yarattı. Herkes gelişine dikkat kesildi: Kimi elinde iskambillerini tutuyordu, kimi en can alıcı noktaya gelmiş bir konuşmayı yarım bırakıyordu: «Asliye mahkemesi şu karşılığı veriyor ki...»

Bunu söyleyen başkan koşup kahramanızın karşısına dikildi:

«Pavel İvanoviç! Ah! Allahım, Pavel İvanoviç! Çok sevgili Pavel İvanoviç! Saygıdeğer Pavel İvanoviç demek geldiniz! İşte bizim Pavel İvanoviç! Kollarıma alayım sizi, Pavel İvanoviç. Bırakın beni de doya doya kucaklayayım çok sevgili Pavel İvanoviç'i!»

Çiçikov kendini hemen bir yığın kol arasında buldu: Başkanın kollarından daha henüz kurtulmuştu ki posta müdürünün kollarında buldu kendini, posta müdürü sağlık müfettişine, sağlık müfettişi içki kesenekçisine, içki kesenekçisi de mimara devretti bizimkini... Bu sırada, bir elinde küçük bir köpek, bir elinde de bir şeker külâhı tutan bir kadın çemberi ortasında duran vali cenapları, onu görünce elindekileri yere düşürdü; küçük köpek uludu.

Uzun sözün kısası, Çiçikov'un gelmesi ortalığı şenlendirdi: Her yüzde bir hoşnutluk havası ya da hiç değilse genel hoşnutluğun yankısı okunuyordu. Bir büyük şef denetiminde bulunurken memurlar böyle havalara girerler, artık ilk heyecan geçince denetleyenin beğendiğini anlarlar, onunla şakalaşmaya, yani gülümseyerek birkaç güzel söz söylemeye başlarlar. Artık hepsi de, hatta bir yere yerleşmiş, kendisini pek iyi anlamayan insanlar gibi ona yakın olanlar bile, gönülden gülmeye başlarlar, üstelik şu değişmez taklit yasasına uyarak, kapı yanında duran, ömrü boyunca gülmemiş olan ve serserileri az önce yumrukla tehdit etmekten gelen polis memuru da aksırmaya hazırlanan bir enfiye çekicisinin yüzündekine benzer bir gülümseyiş oturtur yüzüne.

Kendini girişken bulan kahramanımız tutuyor, her şeye ve herkese karşılık yetiştiriyor, her zamanki gibi hafiften eğik başla, ama milleti büyülediği o güzelim zerafetle sağa sola selam veriyordu. Kadınlar kokulu çiçeklerden hoş bir çelenk gibi çevresini sardılar. Kimi gül, kimi ilkbahar ve menekşe kokuyordu, üçüncüsü ise tepeden tırnağa muhabbet çiçeği kokusu sürünmüştü; Çiçikov, burun deliklerini açmış, bütün bu kokuları içine çekiyordu. Tuvaletler ince bir beğeniyi dile getiriyordu: Kendilerine bir ad takılması güç muslinler ile atlaslar, modaya uygun, soluk renkler taşıyordu, beğeni böylesine incelmişti; ustaca hazırlandığı halde giysilerde gene de göz alıcı bir düzensizlik içinde çiçekler ve kurdeleler görünüyordu; mucize olsun diye saçlara konmuş hafiften süsler şöyle diyordu sanki: «Uçuyorum ben! Uçarken bu güzeli de yanımda götüremediğime içim yanıyor!» Adamakıllı sıkılmış beller ince ve hoş görünüyordu (sırası gelmişken söyleyelim, N... kentinin gülleri, oldukça tombalaktırlar ama, öyle ustaca giyinirler ve kendilerine öyle zarif zarif çekidüzen verirler ki şişmanlıkları ortadan yok olur.) Her şeyi önceden düşünmüş, her şeyi önceden hesaplamışlardı. Çıplaklıkları ölçüyü geçmiyordu, bir erkeğin baştan çıkmasına neden olmak üzere hemen uydurulmuş ve asıl amacını ince bir ustalıkla gizlemiş cazibeler saçarlardı ama: boynu, *öpücük* adı altında tanınan, hava hafifliğinde, şeritten bir boyunbağı kaplardı ya da ince patiskadan, ay biçimi kesilmiş, elbise altına tutturulmuş bir *iffet* adını almış dilcikler, omuzlardan düşerdi. Bu iffetler, bir erkeği baştan çıkarmaya yetmeyen uydurma cazibeler olduğu halde, baştan çıkışın asıl bu yerlerde olduğunu düşündürürdü. Uzun eldivenler, giysinin kollarına kadar varmadan kolun en ayartıcı bölümünü açıkta bırakarak dirseğin birazcık üstünde dururdu ve kollar, kimilerinde, imrenilecek bir dolgunluktaydı: Hatta çoğu, daha da yukarı çekmek istedikleri için, eldivenlerini patlatmışlardı. Uzun sözün kısası, her şey şöyle diyordu sanki: «Taşrada değiliz biz; burası başkenttir; Paris'tir burası!» Ne var ki sağda solda, görülmemiş bir başlık, bir tavustüyü tüm moda yasalarına kafa tutan özel bir beğeniyi dökerdi ortaya: Hani bu kadarı da olur artık taşrada.

Çiçikov bu bayanların içinden hangisinin kendisine mektup yazabildiğini düşündü; kadınları daha iyi incelemek için başını sağa sola döndürüyor, bu anda kendini bir kol, kolluk, kol ağızları, şeritler, giysiler, yakası açık kokulu yelekler kasırgasına tutulmuş sanıyordu. Alabildiğine bir koşuşma posta müdürünün karısını, polis müdürünü, mavi tüylü bir bayanı, ak tüylü bir kadını, Gürcü Prens Çimhahilidziyev'i, Petersburg'lu bir memuru, Moskovalı bir memuru, Fransız Kuku'yu, Pethunovski'yi, Berebendovski'yi ve *şunu bunu* alıp götürüyordu.

Çiçikov geri geri çekilerek: «Aman Allah, bütün taşra gönülden sevinçli!» diye mırıldandı; fakat, kadınlar yeniden yerlerine yerleşir yerleşmez; bakış ya da yüz ifadesinden mektubu yazanı bulmak gibi kurnazca bir umutla gene yüzlerini süzmeye başladı. Boşuna uğraştı, yüzlerinden hiçbir şey okuyamadı. İçi burkularak: «Hayır, kadınlar, besbelli...» diye söylendi, «ne kadar garip yaratıklar! Durmadan değişen yüzlerinin en ufak inceliklerini gelin de çözmeye çalışın bakalım! Sırf gözleri bile sonsuz bir ülkedir ki insan bir daha geri gelmemek üzere yok olup gider içinde. Yüzlerinin parıltısını dile getirmek için hangi sözleri kullanacaksınız? Sıcak, yumuşak, baygın, sert nazlı, oynak, hoppa bakış-kalpte keman yayı çekilişi... Yitip gidersiniz içinde... İnsan soylunun *kadın* kısmı zaten olup olacağı böyledir!..»

Bağışlayın bizi! Kahramanım, sanırım ağzından kötü bir söz kaçırdı. Ama ne yaparsınız! Bir Rus yazarı böyle yanılgılardan kurtaramaz kendini; zaten bu onun yanılgısı değil de okurların, özellikle de yüksek tabakadan olanların yanılgısıdır. Doğrusu kibar kişiler hiçbir zaman şöyle özlü bir Rus sözü kullanmazlar; ama şivelerini adamakıllı koruyarak, Fransız, Alman, İngiliz sözleriyle kafanızı şişirir Allah şişirirler, Fransızcayı burundan konuşur ve peltek peltek söylerler, oysa İngilizceyi kuş gibi konuşur, yüzlerine bir kuş havası verirler ve aynısını yapmayı beceremeyenlerle alay ederler. Hiçbir zaman ağızlarından bir Rus sözü çıkmaz, ama, yurtseverlikten mi söz açıldı, kulübemsi bir kır evi yaparlar. Kibar sınıfın okurları ile kendini kibar çevreden sayanlar böyle yaratılmışlardır işte! Ama, ne de inatçıdırlar! Bir yazardan en duru, kurallarına uygun olarak, gökten ağızlara düşmesini bundan böyle dille oynamaya kalkmamalarını isterler. Kadınlar garipseler de, saygıdeğer okurların daha da zeki olduklarını açık açık söyleyelim şurada.

Artık Çiçikov, mektup yazanı keşfetmekten umudunu kesiyordu. Sağa sola boşuna göz gezdirmişti; bir talihsizin yüreğinde hem umut ve hem de sıkıntı uyandırabilen yüz işaretlerine rastlıyordu yalnızca. Bu yüzden o güzel sevincini hiç bozmadan, en sonunda: «anlaşılan bulamayacağım onu!» diye karar verdi. Çevresinde dönen güzellerle konuşan, yüksek ökçeli gülünç ihtiyarlar gibi, küçük küçük adımlarla birinden ötekine giderek bu kadınlardan birçoğuyla korkunç nazik ve tatlı konuşmalara daldı. Birkaç kere sağa sola gidip geldikten sonra ayağı ile bir kuyruk veya bir virgül çizerek bayanları selamladı. Onda her türlü özellikleri ve hatta imrendikleri o askerce havayı bulan kadınların çok hoşuna gitti bu. Onun yüzünden kavgaya bile tutuştular: Kapının yakınında yer aldığına dikkat ettikleri zaman, kapıya en yakın iskemleye oturma illetine kapıldılar; içlerinden biri daha önce davrandığı için, bu davranış onlara saygısızlığın son perdesi gibi geldi.

Çiçikov bu bayanlarla harıl harıl konuşmaya dalmıştı; bu kadınlar, anlamını anlamakta çok güçlük çektiği iğneli sözler söyleyerek onu bunalttılar. Çiçikov'un alnında boncuk gibi ter birikti. Durum öyle gerektiriyordu ki her şeyden önce gidip ev sahibi bayana saygılarını sunmalıydı; bir süredir önünde duran valinin karısını görünce, bunu ancak o zaman akıl edebildi.

Başını tatlı tatlı sallayan valinin karısı iğneli bir sesle:

«Ya! Pavel İvanoviç!» dedi.

Bu soylu kişinin sözlerini olduğu gibi yazamam. Dünyayı tanıdıklarını avaz avaz bağıran yazarların kadınları ve salon kuşlarını konuştururken kullandıkları o pek ince üslûpla hemen hemen şunu diyordu: «Kalbiniz öylesine mi kuşatıldı ki unutkanlığınızın kurbanlarına bir köşecik de mi kalmadı artık?» Kahramanımız hemen ondan yana döndü; besbelli kalkıp ona, moda romanların kahramanları sayılan Zvonski'lerin, Linski'lerin, Gremin'lerin ve öteki iki dirhem bir çekirdek subayların diliyle bir karşılık verecekti; fakat gözlerini şöyle bir kaldırınca, şaşkınlıktan aptallaşıp kaldı.

Valinin karısı yalnız değildi. Kolunda on altı yaşında, ince ve düzgün çizgili, sivrice çeneli, Madonna gibi temiz oval yüzlü, herkesin —dağları, ormanları, bozkırları, yüzleri, dudakları ve ayakları geniş çizgiler altında göstermekten hoşlandığı Rusya'da, o pek az görülen tiplerden, sarışın bir taze vardı. Bu, Çiçikov'un, Nozdryev'den dönerken, yolda, arabacıların yahut atların deliliğinden, birbirlerine girmiş iki arabanın Mityay ve Minyay Baba'ya hünerlerini gösterme fırsatını vermiş olduğu sırada rastladığı genç kızdı. Çiçikov'un şaşkınlığı kendisine şöyle biçimli bir söz söyletmedi; besbelli, Gremin'lerin, Zvonski'lerin,

Lidin'lerin ömürlerince söyleyemeyecekleri saçma bir söz yumurtladı.

Valinin karısı:

«Kızımı henüz tanımıyorsunuz!» dedi; «Enstitüyü yeni bitirdi.»

Pavel İvanoviç bir rastlantının bu mutluluğu kendisine daha önce de sunduğunu söyledi; daha fazla bir laf etmedi. Bunun üzerine, valinin karısı baştan savma iki üç cümle daha söyledi ve kızını alıp salonun öbür ucuna götürdü. Çiçikov her manzaradan hoşlanmayı kafasına koyarak sokağa çıkarken, birden bir şey unuttuğunu anımsayan bir sürtük gibi öylece kalakaldı; o sürtük ki o saat aylaklığını yitirir, dünyanın en şaşkın halini alır, evinde neyi unutmuş olduğunu boşuna anımsamaya çalışıp durur. Mendili mi? para kesesi mi? hayır, ikisi de cebindedir bunların; ama büyülü bir ses kulağına bir şey unuttuğunu fısıldar, işte o zaman kalabalığa, geçit töreni yapan alayın arabalarına, sancaklarına, uzun başlıklarına ve tüfeklerine bulanık gözlerle bakar artık. Çiçikov da çevresinde olup biten her şeye işte birden böyle yabancı kalıverdi. Oysa kadınların kokulu dudakları, onu sevimli sorularla, ince iğneli sözlerle sıkıştırıyordu.

«Biz zavallılar acaba size ne düşündüğünüz sorabilir miyiz?»

«Düşünceniz acaba hangi mutlu ülkeye uçtu?»

«Sizi bu tatlı âleme daldıran bayanın adını öğrenebilir miyiz?»

Bu incelikler bir sağırın kulağına düştü. Çiçikov hiçbir telaş göstermedi; ev sahibesi ile kızını aramaya gitmek üzere bu kadınları burada ekme saygısızlığında bile bulundu. Ama bütün baştan çıkartıcılıklarını ortaya dökmeye gönüllerimizi çalmak için tüm silahlarını kullanmaya iyiden iyiye karar veren güzel bayanlar savaştan hiç de çekinmediler. Çoğu kadınların –hepsi demiyorum– zayıf bir yanı vardır. Kendilerinde daha iyi bir taraf –alın, dudaklar, eller– olduğunu keşfettikleri zaman sanırlar ki bu güzellikler gözlere çarpacaktır da herkes şöyle bağıracaktır: «Şu güzelim düzgün alna bakın, önünde dize gelinecek Yunan burnuna bakın!» Güzel omuzlara sahip kadın, bütün genç delikanlıların önlerinden geçerken hayranlık çığlıkları atarak: «Ne tanrısal omuzlar!» diyeceklerini ve alna, burna, saçlara, yüze de sade belli belirsiz bakışlarla bakacaklarını düşünür. Kimi kadınlar işte böyle düşünürler.

Bizim bayanlar dansta tüm çekiciliklerini ortaya dökmeye ve en parlak süslerini göstermeye ant içmişlerdi. Vals yaparken, posta müdürünün karısı başını öyle aygın baygın yana eğiyordu ki göksel bir yaratığı andırıyordu gerçekten. Sağ bacağındaki *–bir baş belası–* dediği bir sivilcenin kadife çizme giymek zorunda bıraktığı, güzel mi güzel bir kadın, dans etmeye istekli görünmüyordu; ama müdür karısı'nın o yüksekten tavırlarını sıfıra düşürmek için, şöyle birkaç kez döndü ortalıkta.

Boşuna çaba! Çiçikov kadınların yarattıkları figürlere bakmıyordu bile: Ayaklarının ucunda doğrulmuş, başlar üzerinden güzel sarışının nerede bulunduğunu anlamaya çalışıyordu; omuzların ve sırtların arasında onu görebilmek için de başını eğiyordu. En sonunda, yavruyu, başında alımlı alımlı bir doğu türbanının tüyü sallanan annesinin yanına oturmuş gördü. Üzerlerine atılmak ister gibi oldu. Bilmem ilkbaharın çağrısına mı uydu, yoksa arkasından biri mi itti ne, sert engellere karşın kendine bir geçit açtı. İçki kesenekçisini öyle bir itiş itti ki bereket adamcağız tek bacağı üzerinde koruyabildi dengesini, düşseydi bütün bir sıra seyirciyi de yere sermiş olacaktı. Posta müdürü de biraz geriledi, Çiçikov'a şaşkın ve alaylı bir bakış fırlattı. Çiçikov buna dikat etmedi; gözü yalnızca, eldivenlerini düğmelemeye çalışan ve dans etmeye can atan sarışın genç kızı görüyordu. Şimdiden dört çift mazurka oynuyor, topuklar yeri dövüyor, bir piyade yüzbaşısı da düşte bile atılamayacak zor adımlar ata ata oyuna gönülden veriyordu kendini. Çiçikov, oyun oynayanların yanından süzülerek en sonunda valinin karısı ile kızı önüne geldi; hemen, o temiz güveni kendisini terk etti, züppe hallerini yerini ağırbaşlı hareketlere bıraktı.

Kahramanımızın aşka düşmüş olduğu söylenemez; böyle insanların sevmek neymiş bilmeleri pek su götürür. Ama gene de garip bir duygu uyanmıştı içinde. Çok sonraları, birkaç dakikalığına balonun gürültüsünden ve coşkunluğundan uzaklaşıp gitmiş gibi olduğunu açıkça söylemiştir; sanki trampetlerle kemanlar bir tepenin ardında çalınıyor gibi geliyordu ona; her şeyi belli belirsiz bir tablo fonunu andıran bir sis kaplamıştı; bu tarla üzerinde insanı baştan çıkaran kızın yüz çizgileri, oval yüzü, okulu yeni bitirmiş kızların o incecik belli, organlarını uyumlu bir saflıkla ustaca örten sade beyaz giysisi, daha da belirgindi. Bulanık ve karışık kalabalık içinde ışıl ışıl bir görüntüye, fildişinden yapılma bir duru heykele benziyordu.

Her şey olur bu dünyada: Çiçikov'ların bile şair kesildikleri anlar vardır. *Şair* belki fazla kaçıyor; ne olursa olsun kahramanımız, kendinde bir delikanlı, neredeyse bir süvari ruhu duydu. Bu kadınların yanında boş bir iskemleye yerleşerek konuşmaya daldı; önce dilinin ucuna sözler gelmiyordu; dili yavaş yavaş çözüldü, cesareti arttı, ama...

Burada içim sızlaya sızlaya şunu söylemek zorundayım ki önemli mevkilerde bulunan aklı başında insanlar kadınları tavlamasını hiç bilmiyorlar; bu sanat teğmenlere hadi bilemedin yüzbaşılara vergidir. Nasıl ettiklerini Tanrı bilir, pek akıllıca konuşmazlar, ama gene de avuçlarına aldıkları genç kız sandalyesinde kırılır gülmekten. Oysa bir devlet danışmanı, Rusya'nın büyüklüğü üzerine öyle oturaklı sözler söyler ki içinde kendi bile kaybolur; zekice, kitap havasında iltifatlar savurur, ancak kendisinin güldüğü muziplikler yapar. Çiçikov'un sözleri karşısında işte bu yüzden esnemeye başladı sarışın genç kız. Oysa kahramanımız hiçbir şeyi sezmedi ve gülünç, böyle fırsatlarda hep tarafından uydrulmuş bir yığın masal okumaya devam etti: Bu masalları Simbirsk eyaletinde, Sofran İvanoviç Bezpiyeçni'nin evinde, kızı Adelayda Sofranovna ile şu üç görümcesi: Marya Gavrilovna, Aleksandra Gavrilovna, Adelayda Gavrilovna önünde; Riyazan eyaletinde, Fedor Fedoroviç Perekroyev'in evinde, Penza eyaletinde, Frol Vasiliyeviç Pohiyedonosni'nin ve kardeşi Piyotr Vasilyeviç'in evinde yengesi Katerina Mihaylovna ve bunun küçük yeğenleri: Rosa Fedorovna ile Emilya Fedorovna önünde; Viyatka eyaletinde, içinde gelinin kız kardeşi Pelageya Yegorovna, yeğeni Sofya Rostislavna ve bunun iki üvey kız kardeşi, Sofya Aleksandrovna ile Maklatura Aleksandrovna'nın bulundukları, Piyotr Varsonofiyevi'in evinde de okumuştu.

Çiçikov'un durumu bütün kadınlara dokundu. İçlerinden biri bunu ona sezdirmek için, geniş eteklerini sarışın yavruya dokunduracak ve atkısının ucunu şöyle yüzüne değdirecek şekilde yürüyerek tam yanından geçti. O sırada, menekşe kokulu dudaklardan bizimkinin hiç duymadığı ya da duymamazlıktan geldiği, müthiş alaylı bir söz döküldü. Duymamazlıktan gelmek çok kötü bir şeydi, kadınların düşüncesi alaya alınmazdı çünkü; bizimki bu davranışına sonra pişman oldu –oldu ama ne yazık ki artık iş işten geçmişti.

Birçok yüzde, her bakımdan haklı bir hoşnutsuzluk belirdi. Çiçikov, kuşkusuz büyük bir saygı görüyor, milyoner olarak tanınıyordu, görünüşü ağırbaşlıydı, üstelik askerceydi; ama öyle şeyler de vardır ki iki dünya bir araya gelse kadınlar bağışlamaz bunu! Kimi durumlarda bu zayıf yaratıklar erkeklerden ve hatta yeryüzündeki her şeyden daha da güçlü olurlar. Çiçikov tarafından yapılmış o gelişigüzel alaylı hareket, iskemle kapma olayı yüzünden bozulmuş o güzelim işbirliğini yeniden kurdu. Ağızdan kaçan düşüncesiz birkaç sözde derin derin imalar buldular. Aksilik tam olsun diye delikanlının biri, taşra havasında, dans edenler üzerine hiç yoktan bir şiir düzünce, bu kötü mizah Çiçikov'un sırtına yıkıldı. Kızgınlık alabildiğine büyüyordu; her köşede kahramanımız kıyasıya alaya alındı, zavallı enstitülü kız da sorgusuz sualsiz mahkûm oldu.

Pavel İvanoviç'i gene de pek tatsız bir rastlantı bekliyordu. Müthiş sıkılan sarışın genç kıza türlü çağlarda geçmiş öykücükler anlatır ve filozof Diyojen'i bile işin içine karıştırırken, Nozdryev balo salonunda göründü. Büfeden mi, yoksa whistten daha büyük oyun oynayanlara ayrılmış küçük yeşil salondan mı çıkıp gelmişti? Kendi isteğiyle mi buradan mı yakasını kurtarmıştı, yoksa kapı dışarı mı edilmişti? Ne olursa olsun, besbelli bir süredir savcıyı kolundan çeke çeke, etekleri zil çalarak geliyordu, çünkü zavallı savcı gür kaşlarını çatıyor ve bu candan ama dayanılmaz kol tutuştan yakasını kurtarmak için belli ki bir yol arıyordu... Romla bolca karıştırılmış iki bardak çayı güzelce yuvarlamış olan Nozdryev, artık, her türlü yalanlar kıvırıyordu. Çiçikov, onu daha uzaktan görür görmez, karşılaşma belasını aklına getirerek, bir özveriyi, yani hemen uzaklaşma özverisini göze aldı. Ama, en sonunda Pavel İvanoviç'i bulduğuna sevindiğini söyleyen, kendisine kadın aşkının sağlamlığı üzerine iki kadınla giriştiği bir tartışmayı hakem olarak yönetmesini rica eden vali ile burun buruna geldi. Nozdryev hemen Çiçikov'un yanına sokulmak için bundan yararlandı.

«Vay! vay! Bakın da hele, ey koca Kerson beyi!» diye bağırdı.

Bunu söylerken o ilkbahar gülleri gibi pırıl pırıl yanaklarını bir gülmeyle titretiyordu.

«Söyle bakalım! Çok ölü satın aldın mı?»

Valiye dönerek:

«Düşünün, Ekselans,» dedi. «Bu bay, ölü canlar üzerine iş görür! Öyle vallahi! Dinle, Çiçikov, bunu sıkı dostuz diye, Ekselans'ın önünde söylüyorum... dostuz, değil mi ya! Asılmaya layıksın sen!»

Çiçikov hangi deliğe gireceğini bilemiyordu.

Öbürü:

«İnanır mısınız, Ekselans,» diye sürdürdü. «Benden kendisine ölü canlar satmamı rica edince, çatladım gülmekten! Bir de ne duyayım? Efendi üç milyonluk köyü ve onları yerleştireceği yerleri satın almış sözüm ona! Doğrusu, güzel yerlermiş oraları! Ama benden satın almak istediği ölülerdi! Dinle, Çiçikov, bir alçaksın sen, vallahi alçak, hem de bir numara alçak! Bunu Ekselans'ın önünde söylüyorum sana... Doğru değil mi, savcı hazretleri?»

Savcı, Çiçikov ve bir de vali ne diyeceklerini bilemeden şaşkına döndüler. Nozdryev, bana mısın demeden, sarhoş sarhoş devam ediyordu:

«Olmaz, a benim ihtiyar arkadaşım, hangi sebebe dayanarak ölü canları satın almak istediğini bana söylemeden bırakmayacağım seni. Dinle, Çiçikov; yaptığın iş gerçekten iyi değil! Senin benden daha esaslı dostun yoktur, Ekselans'ın önünde diyorumsana bunu... Öyle değil mi, savcı cenapları? İnanmazsınız, Ekselans, birbirimize ne kadar bağlıyızdır. Bana sorsalar, işte önünüzde duruyorum: 'Nozdryev, açık söyle, öz babanı mı yoksa Çiçikov'umu yeğlersin?' deseler, hiç duraksamadan: Çiçikov! derdim. Dur hele, a canımın içi, bir öpücük vereyim sana. İzin verin Ekselans, bir kucaklayayım şunu. Çiçikov, domuzluk etme, bırak da o kar gibi beyaz yanağına bir öpücük kondurayım.»

Fakat kucaklayış ve öpücük o kadar belalı oldu ki adamcağız az kalsın düşecekti. Herkes uzaklaştı, artık kimse onu dinlemedi. Yalnız ölü canlar öyküsünü öyle yüksek sesle ve öyle kahkahalar atarak anlatmıştı ki en uzak köşede oturan insanların bile ilgisini çekti. Bu akıl almaz öykü üzerine, her yüz, soru soran hayvanca bir havaya büründü. Kadınların çoğu Çiçikov'un zor dayandığı, sinirli bakışlarla bakıştılar; bazı suratlara sert bir ifade geldiğini görerek içi daha da bulandı. Besbelli, herkes Nozdryev'e müthiş bir yalancıdır diyordu, onun çok daha garip palavralar savurduğunu da duymuşlardı, fakat ölümlüler garip şekilde yaratılmışlardır. İçlerinden biri saçma sapan bir dedikodu duydu mu, tutup bunu başkasına anlatır, hem de sırf: «Bakın ne yalan kıvırıyorlar!» demek için. Öbürü kulak kesilir, karşılık olarak: «Yaa, hakkınız var, müthiş bir yalan bu!..» der ve keskin bir öfkeyle ona halk verip: «Öyle! Kuyruklu yalan!..» diye bağırabilmek için, bunu bir üçüncüsüne söylemekten alamaz kendini. saçma yalan, kenti böylece dolanır; artık millet, gırtlağına kadar bu yalanla dolduktan sonra, kulak asmaya değmez bu derler.

Görünüşte uydurma olan bu olay, kahramanımızı iyice etkiledi; ne kadar saçma olursa olsun, bir budalanın sözleri bazen aklı başında bir adamı zıvanadan çıkarabilir. Bizimki de kendini huzursuz buldu; sanki pırıl pırıl çizmelerini çamura bulanmış sanıyordu. Olanı biteni unutmaya, doğru dürüst düşünmeye çalıştı, bir whist masasına oturdu, gaf üstüne gaf yaptı. Rakibinin renginde iki kez oyun oynadı, ortaçağı da üç kez aynı rengi oynayınca, boş kâğıt atacak yerde, sevine sevine tutup kozla karşısındakinin kâğıdını aldı.

Onu usta bir oyuncu sanan başkanın, Pavel İvanoviç'in sanki yüce Tanrı'ya güvenircesine bir karo papazını nasıl eli altına alabildiğini aklı kesmiyordu. Anlaşılan, posta müdürü, mahkeme başkanı, polis müdürü de kahramanımıza o her zamanki ağızlarla yüklendiler: «Pavel İvanoviç birine abayı yaktı, kime vurulduğunu biliriz biz.» Ne kadar dayandıysa da bu alay bizimkini hiç avutmadı. Sosyetenin pek cana yakın olmasına ve Nozdryev'in kapı dışarı edilmesine, davranışlarını kadınların pek rezilce bulmalarına karşın gece yemeğinde de gene huzura kavuşamadı. Nozdryev balo sonu dansından yere oturmaya ve dans edenleri eteklerinden çekmeye kalkmamış mıydı? Kadınlar: «Adam keçileri kaçırmış!» diyorlardı.

Yemek pek hoş geçti. Üç kollu şamdanların, çiçek saksılarının, dizi dizi şişelerin, tatlı kâselerinin arasındaki yüzler, alabildiğine hoşnut görünüyordu. Kadınlar, subaylar, siviller cıvıtıncaya kadar sevimli görünüyorlardı. Uşakların ellerinden tabakları almak için erkekler yerlerinden kalkıyor, bunları ustalık üstüne ustalıkla bayanlarına sunuyorlardı. Bir albay, kılıcıyla yanındaki bayana yemek dolu bir tabağı uzattı. Bol bol balık ve bol bol et –ama hardala bulanmış et– yiyen millet, içlerinde Çiçikov'un da bulunduğu yaşlı başlı insanlar, çoğu zaman kahramanımızı ilgilendiren konular üzerinde tartışıyorlardı; ama, o akşam o, düşüncelerini toplamaya ve ne olursa olsun o akşam o, düşüncelerini toplamaya ve ne olursa olsun sağlam bir dikkat göstermeye gücü yetmeyen, yorgunluktan anası ağlamış bir yolcuya benziyordu. Yemeğin sonunu bile beklemeden ve her zamankinden daha erken döndü odasına.

Okurun pek iyi bildiği odada, bir kapısı konsolla kapatılmış ve dört bir köşesine hamamböcekleri dolmuş odada, Çiçikov'un düşünce durumu oturduğu koltuk kadar rahatsızdı. Bulantı verici bir sıkıntı, ağır bir boşluk duyuyordu içinde.

Kendi kendine,

Baloların da, bu aptalca değişikliği yaratanların da canı cehenneme! diye mırıldandı. Ortada hani ne de eğlenilecek iş var: Verim kötüymüş; hayat pahalılaşmış; ama bizim insanlar yalnızca oynaşmayı, ve kadınların çevresinde caka satmayı düşünüyorlar! Bu güzel kadınlardan biri arkasında bin rublelik ıvır zıvır taşıyor, güzel iş hani! Kim ödüyor bütün bunları? Köylüler, daha kötüsü de koca olacak herif... Vicdanını pazara çıkararak ödüyor. Bu yüzden karılarımıza şallar, sepetler almak ya da inciler takmak için rüşvet alıyoruz. Maymun suratlının biri kalkıp posta müdürünün karısı, sevgili karımızdan daha iyi giyiniyormuş demesin diye binlerce ruble saçıyoruz hemen! Baloları, eğlenceleri göklere çıkarıyoruz; ne hata bu! Bu saçma buluş ne Rus aklına sığar ne de Rus ruhuna. Ne demezsin! Aklı başında biri, bir şeytan gibi, baştan ayağa kapkara, daracık bir elbise giymekten, hop hop hoplamaktan utanmıyor. Hatta kimileri, hepsi de tekeler gibi zıplayarak ciddi konulardan söz açmaktan korkmuyorlar... Bütün bunlar maymunluktan ileri geliyor! Çünkü, Fransızlar kırk yaşında on beş yaşındaki bir çocuk olurlarmış, biz de onlara öykünmeliymişiz! Açık konuşayım, her balodan sonra bir günah işlediğimi sanırım, hemen unutmaya bakarım baloyu. Züppe bir adamla konuşmuşum gibi kafam bomboş çıkarım balodan: Ağzından bal akan insan her telden çalar, kitaplardan sözler aktarır, tatlı diliyle gözlerinizi kamaştırır; ama onun o ileri geri sözlerinden hiçbir yarar sağlayamazsınız ve hemen görürsünüz ki sırf kendi çıkarını bilen, ama iyice bilen bir ticaret adamı ile yapılan en ufak konuşma bütün bu boş sözlerden yüz kat daha iyidir... Açık konuşalım, bir balodan ne çıkabilir? Eğer bir yazar baloyu inceden inceye anlatmaya kalksaydı, kitap hiçbir şey kazanmazdı bundan. Ahlaki midir, değil midir? Bunu öğrenmek bile istemeden, sıktı artık diyerek kitabı fırlatıp atardı insan.

Çiçikov, öylesine içerlemişti ki, kırgınlığının acısını balolara yüklenerek çıkarıyordu. Doğrusunu söylemek gerekirse, bu balolardan çok, asıl kendine kızıyor, içine düştüğü tuhaf duruma, oynamış olduğu gülünç role içerliyordu. Olup bitenleri serinkanlılıkla düşününce aşağılamaktan sonuç çıkmadığını iyice anlıyordu: Aptalca sözler kendine zarar vermezdi, nasıl olsa iş işten geçmiş ve iyice karara bağlanmıştı. Ama insanoğlu garip bir yaratıktır. Değer vermediği ve kofluğunu kötüye yorduğu insanlara kin duymak Çiçikov'u gene de üzüyordu; buna önce kendisinin neden olduğunu açıkça söylemek zorunda kalıyor ve bu itiraf kızgınlığını daha da artırıyordu. Ama gene de kendini yenemedi, yazar da onun davranışından hoşnut olamazdı! Hepimizde kendimizi hoş görme ve kızgınlığımızı yakınlarımıza; sözgelişi, kadına, kulağı düşük memura, uşağa, hatta yere yuvarlanan ve gidip kapıya çarparak kırılan iskemleye yükleme tutkusu vardır! Çiçikov da, suçu kime yükleyeceğini o saat buldu: Nozdryev'e bir iyice çullanmış oldu. Belki domuz bir muhtar yahut sürücü bile ömürleri boyunca, bunak bir yüzbaşıdan, hatta iri iri beylik laflara kendi dilinden birkaç uydurma deyimler katan generalden, böyle sunturlu küfürler yememiştir. Soyluluk düşkünü zavallının bütün soyu sopu sıradan geçti, atalarının çoğu küfürlerle iyice yıkanmış oldu.

Sert koltuğunda, ölen fitilini hayli zamandır siyah bir başlığın kapladığı bir kandil önünde oturduğu, kara düşüncelerden ve uykusuzluktan canı burnuna geldiği sırada Çiçikov, Nozdryev'e ve soyuna sopuna sövüp sayıyordu; şafak sökmek üzereyken solgunlaşan gece, ona pencereden göz ederken, uzaklardan horoz sesleri duyulurken, uykuya gömülmüş kentte, sırtında aba gibi bir paltoyla, talihsiz bir adam güçlükle, herkesin bilmediği, yalnızca (ne yazık!) Rus serserilerinin bildiği bir sokağa saparken, kentin öbür ucunda kahramanımızın uğursuz durumuna tüy dikecek bir doğa olayı geçiyordu; ta öte sokaklarda, ne olduğunu bilinmeyen bir araba hoplaya zıplaya ilerliyordu. Ne dört tekerlekli bir arabaya, ne faytona, ne de yük arabasına benziyordu. Daha çok kocaman bir karpuzu andırıyordu. Bu karpuzun yanları, hâlâ sarı bir boyanın izlerini taşıyan kapıları demek istiyorum, tokmakların ve kilitlerin Allahlık durumundan ötürü, iplerle tutturulmuş kapılar, pek güç kapanıyordu. Karpuz minderler yastıklar, pamuktan baş yastıkları, içlerinde her cins ekmek, çörek, peksimet ve gevrek bulunan çuvallarla doldurulmuştu. Bu yığının üstünde tavuk göğsü ve bir balık ezmesi vardı. Evde yapılma bir ceket giymiş, kır ve karmakarışık sakallı bir uşak arabanın arkasında oturuyordu. Paslı menteşelerin ve dingillerin gürültüsü, kentin ta öte ucundaki gece nöbetçisini uyandırdı, adam mızrağını kaldırarak, avaz avaz bağırdı: «Kimdir o?» Ama kimseyi göremeyen ve yalnızca uzaktaki ağır bir gürültüyü duyan barış koruyucusu, giysisinin yakasında bilmem ne cins bir böcek yakaladı, böceği bir fenerin ışığı altına gelip tırnağı üzerine çıt diye ezdi. Bu iş olup bitince, mızrağını gene yanına koydu ve işi gereğince hemen uykuya daldı.

Arabaya koşulu atlar, her an sürçüyorlardı; uzun zamandır nal yüzü görmemişlerdi ve kentlerin tatlı kaldırımlarına besbelli alışık değillerdi. Bir yığın sokak geçtikten sonra, en sonunda küçük Ermiş Nikola Kilisesi'nin önünden geçen karanlık bir dar sokağa geldiler ve piskoposluk evinin önünde durdular. Başı atkılı ve uzun entarili bir kız arabadan sıçradı, ancak bir erkeğin vuracağı kadar sert yumruklarla kapıya vurdu (keten ceketli uşak bir ölü gibi uyuyordu; yerinden, bacaklarından çekilerek indirilmesi gerekiyordu hemen). Köpek ulumaları başladı; en sonunda açılmış araba kapısı o temelinden bozuk arabayı güç bela içine aldı. Arabadan odun, kümes ve boy boy kulübelerle çevrili bahçeye bir kadın indi: Bizim eski dost, çiftlik sahibi ve başkâtip karısı, Bayan Koraboçka idi bu. Kahramanımızın kalkıp gidişinden az sonra, bu namuslu bayan onu tarafından aldatılmış olduğunu düşünerek, büyük bir kaygıya kapılmıştı. Üç uykusuz gece geçirdikten sonra, atlarının nallanmamış olmasına karşın, kente inmeye karar vermişti; ölü canların tam değerini bilmek, kendininkilerini değerlerinden aza satıp satmadığını öğrenmek istiyordu.

Bayan Koraboçka'nın kente gelişinin sonucunu okurlarım, iki hanımın konuşmalarından birinde öğrenebilecektir. Bu konuşma... yok canım, biz en iyisi bunu gelecek bölüme bırakalım.

IX

Bir sabah, N... kentinde turunç renkli, alçak katlı ve mavi sütunlu ahşap bir evin kapısı, her zamanki ziyaret saatinden çok önce, damalı harmani giymiş, peşinde kat kat yakalı redingotlu ve sırma şeritli pırıl pırıl yuvarlak şapkalı bir uşak bulunan bir bayana açıldı. Kadın, sıtmalı bir telaş içinde, kaldırımda duran arabaya bindi. Uşak, hemen kapıyı kapadı, basamağı kaldırdı, bayanın arkasından, kayışları tutarak arabacıya: «Haydi yürü!» diye bağırarak arabaya bindi.

Kadın, yeni duyduğu bir haberi millete yayma isteğiyle yanıp tutuşuyordu. Daha ancak yarı yolda bulunduğu için köpürüyor, habire araba kapısının penceresinden bakıyordu: Evler ona her zamankinden daha uzun görünüyordu: daracık pencereli, beyaz taştan yapılmış hastane, gözlerinin önünden uzun süre gitmek bilmedi, o zaman canına yeterek bağırdı:

«Hay uğursuz, bir türlü bitmiyor!» Arabacı, iki kez şu emri aldı: «Daha çabuk, daha çabuk ol Andriyuşka! Ölü gibisin bugün!»

Araba en sonunda pencereleri beyaz kabartmalarla süslü, koyu kül renkli bir bodrum katının önünde durdu; bu bodrum katını çevreleyen şarampol, yamrı yumru tahtalarını her zaman için bir toz yığınının sardığı daracık bir bahçeye yer bırakıyordu ancak. Pencerelerde çiçek saksıları, gagasını kafesinin içindeki halkaya geçirmiş sallanıp duran bir papağan, güneşte uyuyakalmış iki enik görülüyordu.

Bu evde ziyaretçinin candan bir dostu oturuyordu. Yazar iki kadına adlar bulmakta epey zorluk çekmiştir; onlara öyle bir ad bulmalıydı ki, bu adlar bayanları asla kızdırmamalı. Uydurma adlar veremez onlara. Bir soyadı bulmak tehlikeli bir iştir: ne kadar garip karşılarsanız karşılayın, uçsuz bucaksız ülkemizin bir köşesinde bu soyadını taşıyan biri mutlaka bulunur. Ve bu kimse, uğrunda kul köle de olsanız, gene küplere biner, yolcuiuk dümeni altında casusluk yaptığınızı, kim olduğunu, ne giydiğini, hangi yemekleri sevdiğini, hangi kadını sık sık yokladığını öğrenmeye kalktığınızı ileri sürer. İnsanları soyluluk unvanları ile çağırmak da Tanrı korusun tehlikeli iştir. Şu zamanda, bütün bu adamlar her yazılı sözde kişisel bir saldırı bularak kızıp köpürüyorlar. Filanca kentte aptal biri yaşıyor diye yazınız, saygıdeğer görünüşlü adamın biri bundan o saat şu yargıyı çıkaracaktır: «Ben de bu kentte oturuyorum; öyleyse aptalım ben!»

Bu uğursuzluklardan kendimizi kurtarmak için, evin sahibi kadına iyisi mi şöyle diyelim: *her bakımdan sevimli bayan.* Zaten bütün kent kendisine, haklıca kazanılmış bulunan bu adı takmıştı, bu ada hak kazanmak hiçbir şeyi esirgememişti çünkü. Güzelliğinde zaten iyiden iyiye kadınca bir şeytanlık görülüyordu; sevimli sözlerinin altında iğneleyici saldırılar yatardı; ama daha ilk anda ne yazık ki onunla saç saça, baş başa geliyordu dostu! Taşrada bütün bunlar kibarlık maskeleri altında gizlenirdi. O da her davranışında kibar görünüyordu; şiirleri seviyor, düşünceli havalara bürünmeyi beceriyor, millet de onu *her bakımdan sevimli* buluyordu.

Ziyaretçi kadında böylesine bol özellikler yoktu; onun için biz kendisine *yalnızca sevimli kadın* diyeceğiz. Gelişi, güneş altında uyuyakalmış iki küçük köpeği uyandırdı: Hep kendi havasında, uzun tüylü *Adel* ile kısa bacaklı *Türlü.* İkisi de, kuyrukları kalkık, koridora koştular; burada, sırtından *harmanisini* çıkaran ziyaretçi kadın, modaya uygun örme ve renkli giysisiyle göründü; ortalığı bir yasemin kokusudur doldurdu. Yalnızca sevimli kadın'ın gelişini öğrenir öğrenmez, her bakımdan sevimli kadın kendisini karşılamaya koştu. El sıkıştılar, sarmaş dolaş oldular; anaların henüz, şunun babası aşağı sınıftandır, ötekinin babasından daha yoksuldur, deme fırsatını bulamadıkları iki enstitü öğrencisi kız gibi sevinç çığlıkları kopardılar. Yeni bir havlayışa neden olan ve köpeklere bir mendil darbesi yedirten, şapur şupur bir öpüşten sonra, bizim bayanlar, mavi renkli, içinde bir kanepe, oval bir masa, hatta sarmaşıklardan örülme bir paravana bulunan bir salona geçtiler. Uzun tüylü Adel ile kısa bacaklı Türlü vıyaklıyarak onları izledi.

Ev sahibesi, dostuna kanepenin bir köşesini göstererek:

«Şuraya, şuraya, şu köşeciğe, buyrun!» dedi. «Oraya işte! Alın şu yastığı arkanıza!»

Böyle derken, böyle yapıtlarda hep görüldüğü üzere, içinde bir şövalyeyi, merdiven gibi burnu ve dört köşe ağzı ile temsil eden işlemeli bir yastığı arkasına dayadı.

«Gelişinize çok sevindim doğrusu! Bir araba gürültüsü duyunca içimden, kim beni böyle erken erken arayabilir, diye düşündüm. Paraşa dedi ki: 'Vali yardımcısının karısıdır belki.' 'Gene mi o şapşal! Eyvahlar olsun!' diye bağırdım; kendisine dışarı çıktığımı söyletmek istiyordum...»

Ziyaretçi kadın önemli haberi söylemek için ağzını açmıştı ki bu anda, her bakımdan sevimli kadının bir çığlığı konuşmaya başka bir hava verdi.

Yalnızca sevimli kadının giysisine bakarak:

«Ne güzel basma bu böyle!» dedi.

«Güzel, değil mi? ama Praskovya Fedorovna kareleri pek büyük buluyor, şu kestane rengi benekler de, daha açık mavi benekler olmalıymış. Kız kardeşime bir aşk kumaşı yolladım, görsen harika! Söylemeye dilim varmıyor. Düşünün bir kez, cicim, lacivert bir zemin üstünde, ince, ince ama hayalinizin yaratabileceği kadar ince çizgiler, aralarında da gözlerle ayaklar, ayaklarla gözler... Eşsiz bir şey! Böyle güzeli görülmemiştir dünyada hiç!»

«Şekerim, bu da pek göz alıcı ama.»

«Yok canım!»

«A vallahi öyle!»

Şunu da yazalım ki her bakımdan sevimli kadın maddeciliğe, kuşkuya, itiraza önem veriyor, birçok şeyi kabul etmeye yanaşmıyordu. Kumaşın hiç de göz alıcı olmadığını söyledikten sonra, yalnızca sevimli kadın şöyle bağırdı:

«Artık, kutlarım sizi! Şimdi saçaklar konulmuyor!»

«Olamaz.»

«Evet, moda fistolarda.»

«Fistolar mı, hiç de güzel değil!»

«Evet, fistolar, hep fistolar: pelerine fisto, kolluklara fisto; fistolu omuzlar; fistolu etekler; her yerde fistolar.»

«Her yere fistolar koymak, pek çirkin kaçar, Sofya İvanovna.»

«Anna Grigoriyevna, çok güzel oluyor. İki kıvrımlı olur, üzerine şöyle bir şerit konur küçücük. Ama sizi daha da şaşırtacak olan şey... durun, kulaklarınıza inanamazsınız... çok uzun, önü sivri, her ölçüyü aşan balinalı, eski sepetler biçiminde buruş buruş etekli, sonra, arkasında, daha başka bir hava vermek üzere konulmuş, küçük küçük yastıklı korseler kullanılıyor şimdi.»

Her bakımdan sevimli kadın, saygılı bir tavırla başını kaldırarak:

«Evet, açıkça söyleyeyim ki, bu kadarı da çok fazla artık,» dedi.

Yalnızca sevimli kadın:

«Evet, değil mi ya, fazla bu kadarı!..» diye karşılık verdi.

«Ne dersiniz deyin, öyle bir moda ki ben izlemem doğrusu.»

«Ben de öyle! İnsan modayı nereye kadar izleyebildiğini gerçekten bilmez. Alay olsun diye, kız kardeşimden bana bir patron göndermesini rica ettim; Melani'ciğim hemen işe koyuldu bile.»

Her bakımdan sevimli kadın, coşkusunu açığa vurdu:

«Nasıl, bir patronunuz mu var?»

«Evet, kız kardeşim verdi bana bir tane.»

«İki gözüm ruhum, yalvarırım, şunu ödünç verin bana.»

«Önce Praskovya Federovna'ya söz verdim!.. İsterseniz sonra size veririm.»

«Çok teşekkür ederim! Praskovya Federovna'nın döküntüsünü giymek ha! Demek yabancıları bana üstün tutmaya kalkıyorsunuz!»

«Ama yeğeniz biz.»

«Yeğeni sevsinler! Kocanızın tarafından!.. Hayır, Sofya İvanovna, hiçbir şey dinlemek istemiyorum. Büyük bir hakarettir bu. Dostluğumuz size besbelli ağır geliyor da bozuşmak istiyorsunuz.»

İki ateş arasında kalan zavallı Sofya İvanovna, neye karar vereceğini bilmiyordu. Değersizliğine, gevezeliğine kahrediyordu, o yılan dilini seve seve koparabilirdi.

Her bakımdan sevimli kadın sözü değiştirerek:

«Ya bizim bağrı yanık âşıktan ne haber?» diye sordu.

«Aman Allahım! Neler düşünüyordum ben! Buraya sırf bunu söylemek için gelmiştim! Biliyor musunuz, Anna Grigoriyevna, size ne haber getirdim?»

Ziyaretçi kadın, bir atmaca uçuşu gibi hemen bir çırpıda söylediği hazır sözlerin baskısı altında soluğunu kesmişti; candan dostunun sözünü kesmek için insanın ev sahibi bayan gibi insandışı bir yaratık olması gerekirdi.

Alışılmış bir canlılıkla:

«Onu dilediğiniz kadar göklere çıkarın,» dedi, «bu onu olduğu gibi değerlendirmekten beni alıkoymaz ki! Düpedüz soysuzun biridir o, bunu yüzüne karşı da söylerim... evet, evet, düpedüz bir soysuz!»

«Ama bırakın da anlatayım size.»

«Yakışıklı adammış ha! Ayol, olup olacağı çirkinin biri. Herifte bir burun var ki Allah vermeyegörsün!»

Ziyaretçi kadın yalvarırcasına bir sesle:

«Rica ederim, izin verin cicim, bırakın da anlatayım! Başlı başına bir öykü bu, anlarsınız ya, *öyle bir öykü ki!»*

Burada şunu da belirtelim ki bizim iki bayan birçok yabancı deyimlerle, uzun uzun Fransızca cümlelerle sözlerini allayıp pulluyorlardı. Yazar, Fransızcanın Rusçadaki iyiliklerine o kadar inanmıştır ki, bizim yüksek tabakayı günün her saatinde bu dili kullanmaya sürükleyen yurtseverlik geleneğini çok iyi anlamasına karşın bu Rus şiirine(*) bir tek yabancı cümle sokmaya yanaşmaz. Bu nedenle iyisi mi Rusça devam edelim biz.»

«Ne öyküsüymüş bu?»

«Ah, iki gözüm kardeşim, ne durumda olduğumu bir bilseniz! Düşünün ki *başpapazın karısı,* bilirsiniz, Kiril Baba'nın karısı geldi bu sabah... Bak, canım, bu yakışıklı adam kendini numaradan yumuşak başlı gösteren yolcuymuş.»

«Olamaz! Başpapazın karısına da mı sulanmış yoksa?»

«Hayır, ruhum, henüz hiçbir şey olmamış! Dinleyin başpapazın karısının ne anlattığnı bana... Yöredeki çiftlik sahibi bir kadın, Bayan Koraboçka, ölü gibi sapsarı, yüreği ağzında, gelip bulmuş onu... Öyküsüne bir kulak verin hele... Cicim, gerçek bir roman. Gecenin tam ortası, bütün ev uykuda, kapıya küt küt vurulmuş: 'Açın, açın, yoksa kırarız kapıyı!' denmiş. Ya, buna ne dersiniz? O yakışıklı, kendini beğenmiş herif, meğer nasıl biriymiş gördünüz mü?»

«Ama bu Koraboçka da kim? Genç mi, güzel mi bari?»

«Yok canım! Yaşlı bir kadın!»

«Ya! bak bu güzel işte! Demek yaşlılara bela oluyor herif! Bayanlarımızın iyi zevkleri varmış doğrusu: Tam da abayı yakacak adam bulmuşlar!»

«Yok canım, yok canım, bilemediniz, Anna Grigoriyevna! Düşünün ki, tepeden tırnağa silahlı Rinaldo Rinaldini gibi dikilmiş karşısına demiş ki sonra: 'Bütün ölü canlarınızı satın bana.' 'Olamaz,' demiş sert sert bunak karı, 'çünkü ölüdür onlar.' 'Hayır,' diye bağırmış adam, 'ölü değiller; onların ölü mü diri mi olduklarını bilmek benim işim, size onlar ölü değil diyorum, değil diyorum, değil, değil ve değil.' Uzun sözü kısası, bir kızılca kıyamettir kopmuş. Köylüler koşup gelmiş; çocuklar ağlıyor; millet bağırıyormuş; artık kimse bir şey anlamamış; ortalığı bir dehşet, bir dehşet, ama öylesine bir dehşet kaplamış ki... Bu yürek oynatıcı olayı dinlerken ne kadar korktuğumu düşün artık. 'A güzel hanımcığım,' dedi bana Maşa, 'aynaya baksanıza yüzünüz na-

(*) Gogol, yapıtına roman değil, destan adını verdiğinden, böyle demiştir.

sıl sapsarı kesilmiş baksanıza!' Ben de: 'Ya!' dedim, 'aynaya bakmaktan ödüm patlar. Olanı biteni gidip Anna Grigoriyevna'ya anlatmalıyım.' Arabayı hazırlattım hemen; arabacı nereye gittiğimi sordu; şaşkın şaşkın yüzüne baktım; delirdiğimi sanmış olmalı. Ah! İki gözüm, bilseniz ne heyecan içinde kaldım!»

Her bakımdan sevimli kadın:

«Garip şey doğrusu,» dedi;«bu ölü canlar masalı ne demek acaba? Hiçbir şey anlamıyorum bundan. Bu ölü canlardan işte ikinci kezdir söz edildiğini duyuyorum; kocam da iddia ediyor ki Nozdryev yalan söylüyormuş; bir iş olmalı bunun altında.»

«Canım kardeşim, bütün bu korkunç şeyleri duyunca, ne duruma geldiğimi düşünün artık! 'Doğrusu ne yapacağımı bilmiyordum,' diyor Koraboçka. 'Haydut herif bana sahte bir kâğıt imzalattı, on beş ruble fırlattı yüzüme; ben kolu kanadı kırık, desteksiz zavallı bir ihtiyarım, bundan hiçbir şey anlamıyorum.' İşte böyle! Heyecanımı anlayamazsınız benim.»

«İstediğiniz her şeyi söyleyin; bu ölü canların altında bir iş var.»

Yalnızca sevimli kadın kılını bile kıpırdatmadan:

«Bence de öyle,» dedi.

Aslında karşısındakinin ne demek istediğini anlamak için yanıp tutuşuyordu. Bu yüzden de:

«Ya siz bu ölü canların altında bir şey yattığına inanmıyor musunuz?»

«Ya siz ne düşünüyorsunuz?»

«Ben mi?.. Doğrusu bundan hiçbir şey anlamıyorum.»

«Bir şeyler düşünüyorsunuzdur ama?»

Yalnızca sevimli kadın, söyleyecek hiçbir söz bulamadı. İyiden iyiye ateş alan ama en ufak sağlam duyguyu dile getirmeye gücü yetmeyen kadının şimdi herkesten çok, dostluğa ve öğüte ihtiyacı vardı.

Her bakımdan sevimli kadın:

«Bakın,» dedi, «bence bu ölü canlar...»

Bu sözler üzerine, kulak kesildi, doğruldu, kanapenin üzerinde asılı gibi kaldı ve vücudu bir parça ağır olduğu halde en hafif solukta uçmaya hazır bir tüycüğe benzedi.

Sanki, av köpeklerinin gelip bir tavşanı hedefinden ötelere kaçırdıkları bir orman kıyısında, köpeklere ve ava pek düşkün bir Rus soylusu, elde kamçı, atının üzerinde donup kalmış gibiydi. Barut yığını tutuşturulmaya hazır, bulanık havayı bakışı ile deliyor; biliyor ki hayvanı yoracak ve alaşağı edecektir, artık –dudaklarını, bıyıklarını, gözlerini, kaşlarını ve kastor şapkasını gümüşten pırıltılarla örten– karlı ova olanca kızgınlığını yumuşatabilir.

Her bakımdan sevimli kadın:

«Ölü canlar...» diye sürdürdü.

Öteki tepeden tırnağa heyecanla:

«Evet, evet?» diye bağırdı.

«Ölü canlar...»

«Söyleyin Tanrı aşkına!»

«Yalnızca bahane; aslında, valinin kızını kaçırmak istiyor.»

Doğrusu beklenmeyen ve her bakımdan akıl almaz bir yargıydı bu. Yalnızca sevimli kadın, bu haber üzerine sarardı, titredi, taş kesildi.

Çılgınca bir coşkunlukla:

«Aman Allahım!» diye bağırdı, «böylesine düşünmezdim dünyada.»

Her bakımdan sevimli kadın:

«Ben ise,» dedi, «ilk sözlerinizi söyler söylemez, herifin ne dolap çevirdiğini anlamıştım.»

«Artık, vay enstitülü kızlarımızın başına gelen vay! Gerçekten iyi terbiye görmüştür! Suçsuzdur o, görürsünüz!»

«Hani, ne de suçsuz ya! Neler söylediğini kulaklarımla duydum ama bunları burada yinelesem yüzüm kızarır!»

«Ne korkunç, Anna Grigoriyevna! Ahlaksızlığın daha nereye varabileceğini düşünmek korkunç!»

«Her erkeğe yüz veriyor. Nasıl böyle işler çevirdiğini aklım almıyor...»

«Yok canım, kardeşim; doğrusu bir heykel, mermer gibi bir yüz...»

«Yalan, yalan diyorum size! Ona bütün bu yapmacıkları kim öğretmiş olabilir? Ömrümde kimsenin böyle cilveler yaptığını görmedim.»

«Bir heykel, canikom, ölü gibi de sapsarı.»

«Ne diyorsunuz, Sofya İvanovna! Namusunu iki paralık edecek kadar allık sürüyor.»

«Yok canım, daha neler, Anna Grigoriyevna! Tebeşir gibi bembeyaz.»

«Şekerim yakından gördüm ben onu; yanıklarında alçı gibi pul pul dökülen bir parmak allık vardı. Ana fingirdeğin biri, kız da soya çeker.»

«İstediğinize bahse varım; yüzünde gerçekten bir damla allık varsa, kocamı, çocuklarımı, varımı-yoğumu terke hazırım!»

Her bakımdan sevimli kadın, ellerini çırparak:

«Ne diyorsunuz böyle, Sofya İvanovna!»

Yalnızca sevimli kadın, o da ellerini çırpa çırpa:

«Ay ne oluyorsunuz, Anna Grigoriyevna! Doğrusu anlamıyorum!» dedi.

Bizim iki bayanın yakından, hemen hemen aynı anda gördükleri bir şey üzerinde ayrı ayrı fikir yürüttüklerini gördüğü için okur şaşırmasın sakın. Bu yeryüzünde, kimi şeylerin şu kadına bembeyaz, öbür kadına ise frenk üzümü gibi kırmızı görünme özelliği vardır.

Yalnızca sevimli kadın:

«Yüzünün soluk oluşuna işte bir kanıt daha,» dedi; «yanına oturduğumda, Manilov'a: 'Bakın rengi ne soluk!' demiş olduğumu anımsıyorum. Bizim avanaklar da bu bacaksız kızın önünde ayılıp bayılıyorlar bir de!.. Bizim yakışıklıya gelince, yalnız nefretimi kazanıyor, nasıl nefret ettiğimi bilemezsiniz!»

«Orası öyle ama kimi kadınlar ona yiyecekmiş gibi bakıyor.»

«Bu taş benim bahçeme değil, öyle değil mi Anna Grigoriyevna?»

«Sizden söz etmiyorum, a iki gözüm; baloda yalnızca siz değildiniz ki.»

«Hayır, asla, asla, Anna Grigoriyevna, kendimi iyi bilirim ben; izninizle söyleyeyem size... sitemlerinizi ikiyüzlü davranan başka insanlara saklayın.»

«Durun, rica ederim, Sofya İvanovna! Ben daha ömrümde rezalet çıkarmadım, başkaları için söylüyorum bunu!»

«Niçin kızıyorsunuz? Yalnızca siz değildiniz ki baloda... Yanında oturayım diye, kadınlardan kimilerinin kapının en yakın yerinde iskemleye koştuğu görülmedi mi?»

Bu son sözler bir fırtına koparabilirdi; ama onca bekleyişe karşın gene de hiçbir şey olmadı. Her bakımdan sevimli kadın moda olan giysinin patronunu henüz elde edememişti; yalnızca sevimli kadın ise içten dostu tarafından ortaya atılmış sırrın püf noktalarını bilmiyordu: İleri geri düşünceler ortalığı hemen yatıştırdı. Hem, her iki kadın da zaten hiç de öyle kötü yürekli insanlar değillerdi; önüne geçme ihtiyacı duymadan, iğneli sözler söylemek gibi bilinçdışı bir zevkten de kendilerini alamıyorlardı: «Bak hele, sen böylesin zaten; çal, çırp, sonra da mideye indir ha!..» insan kalbi her soydan ihtiyaçları tanır.

Yalnızca sevimli kadın:

«Beni bütün bu işte,» dedi, «tek nokta ilgilendiriyor. Çiçikov sadece yolcu burada; nasıl olmuş da böyle bir hırsızlığı göze almış? Yardakçıları olmalı.»

«Öyle mi sanıyorsunuz?»

«Ama kim olabilir, söz gelişi?»

«Kim mi? Şey... Başta Nozdryev.»

«Nozdryev! Olamaz!»

«Bu işi haydi haydi yapabilir. Kumar oynarken... babasını bile satmak istemiş olduğunu bilmiyor değilsiniz.»

«Aman Allahım! Ne güzel haberler veriyorsunuz bana! Nozdryev'in bu işe karışmış olmasını dünyada düşünemezdim!»

«Ben ise, bir an bile kuşkulanmadım bundan.»

«İnsan dünyada neler görüyormuş! Çiçikov'un kente gelişinden sonra, ortalığı birbirine katacağı aklımıza gelir miydi hiç? Anna Grigoriyevna, bu işin beni ne kadar sarstığını bir bilseniz! Dostluğunuz, iyilikseverliğiniz olmasaydı... aklım başımdan giderdi. Rengimin uçtuğunu görünce Maşa: 'A benim güzel hanımcığım,' dedi, 'ölü gibi olmuşsunuz şimdi!' 'Öyle, Maşa,' doğru!.. İşte böyleyken böyle! Demek Nozdryev işi karıştırmış! Bak sen şu işe!»

Yalnızca sevimli kadın, kız kaçırmanın saati ve yöntemi konusunda bilgi almak için boşuna uğraştı. Her bakımdan sevimli kadın hiçbir şey bilmediğini açıktan açığa söyledi. Yalan söylemezdi; o yalnızca olasılıklardan söz etmişti; bu da bambaşka şeydi, olasılıklar ne de olsa içten bir düşünce üzerine kurulmuştu; bu durumda, bu olasılıklardan vazgeçmezdi, kandırma sanatında en çenesi güçlü avukat bile onunla aşık atamaz, boşuna zaman yitirirdi.

Bayanlarımızın düşüncesine göre, varsayım gerçeğe dönüşebilir. Bunda şaşılacak ne var ki? Zeki denen kadın hiçbir zaman başka türlü davranamaz; derin meseleler görürsünüz; burada başlangıç hep yalındır, gözdedir. Bilgili adam zorunluluk altına girmekten korkar; içinden ürke çekine söylenir: «Burada başlangıçlara inelim mi? Ülkeye adını veren şu köşe değil mi?» ya da: «Belge daha eski bir çağa mı ait?» yahut: «Bu ulusa verilmiş adla ırklar arasında bir ilişki olmaz mı?» –Ve hemen geçmiş çağın bütün yazarlarını dolar diline; içlerinden birinde, kendi kuramına ait en ufak bir yakınlık bulur bulmaz, gitmiş olan eski dostlarla söyleşir, onlara sorular sorar, onların yerine tutup kendisi karşılık verir ve ilk sözündeki yalınlığı iyiden iyiye yitirir. Her şey ona açık, kesin ve çürütülmez gelir. «Evet,» diye karar verir; «olup olacağı bu işte; bu ulusun gerçek adı budur; sorunu işte böyle göz önüne almak gerekir.» Ve, bulunduğu o yüksek köşesinden, gönüllü çömezler toplayarak, yeni gerçeği ortaya atar ve bu fikir yeryüzünün dört bir yanına yayılır.

İki güzel bayanımızın böylesine karışık bir işi böylesine hünerle çözdükleri sırada, salonda savcının durgun yüzü, gür kaşları ve oynayan gözü göründü. Bayanlar onu işe sokmaya zorladılar, adamcağıza ölü canlar satışını, kaçırma tasarısını anlattılar, onu öyle şaşkına çevirdiler ki o da ayak üzeri, sol gözünü kırpa kırpa, sakalına bulaşmış enfiyeyi mendiliyle temizleye temizleye öylece afallayıp kaldı.

İki dost, adamı bu durumda bıraktılar, her biri kendi hesabına, kenti birbirine katmaya gittiler; Bu konuda beklenmedik bir başarı kazandılar; yarım saat içinde işin aslını astarını pek anlamadan, her kafadan bir ses çıkıyordu. Şaşırtıcı yalanları herkesi, hatta memurları bile inandırmaya başladı; bunların durumları önce, daha erken uyanmış arkadaşlarının, uykusu sırasında burnuna, *husar* denilen içi enfiye dolu bir kâğıt boru uzattıkları bir öğrencinin durumunu andırıyordu. Çocuk, uyuyanların olanca gücü ile enfiyeyi çeker, sıçrayarak uyanır, nerede bulunduğunu ve başına ne iş geldiğini anlayamadan, gözlerini iri iri açar. Hemen eğik bir ışıkla aydınlanmış duvarları, köşe bucağa sinmiş arkadaşlarının gülüşünü sezer, pencereden doğan günü, kuş cıvıltılarıyla dolu ormanı, içinde çocuk eğlencelerinin, yıkanmanın güzelliklerine daldıkları, sazlar arasında gümüşten kıvrımlar çizen dereyi görür... ve en sonunda burnuna bir *husar* üflendiğini anlar.

İşte N... kentinin memurları ve öbür kişilerinin ilk şaşkınlığı tam böyle oldu. Ağızları açık, gözleri de koyun gözleri gibi iri iri açık kaldı. Ölü canlar, Çiçikov, valinin kızı, kafalarının içinde garip bir karışıklık yarattı; ilk şaşkınlıkları geçince, olup bitenleri birbirinden ayırmanın yolunu buldular. Bu ölü canlar ne demek? Ölü canlar satın almak ha? Her mantığa aykırı değil mi? Ne saçma düşünce! Çiçikov bunları hangi büyülü para ile ele geçiriyordu? Bunlardan şöyle esaslı ne çıkar sağlayabilirdi? Valinin kızı niçin bu işe karışıyordu? Onu kaçırmaya gönlü varsa, ölü canları satın almak neye yarardı? Hadi ölü canlar satın aldı diyelim, kızı ne diye kaçırıyordu? Yoksa ölü canları kıza armağan olarak mı vermeye niyetliydi? Kente hangi şişkolar akın ediyordu! İnsan artık nasıl olur da abrakadabra yalanlarıyla başı şişmeden burnunu dışarı uzatabilirdi? –Bununla beraber ortalıkta bu kadar gürültü kopuyorsa, bir nedeni olmalı. Ortada bir neden yok ki! Ölü canlarda hangi mantık yer edebilirdi? Hiçbir mantık; bütün bunlar boş yalan, saçma sapan şeyler!

Sözün kısası, yediden yetmişe herkes hemen hemen yalnız ölü canlardan ve valinin kızından, Çiçikov'dan konuştu. Kentin üzerinden bir kasırgadır geçti. Kiracılarına, tembelliği yüzünden kunduracısına, terzisine, sarhoş arabacılarına kızarak, yıllar yılı sabahlıklarını sırtlarından çıkarmayan dağ farelerinin... (Rusya'da köşeye çekilip sırtüstü, her durumda derin derin uyuyan, horultulu gibi, burundan soluma gibi ve daha başka sesler çıkarma gibi huyları olan kişileri göstermek üzere kullanılan deyime göre, Uyku ve Horultu beylerinden pek farkı olmayan bütün o miskinlerin) ayrıca koca koca yemişlerde ve ağızda eriyip giden *kulebiyakis*'lere(*) gelen, yedi dile destan balıklı çorbadan söz açıldı mı hiçbir çağrının evlerinden çekip çıkaramadığı tüm cimrilerin, deliklerinden dışarı fırladıkları görüldü. Uzun sözün kısası, kent önemli ve kalabalık bir durum aldı. Salonlarda kimsenin tanımadığı insanlar görüldü: bir Sisoy Patnujiyeviç; bir Makdonald Karloviç; ayrıca çirkin mi çirkin, kolundan yaralı, öyle uzun, öyle uzun bir adam ortaya çıktı ki, böylesi yeryüzünde hiç görülmemiştir. Sokaklarda Nuh peygamberden kalma her türlü araba, açılıp kapanır tenteli kupalar, kapalı arabalar, sağa sola gidiyor, geliyor, gıcırdıyordu. Konuşmalar da yolunda gidiyordu. Başka durumlarda olsa bütün bu durumlar hiç de dikkat uyandırmazdı; ama N... kenti uzun zamandır haberlerden uzak kalmıştı. Üç aydır, ortalıkta hiçbir dedikodu dolaşmamıştı! Ve dedikoduların küçük kentlerin insanları için içmek ve yemek yemek kadar gerekli olduklarını herkes bilir. Ortada taban tabana aykırı iki düşünce belirdi: erkeklerinki, kadınlarınki diye. Erkek partisi, en az uyanık parti, yalnızca ölü canlarla uğraştı. Kadın partisi ise tüm dikkatini valinin kızının kaçırılmasına verdi. Kadınların –yazgının, düzenleyici ve ev hanımlığı rolünü verdiği kadınların– onuru için bu sonuncu parti çok daha düşünceli ve anlayışlı davrandı. Da-

(*) Balıklı ve yumurtalı kurabiye.

va çözüldü, açıklandı, inceden inceye ortaya kondu, düzgün çerçeveli bir tabloya çevrildi.

Çiçikov'un epey zamandır âşık olduğunu söylüyorlardı; ay ışığı altında parkta sevgilisiyle buluşuyordu; bir Yahudi kadar zengindi, pek gösterişli bir damat olurdu; ama ne yazık ki (bunu nereden çıkarıyorlardı? Sır.) evliydi. Karısı, yüzüstü bırakılan ve bağrı hâlâ yanan karısı, valiye pek dokunaklı bir mektup döşenmişti; bunun üzerine, ana babanın açıkça bu iş olmaz demeleri karşısında, kızı kaçırmaya karar vermişti.

Gene ortalıkta daha başka bir söylenti dolaşıyordu: Çiçikov, evli barklı değildi, ama işi sıkı tutmak isteyerek ana ile daha içli dışlı olmuş, sonra da kızını istemişti; dinsel kaygılar yüzünden, içi içine sığamayan anne, bunu açıkça reddetmişti; Çiçikov da kızı kaçırmayı kafasına koymuştu.

En ıssız sokaklara kadar uzayıp giden bu roman, türlü türlü değişimler gösterdi. Rusya'da aşağı tabaka insanları, yüksek tabakanın dedikoduları ile müthiş ilgilendiklerinden, içinde Çiçikov'un varlığının o güne kadar görülmediği evlerde tartışmalar oldu, türlü sözler edildi, bu serüven allanıp pullandırıldı. Öykü, saatten saate sağlamlaşıyor, günden güne kesinleşiyordu. Son biçimini alınca, pek doğaldır ki, valinin karısının kulağına kadar vardı. Böyle bir alçaklığa bir türlü inanamayan anne, kentin bir numaralı kadını olmanın gururu içinde gönlü kırılan bu saygıdeğer bayan, pek yerinde bir üzüntüye kapıldı. Sarışın yavru, on altı yaşındaki bir çocuğun asla dayanamayacağı tatsız paparalar yemek zorunda kaldı. Soruların, tehditlerin, azarlamaların, öğütlerin altında ezilip kalan talihsiz kızcağız, bu çullanmaların nedenini bile anlamadan gözyaşları döktü. Uşak, Çiçikov'un hiçbir bahane altında eve sokulmaması buyruğunu aldı.

Yapacaklarını böylece tamamlayıp ettikten sonra kadınlar, kendi görüşlerini kabul etmeye zorlayarak, erkek partisine başvurdular: ölü canlar alt tarafı kuşkuları ortadan yok etmek üzere uydurulmuş bir bahaneydi. Kimilerini inandırmayı başardılar; buna inanmayan erkekler ise düşmanlarına gücendiler: silah arkadaşlarına, bilindiği gibi erkek milleti için müthiş ağır sözler sayılan 'kadın kılıklı' ve 'kılıbık' damgasını yapıştırdılar.

Bunun üzerine, erkekler adamakıllı direndiler, kadın partisi kadar sağlam bir cephe oluşturamadılar; aralarında kötülük, ağırkanlılık hüküm sürüyordu; akıllarında ise, karışıklık ve iğrençlik... Uzun sözün kısası, erkeklerin oldum bittim korkak, oldum bittim kuşkulu yaradılışları ortaya çıktı. Kadınlarca tasarlanmış bu güzel öyküyü saçma bir masal diye adlandırıyorlardı: içine güzel güzel konması istenen şeyi pazara çıkaran kadın beyni, tastamam bir çantaya benziyordu; Çiçikov gibi bir sivil, askerlere yaraşan bir serüvene girişecek adam değildi; dikkat çekici tek önemli nokta ölü canlar satışı idi: bunun altında gizli ne olabilirdi? Bunu yalnızca şeytan biliyordu; ne olursa olsun güvenmemek gerekti.

Bu güvensizliğin bir nedeni vardı. Yeni bir genel vali gelip kentin yönetimini ele alacaktı; memurlar, azarlanma, takdir edilme, ayağa düşme ve üstlerinin seve seve kendilerinden daha aşağı rütbedekilerine çektikleri başka ziyafetleri düşünerek titriyorlardı. «Eğer,» diyorlardı, «kenti saran garip gürültüleri genel vali bir duyarsa şapa oturduk gitti demektir.»

Sağlık müdürü hemen sararıp soldu; *ölü canlar,* karşısında hiçbir önlemin alınmadığı, kara sıtma gibi bir salgının bu kadar sayısız kurbanlarını göstermiyor muydu? Çiçikov ise gizli bir inceleme yapmakla görevlendirilmemiş miydi? Korkularını gidip mahkeme başkanına açtı, o bunlara uydurma şeylerdir dedi, ama içinden de Çiçikov'ca satın alınmış canlar ya gerçekten ölmüşlerse? diye geçirdi. Satış sözleşmesi düzenlenmesini emreden ve Piluşkin'in çıkarlarını korumak üzere ona vekil olan kendisiydi! Bunu düşününce sararıp soldu. Ya genel vali bunu duyarsa? Bunu hemen gidip dördüncü ve beşinci derecedeki arkadaşlarına çıtlattı, onlar da sararıp soldular: vebadan daha bulaşıcı sayılan korku, bir göz açıp kapayışta ortalığa yayılıverir. Herkes hiç işlemediği günahları düşündü. *Ölü canlar* deyimi her anlama çekildi. Bunun bir süre önce kentte çıkan iki olaydan sonra hasıraltı edilerek bir çırpıda gömülmüş olan cesetler anlamına gelip gelmediğini bile düşündüler.

Panayır sırasında, Solviçegodsk tüccarları Ustsisolsk'lu meslekdaşlarına içine yabancı içkiler: arpa birası, punç, türlü türlü içkiler kattıkları, Rus usulü bir ziyafet çekmişlerdi. Şölen kuşkusuz kavga ile bitmişti. Ustsisolsk'lu adamlar, düşmanlarının vücutlarında kendi yumruklarının o inanılmaz kalınlığından açıkça izler bırakmadan iyice tepelendiler. Dövüş sırasında içlerinden biri burnunu bile yitirdi. Yenenler bu işte bir hayli ileri gitmiş oldular ve hatta söylendiğine göre beş yüzer rublelik dört banknot gönül alma parası verdiler. Bundan sonra iş hayli çatallaştı: soruşturma Ustsisolsk'lu adamların kömür dumanından boğuldukları ve kömürden zehirlenenler gibi gömüldüklerini ortaya çıkardı.

Öte yandan, çarlık tarafından yeniden kurulmuş bir yer olan Büyük-Burun köylüleri, Borovki ilçesinin, Kavga Ara köylüleri ile birleşmişler, Drobiyajkin adındaki köy polisini, kendilerini sık sık yokladığı için, bundan bir süre önce eşek cennetine göndermişlerdi. Kimi zaman bu gibi ziyaretler bir kara sıtma salgınından daha beter zararlar verir; köy polisi de, mujiklerin dediklerine göre, daha çok karılarına ve kızlarına sarkıntılık edermiş. Sorguları sırasında, birkaç kez gülerek uyardıklarını, hatta bir gün onu tilki gibi girdiği bir kulübede, Adem gibi çıplak yakaladıklarını söyledikleri halde, artık hiçbir şey bilinmiyordu. Polisin aşk tutkusu tam cezayı gerektiriyordu ama, öldürelim gitsin diye düşünerek, köylüler bunu kendi elleriyle yapamazlardı. İş sarpa sarmıştı: cesedi anayolda, üstü başı parça parça, yüz çizgileri tanınmaz halde bulmuşlardı. Zorlama üstüne zorlama, iş mahkemeye döküldü, burada karara bağlandı. Köylülerin büyük çoğunluğu suçluları ele vermek istemiyordu; bundan başka, henüz hayatta olan bu yürekli insanların, ölen Drobiyajkin'i pek az ilgilendiren bu davayı kazanmada çıkarları da vardı. Bunun üzerine mahkeme, Kavga-Ara köylüleri ile Büyük-Burun köylülerine karşı yasaları çiğnemekten suçlu görülen Polis Drobiyajkin'in, arabası içinde, kalp krizinden ölüp gitmiş olduğuna karar verdi.

Gene de pek akla yakın ve pek yerli yerinde sayılan bu kararlar, şimdi düşünceleri allak bullak ediyordu: ölü canlar bu kadar çabuk gömülmüş cesetleri göstermiyor muydu?

Vali adına iki yazının gelişi karışıklığa tuz biber ekti. Bu yazıların biri sahte banknotlar yapan bir kalpazanın başka başka adlar altında kente geldiğini belirtiyor, yerli yerinde araştırmalar yapılmasını emrediyordu. Komşu il valisinden gelen ikinci yazı ise, bir haydutun yakalanmasını söylüyor, kuşkulu ve kâğıtsız her insanın durdurulmasını rica ediyordu. Bu haberler eski kuşkuları sıfıra indiriyordu. Herkes afallamıştı. Bu uğursuzluklar ile Çiçikov arasında besbelli hiçbir ilgi olamazdı; bununla birlikte. hepsi de düşünmeye başladı. Gerçekten, bu kişinin kim olduğunu tam anlamıyla kimse bilmiyordu; o bile adalet adına ayaklar altına düşmelerden, peşinde dolaşan, canına susamış düşmanlardan gelişigüzel söz açarak kendi sorumluluğu konusunda üstü kapalı cümlelerle konuşmuştu. Bu duruma göre, kararsızlık dal budak saldı; kendisini bu tehlikeler tehdit etmişse, artık besbelli aklı başında değildi. İyi ama gerçekten kimdi acaba? Dış görünüşe bakılırsa, ne bir haydut ne de bir kalpazandı. Kim olabilirdi gerçekten? En sonunda bizim memurlar her şeyden önce, yani şiirimizin daha ilk bölümünde söylediğimiz gibi kendilerini uğraştırıp duran meseleye mim koydular.

Çiçikov'un ölü canları satın almış olduğu kişiler üzerinde bir soruşturma yapmaya karar verdiler: bu alım satımın amacı neydi? Bu deyim ne demek oluyordu? Acaba Çiçikov kendi gizli düşünceleri ve kişiliği üzerinde ağızdan hiç birkaç söz kaçırmamış mıydı? **(Uzun uzadıya araştırmalardan sonra, Çiçikov'un bu esrarlı ölü canları satın almış olduğu kişileri sorguya çekmeye karar verdiler. Yazar, Sobakeviç'le konuşma işini savcıya yükledi; başkan bizzat gidip Bayan Koraboçka'yı bulmak istedi... Artık peşlerinden gidelim de soruşturmalarının sonuçlarını görelim.**

Sobakeviç uzak bir mahalleye çekilmişti. Döşemeleri yere gömülmek tehlikesinde bulunmayan ve içinde güzel güzel ya-

şanabilen sağlam bir barınak bulmuştu. Ev, Tüccar Kolotirkin'e, bu kapı gibi sağlam adama aitti. Sobakeviç çocuklarını yanında getirmemişti; kendisine yalnızca karısı katılmıştı. Canı sıkılmaya başlıyor ve dönüşü düşünüyordu; fakat şalgam yetiştirmek üzere N... kentinin üç efendisine kiraya verilmiş bir yer odasının kirasını vermek de boynuna borçtu, karısı bayan ise vatkalı bir manto istemeyi kafasına koymuştu ama, terzi bunu vermekte gecikiyordu. Bir koltuğa geçip oturmuş, gözler sobaya çevrik, kiracılarının ve karısının tutkularının amansız inancına lanetler savuruyordu. Bu düşünce havası içinde savcı bastırdı kendisini.

Sobakeviç, yerinden hafifçe doğrularak:

«Lütfen, buyrun oturun!» dedi.

Savcı, Feodulya İvanovna'nın elini öptü ve davete boyun eğdi. Feodulya İvanovna da oturdu. Üç koltuk yeşile boyanmıştı, kenarlarında nilüfer işlemeleri vardı.

Savcı:

«Sizinle bir konuyu konuşmaya geldim,» dedi.

Sobakeviç:

«Ruhum,» dedi, «sen odana çıkmıyor musun? Sanırım, terzi seni bekliyor.»

Feodulya İvanovna gene odasına çekildi.

Savcı:

«İzninizle size şunu sorayım,» diye başladı, «Pavel İvanoviç'e ne ayarda insanlar sattınız?»

«Ne ayarda insanlar mı? Satış sözleşmesi özelliklerini belirtir: biri arabacıdır...»

Üzülen savcı:

«Ama,» dedi, «kentte birtakım dedikodular yapılıyor...»

Sobakeviç hiç istifini bozmadan:

«Şu işe bakın ki kentte aptallar boldur!» dedi.

«Fakat, Mihayil Semiyonoviç, doğrusu bu insanın başını döndürüyor: canlar diri değilmiş; ortada hiç de öyle yerleştirilecek yer filan yokmuş; bu Çiçikov ise ne yapıp ettiği bilinmeyen bir insanmış... Korkunç kuşkular başgösteriyor... Çenesi düşükler durmadan konuşuyorlar...»

«Rica ederim, yoksa kadınlar gibi çeneniz mi düştü ne?»

Şimdiye kadar sorulmamış olan bu soru, savcıyı kıskıvrak bağladı:

Sobakeviç:

«Bu gibi ıvır zıvır sözlerle kafamı şişirmekten utanmıyor musunuz siz?»

Savcı özür dilemek istedi.

«Daha iyisi siz büyücü diliyle konuşan gevezelere başvurun. Pek içten sözler konuşmaya gücünüz yetmiyorsa, çocuklarla bir olup aşık atın. Kibar bir adamı böyle rahatsız etmek ne güzel fikir! Alay mı edeyim sizinle? Üstünüze düşen görevleri yapmıyorsunuz; dostlarınızın suyuna gitmek için vatan uğruna çalışmaktan çekiniyorsunuz; yalnız bir tarafı tutmak istiyorsunuz. Aptalların elinde bir oyuncaksınız. Budalaca şaşırıp kalıyorsunuz, hiç kimse sizden şöyle iyi bir anıyla söz etmeyecektir.»

Bu beklenmedik azarla aklı başından giden savcı iyice şaşırdı. Az sonra Feodulya İvanovna içeri girdi.

«Savcı niçin bu kadar çabuk gitti?» diye sordu.

Sobakeviç:

«Onu pişmanlıkları kaçırttı,» diye karşılık verdi. «Gördüğün gibi, yavrum, bu eşek gene kendi başına iş görüyor. Bütün bu uğursuz köpeklerin ufak tefek günahları vardır. Toprağı pislemekten memnun kalmazlar, öyle pislikler salarlar ki insan, hepsini bir çantaya doldurup, ırmağa atmak zorundadır. Bütün kent bir haydut yuvasıdır; hemen terk edelim burasını.»

Feodulya İvanovna mantosunun henüz hazır olmadığını, başlık şeritleri alması gerektiğini bildirdi. Sobakeviç hiçbir şey dinlemek istemedi.

«Şekerim, bırak bütün bu paçavraları; bana inan, aklını başından alacak bunlar senin.»

Yola çıkma için emirler verdikten sonra, komiserin yanında, çiftçilerini yokladı; terziye gitmişkin, sayfiyede tamamlanmak üzere kumaşa geçirilmiş iğnesi ile birlikte bitmemiş mantoyu da aldı.

Ve bundan sonra, bunca kötülükle dolu bu aşağılık yere bir daha ayak basmayacağını ileri sürerek kentten ayrıldı; hastalıktan ödü kopuyordu.

Bu sırada, Sobakeviç'in azarlanmasından aptala dönmüş savcı, durumu başkana nasıl açacağını bir türlü kestiremiyordu.

Başkanın da talihi hiç yaver gitmedi. Dar ve pis bir sokakcığa dalan arabası, yol boyunca bir o yana bir bu yana yalpa vurup durdu. Bu sarsıntılardan serseme dönen, tepeden tırnağa çamura bulanan adamcağız, çenesini ve başını küt küt bastonuna çarptı. Çamur sıçrayışları ve domuzların homurdanışı ile karşılaşarak, en sonunda başpapazın avlusuna girdi; arabadan yere atlayarak, kümeslerin ve çeşit çeşit kulübelerin arasına daldı, helâ denen yerde önce bir havlu istedi. Bayan Koraboçka bir zamanlar Çiçikov'u karşıladığı gibi, aynı asık yüzle karşıladı. Boynunun etrafında dolanmış da dolanmış fanila gibi bir şey vardı. Odada sayısız sinek sürüsü uçuşuyordu; ganimet sandıkları esaslı bir yemeğin başına üşüşmüşlerdi.

Bayan Koraboçka başkanı oturttu. Kocasını öteden beri tanımış olduğunu anımsattıktan sonra, başkan ona sert sert:

«Söyleyin bana,» dedi, «birinin, geceleyin elde silahla evinize geldiği, sizi ölümle tehdit ettiği, doğru mu? Kendisine bilmem ne canlar satıp satmadığınız doğru mu? Bu konuda ne düşündüğünüz bana söyleyebilir misiniz?»

«Benim yerime koyun kendinizi. Çil çil yirmi beş ruble verdi bana! Ben kolu kanadı kırık bir dulum: bakın açık konuşuyorum, hiç anlamadığım bir işte beni aldatmak kolaydır. Ben kenevir, domuzyağı, ıvır zıvır mal fiyatlarını bilirim.»

«Haydi, meseleyi bana olduğu gibi anlatın: elinde gerçekten bir tabanca var mıydı adamın?»

«Hayır, a benim canım efendim, yoktu Tanrı'ya şükür; elinde tabanca filan görmedim ben. Ben zavallı bir ihtiyarım, ölü canların değerini bilmem. Tam fiyatı söyleyebilir misiniz bana?»

«Ne fiyatı?»

«Ölü canların fiyatı mı? Ne kadar ederler?»

Başkan, kadının yüzüne bakarken, doğuştan deli değilse de, tozutmuş gene! diye düşündü.

«Yirmi beş ruble, iyi bir fiyat mı? Elli ya da daha fazla eder belki.»

Başkan:

«Parayı gösterin bana,» dedi.

Işık altında yapılan şöyle üstünkörü bir inceleme, başkana paranın yeni olduğunu gösterdi.

«Haydi,» dedi, «bana satışın nasıl olduğunu anlatın. Ne aldı sizden? Ben hiçbir şey anlamıyorum bundan.»

«Ama, canım efendim, neden bana ölü canların fiyatını söylemek istemiyorsunuz?»

«Ne konuşuyorsunuz siz! Düşünün bir kez. Ölü canların satıldığını siz nerede gördünüz?»

«Demek fiyatı söylemek istemiyorsunuz bana?»

«Fiyat tamam! Siz işlerin nasıl olduğunu ciddi ciddi anlatın bana. Sizi tehdit etti mi? Ayartmak istedi mi sizi?»

«Tamam! Efendim, şimdi görüyorum ki siz de bir alıcısınız.»

Başkan şöyle halli halli bir baktı.

«Hanımcığım, mahkeme başkanıyım ben.»

«Yok, efendi, yok... Siz de oyalamak istiyorsunuz beni... Ne çıkar ki? İlk müşteri siz olursunuz. Tavuklarımı seve seve size satarım. Noel'e kadar kuştüyü de yetiştiririm.»

«Size bir daha söylüyorum, bayan, başkanım ben. Ne yapayım kuştüyünüzü?»

«Ticaret namuslu bir iştir. Bugün, müşteri siz olursunuz, yarın da ben olurum. Birbirimizi aldatmakta devam edersek, gerçek neye varır sonra? Tanrı önünde günah.»

«Size yemin billah ederim ki, bayan, başkanım ben.»

«Olabilir, herhalde; başkansınızdır belki; iki gözüm kör olsun, hiçbir şey anlamıyorum. Ne demeye beni sorguya çekiyorsunuz öyleyse? Hayır, arkadaş, hayır, boşuna konuşuyorsunuz, görüyorum ki, siz de benden ölü canlar satın almak istiyorsunuz.»

Canına tak diyen başkan, elini alnına götürerek:

«A güzel bayanım, dikkatli olmanızı tavsiye ederim size, beyninizde bir şey var!» dedi.

Bayan Koraboçka'yı bir müşteri ile iş yaptığına inanmış insanların kızgın huylu oluşu içinde ve zavallı dulların zorlu seferden getire getire kırık bir tekerlek, çamura bulanmış bir giysi ve çenede bir ezik getirdi beraberinde. Kapının önünde savcıyı buldu, o da, can sıkıntısı içinde, arabasıyla geri dönmüştü.

Başkan:

«Haydi bakalım, Sobakeviç ne dedi size?» diye sordu.

Savcı, başı eğik:

«Etmediğini bırakmadı bana,» diye karşılık verdi.

«Ne demek bu?»

«Bir alay küfür yedim. İşimi kötü gördüğümü iddia ediyor: meslekdaşlarım her sekiz günde bir delegeler gönderdikleri halde, ben arkadaşlarımı hiç ele vermiyormuşum; elimin altından geçen her dosyayı bilirim, hatta içlerinden bazıları bunu gösterir.»

Savcı sustu:

Başkan:

«Ama Çiçikov için ne dedi?» diye sordu.

«Ne mi dedi? Hepimize de kılıbıklar, hödükler diye vurdu damgayı!»

Başkan hayale daldı. Bu sırada, üçüncü bir araba vali yardımcısını getirdi.

Adam gelir gelmez:

«Baylar,» dedi, «kendimizi kollayalım. Bize bir genel vali gönderildiği söyleniyor ortalıkta.»

Savcı ile başkanın ağızları açık kaldı.

Başkan, tam da sırasında geliyor, diye düşündü. Biz de tutar, onun gelişine karşı, bir güzel ziyafet çekeriz kendisine, şeytan bile neye uğradığını anlamaz! Artık bu belalı işten kurtarsın bakalım paçasını!

Etekleri tutuşan savcı, bir bela hiçbir zaman tek başına gelmez, diye geçirdi içinden.

«Kimi yolluyorlar bize? Adamın huyu suyu biliniyor mu?»

«Henüz hiçbir şey bilinmiyor.»

Bu sırada, posta müdürü de araba ile döndü.

«Baylar, selamlar. Genel bir valiye kavuştuk.»

Vali yardımcısı:

«Öyle deniyor ama, henüz belli değil,» dedi.

Posta müdürü:

«İyice belli,» diye karşılık verdi. «Size adını bile söyleyebilirim: Prens Odnozorovski-Çementinski.»

«Nasıl bir adammış?»

«Yufka yürekli bir adam değilmiş, pek ileri görüşlü ve pek ciddiymiş. Müdürü olduğu bir bakanlıkta, birtakım şeyler... nasıl desem?.. birtakım aksaklıklar görmüş. anlıyorsunuz ya? Evet, bayım, toz etmiş memurları.»

«Ama burada, sert yöntemler büsbütün yararsızdır.»

«Hazret, bir bilgi küpü, anlıyorsunuz ya, dört bir yana kol salan bir zekâ. Düşünün ki günün birinde...»

Başkan:

«Müsaade buyrun,» dedi; «işlerimizi sokak ortasında görüşüyoruz. Gidelim hemen benim eve.»

Bir aptal alayı şimdi, açık ağızlarla konuşan bu dört adamı seyrediyordu. Arabacılar hayvanlarını harekete geçirdiler, dört araba o saat başkanın kapısına vardı.

Başkan, çamura bulanmış giysisini holde çıkarırken, yandık! diye düşünüyordu, şeytan tam sırasında bu malın gözü Çiçikov'u yolladı başımıza!

Savcı giysisini çıkara çıkara:

«Başım dönüyor,» dedi.

Kendisine öykünen vali yardımcısı da:

«Ben bu işten doğrusu hiçbir şey anlamıyorum,» dedi.

Posta müdürü ise hiç ses etmeden paltosunu çıkardı.

Hepsi birden içeri girdi, burada hemen gerekli hazırlıklar yapıldı; zaten taşrada iki memur birbirine rastladı mı içki hazırlığı da üçüncü insan olarak hemen ortaya çıkar.

Başkan adamakıllı sert bir bardak absent doldurdu.

«Canıma okudular, bu Çiçikov'un kim olduğunu bilmiyorum!» dedi.

Savcı:

«Ben de öyle,» diye konuştu, «ben ömrümde bu kadar karışık işe bulaşmamıştım, altından nasıl kalkacağımı bilmiyorum.»

Posta müdürü, bardağına iki içki karışımı doldururken:

«İnsanın,» dedi, «belli bir rengi olması ve bütün dünyasının kurallarını tanımaya kalkması çok kötü. Adamın siyasete karışmasından bile kuşkulanıyorum...»

Bu sırada kentin velinimeti, tüccarların gözbebeği, eşsiz ziyaretçi polis müdürü şöyle konuşarak ortaya çıktı:

«Çiçikov hakkında hiçbir şey öğrenemedim, baylar. Kâğıtlarını karıştıramadım; hasta ve odasından dışarı çıkmıyor. Buna karşılık, uşaklarını, uşak Petruşka ile arabacı Selifan'ı sıkıştırdım. İlki, her zamanki gibi körkütüktü.»

Polis müdürü, böyle derken bir yandan da bardağına üç içki karışımı doldurdu.

«Petruşka efendisinin bir başkasından iyi ve hoş olduğunu ileri sürüyor; bana dostlarının topraklarını, bütün okul danışmanlıklarını ve hatta Devlet'teki danışmanları bir bir sayıp döktü. Arabacı Selifan da şunu ileri sürüyor ki, iş başındayken efendisi, aptal sayılmazmış. Gümrüklerde ve Selifan'ın adını bilmediği başka bir genel kurumda çalışmış. Üç atı varmış, birini üç yıl önce elde etmiş kula birinden devren alınmış, üçüncüsü de para ile satın alınmış... efendisinin adı gerçekten Pavel İvanoviç'miş ve kolej danışmanı unvanına sahipmiş.»

Bizim baylar düşüncelere daldılar.

Nasıl olur, diye düşündü savcı, «ağırbaşlı, kolej danışmanı bir bay, nasıl olur da valinin kızını kaçırmak, ölü canlar satın almak, gece kendi halinde yaşlı kadınları korkutmak isteğiyle aklını kaçırır? Böyle işleri yapsa yapsa askerler yapar.»

Kendi de kolej danışmanı olan, iyi flüt çalan, güzel sanatlara iyice tutkun vali yardımcısı, nasıl olur da bir kolej danışmanı kalp banknotlar basma tehlikesini göze alabilir? diye düşündü.

Polis müdürü sessizliği bozdu:

«Nasıl isterseniz öyle olsun, baylar; genel valinin gelişinden önce temizlemeli bu işi; yoksa hakkımızda ne düşünür sonra? Köklü önlemler alacağım.»

Başkan:

«Nasıl?» diye sordu.

«Kuşkulu kimseyi durdurmak.»

«Ya aynı nedenle bizi durduran o olursa?»

«Nasıl?»

«Gizli bir memurdur belki. Ölü canlar! Ne demek bu? Bilinmedik nedenlerden dolayı ölüp giden sayılı kişiler üzerinde bir inceleme demek olmuyor mu bu hiç?»

Bu sözler yeni bir sessizlik yarattı. Bu sözler savcıyı deliye döndürdü. Bu sözler söylendikten sonra, başkan gene düşünmeye başladı.

Polis müdürü, acı ve tatlı bir içki karışımı yapıp, bunu hemen içerken:

«Haydi, baylar, ne yapacağız?» diye sordu.

Bir uşak bir şişe Madera şarabı getirdi.

Başkan:

«Vallahi,» dedi, «ben, ben hiçbir şey bilmiyorum.»

Posta müdürü, peynirli ve mersinbalıklı sandviçle birlikte bir bardak Madera şarabı içtikten sonra:

«Bana kalırsa, baylar,» dedi, «bana kalırsa, baylar, bu iş iyiden iyiye kurcalanmış olmalı; bu işi enine boyuna incelemek için biz, İngiltere Parlamentosu'nda moda olduğu gibi, komite kurmak zorundayız.»

Vali yardımcısı:

«Neden olmasın!» dedi.

Başkan:

«Tam isabet!» diye konuştu. «Bir araya gelelim de sorunu çözelim: kimmiş bu Çiçikov?»

«Bilgelik buna derler işte; bu Çiçikov'un kim olduğunu kararlaştıralım.»

«Evet, evet, herkesin fikrini alalım ve bu Çiçikov'un kim olduğuna karar verelim.»

Bu sözler üzerine, herkes şampanya içmek istedi, ve her biri, komitenin şu ciddi soruyu çözeceğine inanarak evine döndü: Çiçikov kimdi?)

Önce Bayan Koraboçka'ya başvurdular ama ondan fazla bir şey şey öğrenemediler. Çiçikov ondan gerçekten on beş rubleye ölü canlar satın almış ve devlet adına da, kuştüyü ve süzülmüş domuzyağı satın almaya söz vermişti; madrabazın biri olabilirdi bu, çünkü bir kez daha, bir kuştüyü ve domuzyağı tüccarı bir yığın numara çevirmiş, başpapazın karısından yüz rubleden fazla para yürütmüştü. Bu ve benzeri sözler, geveze bunağın ne denli şapşal olduğunu araştırmacılara göstermiş oldu.

Manilov, Çiçikov'dan sapına kadar erkektir o diye konuşmaya hazır olduğunu bildirdi; Pavel İvanoviç'in özelliklerinin yüzde birine sahip olmak için varını yoğunu seve seve feda edebilirdi; gözlerini kıstı, yufka yürekli bir tavırla, insanlarımıza işin aslı astarı hakkında hiçbir şey öğretmeyen dostluk üzerine birkaç özdeyişle süsleyerek verdi bu güzel yargıyı.

Sobakeviç, Çiçikov'u yürekii bir insan olarak gördüğünü bildirdi; ona şöyle seçme ve sapasağlarn canlar satmıştı, besbelli, ama gelecek üzerinde konuşamazdı: köylüler yolculuk sıkıntılarından nalları dikebiiirlerdi; hepimiz Tanrı'nın elindeydik; sıtmalar ve başka öldürücü hastalıklar dünyayı sarar, çoğu zaman her kasabayı kuşatırdı.

Memur efendiler artık ne kadar sıradan da olsa, kullanmaktan gene hiç vazgeçilemeyen bir yol üzerinde yürüdüler: uşak milletinin dostluklarnı kazanarak, Çiçikov'un uşaklarından efendileri hakkında, onun geçmişi, şimdiki durumu hakkında bilgiler elde etmeye baktılar. Bu araştırmalar da boşa çıktı: Petruşka yalnızca kendi miskinliğini ele veren pis kokuyu koklattı; Selifan ise efendisinin devlet işinde bulunduğunu ve gümrüklerde çalıştığını söyledi.

Bu sınıftan insanlar gariptirler; kendilerine kalkıp şöyle

açık açık bir soru sorun, bellekleri onlara oyun eder, güçlükle konuşur, hiçbir şey bilmediklerini söylerler; başka bir düşünce konusuna geçin, o zaman tutup ilk soruya karşılık verirler, bir yığın açıklamalarla başınızı öyle şişirirler ki ne yapacağınızı bilemezsiniz.

Bu boşuna araştırmalardan sonra memurlar şu kanıya vardılar: Çiçikov'un kim olduğunu iyice bilmiyorlardı ama gene de bir şey olması gerekiyordu onun. İşin aslını astarını öğrenmek umutsuzluğu içinde, hiç değilse alınacak önlemler üzerinde durmak istediler. Pavel İvanoviç'i kuşkulu bir insan olarak görmek ve böylelerine yapıldığı gibi onu tutuklamak mı gerekti? Yoksa, tersine, aynı nedenden dolayı, kendilerini deliğe tıktırmak gücünde olan önemli bir kişi mi? Bu amaç içinde, polis müdürünün, okurun bildiği gibi, kentin babasının ve velinimetinin evinde olağanüstü bir toplantı yapmaya karar verdiler.

X

Polis müdürünün, okurun pek iyi tanıdığı, kentin babası ve velinimeti sayılan bu adamın evinde bir araya gelen memur baylar, bu telaşın kendilerini iğne ipliğe döndürdüğünü hemen gördüler: bu konuda düşünceler ileri sürdüler. Gerçekten, yeni genel bir valinin atanması, yürek oynatıcı iki yazı, akıl durdurucu gürültüler, bütün bu kuşkular yüzlerinde açıktan açığa izler bırakmıştı, çoğunun giysisi bol geliyordu. Herkes zayıflamıştı: başkan, sağlık müdürü, savcı, hatta soyadını kimsenin bilmediği ve işaret parmağındaki yüzüğü kadınlara göstermekten hoşlanan Semyon İvanoviç bile. Doğrusunu isterseniz, babacan birkaç insan soğukkanlılığını korumuştu, ama böyleleri parmakla gösterilebilirdi. Bir, posta müdürü tüm sevincini saklıyordu. Benzerlerinin dışında kalan bu adam, yıllardır yerinde kalıyor ve şöyle sözler söylüyordu: «Bir genel vali demek doğru kıyak iştir! Ben otuz yıldır, bayım, yerimde sayıyorum, belki üç dört genel valinin geldiğini görmüşümdür.»

Meslekdaşları bu sözlere şu karşılığı veriyordu: «Keyfince konuşuyorsun, İvan Andreyeviç *sprchen-Sie deutsch:* işin sadece postayı yönetmekle bitiyor! Postanede, hiç de suç işleyemezsin: her zaman gelen bir mektubun parasını alıp kabul edersin, ya da tüccarlara karşı saygını pahalıya ödetmek için gişeni belli saatten önce kapatırsın. Bu meslekte insan, elbet aziz olur! Fakat şeytan her gün ensende boza pişirseydi, insanın senin işlerine dayanamayacağını görürdün artık! Topu topu bir oğlun var da, iki ucunu koiayca bir araya getirebiliyorsun; ama Praskovya İvanovna'nız size her yıl bir oğlan ya da bir kız çocuğu doğurmaya görsün, işte o zaman, arkadaş bir başka hava çalar insan!»

İşte, memurların ileri sürdükleri, hiç değilse bu sözlerdi; insanın şeytana dayanıp dayanamayacağını öğrenmeye gelince, buna karar vermek yazarın işi değildir.

Toplantıda Nuh peygamberden kalma bir hüner eksikti; sağduyu. Zaten böyle toplantılar bizim havamıza aykırı görünür. Sağlam bir kafa, toplantının yönetimini eline almadıkça bütün toplantılarımızda köy kurullarından tutun da bilginler ve daha başka şeyler toplantısına varıncaya kadar, hep kafadan bir ses çıkar. Bilinmedik nedenler aramak –besbelli uslu akıllı iş– için, bizi bir araya getiren tek toplantılar şunlardır: kulüplerin ve yabancı modasına uygun daha başka başka eğlentilerin, yiyip içmek ve zevke dalmak gibi amacı vardır. Bununla birlikte, hiç de kuşku duymuyoruz! İlhamın esintilerine uyarak, iyilik, teşvik, Tanrı bilir daha ne tür dernekler kurmaya her zaman hazırızdır! Amaç dünyanın en güzeli olabilir; ama biz bunu hiçbir zaman yolu yordamınca yürütemeyiz. Bir girişime önayak olduk mu olduk, işimiz son buldu sanıyoruz. Eğer, sözgelişi, yoksulları kurtarmak için yardım toplarsak, bu girişimden göğsümüz kabara kabara kalkıp hemen kodamanlara, toplanan paranın yarısını silip süpüren bir ziyafet çekeriz; diğer yarısı ise; içinde derneğin oturduğu, odunu, kömürü ve bekçileriyle tamam, güzel bir yer kiralamaya gider. Geriye yoksullara dağıtılacak beş buçuk rubleden fazla kalmaz ve her üye bu paranın da bakmak zorunda olduğu birine ya da bir yakınına verilmesini ister.

Bizi uğraştıran toplantının ise doğrusu bambaşka bir özelliği vardı: Zorunluluk yaratmıştı bu toplantıyı. Bunda artık insanları sevmenin sözü geçmiyordu; kararlar aynı tehlikenin tehdit ettiği memurların her birini şahsen ilgilendiriyordu; artık çabucak anlaşıp bir karar varmaları gerekiyordu. Ama olayların hepsi tersine gelişti.

Her toplantıda görülen karşıt düşünceler bir yana, toplantıya katılanlar doğru dürüst bir fikir bile ileri süremedi. Biri Çiçikov'un besbelli bir kalpazan olduğunu ileri sürdü, ama hemen ardından, «Belki de değildir!» dedi. Öteki onu genel valinin yolladığı gizli bir memur sanıyor, o saat arkasından; «ama olmayabilir de, çünkü alnında yazılmış değil ki!» diyordu. Bununla birlikte onun kılık değiştirmiş bir haydut olamayacağında görüş birliğine vardılar: ne dış görünüşü, ne de konuşup etmesi çapaçul insanlardır demiyordu.

Bu sırada, posta müdürü derin bir düşünceye dalmış bulunuyordu. Sanki esinlenmiş gibi, birden:

«Baylar, kim olduğunu biliyor musunuz onun?» diye bağırdı.

Bu sözleri öyle içe işleyici bir biçimde söylemişti ki, herkes bir ağızdan:

«Kimmiş acaba?» dedi.

«Canım efendim, Yüzbaşı Kopeykin.»

Bunun üzerine, hepsi de tek sesle:

«İyi ama Yüzbaşı Kopeykin de kim?» diye sordular.

Posta müdürü şaşırdı.

«Ne, Yüzbaşı Kopeykin'i bilmiyor musunuz?»

Hepsi de bu adamı tanımadıklarını söylediler.

Posta müdürü, enfiye kutusunu açarak, –ama daha doğrusu– yanındakilerden birinin temizliğine inanmadığı, parmaklarını içine daldırmasından korktu ve hep: «Dostum, parmaklarınızı, kim bilir nereye sokuyorsunuz, oysa enfiye, anlarsınız ya, temizliği sever!» demeye alışık olduğu için, şöyle yarı açarak:

«Yüzbaşı Kopeykin,» dedi.

Bir tutam enfiye çekerek:

«Yüzbaşı Kopeykin,» diye devam etti... «Yüzbaşı Kopeykin bir yazara uzun bir şiir konusu olabilecek çok ilginç bir öyküdür.»

Hazır bulunanların hepsi, bir yazara uzun bir şiir konusu olabilecek bu ilginç öyküyü öğrenmek istediler. Posta müdürü anlatmaya başladı:

YÜZBAŞI KOPEYKİN'İN ÖYKÜSÜ(*)

A canım efendim –altı dinleyiciye hitap ettiği halde, posta müdürü söze böyle başladı–, 1812 akınından sonra Yüzbaşı Kopeykin evlerine gönderilen yaralı alayından birinde bulunuyordu. Odasında yakalanmasından kodese varıncaya kadar, askerlik yaşamının bütün acılarını tatmış olan, kafası kızgın, horul horul uyuyan bir insandı. Düşünün ki Krasnay'da mı yoksa Leipzig'de mi ne, kılı kılına anımsayamayacağım, bir kolunu ve bir bacağını yitirmişti. O devirde, yaralılar için hiçbir şey yapılmıyordu: Malûl Gaziler Sandığı, zaten bundan çok zaman sonra kurulmuştu. Bu durumda. Yüzbaşı Kopeykin içinden şöyle geçirir, yaşamak için, çalışmak gerek. Ama ne yazık ki ona kala kala sol kol kalmıştır. Babasının koltuğu altına sığınmayı dener, ama ihtiyarcık, seni besleyemem ben, iki ucunu bir araya getirip düşünün bunu– kendi kendimi geçindirebilsem ne mutlu der.

Bunun üzerine, a canım efendim. Yüzbaşı Kopeykin'in imparatordan bir yardım koparmak için *(Yetkililerden bir yardım koparmaya bakmak için.)* Petersburg'a gitmeye karar verir, çünkü ne de olsa karınca kararınca kanını akıtmış, yaşamını hiçe saymıştır... Askeriyenin eşya vagonlarında yolculuk etmenin bir yolunu bulur; uzun sözün kısası, benim adam kapağı Petersburg'a atar. Dünyada eşi bulunmaz bir başkente gelir benim şakacı Kopeykin. Yaşam, anlarsınız ya, bambaşka, ışıl ışıl görü-

(*) Bu parçayı, Gogol'ün elinden ilk çıktığı şekliyle veriyoruz. Gogol sansürün isteğine boyun eğerek kimi yerlerini sanki yeni baştan yazarcasına gözden geçirmiştir. Sonradan değiştirilen bölümler parantez içinde belirtilmiştir.

nür ona; kendini bir Şehrazat masalına girmiş sanır! Dört yanı ağaçlıklı Neva Caddesi yahut, hay aksi şeytan, Nohut Sokağı, daha doğrusu Dökümcüler Sokağı önündeki şaşkınlığını siz düşünün artık! Burada, gökte kaybolan bir çan kulesi; şurada, sanki hiçbir dayanak noktası olmayan asma köprüler: kısacası, a canım efendim, gerçekten bir Semiramis cenneti; ama, orada, perdeler, örtüler, Acem halıları ve bir yığın şeytanlık gözlerini yuvalarından fırlatıverir, insan bunlara elini değdirmek istedi mi, parmakları yanma tehlikesiyle karşılaşır. İnsan, Petersburg'da, belli bir ölçüde, parayı ayaklar altına alır. Binlerce kâğıt para kokusu dolaşır havada. Ama benim Kopeykin'in para olarak yanında topu topu bir düzine mavi banknot ile bir parça da bozuklu gümüş parası vardır. Bu kadarcık şeyle bir köy satın almak olanaksızdır, değil mi, hiç değilse Fransa kralından ödünç alınan kırk bin ruble daha eklemek gerekir üzerine. Günde bir rubleye gidip Pavel hanına yerleşir, lahana çorbası ve kırpıntı etle karnını doyurur... Ertesi gün a canım efendim, Bakana çıkmaya karar verir. Şunu belirteyim ki imparator hazretleri başkentte değildir: ordu henüz Paris'ten dönmemiştir. (Görür ki fazla gecikmek olmaz ve kime başvuracağını araştırır, 'Kime başvuracaksınız?' derler. 'Artık görüyorsunuz ya, büyük reisler yok; henüz hepsi Paris'te; ordu geri dönmedi. Bununla birlikte geçici bir komisyon var. Gidin ona, belki bir şey koparabilirsiniz.' Peki, der benim Kopeykin içinden, gidip görmeli şu komisyonu, onlara diyeceğim ki vatan uğruna kanımı akıttım, canımı hiçe saydım.)

Artık sabah erkenden uyanarak, berber parasından kurtulmak için, sol eliyle sakalını tarar, üniformasını giyer, tahta bacağıyla seke seke, bakanı bulmaya gider. Kent kolcusundan adresi sorar. 'İşte şurası,' der kapısı Saray (Komite, Adresi sorar, ona rıhtım üzerindeki bir evi gösterirler.) rıhtımı üzerideki bir evi göstererek. Siz orasını, sakın bir kulübe filan sanmayın: camlar... beş metre boyunda aynalar, vazolar. İçeri girmek için insanın durup beklemesi gerek. Her yer ateş pahasına alınmış mermerlerden yapılma, laklar... (Beş metre camlar, mermerler, laklar...), bir kelimeyle, efendime söyleyeyim, akıl durduran bir yer, rahatlığın gülpembe noktası. Bu kadar temiz, pırıl pırıl kapı tokmaklarını görünce, gidip bir sabun almak ve bunlara dokunmadan önce ellerini iki saat güzelcene yıkamak gelir insanın içinden. Kapıcı bir generale benzemektedir: elde altın uçlu (Kapıda bastonu ile duran kapıcının öyle bir yüzü vardı ki...) baston, prens duruşlu, patiskadan göğüslük –besili bir köpek mübarek.

Benim Kopeykin, gene seke seke, iyi kötü çıkar bekleme salonuna, bir Hint ya da Amerikan işi şeyi –pırıl pırıl porselen bir şeyi– devirmek için bütün dikkatini toplayarak bir köşeye çekilir, bekler. Sesini çıkarmadan burada uzun uzun bekler durur. Çünkü Bakan *(Şef)* uykudan daha yeni uyanmıştır ve oda uşağı elini yüzünü yıkasın diye gümüş leğen götürmüştür. Benim Kopeykin böyle tam dört saat bekler; derken, bir asker, daha doğrusu bir başka hizmeteri gelir, bakanın geldiğini haber verir. Bu sırada, anlarsınız ya, adamlar bir tabak içindeki baklalar gibi sıkış sıkış olurlar salonda. Ve inanmanızı rica ederim ki bunlar hiç de bizim gibi zavallı kişiler değillerdi, dördüncü dereceden kodamanlardır, hatta albaylardır, şunlar ise, generallerdir, apoletlerinden boy boy rütbeler dökülmektedir. Birden herkes kımıldanır, salonda 'hişşt!' sesleri dolaşır; derken bir ölüm sessizliği doldurur ortalığı.

Bakan girer... Bir devlet adamı, değil mi ya? İşgal ettiği yüksek mevkiye uygun yüz çizgileri... Öyle ya, herkes mevkiye önem veriyor. Her biri ne de olsa kendi yazgısının nereye varacağını bekliyor. *(Oda baştan başa apoletler, şeritlerle dolmuştu; adamlar bir tabak içindeki baklalar gibi sıkış sıkış oluyorlar. En sonunda, şef içeri girmiştir. Onu şimdi görüyorsunuz, değil mi?.. Azametli tavır, yüz çizgileri, anlarsınız ya, mevkiine uygun. Kentin bir numaralı adamı...)* Birine yaklaşıyor: 'Ne istiyorsunuz? Sizi hangi iş getirdi buraya?' --Bakan en sonunda Kopeykin'in önüne geldi. Bizimki: 'İşte,' der, 'kanımı döktüm ben, kolumla bacaklarımı yitirdim, artık çalışamaz durumdayım, bir yardım bekliyorum Majestelerinden.' (Yardımınızı dilenmeye etmeye geldim: bir ödül ya da arzu buyurursanız, bir emekli aylığı, izin buyurabilir mi acaba?)

Önünde tahta bacaklı, üniformasının boş kolu öylece sallanan adamı görünce, Bakan (Şef): 'anlaşıldı,' der; 'siz artık aradan birkaç gün geçtikten sonra gene bir uğrayın bakalım.' (Benim Kopeykin'in keyfinden yanına varılmaz. 'İş oldu artık,' der. Sevincinden, kaldırımda sekmeye başlar, Palkin meyhanesinde bir kadehcik votka içer, Londra hanında kemikli pirzola ile sebzeli bir piliç yer, helalinden bir şişe şarap içer, akşamı tiyatroda geçirir, uzun sözün kısası, haşa huzurunuzdan, bir iyicene kurtlarını döker. Dışarı çıkınca kaldırımda bir kuğu kadar alımlı ufak tefek bir İngiliz kızının geçtiğini görür. Zevkten kan tepesine çıkar: 'İşte tahta bacağı ile bu dilberin ardından sekmeye hazırdır; ama olmaz, zaman yoktur artık. 'Adı batsın eğlencelerin.' der. 'Bir yer tutmaya bakalım biz. Bugün bir hayli açıldım.' Bir gün içinde, parasının hemen yarısını eritmiş bulunduğuna dikkat buyurmanızı rica ederim. Aradan üç dört gün geçince, canım efendim. Şefi görmek için gene komiteye gider. Üç dört gün geçince, canım efendim, gene gelip bulur Bakanı... 'Yardım istemeye geldim,' der. 'Sakatım artık ben, yaralar aldım, vatan uğruna, kanımı bile akıttım...' Ve sonra istenilen şekilde dil döker. Bakan kendisini hemen tanır. 'Peki!' der, 'size şimdilik hiçbir şey diyemem. İmparatorun dönüşünü bekleyin. Yaralılar için yapılacak hiçbir şey yok değildir. Bana gelince, ben Majeste'nin emri olmadan hiçbir şey yapamam.'

Selam verir ve başkasına geçer Bakan. Benim Kopeykin, anlarsınız ya, garip bir duruma düşmüştür, çünkü kendisine artık ne evet denmiştir, ne de hayır. Bununla birlikte, sizin de haklı olarak düşündüğünüz gibi, başkentte yaşam günden güne daha zorlu durum almıştır. 'Eh!' diye düşünür bizim kahraman, 'gene gidelim Bakana! ona, Ekselans, neye karar verdiniz, diyeceğim, son paralarımın da suyu çekildi. Bana bir yardımda bulunmazsanız, haşa huzurunuzdan, açlıktan nalları dikeceğim.'

Dediği dedik çaldığı düdüktür artık: işte gene Bakana çıkacaktır. 'Bakan bugün kimseyi kabul etmiyor,' derler ona, 'yarın geliniz.' Ertesi gün, kapıcı yüzüne bile bakmaz. Cepte artık topu topu bir parça para kalmıştır. Çorbaya ve sığır etine elveda! Şimdi bir ringa balığı, bir tuzlu salata ve iki dilim ekmekle geçiniyordu. Oysa yiğit bayda bir kurt iştahı vardı.

('Her şeyden önce,' dedi şef, 'size şunu demek zorundayım ki yüksek makamın emri olmadan, size hiçbir şey yapamayız. Ne zamanda yaşadığımızı siz de görüyorsunuz. Düşmanlıklar henüz son bulmuş değildir. Sabrediniz, Bakan beyin dönüşünü bekleyiniz. Emin olunuz ki sizi düşünecekler. Eğer o zamana kadar yaşamak için paranız yoksa, beklerken hele bir alın şunu...'

Para, anlarsınız ya, azıcıktı, ama ilerde verilecek kararları beklemek için benim Kopeykin'e yeterdi. Ne var ki aylak adam bu kadarcık bir para beklemiyordu. Kendisine binlik birkaç banknot verilecek sanıyordu. 'Alın işte, azizim, keyfinize bakın!' Böyle denecek yerde, kendisinden sabırlı olması rica ediliyordu. Aklında artık o İngiliz kızından, ilhamlardan ve pirzolalardan başka şey yoktu! Canı yanmış bir köpeğin kaçması gibi, kulakları düşük ve kuyruğunu bacakları arasına kısarak, süklüm püklüm indi merdivenden. Petersburg yaşamının tadını çıkarmaya başlıyordu... Ama şimdi, elveda güzellikler! Ve benim Kopeykin henüz gençti, irikıyımdı, bir kurt iştahı vardı.)

Benim Kopeykin'i bir lokantanın önünden geçerken düşününüz: Güler yüzlü, Hollanda tavırlı, kar gibi beyaz önlüklü bir Fransız aşçıbaşı nefis bir omlet, mantarlı külbastı ve daha başka güzel parçalar, bizimkinin sindire sindire gövdeye indireceği yemekler hazırlıyor. İşte Miluykin Çarşısı önünden geçiyor; vitrinde som balıkları, beş gümüş rubleye kirazlar, bir araba kadar kocaman, sanki kendisine yüz ruble verecek aptalı bekler gibi duran nah bu kadar bir kocayemiş asılı. Bütün bunlar artık onun ağzının suyunu akıtıyor: her adımda içi bir hoş oluyor. Kendinizi hele bir onun yerine koyun bakalım! Bir yanda kocayemiş ile som balığı, bir yanda adına yarın denen acı yemek tabağı. Artık şeytan aldatmıyor onu: bakanın gelişine kadar ne olursa olsun dayanmaya karar veriyor. Kapıya bir başka isteklinin gelişini bekliyor ve sonra, anlıyorsunuz ya, bir generalle birlikte kalkıp bekleme salonuna geçmeyi beceriyor. Bakan onu her zamanki gibi karşılıyor.

Kopeykin'i görünce:

'Ne istiyorsunuz? Gene mi siz?.. Çattık belaya!' diyor, 'gene siz ha! Sabırlı olmanızı size söylememiş miydim?'

'Özür dilerim, Ekselans, bekleyemez oldum artık, bıçak kemiğe dayandı, açlık başıma vurdu.'

'Hiçbir şey yapamam ben; ama, beklerken geçinecek bir iş bulmaya bakın kendinize.'

'Nasıl yapabilirim, Ekselans hazretleri, bendenizde ne kol var ne de bacak, değil mi ya?'

Şunu da demek istiyordu: 'Burnuma gelince, burnumu bile silemiyorum: burnum için de bir mendil almalı.' Fakat bakan, efendime söyleyeyim, bu kadar kerli ferli olmasına, gerçekten devlet işleriyle uğraşmasına karşın bozulmaya başladı.

'Oturun oturduğunuz yerde,' dedi. 'Yalnızca siz değilsiniz bu durumda olan. Sabırlı olup bekleyin!'

Bu söz üzerine, –açlığın, anlıyorsunuz ya, iğne ipliğe döndürdüğü– Kopeykin de şöyle diyordu: 'Öyle olsun, Ekselans hazretleri!'

Bakan, birden, düşünün, küplere biniyor! Öyle ya, dünya dünya olalı beri, Bir Kopeykin'in bir bakan karşısında bu sesle konuşmaya kalktığı görülmemiştir hiç.

Bir bakanın, bir devlet memurunun köpürmesinin ne demek olduğunu hele bir parça göz önüne getirin.

'Küstah,' diye bağırıyor. 'Bir yer bulurum ben size. Hey! Gelsin bir posta, alıp götürsün bu aptal herifi!'

(Vallahi, diyor Kopeykin içinden, 'bu ayakla ne olursa olsun komiteye gideceğim ve bu heriflere ağzıma gelene söylemekten çekinmeyeceğim!' Ve, gerçekten, bizim kahraman, insanları rahatsız etmek istiyordu: onda küstahlık aklın yerini tutuyordu. Dikiliyor komitenin karşısına.

'Vay anasını,' diyorlar, 'gene siz ha! Bekleyin demedik mi si-

ze?' 'İşte görüyorsunuz,' diyor bizimki, 'kuyruğundan çekmeyi sevmem şeytanı! Zaman zaman pirzola, bir bardak Fransız şarabı, tiyatroda bir koltuk olmalı bana. Anlıyor musunuz?' 'Durun hele,' diyor şef, 'her şeyin zamanı var. Sizin iyiliğinize bir kararın çıkacağı güne kadar geçinip gidersiniz diye, şimdilik, bir şeyler verdik. Yaptığınız işlere göre ödüllendirilmiş olursunuz besbelli o zaman, çünkü Rusya'da, vatan uğruna seve seve çalışmış birinin yüzüstü bırakılması görülmüş değildir. Ama şimdi size pirzolalar ve tiyatro biletleri mi gerek, haydi açık olsun yolunuz! Ne haliniz varsa görün.'

Benim Kopeykin, bir düşünün, buna boyun eğmiyor; kıza köpüre, sağa sola çatarak, herkese sövüp sayarak, son sektere kadar gidiyor. 'Siz şusunuz ve şusunuz; kendi işlerinizi yapmıyorsunuz; yasayı çiğniyor, şunu şunu yapıyorsunuz...' Rastlantıyla orada bulunan başka bir bakanın memurunun bile gözünün yaşına bakmıyor. Bu azılıyı nasıl durdurmalı? Şef, o zaman zor kullanmaya kalkıyor: 'Anlaşıldı,' diyor, 'madem size verilenden hoşnut olmak ve yazgınızın sizi bağladığı başkentte beklemek istemiyorsunuz, size bir yer bulurum ben. Hey, bir posta gelsin, alıp götürsün bu aptal herifi!')

Ve posta, anlıyorsunuz ya, o sırada kapı arkasında bulunmaktadır: göz önüne getirin, altı kadem boyunda bir ızbandut; arabacı gibi nah şöyle ayaklar; omuzlar aman Allah!.. Bizim kahraman, yanında arabacı olduğu halde bir arabaya biniyor işte. 'Neyse,' diyor bizimki 'araba parası vermiyorum ya; kazançtır bu da!' Artık, yanındaki adamla gidedursun, içinden de şunları geçirmektedir, öyle demek, öyle ha! Geçinmek için iş bulmamı istiyorsun demek! Peki, anlaşıldı, bulmasını bilirim ben!' Şimdi, düşünün bir, benim Kopeykin'in ne cehenneme götürüldüğünü doğru dürüst kimse bilmiyordu; bizim şen adam unutuluş ırmağında, şairlerin dediği gibi Lete'de yok olup gitti temelli. Bakın, baylar doğrusunu söylemek gerekirse, benim öykü asıl burada başlıyor.

Artık Kopeykin'in hepten izi kaybolmuştur. Ama aradan iki

ay geçmemişti ki, Riyazan ormanlarında, reisi, bir düşünün, a canım efendim, bizim Yüzbaşı Kopeykin'den başkası... olmayan bir haydut çetesi türedi. Çevresinde bir yığın asker kaçağı toplanmıştı. Bu, anlıyorsunuz ya savaşın hemen ardından olmuştu. Herkes sıkılmaya alışmıştı; millet sütliman bir yaşamın özlemini çekiyordu. Sözün kısası, a canım efendim, bütün bir ordu akına hazırlandı. Fakat devlet çarkında amansız bir savaş başgöstermişti: saman, para, erzak ve silahlar, her şey yağma edilmişti. Maliye, gelir hesabını bilmiyordu. Benim Kopeykin bir köylünün, vergilerini ödemek üzere olduğunu haber alır almaz hemen damlıyordu oraya.

'Hey, ahbap,' diyordu çiftlik sahibine, 'bütün toprak ve mal vergilerini hemen bana ver.'

Kırmızı yakalı bu topal şeytanı karşısında görünce, çiftlik sahibi, anlıyorsunuz ya, havada bir şebboy kokusu alıyordu... 'Hey kör şeytan,' diyordu içinden, 'bu herif polis komiseri yahut belki de daha beter biri olabilir!' Ve hemen, ortalık yatışsın diye, bizimki aptal herifi avcunun içine alıyordu. Ve öbürü, efendime söyleyeyim, vergilerin tamamen Yüzbaşı Kopeykin'e geçmiş olduğunu onaylayarak ve hatta kâğıda damgasını basarak hesabını temelli kapatıyordu... Uzun sözün kısası, yağmalıyordu. Çeteyi yakalamak için bir yığın müfreze gönderildi; ama bu kızgın başlar sanki kırk yıldır bu işin özlemini çekiyor gibiydiler.

Zaman ilerledikçe, benim Kopeykin, besbelli işlerinin dal budak saldığını anlayarak ve zaten pek amansız bir çetenin başında olduğundan, efendime söyleyeyim, Majeste'ye öyle bir mektup gönderdi ki, bir düşünün, güzel ve ikna edici bir konuşma, örneği yerine geçebilir bir mektuptur bu. Eflatun'lar, Demosten'ler ve eski çağın öbür büyük adamları Kopeykin'in yanında nedir ki? Efendime söyleyeyim, devede kulak kalır onlar!

'İnanmazsınız, Sir,' diyordu bu mektupta, 'benim şöyle... ve şöyle oluşuma... (bütün bunlar, pek uzak zamanlarda, pek uzak zamanlarda olmuştu). Vatan uğruna gözümü kırpmadan kanımı akıttıktan sonra bir lokma bile ekmeğim kalmadı. Arkadaşlarımı, bu işe benim tarafımdan sürüklenmiş bu masumları hiç kınamayın. Siz daha çok gelecekte de gazilerin olmamasına, daha doğrusu, bu gazilerin yüzüstü bırakılmamalarına dikkat buyurun...'

Artık, düşünün bir, bu yüksek etkili konuşma ciğerine işledi imparatorun... Bizimki, bazı bakımlardan elbette ki ölüm cezasına layık bir caniydi. Ama, öte yandan, gazilere yardım konusundaki bu ciddi eksiklik... Eksiklik, zaten, böyle karışık zamanlarda pek iyi anlaşılabilir: Yüce Tanrı dışında, hiç kimse, her şeyi düşünemezdi... Uzun sözün kısası, Majeste harekâtı durdurmayı emrederek ve gazilerin geleceğini güvence altına almakla görevli bir tek komisyon kurarak görülmemiş bir iyilikseverlik örneği göstermiş oldu. Ve bu komitenin kuruluşundan sonra, efendime söyleyeyim, Malül Gaziler Sandığı kurulmuş oldu, zavallıların yaşamını tamamen güvence altına alan ve denebilir ki, ne İngiltere'de, ne de öbür uygar ülkelerde eşi bulunmayan bir kurumdu bu.

Artık, efendime söyleyeyim, Yüzbaşı Kopeykin'in kim olduğunu biliyorsunuz. Ben kendi hesabıma şöyle düşünüyorum: Belki de parasını Birleşik Devletler'de yedi bitirdi; sanki, yeni bir girişimle şansını denemek üzere gene aramıza dönüyor işte.

Polis müdürü birden:

«İzin verirseniz, İvan Andreyeviç,» dedi; «siz bize Yüzbaşı Kopeykin'in bir kolunu ve bir bacağını yitirdiğini söylemiştiniz, oysa Çiçikov...»

Posta müdürü bir «tüh!» kopardı ve açıktan açığa aptal olduğunu söyleyerek, elinin içiyle alnına okkalı bir şaplak indirdi. Öyküsünün daha ilk sözcüklerinde bu noktanın nasıl olup da aklına gelmediğini bir türlü anlamayarak, atasözünün doğruluğuna bir kez daha inandı: *İş işten geçince Rus'un aklı başına gelir.* Ne var ki yüreğine gene hemen su serpildi ve İngilizlerin mekaniği olağanüstü geliştirdiklerini ileri sürerek, yanılgısını örtmeye kalktı. Gazetelere inanmak gerekirse, bu gelişim sonunda gerçekten güzel tahta bacaklar bulmuştu: Yalnızca görünmez bir yaya basılarak, bu bacaklar sizi öyle bir yere götürürlermiş ki, bir daha görmek olanaksız olurmuş artık sizi.

Kimse yutmadı; kendisini dinleyenler posta müdürünün palavra sıktığını, Çiçikov'un Yüzbaşı Kopeykin olamayacağı düşüncesini ileri sürdüler. Bununla birlikte, akıllara durgunluk veren bu olasılık yüzünden becerikliliğe kapılarak ve berikinden hiç de geri kalmak istemeyerek, kendiliklerinden gene az çok olağanüstü varsayımlar uydurdular. Garip de olsa, Çiçikov'un tesadüfen kılık değiştirmiş Napolyon olup olmayacağını birbirine sormaya başladılar. Epey zamandır, İngilizler Rusya'nın büyüklüğünü ve sonsuzluğunu kıskanıyorlardı. Hatta öyle karikatürler bastılar ki bunlarda bir Rus bir İngilizle konuşuyor; Napolyon'u temsil eden bir köpeği Rus'a gösteren İngiliz: «Kendini koru,» diyor, «eğer doğru dürüst yürümezsen, sürerim onu senin üzerine!» Belki de onu Sainte-Héléne'den salıvermiş olabilirlerdi ve Napolyon da Çiçikov adı altında Rusya'yı dolaşabilirdi.

Anlaşılan, bu açıklama da bizim memurları hiç tatmin etmedi. Gelgelelim derin derin düşüncelerden sonra yandan bakıldığında Çiçikov'un Napolyon'a benzediğini açıkça söylemek zorunda kaldılar. 1812 yılı savaşında bulunan ve İmparator'u bizzat gören polis müdürü, Napolyon'un da, Çiçikov'la bir boyda, hatta Çiçikov gibi ne şişman ne de zayıf olduğunu ileri sürdü. Kimi okurlar bu düşünceleri besbelli gerçekten uzak bulacaklardır; kendilerini memnun etmek için, yazar da onlarla aynı kanıda olduğunu belirtir. Ama ne yazık, anlatılanlar tıpatıp böyledir, konuşmalarda en ufak bir değişiklik yapılmamıştır. Daha da şaşkınlık uyandıracak nokta şudur ki, söz konusu kent iki başkentten(*) pek uzak değildir. Unutmayalım ki bu serüven Fransızların onurlu bir biçimde püskürtülmesinden sonra geçmiştir. Bu devirde, her çiftlik sahibi, memurlar, tüccarlar, dükkân çırakları ve mürekkep yalamış ve yalamamış olanlar, politikaya karşı, besbelli sekiz yıl içinde, iyiden iyiye bir tutku gösterdiler. Moskova Gazetesi ile Vatan Çocuğu artık parçası kalmazcasına elden ele dolaşıyordu. Her zamanki gibi: «Ah-

(*) Moskova ve Petersburg. Çarlık sansürü bu kent adlarını çıkartmıştır.

bap, acaba sen, yulafın ölçeğini kaça satın aldın?» ya da: «Dünkü kırağıdan yararlandın mı?» (*) diye sorular sorulacak yerde, şöyle konuşuluyordu: «Gazeteler ne diyor? Gene mi Napolyon adadan kaçmış?» Tüccarlarımız bu olaydan çok çekiniyorlardı, çünkü üç yıldır kodeste yatan bir kâhinin kerametlerine gönülden inanmışlardı. Ne cehennemden geldiği bilinmeyen bu kâhinin ayağında ıhlamur kabuğundan çizmeler vardı; koyun postundan cübbesi burnunuzun direğini kıracak kadar kokmuş balık kokusu saçıyordu Napolyon'un Deccal olduğunu, yedi denizle çevrili altı surun arkasında zincire vurulmuş bulunduğunu, ama çok geçmeden zincirlerini kıracağını ve yeryüzünü kuşatacağını ileri sürüyordu. Bu güzelim palavra yüzünden deliğe tıkılmış olduğu halde, tüccarların aklından hiç de öylesine korkunç karışıklık yaratmamıştı. Aradan bunca zaman geçmesine karşın iyi bir işi çayla kutlamak için hana giden bu babacan insanlar, sürekli Deccal'den söz açıyorlardı. Birçok memur, üstelik birçok soylu kişi, aynı şeyi düşünmeye başladı. Herkesin bildiği gibi o zamanlar pek ileri olan mistisizm yüzünden, NAPOLYON sözcüğünü oluşturan harflerin her birine özel bir anlam verdiler; hatta çoğu bu adda Apokalips'in harflerini bile buldu. Memurlarımızın bu varsayım üzerinde bir an olsun durmuş olmalarında şaşılacak hiçbir şey yoktu; ama düşlerinin ortalığı birbirine kattığını hemen gördüler.

İyice düşündükten, iyice planlar kurduktan, tartışmalar yaptıktan sonra, akıllarına bir kez de gidip Nozdryev'e şöyle esaslı bir soru sormak geldi. Bu ölü canlar masalını ortaya atan ilk oydu; Çiçikov'la canciğer olduğundan yaşamının önemli noktalarını bilirdi kuşkusuz; bir şey çıkarmaya bakmalıydı bundan.

Şu memurlar hani ne tuhaf kişilerdi, –gerçi tüm ölümlüler böyledir ya!– Nozdryev'i yalancı sanıyorlar, bu kalleşin en ufak sözüne bile inanılmayacağını çok iyi biliyorlardı; ama gene de yardım istemişlerdi ondan. Gelin de anlayın insanları bakalım!

(*) «Dünkü vurgundan yararlandın mı?» sözü, nedense, belki de sansür nedeniyle, böyle yazılmıştır.

İnsanoğlu Tanrı'nın varlığını yadsır, ama burnu gıdıklanmaya görsün, son gününün geldiğini sanır. İçinde uyumun tanrısal bir yalınlığa yöneldiği, şiir dolu, parlak bir yapıtı küçümseyerek tutar usta bir yalancı tarafından bozulmuş, biçimsizleştirilmiş, zorlanmış turfanda bir yapıta dört elle sarılır; bunun tadını çıkarır ve bağırmaya kalkar: «İşte insan kalbinin gerçek tanıyıcısı!» (*) Bir başkası ömrü boyunca doktorlardan nefret eder, ama sonunda büyülerle ve okunmuş tükürüklerle iş gören usta bir cadıya akıl danışmaya gider ya da daha doğrusu, kendisine, Tanrı bilir neden, kötülüklerinde gerçek bir deva varmış gibi gelen, korkunç bir ilacı içmeye can atar. Zaten, içlerinde yaşadıkları kötü durum bu memurlarımızı haklı gösterebilir. Boğulan bir adam ilk gelen saman çöpüne saldırmaya bakar, bu saman çöpüne bir sinek bile zor konar, zavallıcık dört beş kilo daha ağır gelir; ama pek nazik bir anda, bu girdi-çıktıya dikkat etmeyi bilmez. İşte bizimkiler de Nozdryev'e böyle sokuldular.

Polis müdürü hemen bir davetname yazdı; uzun çizmeli, yüzünden kan damlayan bir polis, daha da hızlı gitmek için kılıcını beline dolayıp yola çıktı. Önemli bir iş Nozdryev'i dört gündür odasına bağlıyordu; kimseyi kabul etmiyor, yemeklerini pencereden alıyor, zayıflıyor, bu karışık iş üzerinde uzun uzadıya düşünüp duruyordu. Yüzlerce iskambil kâğıdı arasından kolayca tanıyabilmek için kurnazca konulan küçük küçük işaretlerle, dostlarının en güveniliri gibi bel bağlayabileceği bir deste kâğıt çıkarmaya çalışıyordu. Bu dalga onun bir on beş gününü daha alabilirdi; bu süre içinde Porfiri özel bir fırça ile küçük köpeğin karnını silme ve günde üç kez yıkama emrini almıştı.

Yalnızlığının bozulmaya kalkışılmasına kızan Nozdryev, mektup taşıyıcısına ilk ağızda lanetler yağdırdı; ama akşam oynanacak oyunda söğüşlenmesi kolay bir aptalın beklendiğini okuyunca hemen yumuşadı, iyi kötü giyindi, odasının kapısını

(*) Ölü Canlar'ı dizenlerden biri buraya Gogol'ün havasına pek uygun düşen şöyle bir cümle eklemiştir: ...Soylu bir ruh o zaman kendini iyice hasta sanır, gözyaşları akmaya hazırdır.

iki kez kilitledi, soluğu doğru polis müdürünün evinde aldı.

Nozdryev'in sözleri ve tahminleri memur baylarınkilerle öyle çatıştı ki, müthiş şaşırdılar. Bu adam kuşku neymiş bilmiyordu: Memurların varsayımları ne kadar çekingense, onunkiler de o kadar kesindi. Her soruya kesin karşılıklar veriyordu. Çiçikov binlerce rublelik ölü canlar satın almıştı; satmamak için hiçbir neden göremediğinden kendisi bile ona ölü canlar satmıştı.

Soru şuydu: Çiçikov gizli bir araştırma için gelen bir hafiye olmasındı sakın? Nozdryev hop karşılık veriyordu. Birlikte okudukları okulda, Pavel İvanoviç'e ispiyoncu derlerdi; hatta bir gün, Nozdryev'in aımsadığına göre arkadaşları onu öyle güzel haklamışlardı ki, kendisine gelebilmesi için şakaklarına iki yüz kırk sülük yapıştırmak gerekmişti. Bizim palavracı kırk demek istiyordu, iki yüz sayısı ise kendiliğinden çıkıvermiş ağzından.

«Çiçikov kalpazan olabilir miydi?» «Hem de nasıl,» dedi Nozdryev, sonra hemen Pavel İvanoviç'in olağanüstü ustalığı üzerine bir öykü uydurdu. Üzerinde iki milyon sahte para bulunduğunu öğrenen polis, evini mühürlemiş ve her kapıya iki nöbetçi dikmişti; ama, geceleyin düzenbaz, banknotları değiştirmişti, sabah olunca da yeni paralar hepsinin gözlerini faltaşı gibi açtırmıştı.

«Çiçikov valinin kızını kaçırmaya istekli miydi; kendisi de, Nozdryev de, kaçırmada gerçekten ona yardıma koşmuş muydu?» «Hem de nasıl,» dedi Nozdryev, «çünkü benim yardımım olmazsa bu işi yüzüne gözüne bulaştırır.»

Bizim geveze, bu yalanın başına çorap öreceğini sezdi, ama dili çözülmüştü bir kez, imgelemi konuyu öyle ince ayrıntılarına varıncaya dek süsleyip püslüyordu ki bunları bir bir sayıp dökme zevkine karşı koyamadı. Nikâh töreninin yapılacağı yerin adını verdi: Trutmatçevka köyüydü bu; papazın adını da verdi. Sidor Baba denen bu adam, yetmiş beş ruble karşılığında, –kendi sağdıcını un tüccarı Mihayil'e nikâhladığını hükümete bildiririz tehdidi altında– bu nikâhı kıymayı kabul etmişti. Nozdryev papazın yeni evlilerin emrine kendi arabasını vereceğini ve atları çoktan hazırladığını söyledi; arabacıların adlarını vermeye bile kalktı.

Artık soruşturmalar Napolyon'un kişiliği üzerine gelip dayandı: Ama bin pişman oldular, çünkü Nozdryev onlara öyle yalanlar kıvırdı ki hepsi de kendisini oracıkta bıraktılar. Fakat, gene de gerçeğe yakın bir ipucu yakalayabilme umuduyla posta müdürü uzun uzadıya kendisini dinledi; en sonunda da şöyle bağırarak toplantıyı terk etmek zorunda kaldı: «Şeytan bilir ne söylediğini!» Herkes atasözünün doğruluğunu bir kez daha anladı: *Öküzü istediğin kadar sağ, bir damla bile süt alamazsın.* Çiçikov'un kimliğini öğrenmenin olanaksızlığına artık akılları yatan memurlar, öncekinden daha kötü duruma düştüler.

Bütün bunlar insanın ne cins bir yaratık olduğunu ortaya koyuyordu. Her zaman için olgun, duygulu, kendi işlerinde değil de, başkasının işlerinde anlayışlı davranan insan, yaşamın nazik anlarında, tutar, size akıllıca öğütler vermesini bilir. «Ne becerikli adam!» diye bağırır millet. «Ne dayanıklı insan!» Ama zavallının biri çıkıp bu becerikli, bu dayanıklı adama çatmayagörsün, artık yaşamın güçlükleriyle karşı karşıya bulur kendini, şaşkınlıktan ne yapacağını bilemez. Bu dayanıklı adam, Nozdryev'in dediği gibi çelimsiz bir çocuk, ezilip büzülen bir korkak, bir kılkuyruk olup çıkar.

Bütün bu gürültüler ve dedikodular, kim bilir neden, zavallı savcıda özellikle uğursuz bir etki yarattı; evine dönünce, kara kara düşünmeye başladı ve öylesine derin düşündü ki ölüverdi. Yüreğine mi indi? Başka bir hastalığa mı tutuldu? Artık ne olduysa oldu, durup dururken sandalyesinden yere yuvarlandı. Koştular, kollarından, tuttular: «Hey, Allahım!» diye bağırarak kaldırdılar. Kan alsın diye kendisine bir doktor getirdiler; ama gördüler ki savcı, artık cansız bir vücuttan başka bir şey değildi: Alçakgönüllü olduğundan mıydı neydi, savcı nasıl öldüğünü bile kimseye göstermemişti. Bu çerden çöpten insanı vuran ölüm iriyarı bir adamı da haklayacak kadar yaman göründü.

Daha birkaç gün önce, gidip gelen, whist oynayan, kâğıtlara işaret koyan, kırpışık gözleri ve gür kaşlarıyla öbür memurlardan ayrılan bu zavallı, artık edebiyen kımıltısız gözler ve bir soru soruyormuş gibi hâlâ yukarı kalkık kaşlarla bir masada yatıyordu. Ne sorduğunu, niçin yaşadığını ya da niçin öldüğünü Tanrı bilirdi ancak.

«Ama,» diyecektir okurların çoğu, «saçma bu, saçma, gerçekten uzak! Memurlar gerçek kavramını yitirme anında nasıl olur da böyle korkuya tutulabilirler, nasıl olur da bir çocuğun bile hemen başka yöne çevrileceğini gördüğü bu kadar açık bir olaydan zevk almaya kalkarlar?» Böyle bir şeyi saçma buldukları için çullanacaklar ya da kahramanlarına budala damgasını yapıştıracaklardır. Bu sözü dilinden eksik etmeyen insan, yakın dostuna bile günde yirmi kez budala demeye hazırdır. Onda bir oranında kusur işleyin, bu tek kusur sizi budalalar arasına sokturmaya yetecektir. Kendi rahat ve yüksek köşelerinden bakan okurlar, çok aşağıda, gözlemcinin yalnızca daracık bir ufukla yetindiği yerde olup biten şeyleri toptan görürler: Kolayca yargıda bulunurlar. İnsanlığın tarihinde öyle yüzyıllar vardır ki, insan bunları işe yaramaz diye silmek, gözden yok etmek ister. Öyle yanılgılara düşülmüştür ki bunları bir çocuk bile yapmaz! Önünde kocaman, geniş ve büyük konaklara giden yollar gibi dümdüz bir yol da açıldığı sırada, insanlığı, ölümsüz gerçek uğruna, nice dar, nice kıvrımlı, nice eğri-büğrü yol kuşatmıştır. Gündüz güneşle, gece ayla yıkanan bu yol, derinlik bakımından bütün öbürlerini aşar; yalnız insanlar bu yolu görmeden hep karanlıklar içinde yürümüşlerdir. Eğer kimi zaman, gökten gelen bir esine kapılarak, bu yola girerlerse de, gene hemen doğru yoldan çıkıyor, gün ışığında karmakarışık çalılara dalıyor, böylece gerçeği görememekten zevk alıyor ve kızgın alevler üzerinde yürüye yürüye, birbirlerine hayretle şunu sormak için uçurumun kenarına geliyorlardı: «Nerede çıkış yolu? Kurtuluş yolu nerede?» Bugünkü kuşak şimdi bütün bunları alaya alıyor, ama görmüyor ki bu tarih Tanrı esiniyle yazımıştır, her harfi açıktır, her köşesinde bir baş parmak onu, onu, evet onu, bugünkü kuşağı gösteriyor. Bugünün kuşağı da alay üstüne alay etmede ve kendinden sonra geleceklerin alay edecekleri yeni yanılgılara göğsü kabara kabara düşmektedir.

Bu sırada, Çiçikov, bütün bu olup bitenleri bilmiyordu; sanki tam sırasında, bizim başkentlerin çoğundaki iklimin sık sık gösterdiği nimetlerden sayılan, nezle ve hafif bir boğaz iltihabı ile birlikte, bir üşütmeden hasta bulunuyordu. Henüz çoluk çocuk yetiştirmeden ömrünün sona ermesinden korkup üç dört gün odasına kapanmaya karar vermişti. Bu süre içinde boğazını papatyalı ve kâfurlu bir lapa ile sardı, incirle kaynatılmış bir sütle gargara yapmaktan da geri durmadı; incirleri sonradan yiyordu. Boş zamanlarını doldurmak için, satın aldığı bütün canların adlarını yeni baştan yazdı, valizinde güzel bir cildine rastladığı *Duchesse de la Valliére*'nin şurasını burasını okudu, yazı takımını düzene soktu, biriktirdiği çeşitli biletleri yeniden okudu. Ama yine de can sıkıntısından kurtulamadı. Daha önceleri birkaç araba: Posta müdürününki, savcınınki, başkanınki hep hanın kapısında durdukları halde, şimdi, hiçbir memurun hal hatır sormaya gelmeyişine anlam veremiyordu. Omuzlarını silkerek odasında dört dönüyordu.

Artık kendini bir hayli iyileşmiş sandı, temiz hava alabileceğini görerek içine gün doğdu. Hemen süslenmeye koyuldu, her zaman kullandığı çekmecesini açarak, içinden bir fırça ile sabun çıkardı, bir bardağa sıcak su koydu, tıraş olmaya başladı, doğrusu ya tıraş olmak zorundaydı, çünkü elini çenesine götürüp de aynaya bakınca, «Vay canına! Amanın! Ormana dönmüş bizim surat!» diye bağırmaktan alamamıştı kendini. Gerçekten de orman gibiydi. Tıraş olduktan sonra o kadar acele giyindi ki pantolonunu giyerken az kalsın düşecekti. En sonunda derli toplu giyindi, kolonya süründü, yüzüne ipekli bir mendil sardı, hemen sokağa çıktı. Hastalıktan her yeni kalkanın başına geldiği gibi, bu dolaşma onun için bir düğün bayram oldu: Evlerden tutun da, pek asık yüzlü, üstelik besbelli yumruklarını sallamaya zaman bile bulan köylülere varıncaya kadar her şey ona gülümsüyormuş gibi göründü.

Şimdi her şeyden önce valiyi ziyaret etmek istiyordu. Yolda giderken aklına türlü türlü düşünce geliyordu; sarışın dilberin hayali önü sıra dalgalanıyordu; kendi imgelemi de alabildiğine çalışıyordu. Böyle düşündüğü için kendi kendisiyle alay etti. Bu mutlu hava içinde valinin evine geldi; tam paltosunu çıkarıyordu ki, beklenmedik bir biçimde kapıcı ona açıkça:

«Sizi içeri sokmamak için emir aldım,» dedi.

Çiçikov:

«Ne! Nasıl! Tanımıyor musun beni sen? Yüzüme iyi bak!» diye bağırdı.

«Yok canım, tanıyorum sizi. Sizi ilk görmüyorum ki. Kapıyı yüzüne kapamak zorunda olduğum sizsiniz, evet siz.»

«Bu ne demek? Ne oluyor?»

«Emir emirdir; vardır elbet bir nedeni!»

Kapıcı artık, eskiden Pavel İvanoviç'in giysisini çıkarmak için o dört elle iş gördüğü candan halinden bambaşka, sanki gönülsüz bir tavır takındı. «Eh!» diyordu bizimkinin yüzüne baka baka, «efendim seni kapı dışarı ettiğine göre, iyi bir mal olmadığın ortada!»

Çiçikov: «Bundan hiçbir şey anlamıyorum!» diye mırıldanarak hemen mahkeme başkanına gitti; ama başkan onu görünce o kadar şaşırdı ki kemküm etmeye başladı; besbelli ikisinin de utandığı birkaç şey geveledi. Çiçikov başkandan ayrılırken onun ne demek istediğini boşuna anlamaya çalıştı. Derken polis müdürüne, vali yardımcısına, posta müdürüne, daha başkalarına gitti; ama kimi onu kabul etmedi, kimi ise bizimkini öyle garip karşıladı, ona öyle ipe sapa gelmez şeyler, öyle aptalca şeyler söyledi ki, Çiçikov akıllarını kaçırdıklarından kuşkulanmaya başladı. Bu tuhaf durumdan hiç değilse bir şey öğrenmek isteğiyle gene de birçok kapının ipini çekti: Boşuna çaba! Artık, kendisinin mi yoksa memurların mı aklını kaçırdığına, bu saçma öykünün düş mü yoksa gerçek mi olduğuna karar veremeden uzun zaman kentte dalgın dalgın durdu.

Etekleri zil çalarak çıktığı hana geri döndüğünde, ortalık çoktan kararmıştı; sıkıntısını gidermek için çay getirtti. Durumunun garipliğini düşünerek bardağa çay dolduruyordu ki odasının kapısı birden açıldı, beklenmedik konuk, Nozdryev karşısına dikildi. Kasketini çıkararak:

«Atasözünün hakkı varmış: *Dağ dağa kavuşmaz, insan insana kavuşur*... Geçiyordum, pencereden de ışık gördüm. İyi, dedim içimden. Uyumuyor, çıkayım bari. Oh! Çay da varmış! Değme keyfime! Seve seve bir bardak içerim: Yemekte ne berbat şeyler yediğimi Tanrı bilir; kaldırmıyor midem artık. Bir pipo doldur bana. Nerede pipon?»

Çiçikov:

«Ben içmem,» diye karşılık verdi.

«Doğrusu iyi yalan atıyorsun! Pis bir tiryaki sanırdım seni. Hey, dostum! Uşağının adı ne? Ha tamam! Vahremey!»

«Yok canım, Petruşka.»

«Nasıl olur!.. Peki Vahremey'i ne yaptın?»

«Vahremey'i asla hizmetimde kullanmadım.»

«Evet hakkın var, Diyeriyebin'in uşağının adı Vahremey'dir. Şu Diyeriyebin, ne adamdır yani! Düşün, halası, bir hizmetçi parçası ile evlenen oğlu ile bozuşmuş, bütün varını yoğunu Diyeriyebin'e bağışlamış. Böyle bir hala bana çatmaz ki... İyi güzel ama kardeş, ne diye kaçıyorsun bakalım öyle herkesten? Artık hiçbir yerde görülmüyorsun. Okumayı sevdiğini bilirim, çoğu zaman bilimsel incelemelere daldığından hiç kuşkum yok... (Nozdryev bu sonuçları nereden çıkarıyordu, bunu biz de bilmiyoruz, zaten Çiçikov da bizden fazla bir şey bilmiyordu) ah, canım, bir görseydin... Senin o alaycı zekân için ne ganimetti hani! (Çiçikov'un alaycı bir yaratılışta olduğundan, biz de kuşku duymuyoruz.) Düşün hele, ihtiyar arkadaşım, Lihaçev'e gidip bir parti *gorka* oynadık, ne eğlendik ne eğlendik! Yanımda duran Perepandiyev bana şöyle demekten kendini alamıyordu. Ne yazık ki Çiçikov burada yok! İyi çevirirdi işini! (Çiçikov ömründe

Perepandiyev adında biriyle tanışmamıştı). Geçen gün dama oynarken beni aptal yerine koymadın mı, açık söyle?.. Talihim varmış ki ne güzel kazanmıştım, ama sen aldattın beni. Neyse, bilirsin beni, kinci değilimdir... Ha, bak, başkan... Vay canına! Az kalsın unutuyordum, kentte herkes sana diş biliyor... Sahte banknot bastığını iddia ediyorlar. Ağzımdan laf almak istediler ama, seni kıyasıya savundum. Birlikte okuduğumuzu ve babanı tanıdığımı bile söyledim. Anlarsın ya, onlara her türlü yalanı söyledim.»

Çiçikov sandalyesinden sıçrayarak:

«Sahte banknotlar mı basıyormuşum?» diye bağırdı.

«Hay kör şeytan, ne diye onları böyle korkuttun? Hepsinin akılları başlarından gitti ve seni bir haydut, bir casus sanıyorlar... Savcı senin yüzünden korkudan eşek cennetini boyladı; yarın gömerler onu, cenaze törenine geliyor musun?.. Açık konuşmak gerekirse, yeni genel validen ödleri kopuyor. Ama bana kalırsa herif kibarlık tasladı mı, soylular sınıfından hiçbir şey koparamaz. Beyler açık yürekli, candan birini ister, değil mi ya? Dairesine kapanır da balo filan vermezse, sanki ne kazanır bundan?.. Bilirsin ya, Çiçikov, sen de amma belalı işe girişmişsin ha!»

İçine bir kurt düşen Çiçikov:

«Hangi iş?» diye sordu.

«Valinin kızını kaçırmak canım! Doğrusu bunu beklemiyor da değildim hani! Vallahi öyle! Baloda sizi önce bir arada görünce: 'Tamam! Tamam!' dedim içimden, adam koymuş işi aklına... Ama hiç de iyi bir seçim yapmadın, onu hiç gözüm tutmuyor. Bu yavru bana hiçbir şey demiyor. Bikusov'un yeğenini görseydin! Ne parça ama, bir içim su yani...»

Çiçikov, gözlerini açarak:

«Neler söylüyorsun sen? Ben mi valinin kızını kaçırmak istiyormuşum!» diye bağırdı.

«Canım, kardeşim, bak, aramızda gizli kapaklı şeyler yok. İtiraf ederim ki yardım etmeye geldim sana. Tanık olurum; böyle önemli bir iş için arabayı ve kiralık atları ben tutarım sana: Üç bin rubleni alırım. İşin ucunda ölüm bile var çünkü!»

Nozdryev böyle yalanlar atarken, Çiçikov da düş görmediğine emin olmak için gözlerini birkaç kez oğuşturdu. Yok sahte para basıyormuş, yok valinin kızını kaçırmak istiyormuş, yok savcının ölümüne neden olmuş, yok genel bir vali gelmiş! Bütün bu haberler onu gerçekten korkutmuştu. Artık, dedi içinden, madem böyle şeyler olmuş; hemen buradan kalkıp gitmekten başka iş kalmıyor bana!

Çabucak Nozdryev'i başından savdı, hemen Selifan'ı çağırdı, yarın sabah gün ışır ışımaz kendisini kaldırmasını ve saat tam altıda yola çıkmak için her türlü hazırlığı yapmasını emretti: Araba inceden inceye gözden geçirilmiş olmalı, yıkanmış temizlenmiş bulunmalıymış şu şu olmalıymış... Çiçikov daha çok bu nokta üzerinde durdu.

Bu sırada dalgın dalgın eşikte duran Selifan:

«Başüstüne, Pavel İvanoviç,» dedi.

Bundan sonra Çiçikov, Petruşka'ya çantasını getirtti; uşak yatağın altından çantayı çıkardı, çantanın üstünü kalın bir toz tabakası kaplamıştı. İkisi bir olup çorapları, gömlekleri kirli çamaşırları, temiz çamaşırları, çizme kalıplarını, takvimi... ellerine geçen her şeyi rastgele tıkıştırdılar içine. Kahramanımız, ertesi sabah, gidişini hiçbir şey geciktirmesin diye, daha akşamdan hazırlık yapmaya başlıyordu.

Selifan iki dakika kadar kapıda dikildikten sonra odadan çıkıp merdivenden inmeye karar verdi; pırıl pırıl basamaklarda çamurlu çizmelerinin izlerini bırakarak ve ensesini kaşımaktan kendini alamayarak ağır ağır merdivenlerden indi. Ense kaşımak ne anlama geliyordu? Ertesi gün bir meyhanede, güzel bir yerde, çapkın bir arkadaşa rastlamaktan yoksun kalacağına mı üzülüyordu? Yoksa daha önceden bir aşk serüvenine karışan Selifan, akşamları kenti karanlıklar sararken, günün yorgunluklarını gideren uşakların, işçilerin ve kıyıda köşede kalmış daha başka insanların hoşuna gitsin diye kırmızı gömlekli bir gencin balalayka çaldığı saatte kapıların eşiğinde, kar gibi beyaz elleri avuçlarının içine alarak yaptığı o tatlı konuşmalara mı yanıyordu? Yağmurda çamurda, ayazlarda yollara düşeceğini, sobanın yanı başında yemek yediği o sıcak köşeyi, ağzınıza layık lahana çorbasını ve puf böreklerini bir daha göremeyeceğini mi anlatmak istiyor? Ne acıdır ki gerçek böyleydi işte. Rusya'da bir halk adamı ensesini kaşıdı mı, bunun birçok anlamı vardır!

XI

Gel gör ki hiçbir şey Çiçikov'un tasarladığı gibi olmadı. Önce hiç düşünmediği kadar geç uyandı: birinci aksilik. Kalkar kalkmaz, arabanın hazırlanıp hazırlanmadığını sordurdu; ama kendisine hiçbir hazırlığın yapılmadığı bildirildi: ikinci aksilik. Öfkeden küplere bindi; herifçioğlunun kendisini bakalım nasıl temize çıkaracağını merak ederek dostumuz Selifan'a bir tokat patlatmayı bile göze aldı, Selifan göründü ve birtakım beylik sözler sıralamaya başladı. Yola çıkılmaya başlandığı zaman, uşakların oldum olası ileri sürdükleri o uzun sözleri duyunca Çiçikov biraz olsun yatıştı.

«Pavel İvanoviç, atları nallatmalı.»

«Ah! Rezil herif, kepaze herif! Bana daha önce neden hiçbir şey söylemedin? Besbelli, zamanın yoktu»

«Yoo, zaman vardı... Ama tekerlekler de var, Pavel İvanoviç, tekerleklerin demir çemberini yenilemek gerek, çünkü yollar şimdi iyice bozuk... İzin verirseniz, bir başka konu daha var. Briçkanın önü artık yürümüyor; iki fersah yola bile güç dayanır.»

Çiçikov ellerini kaldırarak:

«Sen namussuzun birisin!» diye bağırdı:

Selifan'ın üzerine öyle bir yürüdü ki adamcağız, tokat yemekten korkarak birkaç adım geriledi.

«Herif, ölümüm senin elinden mi olacak? Canımı mı almak istiyorsun? Haydut herif, canavar, alçak herif, demek yarı yolda beni boğazlamayı düşünüyorsun, ha! Söyle, buraya geleli tam üç hafta olmadı mı? Ne demeye böyleyken böyle demezsin, a alçak! Ne gezer, tam son dakikayı, arabaya binilecek dakikayı bekliyorsun! Herif, alçaklık değil de nedir bu? Önceden bilmiyor muydun sanki bunu? Biliyordun, değil mi? Söylesene! Bilmiyor muydun?»

Selifan, başını öne eğerek:

«Biliyordum,» diye açıkladı.

«Peki, bana neden hiçbir şey söylemedin?»

Selifan bu soruyu karşılıksız bıraktı; başını eğerek, içinden şöyle mırıldanmaya başladı, ne garip şey: Biliyordum ama hiçbir şey söylemedim!

«Git de hemen bir demirci bul, iki saatte her şey bitmiş olmalı. Duyuyor musun beni! Tam iki saat içinde; yoksa başın belaya girer benimle!.. Bir sucuk gibi bağlarım kollarından seni.»

Emri yerine getirmek için kapıya doğru giden Selifan, durdu ve dedi ki:

«Bayım Kula'yı satmalısınız; bu at, gördüğünüz gibi uyuzun teki doğrusu! Yolda anamızı ağlatmaktan başka bir işe yaramaz böylesi.»

«Olur! Satarım pazarda!»

«İnanın, Pavel İvanoviç, sırf çalım. Size kalıbımı basarım ki bir adım bile atmadığı halde numara yapıyor.»

«Aptal herif! Canım isteyince satarım onu. Aklın başına şimdi mi geldi? Dur hele biraz. Demircileri tam zamanında getirmezsen, her şey iki saatte bitmiş olmazsa, yersin şu tokatlardan birini!.. Suratını sen bile tanıyamazsın artık! Haydi bakalım, defol!»

Çiçikov, babaları gene üstünde, yolda çıkacak bir haydutu tepelemek için yanında taşıdığı kılıcı yere attı. Pazarlık etmeden önce demircilerle, bu anadan doğma soysuzlarla bir çeyrek tartıştı, öyle ki: İşin acele olduğunu anladıklarından, altı misli para istediler. Bizimki açtı ağzını yumdu gözünü, onlara yankesiciler dedi, yol kesici haydutlar dedi, hatta mahşer gününden bile söz açtı. Ama demirciler bu sözlere kulak asmadılar, dedikleri dedik göründüler. Yalnızca dediklerini tutmakla kalmadılar, üstelik iki saat isteyen bir işi tam beş buçuk saatte bitirdiler.

Bu süre içinde kahramanımız bütün yolcuların tattıkları o güzelim dakikaları geçirme mutluluğuna erdi. Artık her şey sandıklanmıştır, odada artık ip parçalarından, eski püskü şeylerden, kâğıtlardan başka bir şey yoktur ve insan daha yola çıkmadan kendisinde değildir artık. Kendi ufak tefek işlerini aralarında konuşup duran, gözlerini şöyle bir kaldıran ve yola çıkmaya hazırlanan zavallı yolcunun huzursuzluğunu yaratan şeyi, aptalca bir merakla inceledikten sonra, gene yollarına devam eden yolcuların süzülüp gittikleri görünür pencereden. Yolcunun gördüğü her şey –şu karşıki dükkân, bitişik evde oturan ve kısa perdeli pencereye sokulan yaşlı bir kadının başı– iğrendirir onu, ama gene de gözlerinin önünde kımıldayan ya da kımıldamayan her şeye belli belirsiz bir dikkat gösterir, vızıldayan bir sineği kızgınlıkla ezer ve parmağının ucuyla cama yapıştırır.

Ama her şey son buldu, beklenen dakika gelip çattı artık. Her şey hazırdı; arabanın önü onarılmış, tekerleklerin demir çemberi değiştirilmiş, atlar yalaktan getirilmişti; demirci denen haydutlar da, aldıkları rubleleri bir bir saydıktan ve gene bir bir saydıktan ve iyi yolculuklar diledikten sonra gitmişlerdi. Araba koşulunca, içine yumuşak çörek koyduruldu (Selifan daha önceden araba köşkü yanında bulunan köşeye kendi dişine göre birkaç şey yerleştirmişti) geleneğe uyarak uğurlamaya gelmiş bir yığın uşak, arabacı ve kasketini sallayan hilekâr garsonun gözleri önünde Çiçikov yerine yerleşti. Tam bekârlara yakışan, kentte uzun süre belki de okurları adamakıllı sıkacak kadar uzun süre kalan araba, en sonunda hanın kapısından çıktı.

Çiçikov istavroz çıkararak: «Hele şükür Tanrı'ya!» dedi. Selifan kırbacını şaklattı, önceleri basamakta duran Petruşka artık yerine yerleşti. Bizim yükleri örten Gürcistan halısı üzerine güzelcene yerleşen kahramanımız sırtını deri yastıklara dayadı; kervan, yolun cimrilik etmediği sallantılar ve sarsıntılar arasında yola koyuldu. Bizimki sıçraya sıçraya gittikçe uzaklaşan ve belki ömrü boyunca bir daha hiç görmeyeceği evlere, duvarlara, çitlere bakıyor, kara kara düşünüyordu. Araba, bir cenaze alayının kestiği bir yol kavşağında durmak zorunda kaldı; Çiçikov, ölenin kim olduğunu öğrenmesi için eğilerek Petruşka'ya emir verdi ve bunun savcı olduğunu öğrendi. İyice ürkerek, hemen köşesine büzüldü, deri örtüye büründü ve arabanın perdelerini indirdi.

Arabada öylece durup beklerken Selifan ile Petruşka, şapkalarını saygıyla başlarından çıkarmıştır, alayı, giysileri, yaya yürüyenlerle arabada gidenlerin sayısını hesaplayarak, cenazeye katılanları inceliyorlardı. Çiçikov onlara kimseyle konuşmamalarını ve tanıdıkları uşaklarla selamlaşmamalarını söyledi, sonra deri perdelerle korunmuş camlar arasında, kendisi de usulca gözetlemeye başladı. Bütün memurlar, başları açık, cenazeyi izliyorlardı. Çiçikov arabasını tanıyacaklar diye korktu, neyse ki bu adamcağızların hiçbir şeyle ilgilendikleri yoktu. Bir cenaze alayını izleyenlerin gelenek haline getirdikleri canlı sözler bile söylemiyorlardı. Herkes kendi derdine düşmüştü: Yeni genel valinin nasıl bir adam olduğunu ve kendilerine nasıl davranacağını düşünüyorlardı. Karalar giymiş kadınların bindikleri arabalar daha arkadan geliyordu. Dudaklarının ve kollarının hareketinden harıl harıl çene çaldıkları anlaşılıyordu; belki de yeni valinin gelişinden söz açıyor, vereceği balolar üzerine düşünceler ileri sürüyor ve ölümsüz fistoları ile süslerinden konuşuyorlardı. Kuyruktaki boş birkaç araba yolu tıkıyordu.

Yol yeniden açılınca, bizim kahraman da hareket etti. Perdeleri kaldırdı, içini çekti, acı acı mırıldandı, işte savcı sırasını savdı! En sonunda göçüp gitti bu dünyadan. Gazeteler ve emri altında çalışan memurlar, bütün insanlık için kayıp sayılan bir yurttaşın ölümünden saygıyla söz edecekler, örnek bir koca ve örnek bir babaydı diyecekler, allayacaklar, pullayacaklar artık...

Arkasından dul ve yetimlerin gözyaşı döktüğünü ekleyecekler; oysa onun biricik özelliği gür kaşlı olmasıydı.

Selifan'a dört nala sürmesi için emir verdi, sonra şöyle düşündü, vay anasını, bir cenaze alayına rastladığıma yanmıyorum: Uğur getirirmiş derler!

Bu arada, araba daha ıssız sokaklara daldı; kentin sonunu gösteren uzun çitlerden başka bir şey görülmez oldu. Anayola çıkmak için Arnavut kaldırımı bırakıldı. Ve yeniden işaret taşları, posta menzilleri, kuyular, yük arabaları başladı; kıyıda kenarda kalmış köyler, köylüler bir ayağı çukurda kadınlar, kucağında bir yulaf demeti taşıyan cingöz ve sakallı hancılar; ıhlamur kabuğundan yapılma çizmelerini sekiz yüz verstin aşındırdığı bir yolcu; ufacık ahşap dükkânlarında, un fıçıları, kabuktan pabuçlar, yumuşak çörekler ve türlü türlü mal yığılı, tek tük evli şeytan işi köyler; alacalı bulacalı tahta perdeler, onarılmış köprüler, göz alabildiğine tarlalar, dünyalığı bol köylüler yahut canı çıkmış arabalar; içi döküntü dolu ve üzerinde. *N. Topçu bataryası* işareti bulunan bir arabayı süren bir süvari; oradaki çiftçilerin gölgesine leke düşüren yeşil, sarı şeritler, dorukları sis içine gömülmüş çamlar; bir türkünün ya da bir çan sesinin yankısı, karga sürüleri ve ucu bucağı belirsiz ufuk...

Ey Rusya! Rusya! Kaldığım şu güzel illerde seni, yaradılışında ne göz kamaştırıcı, ve korkutucu bir özellik, ne de bu doğayla yarış edebilecek bir sanat şahlanışı olmayan, zavallı sert ve içinde barınılmaz(*) toprak, seni görüyorum. İnsan senin yanında uçurumlar üzerine kurulu koca koca sarayları olan bu illeri, köpüklü çağlayan gürültüsü arasında, güzel ağaçların takıldıkları, sarmaşıklarla çevrili bu evleri boşuna arar; insan baş döndürücü bir yüksekliğe yerleşmiş taş yığınlarını incelemek için başını arkaya deviremez; asmanın, sarmaşığın ve yaban güllerinin sarmaş dolaş olduğu bir karanlık kemer dizisi arasında, gümüş rengi gökyüzünde kesişen parlak sıradağların yok-

(*) 'Sert ve içinde barınılmaz' nitelemesi sansür tarafından kaldırılmıştır.

tur. Sen dümdüz ve açıksın, basık kentlerin bu düzlüğün ortasında nokta gibidir. Ama hangi büyülü kuvvet insanı sana çeker? Sonsuz enginin her yerinde, bir denizden ötekine esen gamlı türkü kulaklarımda neden durmadan çınlar? Hıçkıran ve ruhumuzu saran bu türkü ne demek ister? Hangi seslerdir, acıklı bir okşayış gibi ta gönlüme işleyen ve durmadan gönlümü çalan? Ey Rusya, ne istersin benden? Hangi anlaşılmaz bağdır ki bağlar bizi birbirimize? Neden yüzüme böyle bakıyorsun? Neden sakladığın her şey bana bekleyiş dolu gözlerle bakıyor?.. İşte kendimden geçmişim artık, öylece duruyorum, yağmur yüklü amansız bir bulut üzerimdeki göğü karartıyor ve düşüncem senin o uçsuz bucaksızlığın önünde dilsiz kalıyor. Bu ölçülemez alan neyi gösteriyor? Bu sınırsızlığında seninki kadar engin bir dehaya hayat mı vereceksin? Sen ki dikiş tutturabilsinler diye bunca şey verdin, kahramanları bağrına basmaya göndermedin mi? Büyük kudretin coşkunca içime işliyor, beni varlığımın en derin yerinden vuruyor; doğaüstü bir ışık gözlerimi kamaştırıyor. Ey Rusya, pırıl pırıl ufuklar, Tanrısal ufuklar ülkesi, yeryüzünün bilinmedik köşesi!..

Çiçikov Selifan'a:

«Dikkat dikkat be, aptal herif!» diye bağırdı.

Arkadan gelen arabanın pos bıyıklı arabacısı bizimkilerin yanından dörtnala geçerken, Selifan'a:

«Kılıcımla seni geberteyim mi istiyorsun?» diye gürledi.

«Cehenneme kadar yolun var!»

«Bir devlet arabasının önüne mi geçmek istiyorsun?»

Toz toprak içindeki araba geçti ve bir hayal gibi ortadan yok oldu.

Yolculuk sözcüğü ne tuhaf çekicilik, ne büyüleyici hava saçar! Yolculuk da başlı başına hani ne büyüdür! Açık hava, güz yaprakları, keskin hava... insan kürküne iyice sarınır, kalpağını kulaklarına kadar çeker, arabanın bir köşesine büzülür. İçinize işleyen titreme tatlı bir ılıklığa dönüşür hemen. Atlar uçar gider dört nala... Rahat bir uyku basar sizi, gözkapakları kapanır, arabacının türküsü, tekerleklerin gürültüsü, atların soluması düşteymiş gibi duyulur; yanındakinin omzuna yaslanıp çoktan uyur gider insan.

Beş konak geçtikten sonra bilinmedik bir kentte, ay ışığı altında gözler açılır; eski kubbeli ve çan kulesi kararmış kiliseler, baştan başa kara ahşap evler, baştan başa beyaz kâgir evler görülür; duvarlara ve kaldırım taşlarına mendilin üzerindeki benekler gibi bir ay ışığı düşer; düz gölgeler bunları yer yer keser; şöyle yandan aydınlanmış ahşap damlar, maden parıltısı ile parlar; canlı tek kul yoktur; her şey uyur. Yalnızca bir pencerede tek bir ışık parlıyordur: belki bir kunduracı bir çift pabuç dikmekle uğraşıyor ya da belki bir fırıncı hamurunu yoğuruyordur, ne önemi var? Bu ne gece, bu ne tanrısal güç, gökte taht kurmuş ne gecedir bu? ve hava, o erişilmez derinliği, çın çın ve duru sonsuzluğu içinde uzayıp giden gök!.. Yüzünüze gecenin çiğ soluğu çarpar, ciğerinize işler bu, insan gene uyuklar, horlamaya başlar... Ve köşeye büzülmüş bahtıkara arkadaş, üzerinde bir ağırlık sezer, burnundan soluyarak kımıldanır.

Yeniden uyanılır, yeniden tarlalar ve bozkırlar başlar, kuş uçmaz kervan geçmez bir uzay ki, içinde hiçbir şey görülmez. Bir işaret taşı süzülür gözlerinizin arasından; gün ışır; ağaran ufukta şimdi altın renkli bir şerit belirir; rüzgâr daha acı eser; sarınalım gene kürklerimize!.. Ne güzel soğuk! İnsan yeniden düşler ülkesine girer. Bir sansıntı sizi yeniden uyandırır. Güneş çoktan tepeye varmıştır. «Yavaş ol, yavaş!» diye bağırır bir ses; araba dik bir yerden iner; aşağıda geniş bir set, güneş altında bakır renkli bir havuzda dibi parlayan bir göl ki alabildiğine; tepeye bir köyün evleri serpilir; kilisenin haçı bir yıldız gibi parlar; köylüler çene çalarlar, kıtlıktan çıkrnışcasına bir açlık duyulur... Tanrım, ne iyidir başını alıp diyar diyar gitmek bazen! Ey yol, sıkıntıdan canı burnuna gelen bir insanı kurtardığın gibi, beni de kaç kez kurtardın beladan! Bana ne yerli yerinde düşünceler, ne şairce hayaller esinledin! Ardından koşup giderken ne tanrısal izlenimler duydum ben!..

Bu sırada, bizim Çiçikov dost da, hepten şiirsel olmayan

düşlere dalmıştı. Ne düşündüğünü görelim bakalım. Önce, kentten ayrıldığından kesinlikle emin olmak için, ikide bir arkasına bakıyor ve hiçbir şey düşünmüyordu; ama demirhaneler gibi, değirmenler gibi ve daha başka dış mahalle süsleri gibi, kentin de çoktan gözden silindiğini anlayınca, kilisenin şekli bile seçilmez olunca, yolu incelemeye koyuldu; N... kentini sanki çocukluğundan beri ayak basmamış gibi belleğinden silmeye çalıştı. Artık onu yol da ilgilendirmez oldu; gözlerini yumdu ve başını yastığa dayadı. Yazar buna sevinmiştir, duyduğu mutluluğu açıkça belirtir, çünkü Çiçikov'un bu davranışı yazara kahramanı üzerinde konuşma fırsatı verecektir; şimdiye kadar, okur Çiçikov'u pek görmüştür, gerek Nozdryev, gerek balolar, kadınlar, dedikodular, gerekse bir kitapta adı bir kere geçmiş olması yetersiz görülen ama dünyada önemli bir yeri olan şu binlerce küçük küçük olaylardan ötürü Çiçikov'dan hayli yoksun kalmıştır. Şimdi hepsini şöyle bir yana bırakalım da konumuza dönelim.

Tarafımızdan seçilmiş kahramanın okurların hoşuna gideceği doğrusu pek kuşkuludur. Çiçikov kadınlar tarafından beğenilmedi, bakın bu çok önemlidir, çünkü kadınlar isterler ki kahraman kusursuz insan olsun. Eğer kahramanın en ufak fiziksel ve ahlaksal kusuru varsa göstermeye, hayalini bir ayna kadar temiz yansıtmaya çalışsın, boşunadır. Ondan her hüneri esirgerler. Çiçikov'un hafiften şişmanlığı ve orta yaşlı olması yazarın başına çok işler açmıştır; kahramanda hafiften şişmanlık hiç bağışlanmaz; bayanların çoğu birdenbire dönerek, «Hıh! Ne çirkin şey!» diyeceklerdir. Ne yazık! Yazar, bütün bunları gayet iyi biliyor ama, kahraman diye de tepeden tırnağa temiz bir insan seçemiyor. Fakat... belki de bu öyküde şimdiye kadar ele alınmamış bir konu anlatılabilir, Rus ruhunun gücü gösterilebilirdi, değeri yüksek bir adam ya da dünyada eşi olmayan, ruhunda tanrısal bir güzellik taşıyan, yüreği soylu duygularla çarpan ve kendini feda etmeye can atan güzel mi güzel bir Rus kızı Kahraman olarak alınabilirdi. Ama, bunların yanında, öbür ulusların bütün temiz kişileri, bir kitabın canlı söz yanında ölü kalışı gibi ölü görünürlerdi. O zaman Rus yaradılışının ahlaksal zenginliği kendini gösterecektir...; Diğer ulusların ruhuna şöyle bir dokunup geçen şeyin Slav ruhuna nasıl işlediği görülecektir... Ama bütün bu ilerde olup bitecek şeylerden söz açmak şimdi boştur! Olgunlaşmış, epeyce gün görmüş ve yalnızlığın uslandırdığı bir insan olan yazarın kendini bir delikanlı gibi oluruna bırakması doğru olmaz. Her şeyin bir yeri ve zamanı vardır.

Hayır, kahraman olarak erdemli bir insan seçilmemiştir. Bunun nedeni de söylenebilir. Çünkü, artık, bu zavallı erdemli insanı kendi halinde bırakmanın zamanı gelmiştir; çünkü şu ağızlarda dolaşan *erdemli insan* sözü her yerde ve her biçimde kullanılmıştır; çünkü erdemli insan, kalemini kullanırken ve elinin altına düşen her şeyi çizerken her yazarın bindiği bir binek hayvanı olmuştur; çünkü erdemli insan boğulmuştur, öyle ki artık ondan kala kala bir deri bir kemik kalmıştır, çünkü kendisine en küçük saygı gösterilmeden, erdemli insandan sinsi sinsi söz açılır. Hayır, alçak adamın sırtına binmenin zamanıdır şimdi. Öyleyse binelim bir alçağın sırtına!

Bizim kahramanın soyu karanlık ve basittir. Ama babası asildi, ama soydan soya geçen bir asalet mi yoksa sonradan kazanılmış bir asalet mi, bunu yalnızca Tanrı bilir! Yüz bakımından onlara benzemiyordu; ama dünyaya gelişinde bulunan bir akraba, Rusya'da kuyruk adı verilen o bastıbacak kadınlardan biri, çocuğu kucağına aldığında şöyle bağırmıştı: «Hiç de umduğum gibi çıkmadı! Bari anneannesine çekmiş olsaydı; ama kimseye benzemiyor. Ne anasına çekmiş, ne babasına; sanki bu ana baba'dan değil!»

Yaşam önceleri ona karanlık, karlı bir delikteymiş gibi, sıkıcı geldi. Çocukluğunda ne bir dostu vardı ne de bir küçük arkadaşı! Yazın olduğu gibi kışın da hep kapalı kalan küçük pencereli bir odacık; astragandan iki katlı uzun bir ceket giyen ve ayaklarında örme terlik bulunan, odayı dolaşırken durmadan soluyan, bir köşeye yerleştirilmiş kumlu tükürük hokkasına tüküren hastalıklı bir baba; o bir sırada, elde kalem, parmaklar ve hatta dudaklar mürekkep içinde, saatler saati duruyordur; gözlerinin önünde hep şu yazı vardır; «Yalan söyleme, büyük insanların sözünü dinle ve yüreğinde erdem taşı» ; döşemede hep terliklerin sesi, alışılmış ama değişmezcesine garip, ağızdan düşmeyen bir ses: «Haylazlık ediyorsun gene!» Çocuk, işinin tekdüze oluşundan sıkılarak, harflerine süslü biçimler verdiği zaman, çengel gibi uzun parmaklarla kulağının acı acı çekildiğini duyuyordu: işte şimdi yalnızca silik bir izini sakladığı o küçük çocukluğunun yürekler acısı tablosu.

Gel gör ki yaşamda her şey çabuk değişir.

Karların eriyişinden sonra, günlük güneşlik bir ilkbahar günü, baba oğlunu küçük bir atın, bizim at cambazlarının alaca dedikleri o burnu ak benekli doru atlardan birinin çektiği arabaya bindirdi; Çiçikov'un babasına ait biricik köylü ailesinin reisi olan arabacı, ufak tefek bir kamburdu; evde efendinin işine bakıyordu. Yolculuk uzun oldu; yolda yattılar, bir ırmak geçtiler, soğuk börek ile bir koyun kızartması yediler ve ertesi gün artık kente vardılar. Genç çocuk sokakların güzelliğine bitti ve ağzı birkaç dakika açık kaldı. Derken alaca at araba ile birlikte bir hendeğe yuvarlandı ki, burada çamurlu daracık bir dik sokak başlıyordu; arabacı ve bizzat efendi tarafından kırbaçlanan hayvan debelene debelene hendekten güç bela çıktı, en sonunda yolcuları yokuşun üst başındaki küçük bir avluya soktu. Eski bir evceğizin önünde iki elma ağacı vardı; arkasında ise, içinde sırf üvez ve mürver ağaçları bulunan bir bahçe, buzlu camdan pencereli, çatısı köhne bir kulübeyi barındırıyordu; burada akrabalarından, gene her sabah çarşıya çıkan ve dönüşte çoraplarını semaverde kurutan sıska bir ihtiyar kadın yaşıyordu. Çocuğun yanağını okşadı ve kanlı canlı oluşuna doğrusu hayran kaldı. Yavrucak artık burada kalmak ve her gün kent okuluna gitmek zorundaydı. Babası, geceyi geçirdikten sonra ertesi sabah gene yola çıktı. Oğlunu arkada bırakırken gözyaşı dökmedi, ama ona şu bu masrafları için elli bakır kapikle şu yerinde ve önemli öğüdü verdi.

«Dikkat et, Pavluşka: kendini yetiştirmeye bak; ne tembellik et ne de yaramazlık; hele, öğretmenlerine ve senden üstünlere boyun eğmeye çalış. Ne olursa olsun, elinden bir halt gelmiyorsa ve Tanrı sana yetenek vermemişse bile, gene yolunda yürür ve öbürlerini geçersin. Arkadaşlarınla içli dişli olma: hiçbir iyi şey öğretmezler sana onlar, eğer gerekirse çok zenginlerle düşüp kalk ki, gerektiğinde sana el uzatabilsinler. Kimseye ziyafet çekeyim deme ve bir şey koklatma; daha çok sana versinler diye bak. Daha çok cimri davran, para biriktirmeye çalış: bundan daha sağlam hiçbir şey yoktur dünyada. Bir arkadaşın ya da bir dostun seni felaket anında hemen bırakır, oysa para ne olursa olsun bırakmaz seni. Paranın açmayacağı kapı yoktur.»

Bu sıkı öğütlerden sonra, baba evin yolunu tuttu; oğlunu bir daha hiç görmeyecekti, ama sözleri çocuğun ruhuna adamakıllı işledi.

Ertesi günden tezi yok, Pavluşka okula başladı. Özel hiçbir yetenek göstermedi ama, çalışkanlığı ve terbiyesiyle kendini döktü ortaya; hatta bir başka bakımdan –pratik yaşam görüşü bakımından– üstün zekâ örnekleri gösterdi. Nasıl dolap döndüreceğini hemen sezdi ve arkadaşları arasında öyle kurnazca davrandı ki kendisine ziyafet çeken hep arkadaşları oldu ve arkadaşlarına bir şey koklatmak şöyle dursun, onlardan çöplendiği ufak tefek şeyleri bile, gene bazen tutup satıyordu onlara. Daha çocukluğundan itibaren benliğini her şeyden yoksun kılmaya çalıştı. Babasının verdiği elli kapiğin dibine darı ekmek şöyle dursun, nerdeyse olağanüstü bir beceri göstererek yıl sonunda bu parayı çoğalttı bile. Önce balmumundan bir şakrak kuşu yaptı, bunu boyadı ve pek yüksek bir fiyatla okuttu. Sonra başka işler üzerinde çalıştı. Çarşıdan öteberi satın alarak, sınıfta küpü dolu arkadaşların yanına oturuyor, içlerinden birinin canı –açlık işareti– sıkılmaya başlayınca tutup ona bir parça baharatlı ekmek ya da yumurtalı çörek veriyor ve iştahının derecesini ölçerek ona göre para ödetiyordu. Yakaladığı bir fareyi tahta kafese koyup iki ay besledi, hatta hayvancağıza emirle susta durmasını, yatmasını, kalkmasını öğretti, sonra da iyi bir paraya sattı bunu. Beş ruble biriktirince, bunları kendi eliyle diktiği bir keseye yerleştirdi ve bir kese daha doldurmaya baktı.

Öğretmenlerinin karşısında, daha saygılı göründü. Şunu da söylemeli ki sessizliği ve ağırbaşlılığı seven öğretmen, atılgan ve zeki çocukları çekemiyordu: kendisiyle hep alay ettiklerini sanıyordu. İçlerinden biri zekâsıyla dikkati çekince, kızgınlığını gidermek için, kaşlarını çatıp çocuğu azarlar, gözünün yaşına bakmadan cezalandırdı onu.

«Küstahlığını ve itaatsizliğini kıracağım senin,» derdi. «Ben seni, senden bile daha iyi bilirim. Cezan bitinceye kadar diz çökecek ve kuru ekmek yiyeceksin.»

Ve zavallı suçsuz çocuk, dizlerini oğuşturur, nedenini bilmeden günlerce aç kalırdı.

«Yetenekmiş, zekâ kıvraklığıymış! Boş şeyler bütün bunlar!» derdi gene öğretmen. «Ben yalnızca terbiyeye bakarım. Hiçbir şey bilmese bile, terbiyeli öğrenciye hep iyi not veririm; fakat kendisinde kötü bir zekâ, alaycı bir huy gördüğüm öğrenciye, Solon'a taş çıkartsa bile basarım sıfırı!»

Şu:

Vallahi, istersen iç, iç ama işini bil! sözlerini söylediği için Şair Krilov'a kızan öğretmen işte böyle konuşurdu. Bir zamanlar ders verdiği sınıfı ballandıra ballandıra anlatırdı. Sınıfta öyle bir sessizlik olurmuş ki sinek uçsa duyulurmuş bütün bir ders yılı süresince hiçbir öğrenci ne öksürür ne de burnunu silermiş; zil çalıncaya kadar, sınıfta biri var mı, yok mu diye anlaşılamazmış.

Çiçikov hemen öğretmenini huyunu suyunu ve nasıl davranmak gerektiğini sezdi. Arkasından ona boşuna çimdik attılar; derste kıpırdamıyordu. Paydos zili çalınca, taşımayı huy ettiği kulaklıklı şapkasını ötekilerden önce öğretmene vermekte tez davranırdı. Artık, sınıftan ilk önce çıkar ve elde şapka, öğretmenin geçeceği yol üzerinde, üç kere bulunmaya zorlardı kendini. Bu davranış istenilen başarıyı sağladı. Okulda bulunduğu sürece hep iyi not aldı ve okulu bitirdiğinde pekiyi derecede diploma ile bir de kitap kazandı ki içine yaldızlı harflerle şunlar yazılmıştı: *Pavel Çiçikov'a, örnek alınacak çalışkanlığının ve eşi bulunmaz terbiyesinin karşılığı olarak.*

Artık ustura isteyen bir çenesi ile yakışıklı bir delikanlıydı. O sıralarda babası öldü. Miras miras diye pek eski dört yelek, aşınmış iki astragan redingot ve bir parça da para kaldı. Rahmetli, görüldüğü gibi, sağken hiç de tutumlu olma öğütlerini tutmuş değildi. Çiçikov yıkık evle birlikte üç beş dönümlük toprak parçasını bin rubleye elden çıkardı, yerleşmek ve devlet işine girmek isteyerek, kölelerin ailesiyle bir olup kente indi. Bu sıralarda sessizliği ve ağırbaşlılığı seven zavallı öğretmen, budalalığı ve birkaç hatası yüzünden işinden olmuştu. Acısından içmeye başladı, derken parasız pulsuz kaldı. Hasta, ekmeksiz ve kimsesiz adam, buz gibi bir tavan arasında yaşıyordu. Eski öğrencileri, hani hep dik başlı ve küstah damgasını vurduğu sivri akıllılar, yoksulluğunu öğrendiklerinde, iyilik etmek için yardım topladılar ve bu uğurda gerekli eşyalarını bile sattılar; yalnızca Pavluşka Çiçikov parası olmadığını ileri sürdü ve beş gümüş kapik verdi, arkadaşları da ona hemen cimri damgasını yapıştırdılar! Eski öğrencilerinin davranışını öğrenince zavallı öğretmen yüzünü elleri arasına aldı; sıska bir çocuğunki gibi feri kaçmış gözlerinden yaşlar boşandı. Alçak sesle:

«Ölüm yatağında gözyaşı dökmemi Tanrı istemiş» dedi.

Hele Çiçikov'un yaptığını öğrenince içini çeke çeke ağlamıştı.

«Ya Pavluşka İnsan nasıl da değişirmiş hemen! Öyle ciddi, öyle kendi halinde bir öğrenci! Küçük bir ermiş! Yanılmışım meğer...»

Bununla birlikte kahramanımızın, vicdansız, taş yürekli, acıma nedir bilmez derecede duyguları körelmiş biri olduğu yargısına varmak doğru değildir. Başkasına yardım etmek isterdi ama, çok değil, belli bir para vererek yapmalıydı bunu; sermaye yapmak için biriktirmeyi kafasına koyduğu paraya el sürmek olmazdı. Uzun sözün kısası, babasının: «Paracıklarını biriktir» sözü meyve vermişti. Ama parayı para olarak hiç sevmezdi; cimrilik, pintilik garibine giderdi. İçinde her şeyin tam olduğu bereketli bir yaşam tasarlıyordu. Şöyle iyice yüksek bir ev, zekeriya sofraları, güzelim uşaklar: işte aklını fikrini kurcalayan şey bunlardı. Bütün bunları gerçekleştirmek uğruna, kendisi için olsun, başkaları için olsun cimrice para biriktiriyordu. Güzel atlar koşulmuş zarif bir arabada zengin birini görünce, büyülenmiş gibi donup kalıyor, sonra düşüncelere dalarak şöyle diyordu:

«Bir zamanlar tezgâhtardı, ensesinde yuvar yuvar kesik saçlar vardı!»

Zenginlik ve mal mülk denen her şey içine acı acı işliyordu.

Okuldan çıkınca dinlenmek bile istemedi, bir an önce işe girmek için yanıp tutuşuyordu. Fakat parlak diplomalarına inat, Vergi Dairesi'ne girmede bile hayli güçlük çekti; bir taşra köşesinde bile kayırma vardı! Kendisine verilen iş yetersizdi: otuz hadi bilemedin kırk ruble kadar yıllık ücret! Fakat canını dişine takarak çalışmaya ve bütün zorlukları yenmeye karar verdi. Her şeyden elini eteğini çekme, sabır, olağanüstü bir perhiz hüneri gösterdi. Sabahtan akşama dek düşünce ve beden yorgunluğu nedir bilmeksizin kâğıtlara gömülerek yazıyor, evine gitmiyor, dairede bir masa üzerinde geceliyor, temiz kalmayı, iyi giyinmeyi, yüzüne cana yakın bir ifade ve davranışlarına da soylu bir hava vermeyi biliyor, bazen hademelerle birlikte yemek yiyordu. Şunu da söylemek gerekir ki çirkin insanlardı arkadaşları. Kimilerinin yüzü kötü pişmiş bir ekmeğe benziyordu: bir tarafı şişkin yanak, çarpık çene, bir çıban gibi kabarık ve hatta çatlak dudak; uzun sözün kısası bir dehşet. Birine ağzının payını veriyorlarmış gibi hepsi de avaz avaz konuşuyorlardı. Slav yaratılışının durmadan putseverliği koruduğunu ortaya dökerek, çoğu zaman kendilerini Baküs'e kurban ediyorlar; hatta kimi zaman daireye kafaları bir parça dumanlı, incecik burun deliklerinden soluya soluya geliyorlardı. Temiz yüzü, tatlı sesi ve her şeyden iyice el etek çekişi ile Çiçikov, bu sarhoş arkadaşlar arasında göze batar bir ayrılık yaratıyordu; insan bunu görmezlikten gelemezdi. Ne var ki yaşamı güçlükle doluydu. Başında amir diye her heyecana karşı duygusuz bir bunak vardı; asık yüzünde hiç gülümseme olmazdı; sağlığını sormak için bile olsa kimseye hiçbir zaman tatlı bir söz söylemezdi. Kimse onu, hatta sokakta ve evinde bile bu soğukluktan uzak görmemişti. Bari bir kezcik olsun şöyle böyle bir ilgi göstersin; hem kafa çeksin ve hem de yüzü gülsün; içki saatlerinde haydutu bile baştan çıkaran vahşi eğlenceye dalsın! Yok canım, bütün bunlar yabancıydı ona. Hiçbir duygu onu canlandırmazdı, bu iyiden iyiye duygusuzluğun uğursuz bir yanı vardı. Göze batar biçimsizliği olmayan o mermer gibi yüzüyle hiç kimseye benzemezdi; keskin bir ifade vardı yüz çizgilerinde. Suratındaki bir yığın çiçek bozuğu izi onu, halk deyimine göre, şeytanın geceleyin gelip yakaladığı *yüzler sınıfına* sokuyordu.

Böyle bir insanın dostluğunu kazanmak insanüstü bir çaba isterdi; ama Çiçikov denedi bunu. Önce en önemsiz şeylerle ona hoş görünmeye çalıştı; kullandığı kalemlerin boyunu dikkatle ölçüp biçti ve aynı model üzerine bir yığın kalem yontup, bunları hemen hokkasını yerleştirdi; masasının üzerindeki rıhı ve sigara külünü iyice temizliyor, kalemi silsin diye ona bez parçaları buluyor, bu suratsız bunak, daireden çıkmadan bir dakika önce gidip hemen şapkasını getirmede kusur etmiyor, hatta herif ceketini duvardaki badana ile kirletince de sırtını süpürüyordu. Gel gör ki bütün bunlar kâr etmedi. Son olarak, onun aile yaşantısına burnunu soktu; bunağın, geceleri yüzü şeytan tarafından yalanan gelinlik bir kızı olduğunu öğrendi. Saldırılarını bu yöne çevirdi. Kızın pazarları hangi kiliseye gittiğini öğrendi ve iki dirhem bir çekirdek giyinerek kolalı gömlekle karşısına dikildi. Hile başarı gösterdi; sert kalem amiri yumuşadı ve bizimkini eve çay içmeye çağırdı! İşler bir çırpıda o biçim aldı ki Çiçikov gidip oraya yerleşti ve evin gerekli bir parçası haline geldi; şeker alıyor, evin kızını nişanlısı diye görüyor; yaşlı adama: baba diyor, elini bile öpüyordu. Vergi Dairesi'nde millet, düğünün büyük perhizden önce, şubat sonunda yapılacağını düşünüyordu. Meymenetsiz amir, Çiçikov'un iyiliği için kendi büyüklerinin eteğini öpmeye başladı, çok geçmeden bizimki, başka bir dairenin müdürü oldu. Çiçikov amacına ulaşmıştı, çopur bunakla ilişkisini kesebilirdi artık. Usulca pılısını pırtısını topladı ve ertesi günden tezi yok başka yere yerleşti. Bunağa, baba demeyi, elini öpmeyi bıraktı; düğüne gelince, artık söz açılmaz oldu bundan. Ama ihtiyara rastlayınca içtenlikle elini sıkmaktan, onu çay içmeye çağırmaktan geri durmuyordu, öyle ki adamcağız olanca duygusuzluğun karşın başını birkaç kez sallayarak: «Vay alçak herif, oyun oynadı bana!» diye homurdanıyordu.

En güç adım böyle atılınca, bizim kahramanın işi daha kolaylaştı. Artık önemli bir adam olmuştu. Sevimli davranışları ve iş görme hünerleri vardı. Yeni yeri sayesinde kısa zamanda kârlı işler çevirdi, iyi bir vurgun vurdu. Şunu da söylemek gerekir ki o dönemde bütün rüşvetçilerin amansızca arkasından koşulmaya başlanmıştı. Kovuşturmalarda korkmak şöyle dursun, zorluklar karşısında kendini gösteren Rus yaratıcılığını göstererek Pavel İvanoviç işleri hemen kendi iyiliğine çevirdi. Artık işler şöyle yürüyordu. İşi düşen bir adam gelip de elini, bizim Rusya'da denildiği gibi, *Prens Kovanski'nin eliyle imzalanmış tavsiye mektupları* çıkarmak için cebine attığında, Çiçikov, gülümseyerek kolunu tutup:

«Yoo olmaz,» derdi, «düşününüz ki ben... Hayır, hayır! Biz görevimizi hiçbir karşılık beklemeden yapmak zorundayız! Emin olun, yarın her şey bitmiş olur. Bana adresinizi verin ve bundan böyle hiçbir şeyden kaygınız olmasın: sonuç evinize bildirilecektir.»

İşi olan adam etekleri zil çalarak, neredeyse: «İşte çok gerekli, işinin eri bir adam! Gerçek bir inci!» diye düşüne düşüne evine döner. Boşuna bir bekleyiş içinde, bir gün geçer; üçüncü gün de geçer. Adam yeniden daireye gelir –durum aynı değildir– gerçek incinin karşısına dikilir.

Çiçikov ellerini sıkarken, pek tilkice:

«Aman! Bağışlayınız,» derdi. «Çok işimiz vardı, ama yarın, kesinlikle yarın her şey bitmiş olur! Doğrusunu isterseniz, utandım!»

Ve bu sözleri candan davranışlar izlerdi. Eğer, konuşurken, giysinin bir yanı görülürse, bunu hemen düzeltmeye ve örtmeye bakardı.

Ama ne ertesi gün ne de başka günler, eve kâğıtlar gönderilmiyordu. İş sahibi de kara kara düşünmeye başlıyordu. «Vay canına, bir iş olmasın bunda?» Soruşturduğunda şu karşılığı alıyordu:

«Yazıcılara bir şeyler koklatmak gerek.»

«Peki, bir iki ruble vermeye hazırım.»

«Yoo, bir iki ruble olmaz, iyi bir para vermeli»

«Yazıcılara iyi bir para mı!» diye kızıyordu iş sahibi.

«Neden kızıyorsunuz?» diyorlardı ona. «İşin doğrusu bu, bir ruble yazıcılara gider, üst yanı da yukardakiler içindir.»

Anlayışı kıt işadamı elini alnına vuruyor ve yeni iş durumuna, rüşvetçilerin kovuşturulmasına(*) memurların nezaket numaralarına sövüp sayıyordu: «Bir zamanlar, hiç değilse insan ne yapacağını bilirdi, baştakine on ruble koklattın mı iş tamamdı; ama şimdi, yirmi ruble verilecek ve işin ne olduğunu anlaşılmadan bir hafta beklenecek... Memurların görev düşkünlüğü de soyluluğu da yerin dibine batsın!» Kuşkusuz iş sahibinin hakkı vardı; her amir kibar ve namusu bütün insanlardı; yalnızca yazıcılar hinoğlu hin'diler.

Çiçikov'a çok geçmeden daha geniş bir iş alanı açıldı: önemli biri adına genel bir yapı yapmak üzere bir komisyon kuruldu. Çiçikov bu işe burnunu soktu ve en çalışkan üyelerden biri oldu. Komisyon hemen işe başladı. Altı yıl oldu; ama, gerek iklimin kötülüğünden ve gerekse gereçlerin istenilen nitelikte olmamasından ötürü, bina hiçbir zaman temelden yukarı çıkmadı.

(*) Sansür, «rüşvetçilerin kovuşturulması,» sözünü kaldırmış ve yerine «yeni yollar» sözünü koymuştur.

Oysa kentin başka başka köşelerinde, komisyon üyelerinin her biri burjuva mimarisinde güzel birer evin sahibi oldu: buradaki toprak besbelli daha iyiydi. Bu baylar işi tıkırına koymaya ve aile yuvası kurmaya başladılar. Bunun üzerine Çiçikov da artık yavaş yavaş o vahşi perhizden ve sert özveriden sıyrıldı. Derken özveri yolunu değiştirdi ve bundan böyle, insanın, çoğu zaman, tümüyle kendinin efendisi olmadığı o çılgın gençlik yıllarında yoksun kaldığı çeşitli eğlencelere daldı. Daha da ileri gitti, iyi bir aşçı tuttu, süslü püslü gömlekler aldı. Artık taşrada kimsenin giymediği kumaşlar aldı, kırmızı benekli giysiler giydi; bir çift at satın aldı, birinin yönetimini arabacıya verip birine de kendi kullanıyordu; yüzünü kolonya ile yıkama illetine tutulmuştu artı; artık derisini yumuşak tutacak iyi bir sabunu ateş pahasına satın alıyordu; artık...

Gel gör ki eski şef, alçak, bir yenisi ile, sert bir askerle, kötü davranışların ve haksızlık denen her şeyin baş düşmanı bir adamla yer değiştirdi. Ertesi günden tezi yok milletin başına çorap ördü, hesapları inceledi, düzensizlikleri gördü, her aşamadaki aksaklıkları gördü. Herkes kendi çıkarına göre soymuştu milleti. Suçlu memurlar işinden uzaklaştırılmış, burjuva mimarisine göre yapılmış evler devletin eline geçmiş, yetiştirme yurtlarına ve asker çocukları için okullara verilmişti. Herkes uğrayacağına uğramış. Çiçikov da ötekilerden daha beter gitmişti okkanın altına... Sevimli olduğu halde, şefi –Tanrı bilir neden! Bu durumda, bazen ortada sebep bile yoktur ya– suratından hoşlanmadı, üstelik illet oldu ona. Bu yeri doldurulmaz adam, tüm astlarına karşı sert davranıyordu; fakat bu sivillerin oyunlarını bilmeyen bir asker olduğundan, bir süre sonra, dürüst davranışları ve her konuda kendisine yardımcı olma gibi davranışları sayesinde öbür memurlar güvenini kazandılar, böylece de general gene hemen amansız düzenbazların ellerine düştü, onların ne mal olduklarını anlayamadı. Suyuna göre insanlar seçtiğinden dolayı artık göğsü kabarıyordu. Memurlar huyunu suyunu anladılar ve onu hemen elde ettiler. Emrindeki bütün memurlar haksızlığın gözü pek düşmanları kesildiler; balıkçının elindeki zıpkınla güzelim boylu bir mersinbalığının ardından koşması gibi, her yerde haksızlığın peşinden yürüdüler, ve böylelikle de o kadar başarı kazandılar ki içlerinden her biri birkaç bin rubleye konmanın yolunu buldu. Bu yetmiyormuş gibi, eski memurların çoğu doğru yola girdi ve yeniden iş başına geçti. Bu işten yalnızca Çiçikov zarar gördü; generalin ayarttığı, efendisini burnundan tutup götürmeyi iyi bilen özel yazıcısı boşuna bizimkinin iyiliğine çalıştı; hiçbir sonuç sağlamadı. Çünkü general, burnundan tutulup (haberi olmaksızın) götürülmesi kolay da olsa, kafasına çivi çakılırcasına bir şey takıldı mı, hiçbir şey onu düşüncesinden döndüremezdi. Kurnaz yazıcının ele geçirebildiği bütün şey sicilindeki notları ortadan kaldırmak oldu; Çiçikov'un zavallı ailesinin, bereket ki hayali ailesinin o yürekler acısı yazgısını allı pullu sözlerle sayıp dökerek efendisinin merhametini uyandırabildi.

Yetti artık! dedi içinden Çiçikov, olan oldu artık, ne yapsam boş. Gözyaşları acıya derman olmaz; yeni baştan işe koyulmalı! Yeni bir meslek tutmaya, yeniden bağrına taş basmaya, kendini alabildiğine kaptırdığı o zevke sefaya karşın iştahlarına yeniden gem vurmaya karar verdi. Hava değiştirmesi, başka yerlerde kendini göstermesi gerekiyordu. Ama olmuyordu. Kısa zamanda esaslı iki üç memurluk değiştirmek zorunda kaldı. Memurluk sıkıcıydı, alçaklık doluydu. Şunu da bilmek gerekir ki Çiçikov dünyanın en kibar insanıydı. İlk yıllarında bayağı bir toplum içine düşmek zorunda kalmakla birlikte hep temiz kaldı, ruhunun temizliğine toz kondurmadı. Dairelerde, masaların pırıl pırıl parlak ve oturulacak yerin ise iyi olmasını severdi. Ağzından hiçbir zaman çirkin bir söz çıkmazdı, eğer memurlardan biri soylulardan birine kötü bir söz söyler ya da saygısızlıkta bulunursa buna çok üzülürdü. Onun iki günde bir, yaz sıcaklarında bile her gün çamaşır değiştirdiğini öğrenmek, okuru, hiç kuşkusuz sevindirecektir. Her türlü pis koku burun deliklerini hasta ederdi. Bu yüzden, Petruşka kendisini soymaya ve çizmelerini çıkarmaya geldiği zaman, burnuna bir karanfil çiçeği sokardı. Birçok bakımdan, genç bir kız kadar duyguluydu; bu yüzden de herkesin sarhoş ve kaba saba davrandığı bir yerde bulunmak ona ağır gelirdi. Dayanıklı olmasına karşın iğne ipliğe dönmüş ve hatta bu uğursuzluklar sırasında suratı yemyeşil olmuştu. Önceleri şişmanlamaya, okurun karşısına çıktığı ilk zamanki gibi tonton ve saygıdeğer bir havaya bürünmeye çalışıyordu. Önceleri, aynada yüzüne bakarken ikide bir aklına gülünç fikirler geliyordu –genç bir kadın, çocuklar filan– ve bu düşüncelere bir gülümseyiş ekleniyordu; ama artık rastgele aynaya bir baktığında, yalnızca şöyle diyebilirdi: «Hey Allahım! Amma da çirkinleşmişim!» Ve artık uzun zaman aynaya filan bakmak istemedi.

Böyle olmakla birlikte, kahramanımız her şeye olağanüstü bir sabırla karşı koydu ve en sonunda gümrüğe girdi. Şunu da söylemek gerekir ki bu işe öteden beri can atardı. Gümrükçülerin ele gçirdikleri güzel parçaları, kız kardeşlerine, teyzelerine, yeğenlerine ve can ciğer dostlarına gönderdikleri porselenleri ve patiskaları görmüştü, içini çeke çeke kaç kez şöyle demişti: «İşte kapılanacak yer! Sınır ta burnunun dibindedir, uygar insanlar görürsün, şöyle ifil ifil kumaştan ne kadar gömlek ele geçirir insan!» Şunu da ekleyelim ki yanaklara tazelik ve cilde olağanüstü beyazlık veren bir Fransız sabununu da düşünüyordu; bunun adını bilmiyordu ama, sınırda bulacağına aklı yatmıştı. Gümrük işte onu uzun zamandır böyle çekiyordu; ne var ki yapılar komisyonundan sağladığı birtakım çıkarlar onu bu işten uzak tutmuştu, çünkü Dimyat'a pirince giderken evdeki bulgurlardan olmak işine gelmezdi. Artık, ne olursa olsun gümrüğe girmeyi kafasına koymuştu ve sonunda bunu başardı.

Yeni görevinde o kadar olağanüstü bir başarı gösterdi ki anadan doğma gümrükçü sanılabilirdi. Şimdiye kadar böyle yetenek, böyle açıkgözlük, böyle anlayış görülmüş değildi; duyulmamıştı bile. Üç, dört haftada, yeni mesleğine o kadar alıştı ki hiçbir şey zor gelmiyordu ona: ne tartıyor ne de biçiyor, faturaya bir bakınca şu sandıkta nasıl bir kumaş olduğunu biliyordu; ağırlığını ölçmek için bir balyaya el değdirmesi yetiyordu. Araştırmalara gelince, arkadaşlarının deyimi ile söylersek, bu işi bir av köpeği becerikliliğiyle yapıyordu. Her eşyayı incelerken gösterdiği sabra insan şaşıp kalabilirdi; bu işi serinkanlılıkla son derece kibarlıkla yapıyordu. Üzeri aranmış yolcular homurdanır, mırın kırın eder, onun o çıtkırıldım haline müthiş sinirlenirlerken, Çiçikov hiç istifini bozmadan ve hep aynı kibarlıkla şöyle derdi:

«Bir parça yerinizi değiştirir ve ayağa kalkar mısınız?» Ya da: «Bayan, öbür odaya geçmek ister misiniz, acaba?.. Memurlarımızdan birinin eşi sizinle görüşecek de...» Ya da: «İzin verin de mantonuzun astarını açayım,» Ve böyle derken de, astardan soğukkanlılıkla, sanki kendi sandığından çıkarıyormuş gibi birer birer atkılar, mendiller çıkarırdı.

Şefleri bile bu pek anasının gözü bir adammış diyorlardı; tekerleklerde, araba oklarında, atların kulaklarında, hiçbir yazarın aklına gelmeyecek ve yalnızca bir gümrükçünün bilebildiği yerlerde keşiflerde bulunuyordu. Zavallı yolcu ancak sınırı geçtikten sonra, aklını başına topluyor ve şunları mırıldanarak geliyordu kendine: «Vay canına, vay anasını be!» Durumu, azarlanacağını sanarak gittiği müdür odasından kamçılanarak çıkan bir öğrencinin durumuna çok benziyordu.

Kısa zaman içinde Çiçikov, kaçakçılara dünyayı zindan etti. Polonyalı bütün Yahudilerin karabasanı ve baş belasıydı. Namuslu oluşuyla, rüşvet yemeyişiyle, sanki gökten zembille düşmüş gibi tanınan bizimki, kırtasiyeciliğe yol açmasın diye gümrükçe el konduğu halde yukarı bildirilmeyen, türlü türlü değersiz mallardan ve ufak tefek paralardan bile kendine düşen payı almıyordu. Bu çalışma ve bu özveri herkesin dikkatini çekti ve kolayca şeflerinin gözüne girdi. Terfi aldı ve hemen yalnız bir başına altından kalkmak için gerekli araçlar isteyerek bütün kaçakçıları durdurmak üzere bir rapor sundu. Kendisine hemen bir müfreze, her türlü araştırma yapmak için de sınırsız sorumluluk verildi. İstediği de zaten buydu. O dönemde dört bir yanda kolu olan belalı bir kaçakçı çetesi türemişti; bu tilkice girişim milyonlarca para getiriyordu. İşi çoktandır bilen Çiçikov, kendisini rüşvetle satın almak üzere gelmiş bulunan memurlara soğuk bir şekilde şu karşılığı vermişti:

«Henüz çok erken!»

Hesapları doğru çıkınca, kaçakçılara artık iş yapılabileceğini bildirdi. İş sağlamdı. Bir yıl içinde, yirmi yıllık devlet işinin kendisine sağlayamayacağını kazanma şansı vardı. Önceleri kaçakçılarla bağlantılar kurmak istemişti, tek başına kalan bir tiyatro oyuncusu oldu mu pek o kadar para sağlayamazdı çünkü; ama şimdi... şimdi durum aynı değildi; koşullar ne olursa olsun üstesinden gelebilirdi. Güçlükleri yok etmek için meslekdaşlarından birini, saçlarına kır düştüğü halde, ten zevkine karşı koyamayan birini baştan çıkardı. Anlaşma oldu, millet de hemen işe koyuldu. Çalışmalar parlak oldu. Okur, iğreti bir postun içine bir milyon değerinde kaçak dantel gizleyerek sınırı geçen merinos koyunlarının gülünç yolculuğunun o dilden dile dolaşan öyküsünü duymuştur elbet. Bu olay Çiçikov'un zamanında geçmişti. O eğer işe burnunu sokmamış olsaydı, hiçbir Yahudi, işi yolunca yordamınca çevirmeyi dünyada başaramazdı. Koyunlar sınırı böyle üç dört kez geçtikten sonra, iki kafadar dört yüz bin ruble kâra kondular. Çiçikov, dendiğine göre, daha açıkgöz olduğu için yarım milyondan fazlasına kavuşmuştu. Anlaşmazlık çıkmamış olsaydı, bu canım paraların daha ne kadar yükseleceğini Tanrı bilirdi. Şeytan, iki kafadara da kötü bir oyun oynadı: birbirine girdiler ve saçma sapan bir şey yüzünden kavga ettiler. Ateşli bir konuşma sırasında belki de kafası tütsülü olan Çiçikov, tuttu arkadaşına, «papaz oğlu» dedi; o da, –papaz oğlu olduğu halde–, bilinmez neden, adamakıllı içerledi, küplere binerek şu karşılığı verdi:

«Yalan söylüyorsun sen: ben devlet memuruyum, papaz oğlu filan değilim; asıl papaz oğlu sensin!»

Karşısındakine böyle sert bir karşılık vermiş olmasına karşın bu yetmedi, onun aleyhine gizli bir ihbarname yolladı. Zaten, bizim gümrükçülerin deyimiyle «güzel bir turp gibi sıkı ve taze» bir yosma yüzünden önceden aralarının açıldığı; kahramanımızı gün batarken karanlık bir sokakta kıstırıp temizlemek üzere adamlar tutulduğu; ama bizim iki düşmanın mandepsiye bastığı, çünkü yosmanın onları bırakarak kıdemli Yüzbaşı Şamşariyov'u yeğlediği ileri sürülüyordu. Bunun gerçek olup olmadığını bilmiyoruz, isterse, bunu okurun kendisinde bırakıyoruz ki allayıp pullasın diye. İşin kötüsü şu ki kaçakçılarla içten içe kurulan ilişkiler ortaya çıktı. Her şeyini yitiren devlet memuru, arkadaşını da yitirdi. Bizim memurlar hüküm giydiler; her şeyleri ellerinden alındı, öylece kalakaldılar; ikisi de beyinlerinden vurulmuşa döndü. Sarhoşluktan ayılır gibi, akıllarını başlarına devşirdiler ve ne halt ettiklerini iyice gördüler. Devlet memuru, yazgısına karşı koyamadı ve bir taşra köşesinde can verdi; ama kolej danışmanı Çiçikov boyun eğmedi. Ortalıkta kol gezen yetkililerin açıkgözlülüğüne karşın gene de bir köşeye üç beş kuruş koymanın yolunu buldu. Aklı, kurnazlığı, kibarlığı, güzel konuşması, etek öpmesi ve rüşvet sayesinde meslekdaşınınki kadar alçakça yoksulluğa düşmemenin çaresini buldu ve adaletin pençesinden kurtuldu. İşini ve yabancı ülkelerden gelme mallarını yitirmişti, bütün bunlar toyların işi idi. Kara günler için bir yana konmuş on bin rubleyi, iki düzine ince gömleği, bekârların kullandığı türden bir briçkayı ve iki uşağı: arabacı Selifan ile uşak Petruşka'yı sakladı; gönlü hoş olsun diye gümrükçüler ona, teninin aklığını korusun diye, toptan hesap, beş altı sabuncuk bağışladılar.

İşte bizim kahramanın içinde bulunduğu yeni durum böyleydi! Üzerine kondurulan kötülüklerden yakasını böyle kurtarmıştı işte! Bunun içindir ki «doğruluk uğruna, mesleğinde çok acı çektiğini» söylüyordu. Bunca fırtınadan, felaketten, çile ve acıdan sonra, azıcık servetiyle küçük bir taşra kasabasının o gönül dinlendirici yalnızlığına çekildiği, burada her zaman, sırtında Hint işi oda elbisesiyle bir evciğin penceresinden pazar günleri kopmuş bir köylü kavgasını seyrettiği ya da sebzeli et yemeğine katmak için gidip kümesten tavuk seçerek tembellik ettiği; bir bakıma gürültüsüz patırtısız ama ne de olsa yararsız sayılmayan bir yaşam sürdüğü sonucuna varılabilir. Ne var ki bu hiç de böyle olmamıştır. Bu da karakterinin o azgın gücünü gösterir. Bir insan öldürmese bile yaşamdan soğutmaya ve küstürmeye yetecek bunca beladan sonra içinde hâlâ anlaşılmaz bir ateş yanıyordu. Karalara bürünmüştü, her önüne gelene çatıyor yazgısının acımasızlığına lanetler savuruyor, öfkeden küplere biniyordu, oysa gene de başka başka işlere burnunu sokmaktan kendini alamıyordu. Bir sabırdır gösterdi, Almanların o ağır, miskin kan dolaşımı üzerine kurulu soğukkanlı sabrı bu sabrın yanında hiç kalırdı. Çiçikov'un kanı, tam tersine şiddetle kaynıyordu; bunu önlemek için büyük bir çaba göstermesi gerekiyordu. İşte şöyle düşünüyordu; düşüncesi doğruluktan hiç de uzak değildi.

Bu aksilik neden benim başıma geldi? Herkes doldurmuş kesesini. Kimseye kötülük etmedim: ne dulun parasını yedim ne de kimseyi sefalete sürükledim. Gerçekten işi benimsedim; benim yerimde bulunan herkes aynı haltı yapardı. Eğer hiçbir şey almamış olsaydım, başkaları çöpleneceklerdi. Ben solucan gibi yerde sürünmek zorunda kalırken, başkaları ne demeye mutlu olsunlar? Ne olacağım şimdi ben? Neyin nesiyim ben? Saygıdeğer bir aile babasına hangi yüzle bakayım? Dünyada boşuna zaman doldurduğumu bildiğimden, nasıl olur da başımı taşlara vurmam? Çocuklarım yarın ne diyecekler? 'Zırnak bile bırakmadı hayvan babamız bize!'

Çiçikov'un doğacak çocuklarını sık sık düşündüğü belli zaten. İçine işleyen bir konudur bu. Kim bilir neden, şu kendiliğinden ortaya çıkan: 'Ne diyecek çocuklarım?' sorusu da olmasa, böyle bir insan belki daha az aldatmış olurdu kedini. Gözüne kestirdiği sabun olsun, yağ olsun, mum ya da kanarya olsun, pençesine alabilmek için efendisinin bakıp bakmadığını kollayan kurnaz bir kedi gözünü dört açarak nasıl beklerse, bizim yarınki aile babası da öyle bekliyordu işte.

Kahramanımız işte böyle yana yakıla konuşuyor ve inliyordu. Ama her zamankinden daha atılgan düşüncesi, işe girişmek üzere fırsat kolluyordu. Yeniden aklını başına topladı, yeniden zorlu bir yaşam sürmeye, her şeyden elini eteğini çekmeye başladı. Daha iyisini bekleyerek, bizde henüz kentli hakkına sahip olmayan, her yerde küçümsenen, memur takımı tarafından ve kendisini çalıştıranlar tarafından bile hor görülen, bekleme odalarında yerde sürünmeye mahkûm, hakaretlere, şuna buna maruz kalan mesleği, çiftlik kâhyalığı yapmak zorunda kaldı... Ne var ki koşullar onu her şeyi kabul etmeye zorlamıştı.

Başka işler arasında, Koruma Kurumu'na birkaç yüz köylüyü ipotek etme işini de üzerine almış oldu. Hayvan hastalıkları, iş başındakilerinin dolandırıcılıkları, kötü verimler en iyi işçileri kırıp geçiren salgınlar, ayrıca Moskova'da son modaya uygun bir ev yaptırarak varını yoğunu burada batıran, artık kendisine bile yiyecek hiçbir şeyi kalmayan çiftlik sahibinin sersemliğinden ötürü toprak yürekler acısı bir durumda bulunuyordu. İşte bu yüzden son mülkü de ipotek etmek gerekmişti. O zamanlar devletten ödünç para alma işi, insanın korkusuz göze alamayacağı yeni bir şeydi. Çiçikov, herkesi bir biçimine getirip avladıktan sonra (önceden yatırım yapmadan memurlara en küçük bir iş bile yaptırılamaz: En azından hepsine birer Madera şarabı vermek gerekir) Çiçikov, bu yatırımı yaptıktan sonra, ilerde çıkacak zorlukları yok etmek için köylülerin yarısının ölmüş olduğunu söylemişti.

Yazıcı:

«Bu ölüler sayım listesinde yazılı mı?» diye sordu.

Çiçikov:

«Elbette,» diye karşılık verdi.

«Peki, ne diye korkuyorsunuz? Ölüler, doğanlar tarafından denkleştirilir ve böylece de denge kurulmuş olur.»

Bunun üzerine kahramanımızın aklına o zamana kadar kimsenin düşünmediği çok hoş bir fikir geldi.

Ne aptalmışım ben! dedi içinden, gözlüklerimi arıyorum ama, burnumdaymışlar meğer. Yeni sayım listeleri çıkmadan önce, bütün bu ölenleri satın alırsam, sözgelişi bunlara bin ruble ödersem Koruma Kurumu bana can başına helalinden bin ruble verir: iki yüz bin ruble sermaye demektir bu da! Şimdi tam sırası: bir salgın oldu, bir yığın insanın köküne kibrit suyu ekti Tanrı'ya şükür. Çiftlik sahipleri paralarını kumarda, eğlencede batırdılar, çoğu Petersburg'da iş aldı; çiftlikler yüzüstü bırakıldı; her yıl vergi vermekten anası ağlıyor insanın; her biri bana ölü canlarını verdiği için düğün bayram eder, böylece vergiden kurtulurlar. Bu kış belki bana az para getirir. İş kuşkusuz iyi, ama tehlikeli; kendimi dara koymak, sıkıntılar çekmek tehlikesini göze alıyorum gene. Ne var ki akıl insana kullansın diye verilmiştir. Bereket iş tavada balık görünecek, kimse inanmayacaktır buna. Doğrusunu söylemek gerekirse, toprağı olmayan köylüler ne satın alınabilir, ne de ipotek edilebilir. Ama ben onları başka yerlere yerleştirmek üzere satın alırım; Torid ve Kerson'u insanlarla doldurmak koşuluyla topraklar ucuz ucuz satın alınabilir. İşte hepsini oralara gönderirim! Gidip yaşasınlar Kerson'da! Yerleştirme işi yasal olabilir. Köylüler konusunda kanıt isterlerse, kolay bu; itiraz ettiğim yok buna. Polis komiserinin imzaladığı bir senet gösteririm. *Çiçikov,* daha doğrusu, vaftiz adıma göre *Pavloykoy* köyü adı verilebilir.

Kendisine, okurun haberi olmadığı halde, kendisine yazarın o derin şükran duygusunu sağlayan garip tasarı kahramanımızın beyninde işte böyle doğdu; Çiçikov'un aklına bu düşünce gelmemiş olsaydı bu şiir yazılmış olmazdı.

Bizimki, Rus geleneğine istavroz çıkardıktan sonra işe koyuldu. Çeşitli bahaneler, örneğin bir oturma yeri seçme gibi bahane ile, ülkemizin çeşitli bölgelerini, hele –kötü verim gibi, ölüm gibi– felaketlerden daha çok zarar gören, uzun sözün kısası, kendisine gerekli kölelerin daha kolayca ve en ucuz fiyatla satın alınabildiği bölgeleri incelemeye girişti. Kalkıp her önüne gelen çiftlik sahibine gitmiyor, yalnızca kendi zevkine uygun kişileri ya da köylüleri dost dost diye tuzağa düşürmek için önce metelik koklatmadan, böylesi pazarlıklarda pek güçlük çıkarmayan insanları seçiyordu. Şimdiye kadar görülen kişiler hoşuna gitmiyorsa okur buna gocunmamalıdır: Çiçikov'un suçudur bu; burada biricik kahraman odur, tutkularının sürükleyip götürdüğü yerlerde onu izlemek de boynumuzun borcudur. Bizi saçmalıkla ve kişilerin ve karakterlerin kötü görünüşü ile suçlarlarsa, biz yalnızca şunu deriz ki hiçbir zaman bir yapıt başlangıçta olanca derinliği ile anlaşılmaz. Bir kente, hele bir başkente geliş, oldum bittim aldatıcıdır; başlangıçta, her şey sönük ve tekdüze görünür, dumanlara bürülü işyerleri ve fabrikalar alabildiğine uzanır, sonra gürültü, patırtı, çatırtı arasında altı katlı evler, mağazalar, tabelalar, sokakların o geniş görünüşü, çan kuleleri, sütunlar, anıtlar, kuleler, gözleri faltaşı gibi açtırmak için insan elinin ve dehasının yarattığı her şey ortaya çıkar. Okur ilk alım satımlarda hazır bulunur; bundan sonra, kahramanın başarıları ve başarısızlıkları, katlanacağı pek zorlu engeller, karşısına çıkacak olan koskocaman yüzler, dramdaki gizli güçlerin çözülüşü, ufkunun genişliği, katılacağı o akıcı lirizm... bütün bunlar sırası gelince olacaktır. Orta yaşlı beyefendinin, bekârların kullandığı türden bir arabanın, Uşak Petruşka'nın Arabacı Selifan'ın, adlarını öğrendiğimiz Vergi Memuru'ndan şu tembel Kula'ya kadar üç atın önünde, alınması gereken uzun bir yol var.

Kahramanımız böyle biriydi, işte! Ama, insan, belki sonuca varmak için bir nokta üzerinde durmak isteyecektir: ahlak bakımından nasıldı o? Yetkin ve erdemli bir kahraman olmadığı bal gibi ortada. Bir alçaktır öyleyse. Neden bir alçak olsun? Nasıl olur da başkaları hakkında böyle kesin konuşabiliriz? Zamanımızda, alçakların artık köküne kibrit suyu ekilmiştir; iyi niyetli, cana yakın insanlar vardır. Milletin ortasında tokatlanmış olma hakaretine uğrayanlara gelince iki üç kişi bulunur böyle, şimdi bunlar bile erdemden söz açarlar. Çiçikov'a *Satın Alıcı* demek daha doğru olur. Satın alma hırsı her şeyin başıdır; herkesin *pek anlamsız* dediği davranışları yaptıran bir huydur bu. Doğrusunu söylemek gerekirse, böyle bir insanla karşılaşan okur, ona yakınlık gösterir ve yanında hoş dakikalar geçirir, sanki bir oyunun ya da bir romanın kahramanı gözü ile bakar ona. Ama akıllı bir okur, bir insanı kem gözle değil, içe işleyici bir bakışla inceler, ruhuna girer. İnsanoğlunda her şey hemen değişir; hiç değilse varlığımızda büyük bir kurt başkaldırır ve tüm özsuyu emip kurutur. En iyi işler için yaratılmış bir insanın içinde çoğu zaman tutkular, büyük ya da küçük tutkular büyür, ona ulu ve kutsal görevlerini unuttururlar. Tutkular, denizdeki kumlar gibi sayısızdır. Hepsi de birbirinden başkadır; en soylusundan en aşağılığına kadar hepsi insanı baskıları altına almakla işe başlar, derken kişiyi zalimleştiririrler. En soylu olanı seçene ne mutlu: böylesinin mutluluğu artar ve durmadan genişler ve durmadan daha da yaklaşır ruh cennetine. Fakat seçimi insanın elinde olmayan tutkular da vardır. Bunların insanla birlikte doğarlar, kendisini bunlardan kurtarmak kişinin elinde değildir. Bunları üstün bir istenç yönetir; ömür boyunca sürecek, insana rahat yüzü göstermeyecek tutkulardır. Bunlar önemli bir rol oynamak için gönderilmişlerdir bu yeryüzüne; ister karanlık isterse pırıl pırıl bir görünüş altında olsun, aslında insanın iyiliği için çalışırlar, Çiçikov'un kapıldığı tutku, belki de kendi istenci dışındaydı; tutkunun yürekler acısı varlığı günün birinde insanları birbirine düşman ediyor ve belki kutsal bilgelik önünde dize getiriyor onları. Şimdiki şiirde bu şeklin görünüşü başlı başına bir sırdır.

Ama başı derde düşen kahramanımızın beğenilmemesi işten bile değildir, şurası da mutlaktır ki, bu aynı kahraman, bu aynı Çiçikov hoş da gelebilir okurlara. Eğer yazar, ruhunun bütün sırlı yönlerini deşmiş, onda kaçan ve ışıkta gizlenen şeyi dile getirmiş, insanın kimseye açamadığı en gizli kapaklı düşünceleri ortaya dökmüş olmasaydı, onu Manilov'a ve bütün kente göründüğü gibi betimlemiş olsaydı, —bütün herkes büyülenmiş olur ve bizimkini ilginç bulurdu. Cansız bir kukla olabilir miydi? Haydi öyle olsun, ama o zaman insanın acılarını, sefaletini açıkça görmeyecektiniz. «Neye yarar?» diyeceksiniz. «Biz de yaşamda bir yığın alçakça ve saçma şey olduğunu bilmiyor muyuz sanki? Acı sahneleri görme fırsatını biz de bulduk. Önümüze daha çekici tablolar serin. Acıları unutmak daha iyidir!..»

Bir çiftlik sahibi, kâhyasına:

«Be adam, bana ne demeye çiftlikte işlerin kötü gittiğini söylüyorsun?» demiş. «Bunu iyi biliyorum; yok mu senin diyecek başka hiçbir şeyin? Bırak beni de unutayım bunu, bilmeyeyim; su serpilsin içime.»

Tabii ki çiftliği belki de kurtaracak olan para, çeşitli eğlence yollarında harcanmış. İşte insanın bereketli kaynaklardan fışkıran zekâsı böyle durumlarda uyuklar. Derken çiftlik, açık artırmayla satılmış, çiftlik sahibi de şaşkınlıktan olacak, gönlü yaralı yaralı, eğlence peşinde koşmuş ve başına öncekinden daha amansız belalar açan alçaklıklara düşmüş.

Yazar gene sözde yurtseverlerin gocunmalarına hedef olacaktır. Böyleleri rahat rahat köşelerinde oturur, sermayeler toplar, başkasının paraları ile keselerini doldururlar; ama vatanın namusuna toz konduruyor diye düşündükleri bir olay olur olmaz, ya da kimi zaman acı gerçeklerden söz eden bir kitap çıkar çıkmaz, hemen ağına düşmüş bir sineği gören örümcek gibi telaşa düşerler. Bir kızılca kıyamettir koparırlar: «Şunda yazılan her şey bizim malımızdır; insanın bunu ele güne yaymaya hakkı var mıdır? Ne derler yabancılar sonra? Kendisi için kötü bir düşüncenin açıklandığını duymak hoş olur mu? Sıkıntı vermez mi böylesi? Biz yurtsever insanlar değil miyiz?»

Bundan başka, hele yabancı düşüncesi konusunda ileri sürülen bilgece sözlere verilecek hiçbir karşılık olmadığını itiraf ederim. Yalnızca şuradaki hariç. Rusya'nın o kuş uçmaz kervan geçmez bir köşesinde anasının gözü iki insan yaşıyordu. Biri, Kifa Mokiyeviç adındaki biri, rahat bir ömür sürüyordu, ailesiyle uğraşmazdı; göğsünü kabarta kabarta felsefi bir sorun dediği, şu basit sorunu çözmeye uğraşırdı.

Odasında üç aşağı beş yukarı dolaşırken:

«Sözgelişi, yabanıl hayvanları ele alalım,» diyordu. «Çırılçıplak doğuyorlar. Neden olur bu böyle? Neden, neden kuş gibi bir yumurtadan çıkmıyorlar? insan gerçekte, doğayı ne denli inceden inceye gözden geçirirse, onu o denli az anlar!»

Kifa Mokiyeviç böyle düşünüyordu. Fakat işin aslı bu değildi. Öbür malın gözü adam, oğlu Moki Kifoviç idi. Herkül yapılı bir çocuktu, babası yabanıl hayvanların doğumu ile uğraşırken, onun yirmi yaşındaki coşkun karakteri açılıp saçılarak ortalığı gitgide kasıp kavuruyordu. Usulca dokunmak neymiş bilmiyordu hiç; geçtiği yerde kırık bir kol ya da ezik bir burun bırakıyordu. Evde ve konu komşuda, oda hizmetçisinden tutun da bekçi köpeğe varıncaya kadar herkes o görünür görünmez fellik fellik kaçıyordu; kendi yatağını bile parça parça etmişti. Moki Kifoviç böyleydi, üstelik de dünyanın en iyi çocuğuydu. Fakat işin püf noktası gene de bu değil, şuydu.

Hizmetçileri ve yakınları babaya:

«Canım, efendimiz, Kifa Mokiyeviç,» diyorlardı, «Moki Kifoviç'teki bu ne hal böyle? Birbirine katıyor ortalığı, sanki şeytan çarpmış!»

Baba da çoğu zaman:

«Evet, gözü dönmüşün biri,» diye yanıt veriyordu; «ama ne yapmalı? Onu yola getirmek için dövsem artık çok geç, hem o zaman herkes beni kötülükle suçlar; çocuğun onuru var. Başkalarının önünde ona bağırıp çağırsam, yelkenleri besbelli suya indirir; ama ne yazık ki o zaman da bunu herkes öğrenir sonra: Kent diline dolar, 'vay köpek vay!' der ona. Bunun bence zor olmadığını inanıyor musunuz gerçekten? Baba değil miyim ben? felsefe ile uğraşmasına uğraşıyorum ama, kimi zaman, sırası gelince hiç de babalık etmiyor değilim. Hay Allah kahretsin! Buramda, evet, bağrımda taşıyorum Moki Kifoviç'i!»

Ve Kifa Mokiyeviç göğsüne vura vura, kızıp köpürüyordu.

«Oğlum bir köpek olsun ve köpek kalsın, hiç olmazsa bunu benden duymasınlar; bunu söyleyen ben olamam!»

Babalık duygularını böyle ileri sürdükten sonra, Moki Kifoviç'i gene kendi kabadayılıklarına bırakıyor ve gene kendi yüce konusuna dönerek şöyle sorular atıyordu ortaya:

«Eğer bir fil bir yumurtadan doğarsa, müthiş kalınlıkta bir kabuk olurdu; topla bile kıramazdı bunu insan; yeni bir ateşli silah bulmak gerekirdi.»

Şimdiye kadar rahat rahat felsefeyle ya da sevgili yurtlarının zararına olarak keselerini doldurmakla uğraşan aşırı yurtseverlerin suçlamasına kibarca karşılık vermek, ne olursa olsun, kötülük yapmamak deği de, sırf yaptıkları kötülükten söz açmamak için, şiirimizin sonunda sanki bir pencere gibi birden açılıveren bu iki insan rahat bir köşede işte böyle yaşıyorlardı. Ama hayır, ne yurtseverlik ne de felsefe bu suçlamaların nedeni olamaz; bu suçlamaların altında başka şey vardır. Niçin susmalı? Peki, ortada yazar da olmayınca, öz gerçeği kim dile getirecek? İçe işleyici bir bakıştan çekiniyorsunuz; siz de sorunları enine boyuna incelemekten korkuyorsunuz; her şeye boş gözlerle dalgın dalgın bakmayı seviyorsunuz. İçten içe gülüyorsunuz Çiçikov'a; belki de, yazarı şöyle diyerek göklere çıkarıyorsunuz:

«Yalnız, bazı çizgileri iyi vermiş! Kendisi de şakacı biri olsa gerek!»

Bunun üzerine, bir gurur çağlayanı içinde, dudaklarınızda yeterince bir gülümseyiş belirir, dersiniz ki:

«Şunu da açık açık söylemeli ki, bazı taşra köşelerinde, insanlar pek tuhaf ve gülünçtür, hatta düpedüz alçaktır!»

Acaba içinizden kim, Hıristiyanca bir alçakgönüllülükle, bilinçli düşüncelerin sessizliğine ve yalnızlığına gömülerek şu belalı soruyu soracak: «Çiçikov'dan bir parça yok mu bende de?» Sanırım, hiç kimse! ama bu sırada okurun önünden, kendi ayarındaki dostlarından biri geçince, yanındakini hemen dirseğiyle dürterek ve gülümseyerek şöyle diyecektir:

«Bak hele! Çiçikov geçiyor işte!»

Bunun üzerine, rütbeye ve yaşa gösterilen saygıyı unutan bir çocuk gibi, alay etmek için, şöyle diyerek koşacaktır arkasından:

«Çiçikov! Çiçikov! Çiçikov!»

Vay canına, biz de öyküsü anlatıldığı sırada uyuyan kahramanımızın henüz uykudan uyandığını ve bu kadar sık sık yinelenen adını kolayca duyabileceğimi düşünmeden, epeyce yüksek sesle daldık konuşmaya. Üstelik kendileri pek alıngandır, saygıda kusur edilince kırılıverir. Çiçikov'un kendine içerlemesi okura vız gelebilir, ama yazar hiçbir şekilde kahramanı ile bozuşamaz: Daha birlikte gidecek bir hayli uzun yolları var ikisinin de; hiç değilse iki bölüm... eh, kolay bir şey değil bu.

Çiçikov, Selifan'a:

«Ee! Ne düşünüyorsun bakalım?» dedi.

Selifan alçak sesle:

«Ne mi?» diye karşılık verdi.

«Nasıl ne? Aptal herif! Bu ne gidiş böyle! Haydi, sür şu hayvanlarını!»

Sorun şu ki Selifan'ın gözleri epeydir kapalıydı, uyuklamasının kimi anlarında aynı derecede kendinden geçmiş atların böğürlerine dizginleri vura vura gidiyordu; Petruşka'ya gelince, kasketini yitirdi yitireli, o da, arkaya yaslanmış, başını Çiçikov'un dizine dayamıştı, öyle ki bizim kahraman bir çimdik atmıştı ona. Selifan kendini toparladı, Kula'nın sırtını şöyle birkaç kez okşadıktan –hayvanı sıçrattı bu– ve çift hayvana da kamçıyı yapıştırdıktan sonra, yayvan yayvan ve avaz avaz: «Deh! Haydi! Korkmayın!» diye haykırdı.

Atlar birden coştu ve hafif arabayı alıp bir tüy gibi götürdüler. Araba yana yattıkça ya da hemen hemen tatlı bir eğimle aşağı inen anayolun yokuşlarından indikçe Selifan yerinde hop hop hopluyor, olanca sesiyle: «Deh, deh, deh!» diye bağırmaktan hoşlanıyordu. Deri yastığın üzerinde hafiften sallanan Çiçikov, dörtnala gidişi sevdiğinden olacak, gülümsüyordu.

Hem hangi Rus sevmez ki hızlı gitmeyi? Ruhu acıdan uzaklaşır, coşar ve arada bir: «Her şeyin canı cehenneme!» demeye can atar. Hızda olağanüstü bir çekicilik, bir coşku vardır, kim sevmez ki? Sizi sanki görünmeyen bir güç kanadına almıştır. Uçar insan, üstelik her şey uçar: Yol işaretleri, arabalarının kıyılarına oturmuş tüccarlar, iki yakadaki orman, kiri arabalarından ve çamlardan karanlık bir dizi, baltaların sesi ve kargaların ötüşü; bütün yol uçar ve uzaklarda yiter. İçinden somut şeylerin görülmeye olanak bulamadığı bu kısacık görüntülerde korkunç bir şey vardır; yalnızca kımıltısız gibi görünen bulutların arasından kayarak süzülüp geçen ay. Ey! Troyka, kuş-troyka! kim yarattı acaba seni? Sen ancak gözü pek bir ulusta doğabilirdin; işlerini yarım yamalak yapamayan, ama yeryüzünün yarısına bir yağ lekesi gibi yayılan bu toprakta daha ne kadar yol varmış diye hesaplamadan önce gözleri yorulur insanın! Sen öyle karışık bir şey değilsin, demiryollarına göre yaratılmamışsın, fakat usta Yaroslav köylüsü tarafından balta ve keserle, küçük mutlulukların üzerine kurulmuş ve bağlanmışsın. Arabacın öyle yabancı malı sağlam çizmeler giymez; sakalı ve eldivenleri ile Yaradan'a sığınıp oturur; böyle anlarda yerinden doğrulup da şöyle bağıra bağıra bir türkü tutturunca atlar tozu dumana katarak uçup giderler, tekerlek parmaklıkları artık dümdüz görünür, yer titrer, korkan yaya yolcu bir çığlık atar, –troka da, mesafeyi yuta yuta yol alır... Ve daha şimdiden, uzakta, havayı delip geçen bir şey görünür.

Ve sen, Rusya, insanın aşıp geçemediği yakıcı bir troyka gibi uçmuyor musun? Her şeyi ardında bırakarak, bir toz bulutu içinden geçiyorsun gürül gürül! Seyirci, bu kutsal bereket önünde şaşırıp kalarak durur. Gökten inen bir yıldırım değil mi bu? Korku veren bu doludizgin gidiş nereye? Dünyanın hiç görmediği bu atlar acaba hangi bilinmedik gücü gizler? Ey güzelim atlar, güzelim kutsal atlar! Acaba hangi kasırga sizin yelelerinizi savurur? Üzerlerinizde o dost türküyü dinleye dinleye, demirden göğüsleriniz ahenkle kabarır ve artık nallarınızla yeri eşeleye eşeleye, havayı yarıp geçen bir çizgi olursunuz upuzun. Kutsal ilham altında Rusya da işte böyle uçar... Nereye gidiyorsun? Karşılık versene! Vermiyorsun. Yalnız çıngırak çalıyor çın çın; altüst olmuş hava parçalanıyor ve yel oluyor; toprakta bulunan her şey önünden geçip gitmiştir, ve heyecan dolu bir bakışla öbür uluslar yol verecekler sana!

İKİNCİ BÖLÜM

BİRİNCİ PARÇA

I

En ıssız köşelerdeki, en uzak bölgelerdeki insanlarımızın rahatını kaçırarak, neden yaşamımızın yoksulluğunu, ama hep yoksulluğunu ve kusurunu betimlemeli? Yazarın marifeti bu ise kusurun mızmız alışkanlığı da onun yaşamın acı görünüşlerinden, bir taşra köşesinde yaşayan insanlardan başka bir şey yazmasına engel oluyorsa, acep ne yapmalı? Bu yüzden biz işte gene bir uzak yerde, gene bir taşra bölgesinde dolaşacağız.

Burçlu ve mazgallı bir koca kalenin o dev gibi siperine benzeyen küçük küçük dağ zinciri bin versti aşkın bir uzunlukta eğri büğrü yayılıyordu. Geniş ovalar üzerinde bazen bir dik duvar gibi, çatlaklarla ve yarıklarla iz iz olmuş balçıklı kalkerden; bazen ormanların bir yapağı gibi kapladığı çimenli güzelim bir tepecik biçiminde; bazen de mucize eseri baltadan kurtulmuş sık ormanların görünüşü altında alımlı alımlı duruyordu. Bir ırmak bazen kıyılarını dirsekler ve dönemeçler çizerek ilerletiyor ya da en sonunda, kıvır kıvır dolaştıktan sonra, kayın, dışbudak, akçakavak dolu ormancıklarda yitmek ve her dönemeçte kendisiyle birlikte kaçar gibi görünen köprüler, değirmenler, su setleri ile korunarak, zafere erişmek için çayırlar arasında döne dolana ilerliyordu.

Tepelerin dik yamacı, belli bir yerde ağaçlardan yeşil bir örtüyle kaplıydı. İnsan yapısı büyük çiftliklere ve bunca yükseklik farkına karşın Kuzey'in ve Güney'in bitki bölgesi bir noktada birleşirler. Meşe, çam, ahlat, akçaağaç, kiraz, yabani erik ağacı, sarısalkım, şerbetçiotu ile karışmış üvez ağacı, bazen birbirlerinin içine geçerek, birbirlerini karşılıklı keserek, bütün yamacı sarıyorlardı. Bunların yeşil dorukları arasındaki tepeden bir çiftliğin bazı bölümleri göze çarpıyordu: köy evlerinin kırmızı damları, sonra dizi dizi sıralı izbelerin çatısı, işlemeli bir balkon ve kemerli büyük pencereli üst kat. Bu ağaç ve dam kümesi, yaldızlı beş kubbesi pırıl pırıl yanan köy kilisesi tarafından kuşatılmıştı. Hepsinde de, yandan delinmiş, altın zincirlerle tutturulmuş gene altından haçlar vardı, öyle ki uzaktan bakıldı mı sanki pırıl pırıl altın mangırların boşlukta asılmış oldukları görülüyor sanılırdı. Bütün bu altüst olmuş topluluk –tepeler, haçlar, damlar– ırmağa gönül alırcasına yansırdı.

Manzara çok güzeldi, ama yukardan, evin üst katından görünen manzara çok daha güzeldi. Balkonda oturan konuk ya da ziyaretçi, bu güzellik karşısında ilgisiz kalamazdı. Şaşkınlık ziyaretçilerin soluğunu keserdi; şöyle bağırabilirdi insan: «Tanrım, ne manzara!» Sınırsız bir manzara: Korucuklar ve değirmenlerle dolu çayırların ötesinde, yeşil ormanlar başlardı; derken, daha şimdiden bulutlu havada, kumlar sararırdı; sonra gene ormanlar başlardı, deniz gibi mavi ormanlar yahut uzaklardaki bir sis dağında, fena havada bile beyaz beyaz parlayan ak tepelerin doruğu vardı; bunları ölümsüz bir güneş aydınlatırdı sanki. Göz kamaştıran beyazlığın üstünde koyu mavi dumanlı lekeler görülürdü. Uzaklarda kalmış köylerdi bunlar; ama göz artık bunları iyice seçemezdi. Güneşte, yalnızca kilisenin yaldızlı tepesi parlar, burasının önemli bir kasaba olduğu anlaşılırdı. Bütün bunların üstünde sanki boşlukta yitmiş gibi bağıran kuşların seslerinin bile bozamadığı bir sessizlik kol gezerdi. Uzun sözün kısası, iki saat balkonda ortalığa göz gezdirdikten sonra ziyaretçiler, yalnızca şöyle diyebilirdi: «Tanrım, ne manzara!»

Az önce anlattığımız yamaçtan girilebilen, yanına yaklaşılmaz bir kaleye benzeyen bu arazide kim oturuyordu peki? Burada, öteye beriye saçılmış meşeler, ziyaretçiyi, kalın dallarını bir kucak gibi açarak dostça karşılardı; tepesini arkadan gördüğümüz şatoya kadar ona arkadaş olurlardı. Bir yandan çatılarını ve işlemeli çatı tepelerini gösteren bir sıra izbe ile, bir yandan da haçlı ve pırıl pırıl altın zincirli kilise ile kuşatılmış konak, artık önden görülürdü. Acaba burası hangi mutlu ölümlünündü? Tremalakan ilçesinden bir çiftlik sahibine, Andrey İvanoviç Tentiyetnikov adında otuz üç yaşındaki bekâra aitti. Bu insan kimdi, nasıl biriydi? Evet, bayan okurlarım, bunu komşularına sormak gerekir.

Komşularından biri, açıkgöz, –artık böylelerinin nesli yok olmaya yüz tutmuştur– emekliye ayrılmış yüksek rütbeli kurmay subaylardan biri, kendi düşüncesini şöyle açıklardı: «Hayvan herifin biridir o!»

Buradan on verst ilerde oturan bir general, şöyle derdi: «Bu delikanlı aptal filan değil, ama kafasına bir yığın şey doldurmuş. Ona yararlı olabilirdim, çünkü Petersburg'la ilgimi kesmiş değilim ve hatta...» General sözünü bitiremezdi.

Polis komiseri şu karşılığı verdi: «Rütbesi oldukça yüksek; ben yarın gidip ona kalan vergi borcunu bildireceğim!»

Ve efendisi hakkında sorguya çekilen köylü hiçbir karşılık vermezdi. Sonuç olarak hakkında beslenen düşünce hiç de iyi değildi.

Tarafsızca söylemek gerekirse, kötü bir insan değildi pek, yalnızca yan gelip yatan bir insandı. Yeryüzünde böyle yiyip içen insanlar var oldukça, neden Tentiyetnikov da onlar gibi yapmasın? Günlerini sözgelişi şöyle geçirirdi: okur böylelikle onun huyunu suyunu anlayabilir, yaşantısının, çevresini saran güzelliklerle bağdaşıp bağdaşmadığına karar verebilir.

Sabahleyin çok geç uyanır, kalkıp yatağında oturur ve gözlerini ovuşturmaya başlardı. Gözleri ne yazık ki küçük olduğundan, bu iş uzayıp giderdi; bu sırada, içi su dolu bir leğen ile bir havlu tutan uşak Mihaylo kapıda beklerdi. Zavallı Mihaylo bir saat, sonra iki saat durur, gidip mutfağı bir dolaşırdı ama, geri döndüğünde, efendi, yatağında hâlâ gözlerini ovuşturup dururdu. Tentiyetnikov en sonunda kalkar, elini yüzünü yıkar ve sırtında hırkasıyla, çay, kahve, kakao ve ılık taze süt içmek üzere salona geçerdi; yere merhametsizce ekmek kırıntıları dökerek ve her tarafı piposunun külleriyle doldurarak, hepsinden birer yudum alırdı. İki saat böyle geçerdi. Bunlarla kanmayarak bir bardak soğuk çay daha doldurur ve avluya bakan pencere başına geçip çayını içerdi; her Tanrı'nın günü aşağıdaki sahneye tanık olurdu.

Grigori, uyku hizmetçiliği yapan uşak, Vekilharç Perfiliyevna'ya hemen hemen şu sözlerle seslenirdi:

«Kapa çeneni, yezit, pis yaratık!»

Kilit altında tuttuğu kuru üzümleri, meyve kurularını ve daha başka tatlıları sevmesine karşın, sert tavırlı kadın, *Vekilharç* Perfiliyevna, pis yaratık, yumruğunu sallaya sallaya:

«Sensin yezit!» diye bağırırdı.

Grigori:

«Kâhya ile gene uydurmuşsun işini, sömür bakalım ortalığı!» derdi.

«Kâhya da senin gibi hırsız. Efendinin sizi bilmediğini mi sanıyorsun? İşte orada, her şeyi duyuyor.»

«Nerede?»

«Bak pencereye oturmuş, görüyor her şeyi!»

Gerçekten, Efendi pencerede oturur ve her şeyi görürdü. Bacaksızın biri, anası tarafından kıçına kıçına vurulmuş yumurcak, gürültüyü çoğaltmak için avazı çıktığınca bağırır; aşçı kadının pencereden üzerine kaynar su döktüğü bir tazı, yerde acıyla kıvranarak ulurdu. Uzun sözün kısası, ortalıkta bir kızılca kıyamettir kopardı. Efendi her şeyi görür ve duyardı. Ve ancak gürültü tatlı rehavetini bozacak şekilde kendisini rahatsız edince, daha az patırtısı yapılmasını emrederdi.

Öğle yemeğinden önce iki saat, bütün Rusya'yı her bakımdan –mülki, siyasi, dini, felsefi bakımdan– kalkındırmak, onun büyük yarınını hazırlamak, güç sorunlarını çözümlemek zorunda bulunan bir yapıt üzerinde canını dişine takarak çalışmak için odasına kapanırdı; bütün bunlar çağdaşlarımızın düşündüğü biçimde olurdu. Zaten bu büyük yapıt, henüz tasarı halindeydi: Tentiyetnikov kalemini çiğniyor, kâğıda karmakarışık resimcikler çiziyordu; bundan sonra her şey yerini artık yemeğe kadar elinden düşürmediği bir kitaba bırakmak üzere bir yana seriliyordu. Çorba, hamur, kızartma ve hatta tatlı gelirken bile okuyordu. Bundan sonra sıra pipo çeke çeke kahve içmeye, kendi başına satranç oynamaya geliyordu. Acaba akşam yemeğine kadar ne yapıyordu sonra? Bunu pek bilmem ama, sanırım hiçbir şey yapmıyordu.

Otuz üç yaşındaki bir delikanlı, koyu bir yalnızlık içinde, evinden dışarı adım atmadan, sırtında hırkası, boyunbağı bile takmadan, işte böyle geçiriyordu zamanını. Dolaşmaya gitmiyor, hatta ilk kata çıkmak, odayı havalandırmak için pencereleri bile açmak istemiyordu; hiçbir ziyaretçiyi ilgisiz bırakmayan görkemli görünüm, ev sahibi için sanki yokmuş gibiydi. Görüldüğü gibi, Andrey İvanoviç Tentiyetnikov, Rusya'da kökü kuruyan insanlardan biriydi. Bir zamanlar böylelerine tembel ve miskin denilirmiş ama, şimdi ne dendiğini pek bilmiyorum. Bunlar doğuştan mı böyledir, yoksa insanoğlunu yerden yere vuran güç yaşama koşullarının etkisiyle sonradan mı böyle olmuşlardır? Bu soruya karşılık vermektense, çocukluk ve öğrenim yıllarının öyküsünü anlatmak daha yerinde olur.

Başlangıçta tüm koşullar onu başarıya götürecek gibi görünüyordu. On iki yaşında, cin fikirli, yarı hayalsever, yarı hastalıklı bu genç çocuk, zeki bir adamın yönettiği bir okula girdi. Gençliğin gözbebeği, örnek öğretmen, eşi menendi bulunmaz, Aleksandr Petroviç'in, insan doğasını tanıma gibi bir yeteneği vardı. Rus huyunu ve çocukları ne kadar iyi biliyordu! Bunları alevlendirmeyi ne kadar beceriyordu! Bir suç işledikten sonra, temiz yürekle, her olanı biteni gelip kendisine bir bir anlatmayan hiçbir cingöz yoktu. Daha hoşu şu ki, suçlu onun yanından bir daha suç işlememeye karar vermiş olarak, başı dik ayrılıyordu. Aleksandr Petroviç'in sözlerinin bile cesaret verici bir yanı vardı; yeteneklerin gücüne hırs adını verir ve kendini bunu göstermeye zorlardı. Onun yanında iyi terbiyenin sözü edilmezdi; diline sakız gibi şu sözleri dolamıştı:

«Zekâ isterim de başka şey istemem ben. Zeki olmak isteyenin yaramazlık yapmaya zamanı olmaz; çılgınlıklar kendiliğinden yok olup gider.»

Bu, gerçekten böyle olurdu. Kendine çekidüzen vermeye çalışmayan herhangi biri arkadaşlarının hışmına uğrardı. Küçük sınıflardaki çocuklar, büyüklere hödük, budala gibi aşağılayıcı lakaplar taktıkları zaman bile büyükler onlara el kaldırmaz, hakareti sineye çekmek zorunda kalırlardı.

Birçoğu:

«Siz pek aşırı gidiyorsunuz!» diyordu. «Çocukların bu gidişle burunları büyüyecek, şımaracaklar.»

O:

«Hayır,» diye karşılık veriyordu; «ben yetenekli olmayanları uzun süre barındıramam; bir kurs yeter onlara; iyi öğrenciler içinse tamamlayıcı bir kursum var.»

Yetenekli olan herkes, gerçekten de bu tamamlayıcı kursu izliyordu. Onların ruhlarındaki gelişmeyi gözlüyor, birtakım yaramazlıkları görmezlikten geliyordu ama, büyülü bir çekingenlikle onların yeteneklerini ve eğilimlerini inceliyordu. Ahlaksal yeteneklerin yükseliş ürününü görerek, ufak tefek taşkınlıklara önem vermiyordu.

Bütün öğrenciler nasıl da severlerdi onu! Hayır, çocuklar ana babalarına bile hiçbir zaman böylesine candan bir bağlılık duymazlardı! Hayır, en çılgın, sorumsuz, kaygısız çocukluk yıllarındaki bu gençler hiçbir şeye onun kadar tutkun değildiler. Borçluluk neymiş bilen öğrenci, ölümünden sonra uzun yıllar bu eşi bulunmaz öğretmenin doğum gününde kadehini kaldırıyor... gözlerini yumuyor ve onun anısı önünde ağlıyordu... Ondan gelme en ufak özendiricilik, sevinçli bir coşkuya dönüşüyor ve bütün öbür coşkuları aşan hırsı yaratıyordu.

Boş ve korkunç bir yığın bilginin, zekânın gerçek ilerlemesine engel olacağını düşünüyordu. Buna karşılık, vücudu sağlamlaştıran açık havadaki elişlerine bol bol zaman ayırıyordu.

Az yetenekliler onun okulunda uzun boylu barınamazlardı;

böyleleri için kısa bir kurs vardı; ama yetenekliler iki kat yüklü bir program izlemek zorundaydılar. Ve, seçme öğrencilere ayrılmış son sınıf, buna benzer okulların son sınıfına hiç benzemezdi. Bu sınıfta o, öğrencilerden, bazı insanların çocuklardan gelişigüzel istediği her şeyi isterdi: Alay etmekten çok alaya katlanmayı, budalalara merhametli davranmayı, kızmamayı, ne olursa olsun öc almamayı, duygusuz bir ruhun o gururlu sakinliğini göstermeyi... Yavrularına erkeklik aşılayabilen her şeyi ortaya çıkarır ve onlar üzerinde aralıksız deneylere girişirdi. Ah! Nasıl da tanırdı yaşam bilimini!

Okulunda az öğretmen vardı ve derslerin çoğunu kendi okuturdu. Bilgiç bilgiç sözler etmeden, tumturaklı fikirler ileri sürmeden, bir bilimin ruhuna inmeyi ve genç öğrencilere gerekli olan yerleri özetlemeyi bilirdi. Zaten okutulan dersler de özellikle yurt için, yaşam için gerekli olan bilimlerden seçilmişti. Derslerinin büyük bir bölümü genç delikanlılara okuldan çıkarken kendilerini bekleyen sorunları anlatmaya dayanırdı; onlara yarınki mesleklerini öylesine derli toplu açıklardı ki, öğrenciler bu mesleği daha şimdiden hayallerinde yaşatırlardı. Hiçbir şeyi gizlemez, çocukları bekleyen acıları, engelleri, istekleri, tuzakları tüm çıplaklığı ile sergilerdi. Her şeyi bilir, sanki her şey kendi başından geçmiş ve sanki her acıyı tatmış görünürdü. Böyle bir öğretim sonucunda öğrencide yaşamı olduğu gibi sevme duygusu beliriyordu; belki de bu eşsiz öğretmenin gözünde bile Rus insanına çok sıcak gelen ve ona mucizeler yarattıran *İleri!* sözcüğünü okuyor, yaşama, göğsünü gere gere atılıyor, önüne çıkan her güçlüğü yenmeye hazır oluyordu. Okulu bitiren öğrenci, az, ama her yönden sağlam karakterde olurdu. Ötekiler, en zekiler bile, ufak tefek tutkulara kapılıp sabredemedikleri, dolandırıcıların ve çanak yalayıcıların elinde oyuncak oldukları en küçük işlerde bile dikiş tutturamıyorlardı. Ama okulu bitirenler tongaya düşmüyor, güçlüklerle savaşarak kötüleri bile doğru yola getiriyorlardı.

Bu üstün öğretmen, Andrey İvanoviç üzerinde de ne büyük

bir etki yarattı! Yüksek kursa kabul edilebileceğini düşündükçe hırslı çocuğun ateşli kalbi küt küt atıyordu; hatta, on altı yaşındayken Tentiyetnikov, arkadaşlarını geçerek bu sınıfa girmeye hak kazanmış olduğunu düşününce, mutluluğuna inanamadı bile. Bizim delikanlı için ondan daha iyi öğretmen olabilir miydi? Gel gör ki tam tutkularının en ateşlisini gerçekleştireceği bir anda, en ufak bir takdir sözü bile kendisinde tatlı bir coşku yaratan eşi bulunmaz öğretmen hastalandı ve birkaç gün içinde bu dünyadan göçtü. Andrey İvanoviç için korkunç bir darbe oldu bu! Ne korkunç kayıp, yaşamının ilk korkunç kaybı!

Okulda her şey değişiverdi. Aleksandr Petroviç'in yerine temiz yürekli ve çalışkan, ama bambaşka düşünceli, Fedor İvanoviç adında biri geldi. Dış görünüşlere önem vermekle işe başladı, öğrencilerin mutlak bir sessizlik göstermelerini ve hep ikişer ikişer yürümelerini istedi; çiftler arasındaki açıklığı kendi eliyle ölçüyordu. Sofrada çocuklara, zekâya göre değil de boya posa göre dağıttı her şeyi, o kadar ki en iyi parçalar tembellere, kemikler ise çalışkanlara düşmüştü. Hatta yeni öğretmen, sanki kendinden öncekine meydan okurcasına, zekâ ve başarıdan önce, disiplin ve terbiye beklediğini belirtti; eğer bir öğrenci terbiyeli davranmakla birlikte her şeyi fena öğreniyorsa bile ona parlak bir not vereceğini söyledi; o anda her kafadan bir ses çıktı. Ne var ki Fedor İvanoviç istediği terbiyeyi bulamadı. Gizliden gizliye haylazlık edilmeye başlandı. Gündüz her şey yolunda ve yordamında gidiyordu; ama gece oldu mu kızılca kıyamet kopuyordu.

Bu yetmiyormuş gibi yüksek kurstaki her şeyi karıştırdı. Dünyanın en güzel dilekleri ile bir yığın yürekler acısı yenilik getirdi. İleri düşünceleri ve yeni görüşleri olan öğretmenler bulup buluşturdu. Bunlar bir yığın anlamsız deyimlerle dinleyicilerin kafalarını şişiriyor, en bayat kuramlar ortaya atıyor, kendi görüş ve sistemlerini benimsetmeye çalışıyorlardı. Ama boşuna! Bilimleri yaşamdan kopuk ve kitabi kalıyordu. Uzun sözün kısası, her şey tersine gidiyordu. Saygı ortadan kalktı; öğretmenleri alaya almaya, müdüre kaz kafalı demeye başladılar. Bozgun çocuksu sınırlarını aştı; okulda bir yığın öğrencinin kovulmasına yol açan rezaletler koptu. İki yıl içinde, okul artık tanınmaz oldu.

Andrey İvanoviç yumuşak başlıydı. Ne müdürün penceresi önüne bile kadın getirmekten çekinmeyen arkadaşlarının gece âlemlerine karıştı, ne de papazın pek zeki olmayışından yararlanarak, onların dine karşı alaylarına burnunu soktu. Hayır, ruhu, gene öylece kalmış, kutsal temizliğini saklıyordu. Şöhret düşkünü bir insandı, ama bunun uyanması için ne yer vardı ne zaman. İyisi mi bunu uyandırmamak gerekti. Kürsüde kızıp köpüren öğretmenlerini dinlerken ölçüyü elden kaçırmaksızın zekice ders vermesini bilen eski öğretmenini anımsıyordu. Ne kadar derse boyun eğmek zorunda kaldı! Tıp, kimya, felsefe, hukuk ve öğretmenin üç yılda ancak girişine gelebildiği bazı Alman kentlerindeki köylerin gelişmesinin anlatıldığı genel tarih! Gel gör ki bütün bunlar yarım yamalak kaldı aklında. İyi yönetimim hangisi olduğunu pek anlamadan, doğuştan gelme zekâsı sayesinde, böyle bir eğitim düzeninin doğru olmadığı kanısına vardı. Çoğu zaman Aleksandr Petroviç'i anımsıyor ve içine öylesine bir hüzün çöküyordu ki, başını nereye sokacağını bilmiyordu. Fakat yarının kendisine yaver olacağı düşüncesi gençliğini mutlu kılmaya yetti. Ders yılının sonu yaklaştıkça yüreği küt küt atıyordu. Kendi kendine şöyle diyordu, gerçek yaşam devlet işine girdiğimde başlayacak, işte o zaman kendimi gösterebilirim.

Her ziyaretçiyi hayranlıktan şaşkına çeviren görkemli görünüme bakmadı; ana babasının mezarını bile yoklamadı. Tüm şöhret düşkünü insanlar gibi, hemen kalktı, bilindiği üzere, bizim ateşli gençliğin, Rusya'nın dört bir köşesinden –hizmet etmek, parlamak, ilerlemek ya da sırf yeryüzünün bu eserinden bir görüş elde etmek için– akın akın geldiği, pek donuk, pek aldatıcı, pek soğuk Petersburg'a hareket etti. Fakat, oraya varır varmaz, Andrey İvanoviç'in kızgın hırsı, o günkü Devlet Bakanı amcası Onufr İvanoviç tarafından söndürülmüş oldu. Adamcağız esas meselenin güzel yazı yazma olduğunu, bunsuz insanın ne danışman ne de devlet memuru olamayacağını söyledi. Delikanlı güç bela, amcasının torpili sayesinde, bir bakanlığa kapılandı. İçinde devletin en ileri gelen adamlarının fikirler yürüttüğü, parke döşeli, maun masalı, görkemli bir salona alındı; ama hemen eğik başla, kalemlerini cızırdata cızırdata yazı yazan kibar bir insan topluluğu gördü; bundan sonra, önemli (altı aydır sürüp giden, üç rublelik bir dava üzerinde bir yazışma) küçücük bir kâğıt parçasını –sanki iyi bir işmiş gibi– temize çekmesi için, kendisini bir masaya oturttukları zaman, yüreği hop etti. Yeniden bir okulda derslere başlamak üzere olduğunu sandı: Herhangi bir yanlış yüzünden, sınıfta bırakabilirlerdi onu. Çevresini saran insanlar öğrencilere benziyorlar gibi geldi ona! Benzetmeyi tamamlamak aşkına, içlerinden kimileri, sanki işlerine dalmışlar gibi, dosyalarının yaprakları içinde sakladıkları garip bir romanın çevirisini okuyor, müdür görünür görünmez de irkiliyorlardı. Bütün bunlar onda garip bir izlenim yarattı; eski çalışmalarını bunlarınkinden daha ciddi, hizmete hazırlanma işini de bu işten daha ileri buldu. Okulu acı acı anlamaya başladı. Sanki sağmış gibi, Aleksandr Petroviç birden karşısına çıktı, bizimki gözyaşlarını zor tuttu. Salon, memurlar, eşya, her şey dönmeye başladı; aklını kaçırabilirdi. Hayır, diye düşündü, başlangıç ne denli kötü olursa olsun, ben gene de işe sarılacağım! Temiz yürekle yazgısına karşı koyarak, ötekilere örnek olacak biçimde çalışmaya karar verdi.

Hangi yer güzellikten uzak kalmıştır ki? Sert ve bulutlu görünüşüne karşın, Petersburg'da bile güzellik bulabilir insan. Taşı kıracak kadar soğuk vardır; kar fırtınası, Kuzey'in gerçek kızı poyraz, kaldırımları yalaya yalaya, gözleri kör ederek, kürek ağızlarını, insanların bıyıklarını, hayvanlarını tüylü burunlarını doldurarak eser Allahım eser. Ama kıvır kıvır dönen kar parçaları arasında yukarda bir yerde, bir üçüncü katta, güzelim mumların ışığı ile aydınlanmış rahat bir odacık vardır. Semaver fokurdadıkça, ruhu ve gönlü ısıtan bir söyleşiye dalınır burada; Tanrı'nın kendi Rusya'sını ilham ettiği, bağrı yanık ozanlardan birinin güzel bir şiiri okunur; ve gülen öğle güneşi altında gençliğin taze gönlü coşkuyla kanatlanır.

Tentiyetnikov, başlangıçta umduğu gibi, kendisi için gene de yaşamın başlıca amacı sayılmayan işlere çabuk alıştı. Bu işler boş zamanlarının değerini ortaya çıkarmaya yarıyordu. Devlet Bakanı, yeğeninde yetenek olduğunu içinden geçiriyordu ki, toy delikanlının başına bir beladır geldi. Andrey İvanoviç'in oldukça kalabalık arkadaşları arasında, sivri akıllı iki genç vardı. Bu pireli mizaçlar yalnız haksızlıklara değil, gözlerine haksızlıkmış gibi görünen hiçbir şeye dayanamıyorlardı; aslında namuslu kişilerdi ama, düşüncelerinde yanılıyor, başkalarından esirgedikleri acıma ve hoşgörüyü kendileri için diliyorlardı. Sosyeteye karşı ileri geri savurdukları sözlerinin ve soylu kızgınlıklarının şiddeti Tentiyetnikov'un iyice içine işledi. Onu hemen parlayıveren sinirli biri yapıp çıktılar; önceleri dikkat etmeyi düşünmediği en solda sıfır şeylere bile dikkat etmesine yol açtılar. Görkemli salonlara yerleşmiş dairelerden birinin şefi, Fedor Feodoroviç Lenitsin, onun birden nefretini kazandı. Bizimki onda bir yığın hata aramaya başladı. Ona öyle geldi ki Lenitsin, kendinden üstün insanlarla konuşmalarında şeker ve bal gibi tatlı olduğu halde, küçük bir memur kendisine başvurunca yüzünü şirke gibi ekşitiyordu; basit insanlar gibi, bayram günlerinde kendisine saygılarını sunmaya gelmeyenleri yerin dibine geçiriyor ve adları kapıcının kayıt defterinde yazılı olmayanlara kin besliyordu. Bu adam, bizimkinde aşırı bir nefret uyandırıyordu. Fedor Feodoroviç'e karşı hiç de hoşa gitmeyen bir şey yapması için şeytan dürtüyordu onu. Durmadan fırsat kolluyordu, en sonunda bu fırsat ortaya çıktı. Bir gün onunla o kadar kaba kaba konuştu ki, kendisinden ya özür dilemesi ya da istifa etmesi istendi. Bastı istifayı. Amcası, şaşkın şaşkın, ne diyeceğini bilemeden koşup geldi:

«Allah aşkına, Andrey İvanoviç, sen ne yaptın? Bu kadar iyi

başlanmış bir mesleği terk etmek, hem de bir müdürden hoşlanmıyorsun diye! Aman tanrım! Niyetin ne senin? Herkes böyle yapsaydı, kimse işinde dikiş tutturamazdı! Aklını başına topla; gururu, kendini beğenmişliği bırak; git özür dile ondan!»

Yeğen:

«Amca, önemli olan bu değil,» diye karşılık verdi. «Kolayca özür dileyebilirim ondan, haksızlık ettim, o bir müdür, böyle konuşmamalıydım. Fakat görüyorsunuz, başka bir iş bekliyor beni: üç yüz kölem, tehlikede bulunan bir çiftliğim, bir de aptal kâhyam var. Benim yerime başka bir memur kağıtları kopya ederse, devlet bir şey yitirmez, ama, üç yüz vergi mükellefi vergilerini ödemezlerse, devlet asıl o zaman çok şey yitirir. Ben, öyle ya, çiftlik sahibiyim... Mutluluklarını sağlamak için, kendimi bana bağlanan kişilere verirsem, Devlet'e örnek, kanaatkâr, çalışkan üç yüz kişi kazandırırsam, benim işim Lenitsin gibi bir kalem müdürünün işinden sanki aşağı mı olur?»

Devlet danışmanının ağzı açık kaldı. Böylesine bir söz yağmuru beklemiyordu. Bir an düşünüp taşındıktan sonra, hemen hemen şu ağızla konuştu:

«Fakat insan nasıl... nasıl köye dayanabilir? Köyde sosyeteyi nereden bulacaksın?.. Burada ise, bari sokaklarda, generallere, prenslere rastlanır. Şunun bunun yanından geçer insan... Burada gaz ışığı ile aydınlanacaksın, Avrupa sanayi var burada, oysa orada yalnızca köylülerle iş görür insan. Neden ayaktakımı arasında ömür tüketesin ki?»

Gelgelelim yeğen, amcanın sözlerine kulak asmadı. Orada da iş ve sermaye vardı. Köy ona güvenilir, düşüncelere dalmaya elverişli bir sığınak, üstelik de yararlı biricik bir iş alanı gibi gelmeye başlıyordu. Daha önceden tarım üzerine yazılmış en yeni kitapları okumuştu. Uzun sözün kısası, bu görüşmeden on beş gün sonra hiç kimsenin hayran kalmaktan kendini alamayacağı o büyüleyici yerden uzak olmayan, çocukluğunun geçtiği yerlerde bulunuyordu. Yeni bir duygu harekete geçiriyordu onu. Nicedir ruhunda küllenmiş eski izlenimler canlanıyordu.

Bir yerlere bir yabancı gibi merakla bakıyordu. Birden, nedendir bilinmez, yüreği çarpmaya başladı. Uçsuz bucaksız bir ormanın en sık köşesinde yol dar bir hendekle kesiliyordu; sağında ve solunda, üç adamın ha deyince güçlükle kucaklayabileceği çınarlar, karaağaçlar, kavak ağaçları, yüzyıllık meşeler gördü. «Bu orman kimin?» diye sordu. «Bay Tentiyetnikov'un,» diye karşılık verdiler. Sonra yol akçakavaklar, sazlar, söğütlerle çevrili çayırlar arasından geçti, uzaklarda boy veren tepeler vardı, yol aynı ırmağı birbirinden başka yerlerde, önce sağa, sonra sola alarak ikiye böldü; Andrey İvanoviç bu çayırların mutlu sahibini için için kıskanıyordu ama, buraların da Bay Tentiyetnikov'un olduğunu öğrendi. Yol artık bir tepeye vardı ve bir uçtan, ayaklar altında sürünen biçili ekinler, buğday, çavdar ve arpalar, bir uçtan da kısacası birden beliren ve daha önce geçmiş olduğu düzlük boyunca ilerledi; sonra, gitgide kararararak, köye doğru uzayıp giden çayıra dağılmış ağaçların gölgesi boyunca süzüldü. Köylülerin oymalı evleri ve konağın kırmızı damları belirince, kilisenin yaldızlı kubbesi parlayınca; Tentiyetnikov'un pır pır eden yüreği nereye geldiğini anladı. Birikmiş tüm duyguları dile geldi, yüksek sesle:

«Meğer ne aptalmışım! Yazgım beni bir yeryüzü cennetinin efendisi yapmış, oysa ben gidip kâğıtlar karalamakla zaman öldürmüşüm! Kendimden aşağı olanlara iyilik etmek, bütün bir çevreyi düzeltmek için onca mürekkep yalamışım; bir çiftlik sahibi olarak çiftliğimin hem yargıcı, hem yöneticisi, hem de emir kulu olacağım yerde, ne yazık ki kalkmışım da bu işi elifi görse mertek sanan bir kâhyanın üzerine yüklemişim! Hiçbir zaman görmediğim, huylarını ve sularını bilmediğin insanları yüzüstü, başı boş bırakmayı yeğledim; uzun sözün kısası, hiç ayak basmadığım ve yalnızca aptallıklar yapabildiğim binlerce verst uzakta kurulmuş kentlerin kâğıt üzerindeki yönetimini gerçek bir yönetime yeğ tuttum!»

Bu sırada, onu bir başka manzara bekliyordu. Çiftlik sahibinin gelişi haberi üzerine, köylüler kaldırım kenarına toplanmışlardı. Gömlekler, başlıklar, kurdeleler, kaftanlar ve püskül sakallar çevresinde çember oldu. Artık: «İşte, velinimetimiz geri döndü!..» dendiğini duyunca ve gün görmüş erkeklerle bir ayağı çukurda kadınlar büyükbabasını anarak gözyaşı dökmeye başlayınca, o da gözyaşlarını tutamadı. Şöyle düşünüyordu, beni, meğer ne kadar seviyorlarmış! Oysa ben kendilerini hiç görmedim, hiç uğraşmadım onlarla! Bundan böyle sevgilerine ve velinimetleri adını almış olmaya gerçekten hak kazanmak için onların işlerini ve güçlerini bölüşmeye ant içti.

Çiftliği yönetmeye koyuldu. Köylülere daha bol zaman ayırmak için angaryaları azalttı. Hiçbir şeyden anlamayan kâhyayı kovdu. Her şeye burnunu sokmak istedi; tarlalarda, harmanlarda, kurutma aletlerinin başında, değirmenlerde boy gösterdi, mavnaların ve salapuryaların boşaltılma ve yüklenmesinde hazır bulundu.

«Vay! Vay! Dört yanda gözü varmış!» diye söylendi köylüler; tembeller bile enselerini kaşıyarak işe başladılar.

Ama bu uzun sürmedi. Köylü dediğin çarıklı erkânı harptir: efendilerinin, uyanık ve becerikli olmasına karşın bu işi nasıl döndüreceğini bilmediğini ve bir hatip gibi habire konuştuğunu o saat anladılar. Bundan da şu sonuca vardı ki, köylü ile çiftlik sahibi, doğru dürüst anlaşmaya varmadan aralarında bir düzen kuramazlar.

Tentiyetnikov şunu gördü ki, topraklarının verimi, köylülerin kendi bahçelerindekinden daha azdı. Tohum çok erken ekiliyor, çok geç kalkıyordu; ama köylüler gene de canla başla çalışır görünüyorlardı. Zaten kendisi de çalışmalarda hazır bulunuyor, adamlarının emeğini, votka dağıtarak ödüllendiriyordu. Köylülerin çavdarı, yulafı, darısı uzun zamandır başak veriyordu, oysa kendi ekinleri daha yeni yeni sap vermeye başlıyordu, başak daha bağlanmamıştı. Uzun sözün kısası efendi, saçılmış olanca armağanlara karşın köylülerin hile yaptıklarını anlamaya başladı. Onlara ileri geri sözler söylemeye kalktı, ama şu karşılığı aldı:

«Nasıl olur, efendimiz, dört elle sarılmadık mı işlerine? Çift sürerken ve tohum ekerken çalışmamıza siz de tanık oldunuz; votka bile dağıttırdınız hatta!»

Buna ne karşılık verebilirdi?

Tentiyetnikov:

«Ama buğday neden böyle kötü gidiyor?» diye soruyordu.

«Kim bilir? Kurtlar belki de kökünü kuruttu. Hem sonra, garip değil mi böyle bir yaz? Yağmurlar yağmadı.»

Ama Andrey İvanoviç görüyordu ki, köylülerin buğdaylarında, kurtlar kökü kurutmaktan uzak durmuşlardı; yağmura gelince, çiftlik sahibine zararı, köylüye ise yararı dokunarak, yalnızca belirli yerlere yağmıştı besbelli.

Anlaşmada kadınlar ona daha da zorluk çıkardılar. Angaryaların çokluğundan yakınıyor, bu işlerden bağışık tutulmalarını ileri sürüyorlardı. Garip şey! Bez, meyve, mantar, fındık gibi bütün öşürleri ortadan kaldırmıştı, kadınlar bu zamanı kendi işlerine ayırsınlar diye, kocalarına giysiler diksinler diye, sebze bahçelerini ekip biçsinler diye, öteki işleri yarı yarıya azaltmıştı. Hiçbir şey olmadı. Kadın milleti arasında tembellik, kavgalar, dedikodular, her türlü tartışma aldı yürüdü, o kadar ki kocaları gelip ona habire dert yanıyordu:

«Lütfen, efendimiz, benim şu şeytan karıya yol göster! Onunla artık yaşamanın yolu yok!»

Bizimki, istemeye istemeye, zorluk göstermek istedi; ama nasıl zorluk göstermeli ki? İnleyen, ayakta güç duran, hasta, Tanrı bilir nereden alınma, parça parça entari giymiş bir kadın çıkıp geliyordu.

Zavallı Tentiyetnikov:

«Git, gözüm seni görmesin artık! Tanrı nasıl bilirse öyle yapsın seni!» diyordu ama, hasta kadının, kapıyı atlayıp geçtikten sonra, bir turp yüzünden komşu bir kadınla dövüştüğünü, irikıyım bir adam gibi rakibinin böğürlerine yumruk salladığını görüyordu.

Bir okul açmayı tasarlamıştı ama, bu öyle belalı bir dert çıkardı ki ortaya, hemen caymak zorunda kaldı. Anlaşmazlıklar ve sürüp giden işler içinde, felsefe öğretmenlerinin kendisine öğretmiş oldukları hukuksal incelikler hiçbir işe yaramadı. İki taraf da yalan konuşuyordu; işin içinden çıkmak olanaksızdı. Yalın insan bilgisinin hukuk ve felsefe yapıtlarındaki inceliklerden daha da üstün olduğunu gördü; kendisinde birtakım eksiklikler vardı, bunu biliyordu, ama neydi bu eksiklikler? Ve bunun üzerine birbirinden farklı şeyler çıktı ortaya: içlerinden her biri öbürüne kötü görünüyordu, köylü ile efendi birbirine karşılıklı diş bilediler. Bütün bunlar çiftlik sahibinin gayretini iyice soğuttu.

O günden sonra pek önem vermeden çalışmalarda hazır bulundu. Orakla biçme, ekinleri demet demet bağlama ya da ambara yerleştirme işine hiç ilgi göstermiyordu; çalışma yanı başında bile yapılsa gözleri yakında bir şeyler arıyordu ya da gagalı ve al ayaklı bir yalıçapkınının kıyıları boyunca uçup gittiği ırmağın bir balığı yesem mi yemesem mi diye gagasında tutan bir yalıçapkınına henüz balık yakalamamış olan ama pek mutlu arkadaşına dik dik bakan bir başka yalıçapkınını merakla gözlüyordu. Sonra gözlerini yumarak başını yukarı kaldırıyor, masmavi gökyüzüne bakıyor, tarlaların kokusunu ciğerlerine çekiyor, yerde olduğu gibi gökte de yekvücut olup koro halinde şarkı söyleyen kuş sürülerinin seslerine kulak veriyordu. Çavdar tarlasında bıldırcınlar ötüşüyor, otların arasında bir sutavuğu yemleniyordu; bunların üzerinde cıvıl cıvıl bir keten kuşu sürüsü ötüyor ve dem çekiyordu; havalanan çulluk cık cık ediyor; gökte yükselen, üçgen biçiminde sıralanmış turnalar bağrışıyor, bir çalıkuşu, incecikten şakıyordu. Ortalık müzikle çınlıyordu. Hey Tanrım hey! Büyük yolların kentlerin bayağılığından uzak köylerin, ıssız yerlerin ne güzeldir! Ama bu görünüm bile en sonunda Andrey İvanoviç'i usandırdı; tarlalara gitmeyi bir yana serdi, evine kapandı. İş için danışmaya gelen kâhyayı bile dinlemek istemedi.

Artık, üç beş komşu geliyordu kendisini görmeye: pipo kokan, emekliye ayrılmış bir süvari teğmeni; çağdaş dergi ve gazetelerden bilgi edinen, ileri düşünceli, bir baltaya sap olamamış bir öğrenci. Ne var ki bunlar da canını sıktı. Konuşmaları ona yavan gelmeye başladı; Avrupa'ca sulululukları –dizlerinin üzerine vuruşlar ve daha başka saygısız davranışlar– bizimkine pek aşırı göründü. Hepsiyle ilgisini kesmeye karar verdi ve üstelik de bu kararını hemen yerine getirdi. Ama, günün birinde, düşüncesi kıt gevezelerin en cana yakın, kaybolmaya yüz tutan emekli süvari albaylarından, üstelik yeni düşüncelere vurgun, Varvar Nikoleviç Vişnepokromov adında biri, aklı sıra politika, felsefe, edebiyat, ahlak ve hatta İngiliz maliyecilerinin tutumu konularında tartışmak için kendisini görmeye geldi; ama Tentiyetnikov, ona evde olmadığını söyletti, ama bu arada pencereden bakma önlemsizliğinde bulundu. Gelen ile ev sahibinin bakışları karşılaştı. Bunun üzerine, biri anlaşılan: «Amma hayvan herif!» diye sunturlu bir küfür yumurtladı. O günden sonra artık kimse gelip kendisini ziyaret etmedi.

Bizimki rahata erdi ve kendini Rusya üzerine büyük bir yapıt yazmaya verdi. Bunu nasıl tasarladığını okurlara daha önce anlatmıştım. Tuhaf, karmakarışık bir sistemle! Ne var ki çoğu zaman uyuşukluğundan kurtulur gibi oluyordu. Postadan adına gazeteler ve koca koca dergiler gelirdi; devlet görevinde parlak bir mevkii elde eden ya da bilimler alanında ve ilerleme konusunda yükselen eski arkadaşlarından birinin adını görünce, yüreğini gizli bir hüzün kaplıyor; kendisinin hiçbir şey yapmadığını düşünerek pişmanlık duyuyordu. O zaman yaşantısı ona çok karanlık ve acı gelirdi. Olağanüstü bir güçle anıları tazelenir, Aleksandr Petroviç, sanki gerçekten sağmış gibi karşısında görünürdü. Gözyaşları boşanıverirdi birden...

Bu hıçkırıklar ne demekti? Gamlı ruhu hastalığının acı sırrını mı ele veriyordu yoksa? O kadar ki, içinde beliren büyük adam olma gücü biçimlenmeye ve sağlamlaşmaya zaman bulamamıştı; o kadar ki, daha bıyıkları yeni yeni terlediği yaşta bile savaşmayı öğrenemeden, içinde güçlüklerin ve engellerin başgösterdiği ve dal budak saldığı bu üstün duruma erişememişti; o kadar ki, feleğin çemberinden geçtikten sonra bile, soylu duygularının zengin yatağı, erime halindeki bir maden gibi son tavı tutmamıştı; o kadar ki eşi bulunmaz öğretmeni ona göre çok erken göçüp gitmişti ve artık dünyada, duygularını canlandıracak, kararsızlığını giderecek, güçsüz istencini güçlendirecek bir kimse, şu kuvvet verici: İleri sözünü –bu söz ki her yerde, her toplum sınıfı arasında, her Rus için gereklidir– onun ruhuna bağıra bağıra söyleyecek kimse kalmamıştı demek?

Acep nerede, bize bu yüce sözü: *İleri* sözünü söyletebilecek insan, nerede? Karakterimizin bütün güçlerini, bütün özelliklerini, bütün derinliğini bilerek, büyük bir işaretle bizi üstün bir yaşama yöneltebilecek adam nerede acep? Ona minnettarlığını nasıl da gözyaşlarıyla, nasıl da aşkla gösterecektir Rusya! Gel gör ki aradan yüzyıllar geçti. Rusya utandırıcı bir tembelliğin ve henüz toy bir gençliğin o duygusuz heyecanının avcısıdır, beklenen sözü söyleyebilecek insanı Tanrı da çıkarmıyor ki ortaya!

Tentiyetnikov'u bir olay uyandırabilir, yaradılışında bir değişme olabilirdi; aşka benzer bir şey duyabilirdi. Ne var ki buralarda artık bu iş olmazdı. Konağından on, verst ötede, daha önce görüldüğü gibi, az çok saygın bir general oturuyordu. General kendi yağı ile kavrulup gidiyor, konukseverlikten hoşlanıyor, komşularının gelip kendisini yoklamasını istiyor ama kendisi ziyaretlere gitmiyor, kısık bir sesle konuşuyor, kendini okumaya veriyordu. Bir de kızı vardı, Ulineka adında, garip bir kız. Küçük yaşta anasını yitiren genç kız, garip bir eğitim görmüştü. Dadısı, tek sözcük bile Rusça bilmeyen bir İngiliz'di. Babasının, kızı ile uğraşacak zamanı olmamıştı; zaten kızını delice seven adam, onu yalnızca şımartabilirdi. Kendi havasında yetişen her kızda olduğu gibi, bu tazecikte de her şey garipti; yaşamın tuhaf belirtisi denebilir. Biri ani bir öfkenin etkisi altında onun o güzelim yüz çizgilerinin değiştiğini ve babası ile tartışırken takındığı sertliği görse, insanların en kaprislisi olduğuna kalıbını basabilirdi. Fakat öfkesi yalnızca bir adaletsizlikten ya da kötü bir işten söz açıldığını duyar duymaz kabarırdı; hiçbir zaman kendini savunmak ya da temize çıkarmak için tartışmazdı. Söz konusu kişiyi başı dertte görürse, bu öfke o saat yok olurdu. Her kim olursa olsun, daha ilk sadaka isteyişte, böyle bir davranışın saçmalığını bile düşünmeden kesesini toptan vermeye hazırdı. İçi içine sığmazdı. Konuşunca, içtenlikle, konuşuyor, düşüncesini tüm varlığıyla yansıtır gibi olurdu; yüzü, sesi, tavrı, hatta giysisinin kıvrımları bile bu düşünceye uyar gibi olurdu; bağrından kopup gelen sözlerinin ardından sanki kendisi de havalanmaya başlıyor gibiydi. Gizli kapaklı hiçbir şeyi yoktu, kimin karşısında olursa olsun düşüncelerini söylemekten çekinmezdi. Konuşmak istedi mi, hiçbir kuvvet onu susmaya zorlayamazdı. Ceylan gibi bir yürüyüşü vardı; kendinden öylesine emindi ki herkes istemeden kendisine yol verirdi. Alçak insan, onun karşısında allak bullak olur da söz söyleyemezdi; en çenesi düşük ve en atak insan bile onun karşısında ne diyeceğini bilemez ve afallayıp kalırdı, oysa çekingen biri herkesle konuşamadığını onunla konuşurdu. İnsan konuşmanın daha ilk anlarında onu ta çocukluk zamanında, dost bir evde, bir eğlenti gecesinde çocuk kalabalığının afacan oyunları arasında görmüş gibi olurdu; ama bir süre sonra da yetişkinlik çağını sıkıcı bulurdu.

Bu durum Andrey İvanoviç'in de başına geldi. İçini, anlatılmaz bir duygu kapladı; sönük varlığı birden aydınlanıverdi.

General, Tentiyetnikov'u önce çok içten ve candan karşıladı; ama bir türlü anlaşmaya varamadılar. Konuşmaları ikisini de sıkan bir hava içinde, tartışma ile son buluyordu, çünkü general ne itirazı seviyordu, ne de kafa tutmayı. Tentiyetnikov, o da, çabuk parlar soydandı. Anlaşılan, kızın hatırı için babasının birçok şeyini hoş görüyordu. Generalin akrabaları gelinceye kadar aralarında barış hüküm sürdü. Petersburg'la ilgileri olan, eski saray nedimelerinden, Kontes Bordriyov ile prenses Yiziyakina arasında, general hazretleri, kendisini pek yükselmiş görüyordu. Onlar gelir gelmez, Andrey İvanoviç artık ev sahibinin soğuk davrandığını, kendisine önem vermediğini, kendisini aptal biri gibi gördüğünü sezdi; ona yüksekten bakarak şöyle diyordu: *yiğidim dinle, dostum,* üstelik 'sen' diye hitap ediyordu.

Bu sen, sonunda Tentiyetnikov'u çileden çıkardı. Kendini tuta tuta, dişlerini sıkarak, yüzüne kan boşanmasına ve için için köpürmesine karşın, gene de pek nazik bir sesle karşılık vermeyi becerdi:

«General, size ve yaptıklarınıza tekrar tekrar teşekkür ederim. Benimle senli benli konuşurken bana, beni de sizinle senli benli konuşmaya zorlayan kısır bir dostluk aşılıyorsunuz. Ne var ki aramızdaki yaş farkı böyle senli benli davranışlara pek gelmez.»

General afalladı. Düşüncelerini iyi kötü toplamaya çalışarak, senli benli konuşmayı bu anlamda kullanmadığını ileri sürdü: yaşını başını almış bir adam bazen bir delikanlı ile senli benli konuşabilirdi (büyüklüğünü hiçbir şekilde ima etmedi.)

O andan sonra aralarındaki ilişki kesildi ve aşk da daha yeni yeni çiçeklenirken sönüp gitti. Tentiyetnikov'un önünde bir an için parlayan ışık, arkasından boşanan karanlıkta daha da karara karara söndü. Artık bölümün başlangıcında anlatılan yaşam başladı: divana kurulup oturarak, hiçbir şey yapmadan uçup gitmiş saatler... Eve pislik ve düzensizlik girdi. Süprüntülerle birlikte süpürge bütün bir gün odaların ortalık yerinde duruyordu. Salonda bile bir pantolon sürünüyordu; divanın yanı başında, süslü bir masada, sanki gelip gidenlere bir armağan gibi görünen kirli pantolon askıları duruyordu. Andrey İvanoviç kendini öylesine kapıp koyvermişti ki, adamları saygıyı unuttular, tavuklar bile onu saymıyordu. Elde kalem saatler saati, dalgın dalgın eğri büğrü ağaçlar, evcikler, izbeler, arabalar, troykalar çiziyordu. Ne var ki bazen kalem sahibinin isteği dışında kendiliğinden ince yüz çizgileri, fıldır fıldır bakışları, hokka gibi ağzı olan küçük bir baş yaratıyordu; şaşırıp kalan adamcağız da hiçbir sanatçının çizemeyeceği kızın portresinin ortaya çıkışını görüyordu. Artık, yeryüzünde mutluluğun olmadığına inanarak, gene daha içine kapalı, daha gevşek oluyordu.

Andrey İvanoviç Tentiyetnikov'un ruh durumu böyleydi işte. Her zaman yaptığı gibi, dalga geçmek üzere, kalkıp pencere başına oturduğu bir gün, Grigori ile Perfilevna'yı duymayınca şaşırıp kaldı; ortalıkta çıt çıkmadığı halde avluda göze batan bir çalışmadır gidiyordu. Aşçı yamağı ile ortalığı yıkayan kadın koşup araba kapısını açtılar, tıpatıp zafer anıtlarında görülene benzeyen atlar içeri daldılar. Önde üç hayvan vardı: biri sağda, biri solda, biri de ortada. Arabacı köşkünde, arabacı ile belli bir cep mendili ile sıkılmış geniş setreli bir uşak bulunuyordu. Arkada boynu alacalı bir atkı ile sarılmış, kasketli ve paltolu bir bay oturmuştu. Araba kaldırım kenarına gelip durunca, bunun yaylı hafif bir briçka olduğu görülebildi. Bay, iki dirhem bir çekirdek bay, askerce bir ustalıkla çabucak yere atladı.

Andrey İvanoviç korktu; bir memur gelmişti işte! Şunu da söylemeli ki, gençliğinde, yasal olmayan bir işe burnunu sokmuştu. Biri işini yürütememiş bir estetikçi ve biri ise her oyunda kazanan bir kumarbaz olan bir hayli kitap okumuş, felsefe düşkünü iki eski süvari, bir Mason'un –kumarbaz, ama pek geveze bir eski düzenbazın– yüksek yönetimi altında bir hayır derneği kurmuşlardı. Dernek yüksek bir amaca hizmet ediyordu: Tayms kıyılarından tutun da ta Kamçatka'ya kadar insan soyunun mutluluğunu sağlamak. Derneğe çok para gerekiyordu; genel üyelerin ödentileri bir hayli birikmişti. Bütün bu para nereye gidiyordu? Bunu bir dernek başkanı biliyordu. Tentiyetnikov, eski düşünceli insanların, bilime, öğretime, ilerleyişe karşı düşkünlükleri düpedüz sarhoşluğa varan o gönlü zengin insanların sınıfından sayılan bu iki dostu tarafından derneğe alındı. Ama birden işin içyüzünü anladı ve yakasını kurtardı bu ortamdan. Ne var ki dernek daha o zamandan hiç de insanca sayılmayacak birtakım işlerle uğraşmaya başlamıştı, arası pek geçmeden polis işe el koymak zorunda kaldı... Bu gibi insanlarla bütün ilişkisini kestikten sonra bile, Tentiyetnikov kendisini hiç de güvende hissetmiyordu. Kapının açıldığını görünce, yüreğinin ağzına gelmesinin asıl nedeni buydu işte.

Fakat konuk, başını hafiften eğerek gayet kibarca selam verince ve saygılı bir tavırla, özel işleri için olduğu kadar bilgi edinmek için de epeydir Rusya'yı köşe bucak dolaştığını sert ama kesin sözlerle anlatınca korkusu geçti. Konuğun dediğine göre, ülkemiz, çeşitli endüstri dalları ve toprağın başka başka oluşundan söz edilmese bile ilgi çekici şeylerle doluydu; arazinin cana can katan görünüşü onu baştan çıkarmıştı; ilkbahar verimlerinden ve yolların kötü durumundan ötürü, arabasında demircilerin ve başka işçilerin yardımını gerektiren bir zarar görmemiş olsaydı, çiftlik sahibini kesinlikle rahatsız etmeye kalkmazdı; aslında arabası hiçbir zarara bile uğramamış olsaydı bu yerlerin efendisine saygısını zevkle sunmaktan kendisini alamayacaktı.

Sedef düğmeli pırıl pırıl güzel çizmeler giyen konuk, söylevini bitirince, ayaklarını şöyle rap diye bitiştirdi ve iriyarı olmasına karşın bir lastik top hafifliğiyle bir parça geriye sıçradı.

Yüreğine su serpilen Andrey İvanoviç konuğunu, besbelli, bitkiler ya da fosiller toplamak için, Rusya'yı dolaşan, bilgin bir profesör sandı. Kendisine her bakımdan hemen el uzatacağını söyledi, karşısına demircileri ve arabacıları çıkardı, buraya kendi eviymiş gibi yerleşmesini rica etti, onu bir Coltaire koltuğuna oturttu ve Doğu bilimleri üzerine söyleyeceği sözleri dinlemeye can attı.

Fakat konuk o saat senli benli olarak olaylar üzerinde konuştu. Yaşamını haksızlık rüzgârlarıyla bir o yana, bir bu yana giden bir yelkenliye benzetti; sık sık iş değiştirdiğini, bir yığın adaletsizlikle karşılaştığını, düşmanlarının çoğu zaman yaşamını bile tehdit ettiğini söyledi, yaşamın içinde pişmiş bir insan olduğunu belirtmek için ufak tefek öyküler bile anlattı. Sonuç olarak, burnunu patiska mendile, öyle gürültülü gürültülü sildi ki Andrey İvanoviç ömründe böyle sümkürüş duymamıştı. Hani bazen, kör olasıca bir boru ötünce, orkestrada değil de sanki kulağınızda çınlar gibi olur ya, işte öyle. Burun siliş de evin uykuya dalmış odalarında böyle çın çın öttü; ortalığa o saat, ustaca açılmış patiska mendilden bir kolonya kokusudur yayıldı.

Okur, bu konuğun, tarafımızdan yollara bırakılmış saygıdeğer Pavel İvanoviç'ten başkası olmadığını, çoktan anlamıştır kuşkusuz. Bir parça yaşlanmıştı; görülüyordu ki geçen zaman onu ne fırtınalardan ne de tehlikelerden esirgemişti. Setresi bile bir parça eskimiş, araba, arabacı, uşak, atlar, koşum takımı bile bozulmuş, yıpranmış görünüyordu. Paraları pek öyle bol değildi. Ama yüz, davranışlar, gösterişler değişmemişti. Yürüyüşünde ve adım atışlarında hâlâ o derin rahatlık görülüyordu; artık oturduğunda daha kolaylıkla bacak bacak üstüne atıyordu. Sesi daha tatlı, konuşmaları daha ölçülüydü; Sakıngan her şeyde, daha becerikli ve daha deneyimli görünüyordu. Yakalık ve kolluğu kar gibi beyazdı, yoldan gelmesine karşın giysisinde, bir toz bile yoktu: bir şölen yemeğine çıkmış sanılabilirdi. Yanakları ve çenesi öylesine sinekkaydı tıraş edilmişti ki tombalak yüzünün saçtığı o zarif güzelliğe hayran olmamak için kör olmak gerekirdi.

Konak bir çırpıda değişikliğe uğradı. O zamana kadar yarı kapalı duran bütün karanlık pencereler gün ışığı görmüş oldu. Yeniden ışıklanan odalarda her şey düzene sokulmaya başladı ve her şey şu havaya büründü: Yatak odası olarak ayrılmış oda, gece tuvaletleri için gerekli şeyleri kapsıyordu; çalışma odası olarak kullanılan küçük bir odacık daha vardı... Ama önce bu odanın üç masayla dolu olduğunu söylemek gerekir: kanepenin önünde bir çalışma masası; pencereler arasında, ayna önünde bir oyun masası; yatak odasının kapısı ile bir yıldır içine kimsenin ayak basmadığı ve şimdi de kiler olarak kullanılan bir havalandırma odasının kapısı arasında, bir köşeye atılmış, tek ayaklı yuvarlak bir masa. Tek ayaklı yuvarlak masanın üzerine valizden çıkarılan giysiler konmuştu, şöyle ki: frakla esaslı giden bir pantolon; yeni bir pantolon; gümüş renkli bir pantolon; iki kadife yelek; iki saten yelek, bir de redingot. Bütün bunlar piramit gibi tepeleme konmuş ve ipek bir bohça ile örtülmüştü. Öbür köşede, kapı ile pencere arasında, kimileri az kullanılmış, kimileri ise yepyeni çizmeler, pırıl pırıl ayakkabılar ve terlikler sıralanmıştı. Bunlar da gene ipek bir bohça ile iyice örtülmüştü. Çalışma masasında her şey tam bir düzen içinde yer almıştı: bir yol çantası, bir kolonya şişesi, bir büyük dergi ve iki roman, bu romanların ikisi de ikinci ciltti. Çamaşır bir konsola yerleştirilmişti; valiz boşaltılmış olduğundan, yatak altına atılmak üzere, temizletilmeye ayrılmış, çamaşırlar bir paket yapılmıştı. Yol kesenlerin gözünü korkutmak için kullanılan kılıç, yatağın başucunda bir çiviye asılmıştı. Her köşede bir temizlik ve o zamana kadar görülmeyen bir düzenlilik göze çarpıyordu. Hava bile temizlenmiş gibiydi. Kanlı canlı, sık sık çamaşır değiştiren, yıkanan ve pazar günleri ötesini berisini ıslak bir süngerle ovuşturan bir adamın hoş kokusu sinmişti. Kiler odasında Uşak Petruşka'nın kokusu duyuldu; ama uşak hazretleri hemen mutfağa gönderildi.

Andrey İvanoviç ilk günler konuğunun başına buyruk davranışlarından, değişik bir yaşam sürmesinden çekindi: Kendi yaşantısını değiştirmesi için zorlamaya mı kalkışacaktı, yoksa huzurunu mu bozacaktı? Bu korkular boştu. Pavel İvanoviç her şeye olağanüstü bir boyun eğişle katlandı. Böyle bir yaşam sürenin yüz yıl yaşayacağını söyleyerek, ev sahibinin felsefi rahatlığını övdü de övdü. Büyük düşünceler esinleyen yalnızlığı, allı pullu sözlerle göklere çıkardı. Kitaplığa bir göz attı ve insanı boşuna zaman öldürmekten kurtaran kitapların övgüsünü yaptı. Az ama öz konuştu. Davranışlarını yerine ve zamanına göre ayarlamakta bol hüner gösterdi. Çıkıp tam zamanında geliyor, sonra gidiyor, çene yapmaya gönlü olmayınca, sözleriyle ev sahibini yormuyordu; onunla seve seve satranç oynuyor ve seve seve hep susmasını biliyordu. Biri piposundan mavi helezonlar saça saça dumanlar çıkarırken, tütün içmeyen öteki de, bu sırada hafif yollu bir eğlence tasarlıyordu; sözgelişi cebinden kakmalı gümüşten bir enfiye kutusu çıkarıyor ve bunu sol elinin iki parmağı arasında tutarak, sağ elinin bir parmağı ile yerkürenin kendi yörüngesi çevresinde dönmesi gibi bir çırpıda döndürüyordu ya da ıslık çalarken parmaklarıyla kutunun altına vurarak trampet çalıyordu. Uzun sözün kısası, ev sahibinin canını sıkmıyordu.

Ömründe ilk kez kendisiyle yaşanabilen bir insan görüyorum, diyordu içinden Tentiyetnikov, bizde az bulunur bir sanattır bu. Gönlü temiz, aklı ileri, okuyup yazmış kişilerimiz vardır; fakat aramızda böyle tam bu yaradılışta, kendisiyle tartışmadan uzun uzadıya yaşanabilen insanların bol olduğundan, doğrusu kuşkuluyum. İlk kez rastlıyorum böylesine.

Tentiyetnikov'un konuğuna ilişkin düşüncesi böyleydi. Çiçikov ise, o da, böylesine sessiz, böylesine uysal bir adamın yanında yaşamaktan pek hoşnuttu. Şimdiye kadar göçebe yaşantısının tadını iyice tatmıştı. Esenliği bakımından, ilkbahar başlangıcında, pek pek şöyle bir ay, güzel bir köye çekilip başını dinlemek, hoştu.

Doğrusu, insan başını dinlemek için iyi bir yeri güç bulurdu. Soğuklardan dolayı nicedir geciken ilkbahar olanca güzelliğiyle kendini gösterdi, ortalığı bir canlılıktır sardı. Daha şimdiden o parça parça ağaçlı orman köşeleri mavileşiyor; yeni biten çimenin taptaze yeşilliğinde, aslanağızları bitiyor ve bir leylak pembeliğindeki gelincikler başlarını nazlı nazlı yana eğiyordu. Küçük küçük sinek sürüleri, böcek bulutları, batakları kuşatıyordu; sinekleri su örümcekleri ve kuru kamışlar arasında dört bir yana yayılmış cins cins kuşlar kovalıyorlardı. Göller yan yana sıralı kıyılar, ördekler ve başka su kuşları ile doluyordu.

Toprak, birden canlandı, ormanlar dile geldi, çayırlar cıvıl cıvıl ses vermeye başladı. Köyde, gülüp oynamalar aldı yürüdü. Artık köy alanı dövüşmek için değildi! Ortalık yemyeşil! Hava taptaze! Ve bahçelerde ne çimenler! Güzellikle dolu gerçek bir cennet! Köy yerinden oynuyor ve sanki bayrammış gibi türkü söylüyordu.

Çiçikov çoğu zaman dışarı çıkıyordu. Gezinti yolları boldu. Kimi zaman yüksekleri taçlandıran yaylada dolaşıyor ve kimi köşelerine su basmış, karanlık adalar gibi, içinde gene öylece bırakılmış koruların fışkırdığı vadilerin manzarasını inceliyor; ormanlara, içinde yuvalar dolu, üst üste abanmış ağaçların, fır fır dönerek göğü karartan karga sürülerinin barındığı ormanın çukur yollarına dalıyordu. Su, yeni işlemeye başlayan değirmenin çarklarını gürül gürül döndürürken, nohut, arpa, buğday yüklü ilk salapuryaların denize açıldıkları limana yayan yapıldak gidebiliyordu. İlk olarak ilkbahar çalışmalarını görmeye gitti; göğsünde asılı şiniğe eliyle vuran usta tohum ekicinin tohumu avuç avuç ama sağa ve sola eşit biçimde serpişine, yeni kazılmış yerlerin yeşil tarlalar arasında çizdikleri siyah çizgiye merakla bakıyordu.

Çiçikov, köşe bucak gezip tozuyordu. Kâhya ile, değirmenci ile köylülerle konuşuyordu. Onca her şey soru konusu idi: atların fiyatı, satılan buğdayın cinsi. unun öğütülmesi, sonbahar ve ilkbaharda kaldırılan buğdayın cinsi, her köylünün adı, akrabalık bağları, bir ineğin fiyatı, bir domuzun yemi. Ölüp giden köylülerin sayısını da araştırdı: Pek azdı. Akıllı adam olduğundan, Andrey İvanoviç'in çiftliği yürekler acısı bir şekilde yönettiğini hemen anladı: her yanda ihmal, bakımsızlık, hırsızlık, sarhoşluk. Ve şöyle düşünüyordu: Şu Terıtiyetnikov ne hayvan herifmiş be! Elli bin ruble gelir getiren bir çiftliği sen tut da böyle başı boş bırak!

Çokluk, bu gezintileri sırasında, kendisinin de –öyle hemen değil, hayır, daha sonra, asıl işe girişip de gelir kaynakları sağladıktan sonra– böyle bir çiftliğin mutlu efendisi olacağını geçiriyordu aklından. Kendini, bir tüccar ailesine ya da başka bir zengin aileye bağlı, müzikten de anlar, tombul yanaklı güzelim bir kadının kocası olarak görüyordu besbelli. Çiçikov'ların soyunu yarınlara uzatacak çoluk çocuk da tasarlıyordu: Ağzından bal akan bir erkek çocuğu ile güzel bir kız, daha açıkçası iki erkek çocuk. O zaman, bütün dünyadan bir hayalet gibi göçüp gitmediğini anlayacaktı. Yüksek mevkiye çıkmanın, örneğin devlet danışmanı olmanın, saygıdeğer bir kata erişmenin fena olmayacağını da düşünüyordu. Gezintiye çıkan bir adamın aklına gelebilen şeyi, ona bir an için yavan gerçeği unutturan, onu sevinçlere boğan, deliye çeviren, hayalini kurcalyan ve hiçbir zaman gerçekleşmeyeceklerine inanmış bile olsa, ona gene de güzel gelen düşleri bilmez mi insan?

Köy, efendileri gibi, buraya çarçabuk alışan Pavel İvanoviç'in adamlarına da yaradı. Önce ikisi de birbirine tepeden baktığı halde, Petruşka Vekilharç Grigori ile hemen anlaştı. Petruşka gezip dolaşmış olduğu yerleri bir bir sayarak Grigori'nin gözlerini kamaştırmak istemişti; ama Grigori de hiç ayak basmadığı Petersburg'dan söz açarak Petruşka'yı bastırdı. Petruşka gene üste çıkmak için gittiği yerlerin uzaklığından söz açtı; ama Grigori adı hiçbir haritada yazılı olmayan, otuz bin verst ötede bulunan bir yer söyledi ki, Pavel İvanoviç'in uşağının ağzı açık kaldı ve hemen uşak takımının alaylarına uğradı. Ama bu konu dostça kapandı. Köyün ucunda, her köylünün can dostu Kel Pimen, *Akulka* adında bir meyhane işletiyordu; bizim iki kafadar buranın gediklisi olup çıktılar; günün her saatinde postu buraya seriyorlardı.

Selifan da bir başka eğlence yolu bulmuştu. Köyde, her akşam, ilkbahar dansları oynanıyor, türküler yakılıyordu. Gürbüz, ince uzun, bugüne bugün büyük illerde zor rastlanan türden kızlara bakarken saatlerce gözleri parlıyordu. En güzelini seçmek güç gelmişti ona. Hepsinin de göğüsleri ve ak boyunları, iri baygın gözleri, karlı dağları ben yarattım gibi yürüyüşleri ve bellerine kadar uzanan örme saçları vardı.

Ak elleri ellerine alıp da onlarla bir olup dönmeye başlayınca, tatlı sesle, güle ede:

Ey yiğitler, gösterin sevdiğinizi!..

Türküsünü söyleyen kızlara doğru yürüyen başka delikanlılarla birlikte öne ilerleyince, akşam karanlığı yavaş yavaş ortalığa çökerken ve ırmak boyundan gelen türkünün yankısı acı acı inlerken... aklı başından gidiyordu. Gündüz ve gece, gün doğarken ve sular kararırken, durmadan hora teptiğini ve ellerinde ak eller tuttuğunu sanıyordu.

Yeni yer Çiçikov'un atlarına da yaradı. Yedekçi, Vergi Memuru ve üstelik Kula bu köyü pek hoş, yulafı nefis ve hele tavlaların durumunu pek güzel buldular: her birinin kendine göre, doğrusu kafes kafes ayrılmış yeri vardı: yalnız, bölme arasından öteki atlar görünüyordu; içlerinden biri, hatta en uzaktaki kişnemek gibi bir halt ederse, kendisine o saat karşılık veriyordu.

Uzun sözün kısası, hepsi de kendi evlerinde sanıyorlardı kendilerini. Pavel İvanoviç'in uğruna koca Rusya'yı arşınladığı işe, yani ölü canlar işine gelince zamanını en ipe sapa gelmez şeylerle geçirirken bile, bu konuda pek önlemli davranıyordu. Tentiyetnikov ise kitap okuyor, felsefe ile uğraşıyor, sorunların nedenini ve niçinini araştırmaya çalışıyordu. Bu sorunu bir başka yönden ele almaya çalışmak daha doğru olur, diyordu içinden.

Uşaklarla sık sık düşüp kalkarken, efendilerinin bir zamanlar komşusu generali sık sık ziyaret ettiğini öğrendi; adamın bir kızı varmış; Efendi ile kız birbirlerinden hoşlanmışlarmış, ama araya giren bir kara kedi yüzünden birbirlerini bir daha görmemişler. Andrey İvanoviç'in her zaman kurşun ve mürekkepli kalemle güzel kadın başları çizmesi Çiçikov'un gözünden kaçmamıştı zaten.

Bir gün sabah kahvaltısından sonra her zamanki gibi gümüşten enfiye kutusunu çevire çevire, dedi ki:

«Her şeyiniz var, Andrey İvanoviç; bir şeyiniz yok yalnızca.»

Öteki piposundan bir duman çekerek:

«Neymiş o?» diye sordu.

Çiçikov:

«Bir yaşam arkadaşı,» diye karşılık verdi.

Andrey İvanoviç sus pus durdu. Konuşma da böylece son buldu.

Çiçikov yılmadı, bir başka anı seçti, bu kez akşam yemeğinden önce ve şöyle dereden tepeden konuşurken, birden dedi ki:

«Andrey İvanoviç, evlenseniz, doğrusu iyi edersiniz.»

Tentiyetnikov tek söz bile söylemedi; bu konu, anlaşılan sıkıyordu onu.

Çiçikov yılmadı. Bir üçüncü kez, akşam yemeğinden sonra, işi bir daha kurcaladı.

«Bakın yaşamınızı her yönüyle gördükten sonra söylüyorum, evlenmeniz gerektiğini sanıyorum; yoksa kara sevda pusu kurar size.»

Bu kez, Çiçikov'un sözlerinin içli oluşundan mı, yoksa, Tentiyetnikov'un ruh durumu dertlerini depreştirdiğinden mi ne, içini çekti ve piposundan bir fırt çekip dumanı salıverdikten sonra, konuştu:

«Her şeye sahip olmak için mutlu doğmalı insan, Pavel İvanoviç.»

Bunun üzerine de generalle olan dargınlığının öyküsünü ayrıntılarıyla sayıp döktü.

Konuyu başından sonuna kadar dinledikten ve böyle bir dargınlığa yalnızca içli dışlı olmanın yol açmış olduğuna inandıktan sonra, Çiçikov şaşırıp kaldı. Bir dakika durdu, Tentiyetnikov'un gözlerinin içine baktı: Acaba bu adam düpedüz bir aptal ya da bir ahmak mıydı; bir türlü karar veremiyordu.

En sonunda iki elini tutarak:

«Andrey İvanoviç,» dedi; «kuzum, hakaret bunun neresinde! *Sen* sözcüğünde nasıl bir hakaret var ki?»

Tentiyetnikov:

«Sözcükte tek başına hiçbir hakaret yok,» dedi, «ama söyleniş biçiminde, ses tonunda var. *Sen,* şu demektir: 'Şunu kafana koy ki pek bir şey etmezsin sen; burada adam kıtlığı olduğu için seni kabul ediyorum, ama Prenses Uziyakin geldikten sonra haddini bil, eşikten adımını atayım deme.' Sözcüğün anlamı bu işte!»

Bu sözleri söylerken, uysal Andrey İvanoviç'in gözleri alev saçıyordu; sesinde yaralanmış onurunun öfkesi seziliyordu.

Çiçikov:

«İyi ama öyle bile olsa ne çıkar bundan?» dedi.

«Ne! Böyle bir olaydan sonra kalkıp evine gitmemi mi istiyorsunuz?»

Çiçikov oralı olmadan:

«Mesele bile değil bu,» diye karşılık verdi.

Şaşıran Tentiyetnikov:

«Nasıl?» diye sordu.

«Bu mesele değil, sadece basit bir general huyu; generaller herkese 'sen' diye hitap ederler. Hem, vatana bunca hizmeti dokunan saygıdeğer bir insanı neden hoş görmemeli?»

Tentiyetnikov:

«O iş, başka,» dedi. «Ben eğer burnu bir karış havada bir general yerine zavallı bir ihtiyarla düşüp kalkmış olsaydım, bana 'sen' diye hitap etmesine ses çıkarmazdım, hatta seve seve kabul ederdim.»

Çiçikov içinden, aptal, diye geçirdi, bir dilencinin kendisiyle senli benli konuşmasına razı olurmuş da bir generale yüz vermezmiş!.. Peki dedi yüksek sesle. Size hakaret ettiğini kabul edelim, siz de ona karşılıkta bulundunuz: ağzının payını verdiniz. Ama darılmak, iyi niyeti bir yana bırakarak böyle önemsiz bir şey için bozuşmak ne oluyor? Özür dilerim ama, bu... İnsan bir işi kafasına koydu mu, amacına ulaşmak için rüzgârmış, bataklıkmış demeden işin peşinden koşmalı, her türlü güçlüğü yenmelidir. Hakarete uğradınız diye neden gocunuyorsunuz? Bu hep böyle olur: böyle yaratılmıştır insanoğlu. Dünyada hiç hakaret etmeyen bir insan bulamazsınız.

Bu sözler karşısında şaşkına dönen, neye uğradığını bilemeyen Tentiyetnikov, bu Çiçikov da ne garip adam! diye düşündü.

Çiçikov içinden, bu Tentiyetnikov da ne garip adam diye geçirdi.

«Andrey İvanoviç, sizinle bir kardeşle konuşur gibi konuşacağım. Siz dünyanın kaç bucak olduğunu bilmiyorsunuz; bırakın beni de bu işi düzelteyim. Yarın gidip Ekselans'ı görür; ona davranışınızın bir yanlış anlamadan, dünyayı ve yaşamı tanımayışınızdan ileri geldiğini anlatırım.»

Yerin dibine geçen Tentiyetnikov:

«Onun önünde iki paralık olmaya niyetim yok benim,» dedi. «Sizin alçalmanıza da gönlüm elvermez.»

Kendi hesabına hakarete uğramış olan Çiçikov:

«Kendimi alçaltmam ben,» dedi. «Bir suç işleyebilirim, zaten suç işlemek insana özgüdür, ama hiçbir zaman bir alçaklık yapmam ben... Andrey İvanoviç, iyi niyetimi bağışlayın, sözlerimin bu kadar kalp kırıcı bir anlama geldiğini sanmazdım.»

Bütün bunlar pek gururlu bir havayla söylenmişti.

Tentiyetnikov dostunun ellerini tutarak hemen:

«Bağışlayın!» dedi. «Size hakaret etmek istemedim. İyi niyetiniz dokunuyor bana; yemin ederim. Fakat bu konuyu kapatalım. Bir daha bundan söz etmeyelim.»

«Öyleyse ben hemen generale gideceğim.»

Tentiyetnikov dostunun gözlerine bakarak:

«Neden?» diye sordu.

«Saygılarımı sunmak için.»

Tentiyetnikov, ne garip adam bu Çiçikov! diye düşündü.

«Andrey İvanoviç, yarın saat ona doğru giderim evine. Bence insan, saygılarını hemen sunmalıdır, iyi olur bu. Arabam henüz onarılmamış olduğundan, arabanızı lütfen bana verin.»

«Ne demek, lafı mı olur? Evin efendisi sizsiniz; burada her şey, bütün her şey, emrinize amadedir.»

Bu söyleşiden sonra, ikisi de birbirine iyi geceler dilediler, birbirlerinin gariplikleri düşüne düşüne yatmaya çekildiler.

Ama, ne garip şey doğrusu! Ertesi sabah, araba hazırlanıp da elbiseli ve boyunbağlı Çiçikov, generale saygılarını sunmya gitmek üzere askerce bir çeviklikle arabaya bindiğinde Tentiyetnikov epeydir duymadığı bir heyecana kapıldı. Çoktandır uyuşmuş düşüncelerinde kaygılı bir canlanış oldu. O zamana kadar kayıtsızca, duygusuzca yaşayan bu insanın duygularında birdenbire alabildiğine bir karışıklıktır doğdu. Bir kanepeye oturuyor, pencereye yaklaşıyor, eline bir kitap alıyor, düşünmeye çalışmak için kitabı yeniden elinden atıyordu. Boşuna bir çabaydı bu; düşünce gelmiyordu. Daha doğrusu, hiçbir şey düşünmemeye çalışıyordu. Boşuna çaba: Düşünce kırıntıları, hayal dalgaları birden doğuyor da zihnine doluyordu!

Meşelik içinden geçen yola bakmak için pencereye yaklaşırken:

«Ne garip, ne garip şey duyuyorum!» dedi.

Dağılmaya henüz zaman bulamamış olan bir toz bulutu şimdi yolun ta en alt başında hâlâ dalgalanıyordu.

Fakat biz Çiçikov'un ardından gitmek için Tentiyetnikov'u bırakalım.

II

Atlar yavuzdu; Çiçikov iki çiftliği birbirinden ayıran on verstlik yolu bir çeyrek saatten az bir zamanda aştı. Meşeliği, içinde buğdayların yeşermeye yüz tuttuğu tarlaları aşıp geçtikten sonra her saniyede yeni yeni ufukların belirdiği yamaçtaki yolu izledi ve seyrek yapraklı ıhlamur ağaçlarıyla çevrili yoldan süzülerek, generalin çiftliğinin tam göbeğine geldi. Ihlamur ağaçları arasında, saplarının altından yatık kamış siperleriyle korunan kavaklar sıralanıyordu. Ağaçlıklı yol, koca konağın sekiz Korent sütunu üzerine oturtulmuş zengin cephesinin görüldüğü demir parmaklıklı bir kapıya varmak üzere sağa kıvrılıyordu. Boya kokusu burada hiçbir şeyin köhnemeye bırakılmadığını gösteriyordu. Avlu parke döşenmişcesine tertemizdi. Çiçikov arabadan hemen indi, gelişini bildirtti ve dev gibi yapısı gözleri kamaştıran generalin çalışma odasına götürdü. Betrişçev'in sırtında işlemeli satenden, tatlı al renkli bir oda giysisi vardı. Duru bakış, erkekçe yüz, bıyıklar ve ağaran koca favoriler, taralı saçlar altındaki tıraşlı ense, arkası kat kat ense, ortasındaki bir katlı, üç katlı adı verilen o enselerden biri: Uzun sözün kısası, ünlü 1812 yılında küpünü tıka basa dolduran o generallerden biri. İçimizden çoğunda olduğu gibi, General Betrişçev'in de bir yığın hüneri ve bir yığın kusuru vardı; bütün bunlar onda garip bir karışıklık, gelgeç arzular, kendini beğenmişlik ve işsiz kaldığı anlarda hiçbir Rus'un yakasını kurtaramadığı alınganlıklar. Askerlik yaşantısında kendisini geçmiş olan hiç kimseyi sevmiyor ve acı acı konuşarak onlara alabildiğine çatıyordu. Hele zekâ ve yetenek bakımından kendisinden aşağı olduğunu sandığı, ama gene de kendisini geçmiş ve içinde çiftliklerinin de bulunduğu yerlerin genel valisi olan eski bir arkadaşına kızıp köpürüyordu. Bundan başka, her fırsatta ona çatıyor, buyruklarını eleştiriyor ve her davranışında akılsızlığın gülpembe noktasını görüyordu. Her zaman savunucusu olduğu, her şeyde yararını aradığı kültür konusundaki tavrı da tuhaftı. Övgüyü, ünü seviyordu; başkalarının bilmediğini öğrenmeyi seviyor ve kendisince bilinmeyen şeyleri bilenlerden hoşlanmıyordu. Uzun sözün kısası, zekâsı ile gösteriş yapmaya bayılıyordu. Yarı yarıya yabancı bir öğrenim görmüş olduktan sonra bir büyük Rus beyinin rolünü oynamak istiyordu. Böylesine çelişik karakteri, böylesine belirgin kararsızlıklarla dolu olduğu için askerlik yaşamı boyunca başı olmadık belalara girmişti. Sonraları düşman bir sınıf olarak gördüğü, bunun nedenini kendi kendine bile söylemediği askerlikten emekliye ayrıldıktan sonra da davranışlarını bir türlü değiştirememişti. Emekliye ayrılınca ister elbise, ister redingot, ister gecelik giysin, hep aynı o tepeden bakar tavrı korumuştu. Sesinden en küçük davranışlarına kadar, üzerindeki her şey buyurgan ve kibirliydi, alt tabaka insanlarında saygı değil, az buçuk korkaklık uyandırıyordu.

Çiçikov bu iki duyguyu da duydu. Başını saygıyla eğerek, sanki içi tabak dolu bir tepsiyi kaldırmaya çalışıyormuş gibi ellerini yana açarak, yerlere kadar eğildi ve:

«Savaş alanlarında vatanı kurtaran kahramanlara saygı duyduğum için Ekselans'ımızın karşısına çıkmayı bir görev bildim,» dedi.

Bu giriş generale hiç de fena gelmedi. Başını saygılı saygılı eğerek, dedi ki:

«Sizi tanıdığıma memnun oldum. Oturunuz. Ne tür işlerde çalıştınız?»

Ortada değil de, şöyle kenarda bulunan bir koltuğa oturan, kolunu koltuğun dirseğine dayayan Çiçikov:

«Mesleğime maliyede başladım,» dedi. «Sonra çeşitli yerlerde görev yaptım: Mahkemelerde, gümrüklerde, bir yapı derneğinde... Yaşamım, dalgalar arasında çalkalanan bir yelkenliye benzetilebilir Ekselans, canıma kast ettiler, çok sabrettim; hani sabır taşı gibiyim desem yeridir. Yaşamıma göz diken düşmanlara gelince ne söz, ne renk, ne de fırça, onları anlatmaya yetmez. Yaşlandığımda son günlerimi geçireceğim bir köşe arıyorum. Şimdi Ekselans hazretlerinin yakın bir komşusunun yanında kalıyorum.»

«Kimin yanında?»

«Tentiyetnikov'un.»

General bozuldu.

«Gerektiği kadar saygı gösteremediği için kendine çok içerliyor.»

«Kime karşı?»

«Ekselans hazretlerinin iyiliklerine karşı. Söz bulamıyor... 'Ah elimden herhangi bir iş gelse...' diyor, 'vatanı kurtaran kahramanların nasıl övgüye değer olduklarını bilirim çünkü.'»

Yumuşayan general:

«Canım,» dedi, «ben darılmış filan değilim. Onu gerçekten, gönülden seviyorum ve zamanla çok yararlı bir insan olacağına emindim.»

«Yerden göğe hakkınız var, Ekselans: En yararlı insanlardan biridir o; konuşma yeteneği olduğu gibi kalem tutmasını da biliyor.»

«Besbelli ıvır zıvır şeyler, kim bilir nasıl dizeler yazmıştır.»

«Değil, Ekselans ciddi bir şey... Tarih... yazıyor.»

«Ne tarihi?»

«Tarih...»

Çiçikov durdu ve gerçek bir general önünde bulunduğu için olsun, gerekse konuya daha önemle parmak basmak için olsun, şöyle ekledi:

«Generallerin tarihi, Ekselans.»

«Hangi generaller?»

«Bütün gelmiş geçmiş generaller... Yani, daha açıkça söylemek gerekirse, generallerimizin tarihi.»

Çiçikov'un aklı karıştı, ne diyeceğini şaşırdı, kendi kendine kızarak, 'A dostum, saçmalıyorsun...' dedi ve yere tükürdü.

«Kusura bakmayın iyi anlayamadım... Bir çağın tarihi mi, yoksa birbirinden başka insanların tarihi mi? Bütün Rus generallerinden mi söz açıyor, yoksa yalnızca 1812 yılı savaşına katılanlardan mı?»

«Dinim hakkı için, 1812 generallerinden, Ekselans!»

Bu sözü söylerken, içinden şöyle geçiyordu, kafamı kesseler, hiçbir şey anlamıyorum.

«Peki, beni neden görmeye gelmiyor? Kendisine pek önemli belgeler verebilirdim.»

«Cesaret edemiyor, Ekselans.»

«Amma aptallık! Aramızda geçen önemsiz bir söz için. Fakat ben buna hiç de dayanamam. Onu ziyaret etmeyi kafama koydum.»

Yüreğine yeniden su serpilen ve içinden, vay canına! Vay canına! Generaller tam sırasında dize geldi! Ben ise akıntıya kürek çektiğimi sanıyordum yalnızca! diye geçiren Çiçikov:

«Buna karşı koyamaz,» dedi.

Çalışma odasında bir ses duyuldu. İşlemeli bir dolabın ceviz kapısı açıldı ve eli bakır tokmakta olan canlı bir şekil belirdi. Karanlık odada, ışıl ışıl bir tablo eğer birden canlanmış olsa, görünüşünün aniliği ancak bu şekil kadar göze çarpardı. Bir şey söylemeye geldiği, ama yabancı birinin varlığının kendisini alıkoyduğu görülüyordu. Kendisiyle birlikte içeri bir güneş ışığı girer ve generalin karanlık çalışma odasını aydınlatır gibi oldu. Onun nasıl bir topraktan yaratılmış olduğunu kestirmek olanaksızdı; bu kadar duru, bu kadar soylu bir yüz yalnızca eski sedeflerde olabilirdi. Bir ok gibi sağa ve sola giderek duruşu ile herkesi egemenliği altına alıyor gibiydi. Bedeninin tüm çizgileri arasındaki o kusursuz uyum yaratıyordu bu hayali. Giysisi sanki en usta terzilerin elinden çıkmış gibi yakışıyordu ona. Başka hayal de şuydu: Kumaş hiç kesilmeden iğneyle sanki iki üç yerden tutturulmuş ve çevresi öylesine bir ustalıkla işlenmişti ki, son modaya göre giyinip kuşanan kızların çoğunda olduğu gibi bu renkler onun üzerinde de çiçekler gibi açıyordu. Kızı kalıba sokan bu giysinin bütün kıvrımları bir mermere işlenmiş olsaydı, bir şaheser yaratılmış olurdu... Yalnızca bir kusuru vardı: Pek ince ve zayıftı.

General, Çiçikov'a dönerek:

«Size sevgili yavrumu takdim ederim,» dedi. «Af buyurun, soyadınızı henüz bilmiyorum.»

Çiçikov kibar kibar:

«Kahramanlıklarıyla tanınmayan bir insanın lakaplarını öğrenmek boşuna olmaz mı?» dedi.

«Ama, öğrenmeli bunları.»

Çiçikov o saat askerce bir tezcanlılıkla eğilerek ve bir lastik top hafifliğiyle doğrularak:

«Pavel İvanoviç, Ekselans,» dedi.

General:

«Ulineka,» dedi, «Pavel İvanoviç bana çok önemli bir haber vermeye gelmiş. Komşumuz Tentiyetnikov hiç de sandığımız kadar budala değilmiş. Oldukça özlü bir kitap üzerinde çalışıyormuş: 1812 yılı generallerinin tarihi.»

Kız hemen:

«Kim ona budala demiş? Olsa olsa bu kadar güvendiğin Vişnepokromov demiştir, o işe güce yaramaz ve alçak herif!»

General:

«Orası öyle, işe güce yaramaz, ama, alçak değildir,» dedi.

«Hayır, yalnız değersiz değil, üstelik alçak ve kötü de. Kardeşlerine kötülük eden ve öz kız kardeşini baba ocağından kovmuş olan bir adam kötü bir insandır.»

«Bütün bunlar söylenti.»

«Yok yere böyle şeyler söylenmez. Baba, bu kadar iyi yürekli ve bu kadar yüksek ruhlu olan sen nasıl oluyor da senden bu kadar aşağı olan ve kötülüğünü bildiğin bir insanı kabul edebiliyorsun, anlamıyorum.»

General, Çiçikov'a gülümseyerek:

«Görüyorsunuz ya,» dedi; «biz hep böyle tartışırız.»

Sonra, kızına dönerek, devam etti:

«Bak, yavrum, ben gene de kapı dışarı edemem onu!»

«Peki. Ama ona neden bu kadar önem veriyorsun? Neden seviyorsun onu?»

Burada, Çiçikov taşı gediğine koymak üzere lafa karıştı;

«Matmazel, her yaratık sevilmek ister. Hayvan bile okşayışlardan hoşlanır, kendisini okşasınlar diye kafesin çubukları arasından burnunu uzatır.»

General gülmeye başladı.

«Tam üstüne bastınız; kendisini okşasınlar diye burnunu uzatır!.. Ha! Ha! Ha! Bütün burnu, bütün vücudu çamura bulanmıştır, ama, denildiği gibi, bir özendir bakalım sen... Ha! Ha! Ha!»

Delice bir kahkaha generalin vücudunu sarstı. Bir zamanlar ağır apoletleri taşıyan omuzları, hâlâ apolet varmış gibi titriyordu.

Çiçikov da bir sevinç belirtisi gösterdi, ama generalden farklı olarak, bunu 'e' harfine basarak gösterdi: «He! He! He!» Vücudu da bu gülüşle sarsıldı, ama, hiçbir zaman ağır apoletler taşımamış omuzları hiç kımıldamadı.

«Ha! Ha! Hayvan çalar, Hazine'yi avuç soyar, gene de kalkıp bir okşayış ister! 'Bana bir özendirme gerek,' der, 'her şey tam olsun'... Ha! Ha! Ha!»

Çiçikov kurnazca bir gülümseyişle generale seslenerek:

«Ekselans hazretleri,» dedi, «duydunuz mu şu sözü: *Bizi seveceksen böyle sev; yüzümüz tıraşlı iken sevmek sanki neye yarar?»*

«Hayır, olup biteni bilmiyorum.»

«Esaslı bir hikâyedir, Ekselans! Prens Gukzovski'nin çiftliğinde, Ekselans hazretleri tanırlar kuşkusuz.»

«Tanımıyorum.»

«Düşünün, Ekselans hazretleri, idare müdürü genç bir Alman, yorgunluklarını gidermeyi ve daha başka işleri bahane ederek kente inmek, adamları yerinde ziyaret etmek ve daha açıkçası, ayakları okşamak (Çiçikov, göz kırparak, bir yüz işareti yaptı) zorundaydı... Zaten onlar da 'ederiz!' derler. Aradan üç beş gün geçince, mahkeme kont Triyokmetiyev'in toprakları üzerinde olmuş bir dalavere için, yerinde araştırma yapmak zorunda kalır, Ekselans hazretleri bilirler kuşkusuz.»

«Bilmiyorum.»

«Ama, araştırma yapacak yerde, vekilharcın evine postu sererler; üç gün üç gece durmadan kâğıt oynarlar. Masadan semaver ile punç sepeti kalkmaz. Kontun eski vekilharcının aklı başına gelir. Yakasını kurtarmak için, der ki onlara: 'Efendiler, haydi, gidip prensin idare müdürünü görün; buraya pek yakında oturuyor ve sizi bekliyor.' 'Gerçekten de çağırmıştı bizi!' derler. Gözlerinden uyku akan ve saçı sakalı birbirine karışmış adamlar hemen yola çıkar ve Alman'a giderler. Oysa adamcağız, Ekselans hazretleri, evlenmiştir. Genç bir kız almıştır, yeni enstitüden çıkma, ufak tefek, *pek ince* bir kız. (Çiçikov *inceliği* yüzünde bir işaretle gösterdi.) Doğrusu ya, balayı sürdüklerinden, çifte kumrular gibi, çay içmek üzereler. Kapı birden açılır, millet damlar içeri.»

General gülerek:

«Tam bulmuşlar zamanını!» dedi.

«Alman o kadar şaşırır ki, Ekselans, aklı başından gider. İlerler ve der ki onlara: 'Ne istiyorsunuz?' onlar da, 'Vay, demek böyle ha!' derler. İşin rengi değişir: Başka yollara dökülür, başka konuşmalar olur. 'Sadede gelelim. Çiftlikte ne kadar rakı çıkarılıyor? Kâğıtlarını göster bakalım!' Bizimki şaşalayarak dışarı çıkmak ister. Ama hemen durdurulur, yaka paça edilip kente götürülür, on sekiz ay delikte yatar.»

General:

«Vay canına!» dedi.

Ulineka ellerini birleştirdi.

«Karısı birtakım girişimlerde bulunuyor, Ekselans. Gel gör ki henüz toy, daha açıkçası, deneyim yüzü görmemiş bir kadın ne yapabilir? Bereket, karşı taraf razı olur da Alman, iki bin ruble ile bir de ziyafet çekme karşılığında hapisten çıkar. Yemekte, hepsinin de hazır bulunduğu, daha şimdiden, kafaları dumanlanmış olduğu bir sırada adamlar der ki Alman'a: 'Görüyorsun! İştahını kaçırdık senin! Bizi yüzümüz tertemiz görmek isterdin. Hayır, bizi böyle saç sakal birbirine karışmış sev; bizi olduğumuz gibi sevmen iyi olur!'»

General kahkahayı bastı.

Genç kızın soylu ve sevimli yüzü üzgün bir havaya büründü:

«Ah! Baba Ne demeye gülüyorsun anlamıyorum! Bu bayağı sahneler bana yalnız acı veriyor. Milletin gözü önünde böyle haksızlıkların olduğunu, haksızlıktan iğrenen halk tarafından da böylelerinin cezalandırılmış olmadığını görünce neye uğradığımı bilmiyorum; kızıp köpürünce de ben kötü oluyorum sonunda...»

Ağlamayı kesti.

General:

«Ama, rica ederim, bize kızma,» dedi. «Böyle işlere biz hiç karışmayız, değil mi?» diye sordu Çiçikov'a. «Gel öp beni de git odana. Yemek için ineceğim. Umarım yemeği bende yersin.» dedi gözlerinin akına bakarak Çiçikov'a.

«Doğrusu, bilmem ki Ekselans.»

«Aramızda teklif mi var! Tanrı'ya şükür, çorba ile öküz çıkarabilirim.»

Ellerini kaldıran Çiçikov, pek saygılı bir şekilde başını öne eğdi. Hem öyle eğdi ki bir an için, yalnızca kendi çizmelerinin ucunu gördü, odadaki bütün eşyayı göremez oldu. Bu saygı gösterisi bitip de, yeniden doğrulduğunda Ulineka çoktan kayıplara karışmıştı. Onun yerini, favorili ve pos bıyıklı, ellerinde gümüşten bir leğenle bir ibrik tutan iriyarı bir oda hizmetçisi almıştı.

«Karşında giyinmeme izin verir misin?»

«Ekselans hazretleri yalnızca giyinmek değil, hoşuna giden her şeyi yapabilirler önümde.»

Bir eliyle sabahlığını çıkaran ve gömleğinin yenlerini iri kolları üzerine sıvayan general, bir ördek gibi çırpına çırpına yıkanmaya başladı. Bu sırada dört bir yana su ve sabun köpüğü saçıyordu.

Boynunu silerken:

«Nasıl söyleniyor bu?» dedi... *«Bizi yüzümüz tıraşlı iken sev...»* *«Saç sakal birbirine karışmış sev*, Ekselans»

«Bizi seveceksen böyle sev; yüzümüz tıraşlı iken sevmek sanki neye yarar! Oldu işte! Demek ki, insan, özendirilmeyi severmiş. Okşayışlar istermiş, okşayışlar olmayınca ortalığı soyup soğana çevirmezmiş... Ha! Ha! Ha!»

Çiçikov anlatılması güç bir düşünce hali içinde idi. Birden, gözünü karარttı, general pek neşeli bir adam, deneyelim, dedi, eli leğenli oda hizmetçisinin dışarı çıktığını görünce ağzını açtı:

«Ekselans, herkese karşı bu kadar candan davrandığınız için, sizden büyük bir ricada bulunmak istiyorum.»

«Neymiş bakalım?»

«Üç yüz canı ile iki bin hektar arazisi olan hastalıklı ihtiyar bir amcam var... tek mirasçısı benim, çiftliğini yönetmekten aciz olduğu halde, bana bağışlamıyor. Düşünün, pek garip bir mantık sürüyor ileri: 'Yeğenimi tanımıyorum,' diyor, belki de hovardanın biridir. Önce kendisi üç yüz can sahibi olarak bana layık olduğunu göstersin; o zaman, ben de üç yüz kölemi veririm ona.'»

General:

«Vay anasına, düpedüz bir budala değil mi?» dedi.

«Henüz pek o kadar değil, ama ortada bir başka sorun daha var. Ekselans, görüyorsunuz benim halimi! Bunağın bir bakıcısı vardı, bu kadının da bir alay çocuğu; mallarının hepsini onlara bağışlamasından ödüm kopuyor.»

General şaşkın bir bakışla Çiçikov'a bakarak:

«Vay bunak vay! Aklını kaçırmış! Size nasıl yardım edebilirim anlamıyorum doğrusu,» dedi.

«Ben şöyle düşünüyorum: Ekselans hazretleri çiftliğindeki

bütün ölü canlarını bana, sanki yaşıyorlarmış gibi iyi ve derli toplu bir sözleşme ile devrederlerse, ben de kalkıp bu sözleşmeyi ihtiyara gösteririm, o da beni mirasçısı yapar.»

Bir zamanlar kendi de belki onun gibi biri olduğu için general kahkahayı bastı. O kadar ki, başını arkaya devirerek bir koltuğa yığıldı, tıkandı tıkanacaktı. Bütün ev ayağa kalktı. Oda hizmetçisi damladı. Genç kız da korkarak çıkıp geldi.

Yüreği ağzına gelerek, hayretler içinde kalarak, babasının gözlerini baka baka:

«Baba, ne oluyor böyle?» dedi.

General bir ses etmeden uzun süre kaldı.

«Hiçbir şey değil, yavrum. Haydi git odana, şimdi yemeğe geliriz biz. Sen rahatına bak. Ha! Ha! Ha!»

Ve generalin, birçok aralıklarla bastırılan kahkahası, yeni bir çığlıkla ta sofadan son odaya kadar çın çın öttü.

Çiçikov neye uğradığını anlamamıştı.

«Amca, amma da tongaya düşmüş olacak. Ha! Ha! Canlılar yerine ölüleri alacak ha. Ha! Ha!»

Çiçikov içinden, işte gene başladı, diye düşündü. Meğer ne duyguluymuş. Bir halt karıştırmazsa iyi!

General daha yürekten gülüyordu.

«Eşeğin biriymiş! Nasıl olur da insanın aklına böyle bir istek gelir? Elinde avucunda hiçbir şeyin yokken üç yüz can bulursan, ben de tutar sana öteki üç yüz canı veririm!' Ayol bu tam bir eşek!'»

«Bir eşek, Ekselans.»

«Senin ölü canları bunağa yutturman da hoş hani! Ha! Ha! Ha! Anlaşmayı kendisine göstereceğin zaman orada olmayı Tanrı bilir ya çok isterdim. Pek yaşlı mı?»

«Seksen yaşında.»

«Ama yanında bir bakıcı tuttuğuna bakılırsa, dinç olmalı hâlâ.»

«Ne gezer, Ekselans; işi bitmiş.»

«Amma aptal! Bir aptal, değil mi?»

«Bir aptal, Ekselans!»

«Ama sokağa çıkıyor?.. Şunun bunun arasına karışıyor?.. Hâlâ bacakları üzerinde durabiliyor mu?»

«Evet, ama güç bela.»

«Ne aptal! Ama gene de iriyarı, değil mi? Dişleri var mı hâlâ?»

«İki dişi kalmış topu topu.»

«Ne eşek! Sakın darılayım deme canım... Amcan da olsa, eşeğin biri.»

«Bir eşek, Ekselans. Yakınım olduğu halde onu görmek canımı sıkıyor ama ne yaparsınız!»

Çiçikov yalan söylüyordu: Onu görmek hiç de canını sıkmıyordu, zaten amcası filan yoktu ki!

«Demek, ekselans, bana veriyorsunuz...»

«Ölü Canları mı? Böyle bir oyun uğruna, onları sana toprağı ve evleriyle birlikte vereceğim! Al bütün mezarlığı! Ha! Ha! ha! Bunak! Ha! Ha! Amcana ne oyun! Ha! Ha! Ha!»

Ve generalin kahkahası evin içinde gene çın çın öttü(*)...

III

Çiçikov, kendini alabildiğine engin kırda bulunca içinden, albay Koşkaryov düpedüz deli değilse, kellemi keserim ben! dedi. İçinde iki bulutun dönüp dolandığı uçsuz bucaksız ufuklardan başka şey görünmüyordu artık.

«Selifan, Albay Koşkaryov'a gidilecek yolu, iyice sorup soruşturdun mu?»

«Görüyorsunuz ya Pavel İvanoviç, fırsat bulamadım, arabayı temizlemekle uğraşmak zorunda kaldım; ama Petruşka sormuş arabacıya.»

«Sen aklını mı oynattın? Sana kaç kez şu Petruşka'ya bir iş yükleme dedim! Petruşka hayvanın biridir, bir kütüktür ve kalıbımı basarım ki, şimdi zil zurnadır.»

(*) Özgün yapıtın bu bölümünde eksik sayfalar vardır.

Petruşka başını şöyle yarı çevirerek, ters ters baktı:

«Ama kötü insan değilimdir,» dedi «Tepeyi indikten sonra, tarlalara dalacağız, işte bu kadar.»

«Votkayı çektin mi, artık kaz kafalı değilsindir. Namussuzum, esaslı bir adamsındır!» Çiçikov çenesini kaşıyarak, mürekkep yalamış kibar bir adamla hayvanoğlu hayvan bir uşak arasında ne de olsa büyük bir fark vardır! diye geçirdi içinden.

Araba yokuşu inmeye başlıyordu. Gene çayırlarla akçakavak ormanları göründü.

Esnek yayları üzerinde hafif yollu sallanan rahat araba kulakları sağır edici bir gürültüyle köprüleri aştı, gevşek toprakta hafif hafif sallanarak ve çukur yerlere gire çıka, değirmenler boyunca uzayıp giden çayırlara doğru, salına salına yokuşu iniyordu. Bu sırada Çiçikov hazretleri en ufak sarsıntı duymuyordu; bir yastığa gömülmüş olabilirdi.

İki sıra söğüt, ince uzun akçakavak, gümüş gibi pırıl pırıl parlayan kavak ağaçları arasından geçerlerken dallar önde oturan Selifan'la Petruşka'nın başlarına sürtünüyordu. Petruşka ikide bir kasketini yere düşürüyordu. Asık yüzlü uşak, bu aptal ağaca ve bu ağacı buraya dikene söve saya yere atlıyordu. Fakat, sanki bir daha düşürmeyecekmiş gibi ne kasketini bağlamayı, ne de elinde tutmayı bir türlü akıl edemiyordu.

Daha önceden adlarını söylediğimiz ağaçlara kayın ve köknar ağaçları katıldı. Orman karardı, sanki gece bastırmış gibiydi. Fakat birden, dallarla gövdeler arasında yalım yalım yanan aynalar gibi ışıl ışıl çizgiler parladı. Ağaçlar seyreldi, ışık yolları büyüdü... ve yolcular kendilerini dört verst genişliğinde bir gölün karşısında buldular. Gölün karşı kıyısında köyün külrengi ahşap izbeleri görünüyordu. Dört bir yandan çığlıklar yükseldi. Beline ve hatta omuzlarına kadar suya girmiş kocaman bir balık ağını çekiyordu. Ağın içinde, balıkların arasında yirmi kadar adam enine boyuna, yusyuvarlak, tombalak mı tombalak düpedüz bir karpuza ya da fıçıya benzeyen bir adam vardı. Adamcağızın hali dumandı ve avaz avaz bağırıyordu:

«Uğursuz Döniz, ver ucunu be Kuzma'ya! Kuzma, al ucunu

Döniz'den. Koca Foma, o kadar kuvvetli çekme! Daha iyisi git de Küçük Foma'ya bir el at! Hey, öyle kuvvetli değil be, kuvvetli değil o kadar; yırtacaksınız ağı!»

Fıçı, görüldüğü gibi, kendi hesabına hiç korkmuyordu; şişman oluşu onu boğulmaktan koruyabilirdi. Dalmak istese bile, su onu gene yukarı kaldırırdı; hatta iki kişi de omuzlarına abanmış olsa, ağırlıkları altında azıcık sızlanarak ve burnundan su kabarcıkları çıkara çıkarak inatçı bir hamle ile yüzebilirdi. Ama ağın delinmesinden, balığın kaçmasından ödü patlıyordu; kıyıda bulunan adamların yardım etmesini, ağın çekilmesini istiyordu.

Selifan:

«Albay Koşkaryov olmalı bu herif,» dedi.

«Nerden bildin?»

«Baksanıza cildi ötekilerden daha beyaz, hem saygıdeğer bir göbeği de var; bir efendi olduğu anlaşılıyor hemen.»

Bu sırada ağdaki adamı hemen hemen kıyıya getirmişlerdi. Yere ayak basacağını sezince doğruldu ve yamaçtan inen, Çiçikov'un da içinde bulunduğu arabayı gördü.

Yakalanan balıkla birlikte kıyıya gelen, bir kadın elinin pırıl pırıl bir eldivene girişi gibi ağ içinde sarılı kalan bay:

«Yemek yediniz mi?» diye bağırdı.

«Güneşten korunmak için bir elini gözlerine siper ediyor, öteki elini de sudan çıkan Medisi Venüs'ü gibi ayıp yerinde tutuyordu.

Çiçikov kasketini çıkararak ve arabadan selam vermeye devam ederek:

«Hayır,» dedi.

«Öyleyse şansınız varmış!»

Çiçikov merakla:

«Neden?» diye sordu.

«Bak! Küçük Foma, ağı çöz de bize göster mersinbalığını. Uğursuz Kuzma, gel de şuna yardım et!»

İki balıkça koca bir balığın başını çamçaktan çıkardılar.

Şişman adam:

«Ne canavar, değil mi? Bize doğruca ırmaktan geliyor,» diye bağırdı. «Eve gidiniz canım! Arabacı, aşağıdan, sebze bahçesinden giden yolu tut! Koca Foma, koş da çitin kapısını aç! Haydi, haydi bakalım, o size gösterir yolu. Ben de şimdi geliyorum arkanızdan.»

Koca Foma, sırtında gömlek, ayaklar çıplak çıplak, halkı balıkçı olduğundan, her izbenin önünde ağlar, sepetler serpmeler bulunan köyü arabanın peşinden koşarak geçti. Sonra çit kapısını açtı ve araba, sebze bahçeleri arasından arkasında köy evlerinin damları görülen tahta bir kiliseye pek yakın bir yere geldi.

Çiçikov, Şu Koşkaryov, ne garip bir adammış! diye düşünüyordu.

Yanı başında bir ses:

«İşte geldim!» dedi.

Çiçikov arkasına döndü. Nankin yeşili bir redingot ve sarı pantolon giymiş kravatsız irikıyım adam, Küpidon(*) gibi geliyordu. Ama kendisinin baştan başa doldurduğu bir troyka üzerine yanlamasına oturmuştu şöyle. Çiçikov ona bir şey söylemek istiyordu, ama şişko adam çoktan, kayıplara karışmıştı. Araba balık çekilen yerde göründü, yeniden sesler duyuldu: «Küçük Foma, Koca Foma! Kuzma! Döniz!»

Çiçikov binek taşına geldiği zaman, kendisini kucaklamak için bekleyen iriyarı adamı görünce pek şaşırdı. Böylesine çabukluk akıl almaz şeydi doğrusu. Eski Rus geleneğince, haç işareti yaparak üç kez sarmaş dolaş oldular. Çiftlik beyi bir eski zaman insanıydı.

Çiçikov:

«Size Ekselans hazretlerinin selamlarını getiriyorum,» dedi.

«Hangi Ekselans?»

«Akrabanız, General Aleksandr Dimitriyeviç.»

«Kim oluyormuş bu adam?»

Bir parça şaşıran Çiçikov:

«General Betrişçev,» diye karşılık verdi.

(*) Romalılarda aşk tanrısı. Yunanlılarda,Eros.

«Tanımıyorum.»

Çiçikov'un şaşkınlığı iyice arttı.

«Nasıl olur!.. Yoksa ben albay Koşkaryov'la tanışma onuruna erişmiyor muyum?»

«Hayır, erişmiyorsunuz. Tanrı korumuş sizi, onun evine gelmediniz! Bendesiniz, Piyotr Petroviç Petuh'ta. Petuh, Piyotr Petroviç!»

Çiçikov aptallaşıp kaldı.

Biri araba köşkünde, biri ise arabanın kapısı önünde, ağızları açık duran Selifan'la Petruşka'ya dönerek:

«Bu da ne demek oluyor?» dedi. «Aptallar, ne halt ettiniz? Size doğruca Albay Koşkaryov'a gidilecek dedik. Oysa Piyotr Petroviç Petuh'un konağına gelmişsiniz!..»

Piyotr Petroviç Petuh:

«Çok iyi etmişler! Çocuklar, haydi siz mutfağa gidin, şöyle helalinden bir kadeh votka veririz size!» dedi. «Atları çabuk çözün, siz de hemen mutfağa gidin!»

Çiçikov:

«Doğrusu çok üzüldüm, böyle beklenmedik bir yanlışlık...» dedi.

Petuh, Çiçikov'un koluna girerek:

«Ne yanlışlığı? Hele önce bir yemek yiyin de bunun bir yanlışlık olup olmadığını sonra konuşuruz. Rica ederim, girin içeri,» dedi.

Yazlık ceketler giymiş iki delikanlı peşlerine takıldı; fidan gibi ince ve uzun boylu çocuklar, babalarından, bir ayak daha yüksektiler.

«Oğullarım, tatili geçirmeye gelmiş kolej öğrencileri... Nikolaşa, sen gel Bay'a arkadaş ol. Aleşka, sen de, yürü peşimden.»

Bunları söyledikten sonra ev sahibi gözden yok oldu. Çiçikov yersiz bir çapkınlık gösteren Nikolaşa ile yarenlik etti. Konuşmaya başlar başlamaz, başkent kolejinin daha iyi olduğunu; taşra yaşamı çekilecek gibi olmadığı için, kardeşi ile kendisinin kalkıp Petersburg'a gitmek istediklerini anlattı.

Çiçikov içinden, anlıyorum, dedi; kahveler ve iki yanı ağaçlıklı caddeler burunlarında tütüyor... diye geçirdi. Sonra da yüksek sesle:

«Söyleyin bana, babanızın çiftliği ne durumda?» dedi.

Bu soruya, salona giren baba karşılık verdi:

«İpotek edilmiştir,» dedi, «ipotek edilmiştir!»

Çiçikov, yandık. Yalnızca bir konak üzerinde pek durmamalı artık. Acele etmeli diye düşündü. Sonra da içli bir sesle:

«Bu kadar çabuk ipotek etmekte haklısınız,» dedi.

Petuh:

«Hayır,» diye karşılık verdi, «pek yararlı olduğunu bile söylüyorlar. Herkes böyle yapıyor; ben niye ötekilerden geri kalayım sanki? Ömrüm boyunca zaten burada yaşadım; artık gidip Moskova yaşamını tatmak istiyorum. Bu işte çocuklarım bana cesaret veriyor; başkentin ışıklarından yararlanmak istiyorlar.»

Aptal! diye düşündü Çiçikov; bütün malının dibine darı ekeceği gibi çocuklarını da hovarda adamlar yapacak. Elinde ne de olsa güzel bir çiftliği var! Duruma bakılırsa, kendilerini de kölelerinin de pek iler tutar yanı yok öyle. Bir kez lokantalara ve tiyatrolara dadandı mı benim adamlarım, hepsi de hapı yutar! Kırda güzel güzel geçinip gidebilirdi sersem herif!

Petuh:

«Ne düşündüğünüzü biliyorum,» dedi.

Canı sıkılan Çiçikov:

«Neymiş?» diye sordu.

«Şöyle düşünüyorsunuz: 'Şu Petuh, ne de aptal adam! Beni yemeğe çağırdı ama ortada henüz yemek filan yok.' Kel kız, saçlarını örmeyi bitirir bitirmez sofra hazırlanır azizim.»

Pencereden bakan Aleşka:

«Bak, işte Platon Mihayloviç!» dedi.

Nikolaşa:

«Kır bir ata binmiş,» dedi.

Pencereye sokulan Petuh:

«Nerede, nerede şu?» diye bağırdı.

Çiçikov, Aleşka'ya:

«Kim bu Platon Mihayloviç?» diye sordu.

Çocuk:

«Komşumuzdur, Platon Mihayloviç Platonov; sevimli bir adamdır,» diye karşılık verdi.

Bu konuşmalar sırasında, kumral kıvırcık saçlı, boyu posu yerinde, güzel mi güzel Platonov'un içeri girdiği görüldü. Yarbas adlı kocaman köpeği de boynundaki bakır tasmasını sallaya sallaya ardından geldi.

Ev sahibi:

«Yemek yediniz mi?» diye sordu.

«Evet.»

«Alay mı ediyorsunuz benimle?»

Ziyaretçi gülerek dedi ki: «İçiniz rahat etsin; hiçbir şey yemedim; iştahım yok.»

«Görseydiniz ne hoş oldu balık avı! Ne mersinler, ne mersinler yakaladık!»

«Sizi dinlemek sıkıcı. Neden hep böyle neşelisiniz?»

«Ama canım, neden üzgün olayım?»

«Yaşam eğlenceli değildir de ondan.»

«Bakın, siz pek öyle yemek yemiyorsunuz. Hele bir kez tıka basa yemek yemeyi deneyin. Sıkıntı yeni bir buluştur. Eskiden kimsenin canı sıkılmazmış.»

«Bırak kendini övmeyi! Sanki hiç canın sıkılmaz mı?»

«Yok canım, hiç sıkılmaz! Can sıkıntısı nedir bilmem ben, can sıkıntısına zamanım yok. İnsan sabah uyanır; gider mutfağa, yemek hazırlatır; çay içer, kâhya gelir; sonra balık avına çıkar, işte öğle yemeği saati gelmiştir. Derken bakarsınız bir çırpıda akşam oluvermiştir... Canımın sıkılmasına zaman mı kalır sanıyorsunuz?»

Söyleşi sürüp giderken Çiçikov, kendisinde hayranlık uyandıran, güzel ve fidan boylu oluşu bir yana, gençliğin tazeliğini, hiçbir sivilcenin yer almadığı bir yüzün duru temizliğini taşıyan, yeni geleni inceliyordu. Bu temiz yüzü ne tutkular, ne gam, ne de bir sıkıntı ya da kaygı izi bozmayı başaramamıştı. Fakat bu yüzde yaşam da yoktu: kimi zaman yüzünü ateşleyen alaylı gülümseyişe karşın ha uyudu ha uyuyacak gibi duruyordu.

Çiçikov:

«Ben hiç de bu kanıda değilim,» diye söze karıştı, «izninizle söyleyeyim, sizinki gibi bir dış görünüşü olan insanın canının sıkılmasını aklım kesmiyor. Para sıkıntısı çekseniz ya da düşmanlarınız sizi öldürmeye kalksalar, hadi neyse...»

Ziyaretçi:

«Size kalıbımı basarım ki,» dedi, «kimi zaman değişiklik olsun diye, tehlikeli bir durumla karşılaşmak isterdim... Bari biri tutup kızdırsın ya beni! Ama ne gezer! Sıkılıyorum, işte bu kadar.»

«Belki de pek öyle toprağınız filan yok?»

«Hiç de değil. Kız kardeşimle benim on bin hektar toprağımızla, bini aşkın canımız var.»

«Tuhaf şey, anlamıyorum doğrusu! Belki kötü bir verim aldınız; belki de bir salgın hayli adamınızı alıp götürdü?»

«Yok canım, çiftliğimizin durumu iyidir, kardeşim de çiftçilerin örneğidir.»

Çiçikov omuzlarını silkerek:

«Demek gene de sıkılıyorsunuz! Anlamıyorum doğrusu!» dedi.

Petuh:

«Durun, giderelim şunun sıkıntısını hele!» diye atıldı. «Aleşka, mutfağa koş da aşçıya söyle bize börek göndersin. Şu haylaz Emelyan'la hırsız Antoşka ne halt ediyorlar? Neden çerez filan getirmiyorlar?»

Bu sırada kapı açıldı, haylaz Emelyan'la hırsız Antoşka ellerinde peçetelerle göründüler, masa başına geçtiler, masanın üzerine bir kayık tabak ile renk renk altı içki bardağı yerleştirdiler. Bardaklar o saat bir tabak yığını ile kuşatılmış, nefis çerezlerle donatılmış oldu. Uşaklar ardı arkası kesilmeden üzeri açık, yağları hâlâ çıtır çıtır eden yeni tabaklar taşıyarak gidip geliyorlardı. Haylaz Emelyan'la hırsız Antoşka düpedüz günahlarının cezasını çekiyorlardı. Bu adlar kendilerine cesaret nişanı olarak verilmişti. Gönlü temiz ev sahibi dırdır etmeyi hiç sevmezdi; ama Rus dediğin takılmaktan kendini alamazdı, yediklerini sindirmek için votka ne kadar gerekliyse takılma da o kadar gerekliydi. Ne demezsiniz? Yaradılışı böyleydi işte, tatsızlığı hiç sevmezdi.

Çerezin arkasından yemek geldi. Sevimli ziyaretçi gözü dönmüş bir zalime döndü. Bir davetlinin bardağında kala kala bir parça bir şey mi kalmış, Petuh ona hemen bir başkasını uzatıyor, diyor ki: «Şu yeryüzünde ne insan, ne de kuş eşsiz yaşayamaz!»

İki parçası olana, bir üçüncü parçayı ekliyor, diyordu ki, «İki sayısı uğursuz sayıdır! Üç olmadan ikinin işi uğurlu gitmez!»

Davetli, üç parçayı gövdeye indirdi mi, gene bağırıyordu: «Siz nerede üç tekerlekli bir araba gördünüz? Kim üç köşeli bir izbe yapar?»

Dört sayısı için de, beş sayısı için de yine böyle tekerlemeler uydurdu. O kadar ki Çiçikov'un tabağına bir düzine şey getirildi. 'Tamam,' dedi bizimki, 'artık yakamı bırakır.' Yanılıyordu; Petuh, tek söz söylemeden, tabağına kocaman bir dana eti –ama ne dana hani!– koydu; et, şişte kızarmıştı.

Ziyafetçi:

«İki yıl sütle besledim bu danayı ben,» dedi; «bir oğul gibi baktım!»

Çiçikov:

«Olanaksız,» dedi.

«Hele bir deneyin bakalım; sonra olanaksız dersiniz.»

«Olanaksız, diyorum size; artık yer yok midemde!»

«Kilisede de yer yoktur; ama, *belediye başkanı* girdi mi yer bulunur. Oysa kilisede öyle bir kalabalık vardır ki iğne atsan yere düşmez. Deneyin gene siz: bu parça belediye başkanı gibi gelir.»

Çiçikov denedi; parça tıpatıp belediye başkanına benziyordu. Dana parçası, mideye inemez göründüğü halde, gene de yer buldu.

Zavallıcık Petersburg'a, yoksa Moskova'ya gidebilir mi acaba? Bu kadar eliaçık olursa, üç yılda sermayeyi kediye yükletmiş olur! diye düşünüyordu Çiçikov.

Şarapların sonu gelir gibi olmadı. Lombard tarafından paraya boğulmuş Piyotr Petroviç, on yıllık öteberisini önceden almıştı. Yalnızca içki doldurmasını biliyordu; davetlilerin bitiremediklerini tutuyor, bardak bardak şarap için Aleşka ile Nikolaşa'ya veriyordu; başkente varır varmaz dikkatlerini hangi öğrenim konusunun çekeceği açıkça görülüyordu.

Konuklar artık kendilerini tutamıyorlardı; bin güçlükle balkona kadar sürüklendiler ve koltuklara çöktüler. Ziyafet sahibi, dört kişiyi alacak genişlikteki bir koltuğa oturur oturmaz, sızdı. Demirci körüğü haline gelmiş irikıyım bedeni, açık ağzından ve iri burun deliklerinden öyle sesler çıkarmaya başladı ki çağdaş bir besteci bile böylesini kırk yılda bir tasarlar. Bu sesler flüt, tambur ve havlama seslerini andırıyordu.

Platonov:

«Ne hoş çalgı!» dedi.

Çiçikov gülmeye başladı.

Platonov yeniden:

«Doğrusu ya,» dedi, «İnsan bu kadar yerse, uyku sıkıntıyı yok eder, değil mi?»

«Elbette. Yalnız –özür dilerim,– insanın can sıkıntısı duymasını aklım almıyor. Sıkıntıya karşı bunca çare var!»

«Ne gibi?»

«Bir delikanlıda bulunmaz mı böylesi? Dans, müzik... evlenmeye bakmak.»

«Evlenmek mi? Kiminle?»

«Sağda solda, zengin ve güzel kızlar yok mu sanki?»

«Buralarda böylesi yok.»

«Aramalı öyleyse, dolaşmalı...» Çiçikov'un aklına birden hoş bir düşünce geldi. «Söz gelişi, bakın aklıma iyi bir çare geldi!» dedi Platonov'un gözlerinin içine baka baka.

«Ne gibi?»
«Yolculuklar.»
«Nereye gitmeli?»
Platonov'a bakarken, içinden, bu iyi olurdu. İnsan giderleri paylaşabilir ve arabanın onarım paralarını onun üzerine yükleyebilirdi, diye düşünen Çiçikov:
«Eğer başınız boşsa, benimle birlikte gelin,» dedi.
«Siz nereye gidiyorsunuz?»
«Şimdilik, kendi işlerim için değil de başkasının işleri için dolaşıyorum. Hatta candan dostum, diyebilirim ki velinimetim, General Betrişçev, benden, akrabalarını yoklamamı rica etti. Akrabalar hiç kuşkusuz önemlidir; ama burada kendi hesabıma bulunuyorum; çünkü dünyayı ve dünyanın değişikliklerini görmek canlı bir kitap gibidir, bir ikinci bilimdir.»
Bundan sonra Çiçikov, içinden şöyle geçirdi, hani doğrusu, iyi olurdu bu yolculuk! İnsan tüm giderleri ona yükleyebildiği gibi atlarından da yararlanabilirdi, benimkiler de bende kalırdı!
Vallahi, diyordu içinden Platonov, evde yapacak hiçbir şeyim yok; her şeyi çekip çeviren kardeşim, yokluğum hiçbir zarar vermez. Ne diye denememeli sanki? Yüksek sesle, «Acaba,» dedi, «kardeşimde iki gün geçirmeyi göze alır mısınız? Yoksa, yola çıkmama izin vermez.»
«Büyük bir zevkle; isterseniz üç gün bile kalırım.»
Canlanan Platonov:
«Tamam, oldu! Gidelim!» dedi.
«Tamam ya, gidelim!»
Uyanan ve gözlerini açan ev sahibi:
«Nereye, nereye?» diye bağırdı. «Hayır, sayın baylar. Arabanın tekerleklerini çıkarın diye emir verdim, Platon Mihayloviç, sizin damızlık da buradan on beş verst öteye gönderildi. Hayır, geceyi burada geçirirsiniz, yarın sabah kalvaltısından sonra çıkarsınız yola.»
Bir Petuh'a insan nasıl karşı koyar? İster istemez kalmak zorunda kaldılar. Ödül olarak, güzel bir ilkbahar gecesi geçirdiler.

Ev sahibi bir sandal gezisi düzenledi. Kürek çeke çeke ve türküler yaka yaka on iki kürekçi onlara ayna gibi parlak gölü gezdirdi. Sonra, tatlı eğimli kıyılar arasında alabildiğine uzayıp giden ırmağa vardılar; hep balık avı için gerili ağlar altından geçiyorlardı. Suyun yüzeyi kıpırtısızdı; manzaralar sessiz sessiz akıyordu! Göze her an değişik görünüşlü korular çarpıyordu. Yirmi dört küreği hep birlikte tutan kürekçiler, birden kürekleri kaldırdılar; öylece kalan kayık, dupduru su yüzünde bir kuş gibi süzüldü. Dümen tarafındaki kısa boylu, şişmanca bir genç, duru ve gür bir sesle, ilk heceleri bir bülbül dilinden dökülüyora benzeyen bir türküdür tutturdu. Arkadaşlarından dördü ona katıldı; öteki altı kişi de hemen hep birden seslerini yükseltti; türkü yüksekten, engin, güçlü, Rusya kadar alabildiğine uzayıp gitti. Petuh, kendinden geçmişti, sesler zayıfladığı anda koroyu coşturuyordu. Çiçikov bile kendini Rusya'da sanıyordu. Yalnızca, Platonov şöyle düşünüyordu, bu yanık türkü neye yarar? Pek pek sıkıntımı çoğaltabilir.

Alacakaranlıkta çok geç döndüler. Karanlıkta kürekler, içine göğün yansımadığı sulara şıp şıp çarpıyordu. Yanaştıkları kıyıda, ışıklar yanmıştı; balıkçılar üç ayaklı iskemleler üzerinde taze bir hanibalığı çorbası pişirtiyorlardı. Küçükbaş hayvanlarla tavuklar, piliçler çoktan yuvalarına çekilmişlerdi; kendilerini getiren çobanlar kapıda, bir kâse süt ve bir tabak çorba bekleyişi içinde duruyorlardı. Karanlıkta mırıltıları duyuluyordu çevre köylerden uzaktan uzağa ulumalar geliyordu. Ay doğdu, kararmış ortalık aydınlanmaya başladı. Ne manzara! Fakat buna kimse önem vermiyordu. İki yavuz at üzerinde dolu dizgin gezecekleri yerde, Nikolaşa ile Aleşka bir arkadaşlarının kendilerine sözünü ettiği Moskova'yı, kahveleri, tiyatroları hayal ediyorlardı; babaları ise konukları nasıl ağırlayacağını düşünüyordu; Platonov esniyordu. Çiçikov hepsinden daha sevinçliydi. Doğrusu, günün birinde ben de karınca kararınca bir çiftlik elde edeceğim, diye düşünüyor ve kendini şimdiden mutlu aile babası olarak görüyordu.

Akşam yemeğinde, gene bol bol yiyip içildi. Pavel İvanoviç, odasına çekilip de yatağına yan gelip uzanınca, şişkin karnını bir yokladı şöyle: «Davul gibi şişmiş! Hiçbir *belediye başkanı* yer bulamaz,» dedi. Şansına Petuh'un odasının yanındaki oda düşmüştü. Duvar inceydi: öbür odada söylenen her şey duyuluyordu. Ev sahibi aşçıya sabah kahvaltısı için şöyle gerçekten iyi bir şeyler hazırlamasını, ama bir ölüye bile iştah verecek şekilde hazırlamasını emrediyordu. Durmadan şunlar duyuluyordu:

«Az ateşte, olmaz mı; iyice haşlanmış, iyice kızartılmış olacak!»

Ve aşçının ince sesi yankılanıyordu:

«Olur, efendim, iyi kızartılacak.»

Petuh dudaklarını bigüzel şaplata şaplata yeniden:

«Böreğe gelince, dört köşe yapacaksın,» diyordu... «Bir köşesine, mersinbalığı yanakları ile hanibalığı kıkırdakları dolduracaksın; öbür köşesine de soğanlı ve mantarlı güzel bir karabuğday bulguru, sonra balık yumurtası, beyin, sonra da... sonra da... artık, bilirsin ne demek istediğimi...»

«Olur, başüstüne efendim, peki.»

«Gözünü aç da böreğin bir yanı iyi kızarsın; öbür yanı hafif kızarsın. Kıymanın kemikli olmamasına dikkat et, insanın ağzında dağılsın, dişlerde çıtır çıtır etmesin, ağızda ilkbahar karı gibi erisin.»

Böyle derken, Petuh dilini şaplatıyor ve dudaklarını yalıyordu.

Artık duymamak için başını yeniden yorgan altına sokan Çiçikov, kendi kendine, tüh Allah kahretsin! Gözüme uyku girmiyor, diye söylendi. Ama boşuna çaba: Petuh'un sesi yorganı deliyordu.

«Mersinbalığının çevresine, yıldız biçimi kesilmiş pancarlı kalkanlar, istryankiloslar, keçi mantarları dizeceksin, sonra da... bilirsin... şalgamlar, havuçlar, fasulyeler... en sonra da, değil mi ya, bir yığın çeşni. Arkasından bize şöyle temiz bir domuz işkembesi getireceksin: derinin iyice yumuşaması için bir parça buz at içine.»

Petuh gene bir yığın yemek söyledi. Durmadan şöyle diyordu: «Hafif ateşte, olmaz mı? İyice haşlanmış, iyice kızartılmış!»

En sonunda hindi kızartmasından söz ettiği sırada Çiçikov uykuya daldı.

Ertesi gün, davetliler o kadar tıka basa yemek yediler ki Platonov atına binemedi; atı Petuh'un arabacısı götürdü. Arabaya kuruldular. Uzun tüylü at tembel tembel geriden geliyordu; o da patlayasıya yemişti.

Avluyu geçtikten sonra, Çiçikov:

«Yetti artık!» dedi.

«Ama herifin canı sıkılmıyormuş, rezalet bu!»

Benim de senin kadar yılda yiyecek yetmiş bin ruble param olsaydı, diye düşünüyordu Çiçikov, can sıkıntısı neymiş bilmezdim! Demek ki Murazov, içki kesenekçisi, iki milyon zarara girmiş!..

«Şöyle geçerken kız kardeşimle eniştemi bir yoklamak size nasıl olur? Kendilerine hoşça kalın demek isterdim.»

Çiçikov:

«Olur a iki gözüm,» dedi.

«Bölgenin biricik çiftçisidir o. Sayın bayım, sekiz yıl önce ona yirmi bin ruble getirmeyen bir çiftlikten şimdi, yılda iki yüz bin ruble gelir elde ediyor.»

«Ya! Pek saygıdeğer bir adammış doğrusu. Onunla tanışmayı pek isterdim... Adı ne?»

«Kostanjoglo.»

«Soyadları?»

«Konstantin Fedoroviç.»

«Onu tanımaktan sevinç duyacağım. Böyle bir insanla tanışmak olsa olsa yararlı olabilir.»

Platonov, Selifan'a yol gösterme işini üzerine aldı, bu hiç de anlamsız değildi, çünkü arabacı hazretleri güç bela duruyordu yerinde. Petruşka ise iki kez arabadan düşmüştü; bağlamak gerekti kendisini. «Ne hayvan herif!» diyordu Çiçikov.

Platonov:

«Bakın,» dedi; «işte eniştemin görülen toprakları; pek başka bir görünüşü vardır.»

Gerçekten de arazide, bir yığın genç, ok gibi dümdüz ağaçlar görünüyordu; bunların ardında, bir parça daha yüksek başka ağaçlar; derken büyük bir orman... Bundan sonra tarlalardan geçtiler ki burada buğdaylar, pırıl pırıldı, sonra yeniden, en gencinden en yaşlısına dek, ağaçların birbirini izlediği ekili topraklardan geçtiler. Yolcularımız, böcekler gibi, böyle dizili üç bölgeyi aştılar.

«Bakın, başkalarının yirmi yıl içinde hiç de sağlayamadıkları bir sonucu o sekiz on yılda elde eder.»

«Nasıl yapıyor bunu?»

«Kendine sorun siz bunu. Eşi bulunmaz bir toprak adamıdır. Yalnızca toprağı tanımakla kalmaz, toprağın durumunu, böyle yere hangi ağaçların dikildiğini de bilir. Toprakta her şey bir yığın incelik ister. Ormanlar çok yararlıdır, süs ve gübre olarak kullanıldığı gibi, tarlalara yağmur da getirir. Çevrede kuraklık olmuş, kıtlık olmuş, o umursamaz hiçbir zaman. Yazık ki daha fazlasını söyleyemiyor ve anlatmasını bilmiyorum; neler neler var onda... Büyücü derler ona!.. Fakat bütün bunlar pek sıkıcı...»

Yaman bir adammış, doğrusu! diye düşündü Çiçikov. Ne yazık ki bu delikanlı, derin düşünmesini bilmeyen biri, anlatmayı beceremiyor...

En sonunda, köy göründü, üç kilise ile ışıklandırılmış üç tepe üzerine kurulu bir yığın izbe vardı; öbek öbek ot tınazları göze çarpıyordu. Belli ki, diye düşünüyordu Çiçikov, topraktan adamakıllı anlayan değerli bir beyin çiftliği bu. İzbeler sapasağlam yapılmıştı; sokaklar geniş genişti; yeni, sağlam arabalar vardı; yüzlerinden köylülerin zeki oldukları anlaşılıyordu; boynuzlu hayvanlar seçme şeylerdi; domuzlarda bile alımlı bir soyluluk hali vardı. Besbelli ki burada, türkünün dediği gibi; toprağı gümüş belle belleyen köylüler yaşıyordu. İngiliz biçimi park yoktu, biçim biçim süslü çimenler de yoktu; ama, eski modaya göre çevresinde olup biten her şeyi efendi görebilsin diye ambarlar ve kilerlerle kuşatılmış bir cadde, ta eve kadar uzanıp gidiyordu. Yüksek çatının üzerinde, yalnız süs veya görünüm için değil, uzak tarlalardaki köylülerin çalışmasını gözetlemek için yapılmış bir balkon yükseliyordu.

Gelenler, sarhoş Petruşka'dan değişik olmamakla birlikte, gene de giysi yerine uşaklar için yapılma mavi ketenden kazaklar gitmiş, çevik hizmetçiler tarafından karşılandılar. Evin hanımı kaldırıma koştu. Güzel mi güzel, pembe beyaz tenli kadın, iki su damlası gibi Platonov'a benziyordu, ama şu ayrımla ki onun kadar uyuşuk değildi, sevinçli ve içi dışı bir olan biriydi.

«Merhaba, kardeş, seni gördüğüme sevindim. Konstantin evde değil; ama neredeyse gelir birazdan.»

«Nerede?»

Kadın, konuklarını içeri alırken:

«Kasabada işi varmış,» dedi.

Çiçikov, çiftliğinden iki yüz bin ruble gelir sağlayan bu eşi bulunmaz insanın evini merakla inceliyordu. İnsanın bir kabuğa bakarak, bir zamanlar bunun içinde yaşayan ve iz bırakanın istiridye mi yoksa salyangoz mu olduğunu anlaması gibi evin iç yapısından da, beyin özelliklerini çıkarmaya çalışıyordu. Ama eve bakarak bir sonuç çıkarmak olanaksızdı. Odalar pek sade, hatta boştu; ne sıva üstü nakışlar, ne tablolar, ne tunç heykeller, ne çiçekler, ne de üzeri porselen tabaklar dolu etajerler vardı; kitaplar bile yoktu. Uzun sözün kısası, her şey burada yaşayan insanın günlerini dört duvar arasından çok tarlalarda geçirdiğini; ocağın bir köşesine, güzel bir koltuğa yerleşip yüksek düşüncelere dalmadığını, tam tersine bu tür düşüncelerin onun aklına hareketli tiyatrodan geldiği, orada gördüğünü burada da sahneye koyduğunu gösteriyordu. Çiçikov odalarda yalnızca becerikli bir kadının eserini görebildi; masalarla iskemleler üzerinde boy boy çiçek taçlarının kurutulmaya bırakıldığı ıhlamur tahtaları bulunuyordu.

Platonov:

«Kardeş, bu sağdaki soldaki pislikler de ne?» diye sordu.

Ev sahibesi:
«Nasıl, pislik mi!» diye gürledi. «Bak, bu sıtmaya karşı en iyi ilaçtır; geçen yıl bütün köylülerimizi bununla iyileştirdik. Bu otlardan güzel reçel olur, bunlar ise konserveleri kokulandırır. Sizler reçel ve konservelerle alay edersiniz hep; fakat şimdi, yediğiniz zaman, parmaklarınızı yalarsınız.»
«Aman Tanrım! Ne köhne şey! Ah kardeşim utanmıyor musun?»
«Tekrar tekrar özür dilerim, kardeşim ama benim öyle yitirecek zamanım yok. Sekiz yaşında bir kızım var, darılıp gücenme ama, boş saatlerimi sırf müziğe ayırıp da onu yabancı bir dadının eline vermek istemiyorum.»
Platonov pencereye sokularak:
«Vallahi, pek sıkıcı olmuşsun sen!» dedi. «A! İşte, bak geliyor!» diye bağırdı.
Çiçikov hemen pencereye yaklaştı ve kırk yaşlarında, kanlı canlı, esmer, kadife bir kasketle deve derisi bir ceket giymiş bir adam gördü. Üstüne başına önem vermediği anlaşılıyordu. Yanında, şapkalarını elinde tutarak kendisiyle konuşan aşağı tabakadan iki adam yürüyordu: Biri basit bir köylüydü, öbürü ise mavi setreli, bir düzenbaz ve bir yol kesiciydi. Üçü de kaldırımın kenarında durdular; konuşmaları ta içeri geliyordu.
«Efendinizden hemen özgürlüğünüzü satın alın. Ben size ödünç para veririm, bunu bana gündeliklerle sonradan ödersiniz.»
«Olmaz, Konstantin Fedoroviç, özgürlüğümü satın almak neye yarar? Alın bizi. İnsan sizin yanınızda, iyi çalışmayı öğrenir. Ne yazık ki bizler, bu günlerde kendimizi koruyamıyor, yönetemiyoruz. Meyhaneciler size şu zıkkımlarla çalışırlar! Küçük bir kadeh yuvarladın mı, bir fıçı içmiş gibi kafayı bulur insan. Artık cepte bir metelik kalmadığını anlamaya fırsat bulamaz. Boldur şeytanın ayartmaları. Vallahi, yeryüzünde sanki şeytanın borusu ötüyor! Zavallı halkı yoldan çıkarmak için her şey öne serilir: Tütün ve öbür şeyler. Ne diyorsunuz siz, Konstantin Fedoroviç? İnsanoğlu zayıftır ve karşı koyamaz.»

«Sana diyeceğime iyi dikkat et. İnsan bende serbest olamaz. Gerçek şu ki her şeyi hemen elde edersiniz, ineğiniz ve atınız olur; ama ben insan olarak güç beğenir biriyim. Her şeyden önce çalışmak gerekir: Kendi hesabına ya da benim hesabıma çalışmak; ama ben kimsenin avarelik etmesine göz yummam öyle. Kendim de bir öküz gibi çalışırım, köylülerim de öyle çalışır, çünkü denedim, dostum, insan bir kez işsiz kaldı mı şeytanlıklar gelir aklına. Bir karara varmadan önce aranızda bütün bunları enine boyuna bir konuşun bakalım.»

«Biz bunu daha önceden düşündük, Konstantin Fedoroviç. Yaşlılar her zaman söylerler: Köylülerinizin hepsi zenginmiş, bu elbette ki boşuna değildir. Papazlarınız da iyi insanlarmış üstelik. Bizimkiler ise Allahın belası, insanları gömecek kimse kalmadı ortalıkta.»

«Sen gene de git bir konuş bakalım arkadaşlarınla.»

«Peki.»

Mavi setreli sinsi adam:

«Öyle olsun, Konstantin Fedoroviç, siz kibar birisiniz, biraz fiyatı düşürün,» diye başladı.

«Sana peşin peşin söyledim, ben pazarlık etmeyi sevmem. Ben ipoteğin vadesinin bitimine bir gün kala, gidip gördüğün o çiftlik beylerinden değilim. Çünkü sizleri bilirim, seni de, sana benzeyenleri de bilirim: Elinizde üzerinde ödeme tarihi yazılı borç senetleri var. Bu pek belli. Vade gelip çatınca, istediğini yarı fiyatına bırakırlar sana. Ama benim, benim ne ihtiyacım var senin parana? Elimdekilerini üç yıl saklayabilirim, kimseye boyun eğmem.»

«Çok haklısınız, Konstantin Fedoroviç. Benim dediğim, yalnızca sizinle iş görmek içindir. Bakın, pay olarak işte bin ruble.»

Tilki adam göğsünden bir demet kirli para çıkardı. Kostanjoglo paraları umursamadan aldı ve saymadan tuttu redingotunun arka cebine yerleştirdi.

Vay canına! diye düşündü Çiçikov, adam paraları bir cep mendili gibi koydu yerine!

Kostanjogio salonun eşiğinde göründü. Yanık derisi, zamanından önce yer yer kırlaşmış, sert siyah saçları; bakışının canlılığı ve ateşli kanı ile Güney soyunu ortaya bal gibi döken kara sevdalı hali, Çiçikov'u büsbütün şaşkına çevirdi. Hiç mi hiç Rus değildi, ama kendisi de saçma ve değersiz saydığı için soyu sopu ile uğraşmadığından, atalarının başlangıcını bilmiyordu. Rus olduğunu sanıyor ve Rusçadan başka dil bilmiyordu.

Platonov, Çiçikov'u tanıttı. İki adam sarmaş dolaş oldular.

Platonov:

«Konstantin, iç sıkıntısından kurtulmak için, yolculuk etmeyi düşündüm; Pavel İvanoviç de bana kendisiyle birlikte gelmemi önerdi.»

Kostanjoglo:

«Güzel!» dedi.

Saygılı saygılı Çiçikov'a seslenerek:

«Nereye gitmeyi düşünüyorsunuz?» diye sordu.

Çiçikov boyun kırarak, koltuğun kenarını tuta tuta:

«Açık söyleyeyim,» dedi, «bakın, ben kendi işimden çok, bir başkasının işi için yolculuk ediyorum: General Betrişçev, candan dostum ve hatta diyebilirim ki velinemetim, benden akrabalarını yoklamamı istedi. Akrabaların, kuşkusuz önemi vardır, ne var ki ben bu işte kendi kârımı düşünmekteyim; çünkü, sağlık yönünü bir yana bırakırsak, dünyayı ve dünyanın değişikliklerini görmek demek canlı bir kitap, deneysel bir bilim demektir.»

«Evet, iyidir kimi yerlerin görülmesi.»

«Çok haklısınız. Görülmeyen şeyler görülür, insan rastlamadığı kişilere rastlar. Onlarla konuşmak bir hazinedir bazen, sözgelişi şimdi kendini gösteren fırsat... Sayın Konstantin Fedoroviç, size sığınıyorum: öğretin bana, aydınlatın beni, bilgi susuzluğumu giderin. Sözlerinizi bir iksir gibi bekliyorum.»

Neye uğradığını bilmeyen Kostanjoglo:

«Ama ben ne öğretebilirim size? dedi. «Ben pek öyle mürekkep yalamış insan değilim hiç.»

«Bilgelik, sayın bayım, bilgelik öğretin, bir çiftlik işletmesinin o güç yönetimini üstlenmeyi, kazanç yollarını, yurttaşlık görevini yaparak, yurttaşların saygısını kazanarak, hayali değil de gerçek iyilikler yapma hünerini öğretin.»

Kostanjoglo dalgın dalgın Çiçikov'a bakarak:

«İsterseniz,» dedi, «burada bir gün geçirin. Her şeyin nasıl yürüdüğünü gösteririm size. Görürsünüz ki artık bu işte hiçbir sır filan yoktur.»

Ev sahibesi:

«Canım, kalınız,» dedi.

Kardeşine dönerek ekledi:

«Bizimle kal; atlı kovalamıyor ya peşinden.»

«Bence hava hoş. Bu konuda acaba Pavel İvanoviç ne düşünüyorlar?»

«Bence de öyle, seve seve kalırdım. Ama şu var ki; General Betrişçev'in bir akrabası var, hani canım Albay Koşkarikov...»

«Canım kaçığın biri o.»

«Olabilir. Onu görmeye gitmezdim, ama General Betrişçev, candan dostum ve hatta diyebilirim ki, velinimetim şey...»

Kostanjoglo:

«Öyleyse o iş kolay,» dedi. «Gidip görün onu, on verst bile çekmez. Arabam hazırdır; gidin hemen, çay zamanına kadar dönersiniz.»

Çiçikov kasketini alarak:

«İyi fikir!» diye bağırdı.

Bizimki arabaya bindi ve yarım saatten az bir zamanda albayın köyüne vardı. Bütün köy karmakarışık haldeydi: inşaat halinde yapılar; her sokakta kireç, tuğla ve kalas yığınları. Bir ev dizisi ki, devlet dairelerine benziyordu. İçlerinden birinin üzerine altın harflerle şöyle yazılmıştı: *Tarım Gereçleri Odası;* ötekinin üzerine: *Merkez Saymanlığı;* bir başkasının üzerinde: *Çiftlik İşleri Kurumu; Köy Okulu,* Tanrı bilir neler de neler daha.

Çiçikov albayı çiftlik dairesinde, bir masa önünde ayakta, kalem kemirirken buldu. İyi bir insana benzeyen, pek güzel yüzlü Koşkarikov, bizimkini pek saygılıca karşıladı ve köyü bugünkü mutlu durumuna getirmek için çektiği güçlüğü anlatmaya koyuldu. Kalktı, acı acı, insana pırıl pırıl aydınlığı, sanatı, resmi sağlayan yüce uğraşları köylülere sayıp dökmenin güçlüğünden dert yandı; 1814 yılında alayı ile birlikte gittiği Almanya'da, bir değirmenci kızının bile piyano çaldığını görmüştü, oysa burada köy kadınlarının korse giymelerini bile sağlayamamıştı. Bununla birlikte, bilgisizlik ortalığı kasıp kavurmasına karşın, kendi köyündeki köylüye çift sürerken, *Çoban Şiirleri*'ni ya da Franklin'in paratonerleri ya da toprakların kimyasal ayrışımı üzerine birkaç sayfa okutmaya çalışmaktan geri durmayacaktı.

Vay canına! diye düşünüyordu Çiçikov. Ben ise henüz *Duchesse de la Valliére*'yi bitirmeye zaman bulamadım!

Albay insanlığı mutluluğa götürme yolları üzerinde gene uzun uzun konuştu. Onca giyim kuşamın büyük bir önemi vardı: bilimlerin ilerlemesi, ticaretin yükselmesi ve Rusya'da bir altınçağ başlaması için Rus köylülerine Avrupa pantolonları giydirmenin yeteceğine inanıyordu aklı sıra.

Çiçikov gözlerinin içine baka baka Koşkarikov'u sabırla dinliyordu. En sonunda içinden şöyle söylendi, bu adamla çene yarıştırmak, boş! İçi sıkıla sıkıla yolunca yordamınca işlemler yaparak, canlıymış gibi gözüken ölü canlar almak isteğini söyledi.

Albay hiç oralı olmadan:

«Sözlerinize bakarak yargı vermeden önce, bir dilekçe olmalı, değil mi ya?» dedi.

«Elbette.»

«Öyleyse, bu isteğinizi yazılı bildirin. Dilekçe, Yazım Dairesi'ne gidecek, burası dilekçeyi bana imzalatacak; bundan sonra Çiftlik İşleri Kurumu'na gönderilecek; oradan da, bir yol gözden geçirilmiş olduktan sonra, müdüre. Müdür de, yazıcısı ile konuşup ettikten sonra...»

Çiçikov:

«Vay canına!» diye gürledi, «artık iş Tanrı bilir ne kadar zaman uzayıp gidecektir! Bu isteği yazı ile nasıl yazmalı? Böyle doğal bir işten söz açılmış... Canlar belli bir sayıda... üstelik ölü...»

«Çok güzel. Yazınız ki canlar belli bir sayıda... ölüdür.»
«Olamaz. Hepsi de ölü oldukları halde, canlı gibi görünmeli.»
«Peki. Öyleyse şöyle yazın: *Gerekir, talep edilir, istenir, arzu buyurulur* ki canlar yaşar görünsünler. Bu yol işte böyledir. İngiltere'de de böyledir ve Napolyon bile böyle yapmıştır. Komisyoncu sizi her yere götürebilir.»

Zili çaldı. Bir adam geldi. Yazıcıydı bu.

«Kâtip efendi, bana komisyoncuyu çağırın!»

Yarı köylü, yarı yazıcı kılıklı komisyoncu, çıkıp geldi.

«Efendi sizi en gerekli yerlere götürecektir.»

Merak yüzünden Çiçikov, komisyoncu ile birlikte bu gerekli yerleri gidip görmeye karar verdi. Yazım Dairesi üzerinde yalnızca bir yazı vardı; kapı kapalıydı, müdür yeni kurulan Yapılar Komisyonu'na atanmıştı. Odacı Berezovski yerinde bulunuyordu, ama o da Yapılar Komisyonu tarafından verilmiş bir iş üzerinde çalışıyordu. Çiftlik İşleri Kurumu'na gittiler; bu bölüm onarım halindeydi; uykuya dalmış bir sarhoş tutup hiçbir bilgi veremezdi.

En sonunda komisyoncu, Çiçikov'a:

«Bizde, bu daire gerçekten bir hababam dairesidir,» dedi. «Beyefendiyi boşuna uğraştırırlar. Yapılar Komisyonu her şeye burnunu sokar; insanı işinden alır, başka işe verir. Yalnızca bu komisyon üyelerinin işi görülür.»

Komisyoncu onu, görüldüğü gibi, Yapılar Komisyonu'na götürmek istiyordu. Çiçikov ise artık fazla şey görmek istemiyordu. Dönüşte albaya, bütün bu karışık işten hiçbir şey anlamadığını söyledi: Yazım Dairesi ortada yoktu. Yapılar Komisyonu ise bir haydut yatağıydı.

Soylu ve öfkeye kapılan albay, dostluk belirtisi olarak Çiçikov'un kuvvetle elini sıktı. Eline hemen bir kalem alarak, sekiz özlü soru yazdı. Yapılar Komisyonu ne hakla kendi emri altında olmayan memurları hükmen kullanabilirdi? Bir kalem şefinin işlemleri bir yana sererek yerinde bulunmamasını genel müdür nasıl kabul edebilirdi? Çiftlik İşleri Kurumu, Yazım Dairesi'nin olmayışına nasıl ilgisiz kalabilirdi?

Kızılca kıyamet kopacak adamakıllı! diye düşündü Çiçikov, sonra hemen izin istedi.

«Hayır, sizi bırakmam böyle. Bu işte benim onurum söz konusu. Tarım ekonomisindeki rasyonel tutumun ne demek olduğunu göstereceğim size. İşinizi yapması için ötekilerin hepsinden daha değerli bir adam görevlendirilecektir. Üniversite'den çıkmıştır bu adam. İşte benim canlarım!»

Albay, bir yan kapıyı açarak:

«Değerli zamanınızı öldürmek için kitaplıkta beklemenizi rica ederim,» dedi. «Kâğıt, tüy kalem, yazı kalemi var. Kullanın bunları: evin efendisisiniz. Işıklar her şekilde kullanılabilir.»

Kitaplık, baştan başa kitaplarla dolu geniş bir salondu. Burada içi saman doldurulmuş hayvanlar bile vardı. Her konuda kitap vardı: Ormancılık, hayvancılık, bağcılık; her konuda özel dergiler, yalnızca abone olunduğu için sürekli olarak alındığı anlaşılıyordu. Bütün bu kitapların ilgi çeken hiçbir yanı olmadığını gören Çiçikov, bir başka dolabı karıştırdı. Gene aldanış: felsefe kitaplarıydı bunlar. Karşısında altı koca cilt şu başlıkla gösteriyordu kendini: *Düşünce Alanına Hazırlayıcı Bilgi. Genelliğin, Bir Arada Bulunuşun ve Halk Verimindeki Karşılıklı Bozulmanın Organik İlkelerinin Hüneri'ne Uygulanmış Özünün Kuramı.* Çiçikov'un açtığı her sayfada *olgu, yükselme, ruh, algı, özel yetenek,* Tanrı bilir ya daha nice sözler geçiyordu. «Burası da bana göre değil,» dedi ve üçüncü dolaba yaklaştı. Bu dolapta güzel sanatlarla ilgili kitaplar vardı. Pavel İvanoviç koca bir cildi indirdi, bu cildin içindeki mitolojik konulara ilişkin resimler onu büyüledi. Bu tür gravürler belli bir yaşa gelmiş bekârların ya da baleyi ve baldır bacak gösterilerini kaçırmayan pinponların hoşuna giderdi. Bu kitabı incelemeyi bitiren, Çiçikov, aynı türde bir başka kitap daha alacağı anda, elinde bir kâğıtla neşeli albay Koşkarikov göründü.

Dinlemeye hazırlanan Çiçikov içinden, Tanrı korusun! diye düşündü.

Albay okumaya başladı.

«'Ekselans hazretlerinin bana verdiği görev üzerinde uzun boylu düşündükten sonra... sonra, sonra... şunu gururla söyleyebilirim ki:

«'Kolej Danışmanı Pavel İvanoviç Çiçikov beyin dilekçesinde bir karanlık nokta var, çünkü dikkatsizlik eseri olarak burada canlar ölü diye gösterilmiş. Herhalde ölümü yaklaşmış olanlar demek istiyor, yoksa ölü canlar değil. Bu deyim bile besbelli ruhani bir okulda öğrenilmiş, deneysel bir bilgiye dayanıyor, çünkü ruh ölümsüzdür...'»

Duran Koşkarikov, memnun memnun:

«Vay kerata!» dedi. «Size hafiften çatıyor. Ama kaleminden kan damlıyor, öyle değil mi?»

«'İkinci olarak, sayılmış ölüler konusunda öyle ipotekmiş, ölüme yakınlıkmış, uzaklıkmış olmaz: çünkü ayrıcalıksız hepsi yalnızca rehine değil, çiftlik sahibi Predisçev'le olan bir davadan sonra, anlaşmazlığa düşen, Moskova gazetesi'nin 42. sayfasında yayınlanmış fikre göre, sonuç olarak muhalefete giren küçük Gurmaylov kasabası bir yana, can başına yüz elli ruble mirasçılık belgesiyle de yeniden rehin edilmiştir.'»

Çiçikov keyifli keyifli:

«Bunu bana neden hemen açmadınız? Neden benden ipe sapa gelmez şeyler istediniz?» diye bağırdı.

«Bütün bunları yerli yerinde görmeniz gerekti. Yoksa olmaz. Gelen ilk aptal meseleleri bilinçsizce görebilir; oysa bilinçli olarak gerekir.»

Pavel İvanoviç, küplere binerek şapkasını giydi ve saygı selam demeden kapıya ilerledi. Arabacı, atlara yem vermek için yazılı başvuruda bulunmak gerektiğinden olacak, koşumları çözmenin boş olduğunu bilerek araba ile harekete hazır duruyordu. Bununla birlikte albay koştu, Çiçikov'un elini kuvvetle kendi eline aldı, yüreğinin üzerinde sıktı, kendisine işin ne yolda gittiğini görme fırsatını verdiğinden ötürü ona tekrar tekrar teşekkür etti; herkes yan gelip yatabildiği, yönetimin yayları da paslandığı ve zayıfladığı için adamları gene şöyle bir yoklamak ve haşlamak gerekiyordu; bu olay ona güzel bir düşünce, *Yapılar Komisyonu'nu Denetleme Komisyonu* adını alacak olan, yeni bir komisyon kurma düşüncesi vermişti, böylece artık kimse hırsızlık etmeye yanaşamazdı.

Çiçikov yolculuğundan yüreği yaralı döndü; gecikmişti, mumlar çoktandır yanıyordu.

Eşikte görünür görünmez Kostanjoglo:

«Neden böyle geciktin?» diye sordu.

Platonov:

«Onunla niçin bu kadar uzun uzadıya konuştunuz?» dedi.

Çiçikov:

«Ben ömrümde böyle şapşal bir insan görmedim!» diye karşılık verdi.

Kostanjoglo:

«Adam sen de,» dedi. «Koşkarikov bir garibedir. Kendi ülkesini bilmedikleri halde, yabancıların aptallıklarına öykünen bizim bilgin taslaklarının saçmalıklarını bir karikatür gibi yansıttığı için gerekli bir insandır. Çağımızın çiftlik beyleri kendilerini işte şöyle gösterirler: bürolar, işyerleri, okullar, Tanrı bilir ya daha neler de neler açarlar! 1812'den sonra insan sözüm ona uslanmış, oysa şimdi ortalığı birbirine katıyor insan. Öyle bir karışıklık ki Fransızlarınkinden daha beter bir karışıklık, bir Piyotr Petroviç Petuh iyi bir çiftçiyim diye geçinebilir şimdi.»

Çiçikov:

«Ama onun çiftliği de ipotek edilmiş,» dedi.

«Evet, her şey olacağına varır.» Kostanjoglo, kızmaya başlamıştı. «Şapkacılar, şamdancılar boy gösteriyor; işçiler getiriliyor Londra'dan, insan tüccar olup çıkıyor. Kibar bir adam işyerleri açsın ha! Kentin yosmalarına kumaşlar dokusun ha!»

Platonov:

«İyi ama senin de fabrikaların var,» dedi.

«Suç kimin? Bunlar kendiliğinden oldu; yün sürekli çoğalıyordu, dışarı satmanın yolu yoktu. Ben de kalktım kumaşlar, kalın mı kalın, tam köylülerimin işine yarar türden kaba kumaşlar dokumaya baktım; bunlar pazarda yok pahasına gider. Altı yıldır balıkçılar, balık pullarını benim kıyıya atıyorlardı... Ne yapabilirdim bunları? Tutkal yapmaya baktım, bana kırk bin ruble para getirdi. Burada her şey buna benzer.»

Çiçikov gözlerinin akına bakarak, ne işbilir adammış be, diye düşündü. On parmağında on hüner var!

«Bu işleri yapmaya karar verdiysem, ekip biçme işlerini savsaklayan çiftlik sahibi beyler yüzündendir. Kıtlık başlangıcında, birçok işçinin açlıktan ölmelerinden başka neden yoktur buna. Bende, böyle fabrikalar yok, enişte. Yoksa her yıl, elimdeki malzemeyle bir fabrika kurabilirdim. Çiftliğinin gidişini adamakıllı gözleyen kimse, işe yaramaz diye çöplüğe attığı her şeyden servet sahibi olabilir. Bu süprüntüleri işlemek için, öyle mermer sütunlu ve cepheli saraylar da kurmuyorum çünkü.»

Çiçikov:

«Garip şey!.. İnsanın süprüntülerle yükünü tutması, çok garip» dedi.

«Garip olmasına garip ama, işi basit tarafından olduğu gibi ele almak koşuluyla. Ne yazık ki herkes başarı gösterebilir; herkes bir aletle küçük çekmeceyi sökebilir, yeter ki kolayca açılsın. İnsan uçarcasına İngiltere yolculuğu yapabilir! Aptallar!.. İnsan yabancı yere yolculuk ettikten sonra daha aptal dönüyor!»

Bu söz üzerine karısı, kaygılı kaygılı ona:

«Ah! Konstantin işte gene öfkeleniyorsun,» dedi. «Kızmanın sana hiç yaramadığını bal gibi bilirsin.»

«Böyle şeyler bir Rus kalbini kızdırmaz mı? Rus karakteri bozuluyor, çok acı bu, içimizde Don Kişotluk var. İnsan yok yere ateş alır mı? İnsan bir parça mürekkep yaladı mı Don Kişot olup çıkıyor; aptal bir adamın bile düşünemeyeceği okullar açıyor. Bu okuldan hiçbir işe yaramayan, ne köye ne de kente yararı dokunmayan insanlar çıkar, kendi yeteneklerini bilen sarhoşlar çıkar. İnsan kendini insanlığı sevmeye mi adıyor? İnsancıl bir Don Kişot olur; iş olsun diye hastaneler, sütunlu sütunlu yapılar kurmak için bir milyon para akıtır, sonunda hapı yutar ve başkalarını alabildiğine sefalete yuvarlar. İşte gerçek insanseverlik!»

Çiçikov eğitime kulak asmıyordu; hiçbir işe yaramayan şeyden nasıl para kazanılacağını iyice öğrenmek istiyordu. Fakat Kostanjoglo ona tek bir söz bile söyleme fırsatı vermedi: dudaklarından dökülen ilginç sözleri kesemezdi.

«Köylüyü nasıl aydınlatalım diye düşünüyorlar... Önce zenginleştirin onu; iyi bir çiftçi yapın, bundan sonra o aydınlatır kendi kendini. Yeryüzünün ne kadar aptallaştığını düşünemezsiniz! Bizim yazar taslakları şimdi neler yazmadı? Bir kitap çıkar çıkmaz, millet kapışıyor... İşte sürekli ağızlarına doladıkları söz: 'Köylü pek sade bir yaşantı sürüyor; ona lüks eşyaları tanıtmalı, kendi yaşamının üstündeki gereksinimleri aşılamalı ona.' Onlar, bu lüksün kurbanı insanlar, insanlıktan çıkmışlardır, her hastalığa uğramışlardır; on sekiz yaşında bir delikanlı yok ki her şeyin tadını almamış olsun! Aman Tanrım! Artık diş kalmamıştır ağızlarınızda, bir kel gibi dökülmüştür saçlarınız; şimdi de kalkıp köylülerimizin ahlaklarını bozmak istiyorsunuz! Tanrı'ya şükür, hiç değilse elimizde bütün bu incelikleri bilmeyen sütü temiz bir topluluk var! Bizde saygıdeğer insan artık yalnızca çiftçidir. Ne demeye çatıyorsunuz köylüye? Tanrı'ya dua edelim de herkes ona benzesin!»

Çiçikov:

«Bizde çiftlikte uğraşmanın pek kârlı mı olduğunu sanıyorsunuz.»

«En büyük gelir değil, en namuslu gelir. *Toprağı alnının teri ile sürüp ekeceksin*, derler. Bunda itiraz edilecek şey yok. Yüzyılların deneyimi gösterir ki tarım işinde insan pek titizdir, pek saftır, pek soyludur. Hiç başka şey yapılmasın demiyorum; ama diyorum ki her şeyin başı, toprağı işlemek mi olmalı diyorum. Endüstri kendiliğinden doğar, hiç değilse var olmak hakkına sahip olan endüstri, bugün insanları rahata erdiren inceliklere değil de insanın gerekli ihtiyaçlarına karşılık veren endüstri. Eksik olsun, bu kendi verimlerini gözetmek ve çoğaltmak için iğrenç yollardan iş gören, insanların ahlakını bozan ve çürüten fabrikalar. Ben dünyada –deseler ki onlar yüzünden bir milyon kazancın olacak deseler–, temiz şeyler üreten bu fabrikalara gene de burnumu sokmam. Hayır, hayır; eksik olsun şeker; eksik olsun tütün! Fesat dünyayı sarıyorsa, benim eserim olmasın bu! Bana, Tanrı önüne yüzüm ak çıkmak yeter... Ben yirmi yıldır halkla birlikte yaşadığımdan, bu belaların sonuçlarını bilirim.»

Çiçikov:

«Beni en çok şaşırtan nokta,» dedi, «insanın bile bile çerden çöpten şeylerden yararlanması ve bütün işe yaramaz şeylerin para getirmesi.»

Kostanjoglo; Çiçikov'u dinlemeden ve sinirli sinirli:

«Ah! İktisatçılar!» dedi. «Başkalarını işe sürükleyen ama kendi burunlarından pek ötesini göremeyen yedi dile destan aptallar! Bir kürsüye çıkan ve gözlerine gözlükler takan eşekler... Bir alay şapşal!»

Hırstan, gene yere tükürdü.

Karısı ona:

«Yerden göğe haklısın; ama lütfen kızma böyle,» dedi. «Sanki insan ortalığı velveleye vermeden bütün bunları konuşamaz mı!»

«Sizi dinlerken insan, Sayın Konstantin Fedoroviç, sanki yaşamın sorunları içine giriyor; en ince noktasına varıncaya kadar derinliğine dalıyor. Fakat, genel soruları bir yana bırakıp, dikkatinizi özel bir duruma çekmeme izin verin. Çiftlik sahibi olduğumu, yurttaşlık görevimi yerine getirmek üzere az zamanda yükümü tutmak istediğimi düşünürsek, ne yapmak zorunda kalabilirim?»

Kostanjoglo:

«Zengin olmak için nasıl mı çalışmalısınız?» dedi. «Bakın işte...»

Ev sahibesi yerinden kalkarak odanın ortasına ilerledi ve üşüyormuş gibi bir şala bürünerek:

«Haydi bakalım çorbaya,» dedi.

Çiçikov hemen hemen bir asker çevikliği ile kalktı, bir toplum insanı saygısıyla kadına yaklaştı, koluna girdi, onu görgü kuralları gereğince yemek salonuna götürdü. Burada, üzeri açık çorba, taze sebzelerin o nefis kokusunu saça saça nicedir onları bekliyordu. Her biri yerini aldı. Uşaklar hemen, çatal kaşıklarla birlikte, kapalı sahanlarda hepsinin yemeklerini getirdi, sonra da çekildiler: Kostanjoglo uşakların konuşmalarını dinlemelerini ve hiç değilse yemek yerken kendisine bakılmasını sevmiyordu.

Çorbayı içtikten sonra Çiçikov, votkaya benzeyen pek hoş içkiden küçük bir kadeh yuvarladı, sonra da ev sahibine dedi ki:

«İzninizle yarım kalan konuşmamıza başlayalım gene. İnsanın nasıl yapıp edip bu işi becerdiğini, en iyi koşulun ne olduğunu soruyorum size(*)

«... İsteselerdi, gözümü kırpmadan ben bu çiftliğe kırk bin ruble verirdim.»

«Ya!» Çiçikov düş kurmaya başladı; «Ama neden satın almadınız?» dedi belli belirsiz bir çekingenlikle.

«İnsan ayağını yorganına göre uzatmalı. Böyle şey daha önce çok geldi başıma. Toprakları yok pahasına satın almak için kucaklamalarından ve yıkılışlarından yararlandığımı ileri sürerek, soylularımız dedikodu yaptılar, Tanrım hem de ne dedikodu! Kafam şişti bu kadar.»

Çiçikov:

«İnsanlar dedikoduya ne de heveslidir!» dedi.

«Üstelik, bizim burada, daha beteri de olur zaten... Bir de bana hep cimri, pinti ve ikiyüzlü derler. Bu beyler kendilerini tümüyle temize çıkarıyorlar. 'Kuşkusuz varımı yoğumu harcadım ben,' der böyle birisi; 'tarımcıları yüreklendirmek için (dinleyin siz yalanları) yaşamın yüksek gereksinimlerini yerine getirmiş olmak demektir bu. Evet, insan Kostanjoglo gibi domuzca da yaşayabilir.'»

Çiçikov:

(*) Özgün metinde eksiktir.

«Bu türden bir domuz olmayı pek isterdim!» dedi.

«Saçma bütün bunlar. Neymiş o yüksek gereksinimler? Hepsi de iskambil ve şampanya peşinde. Ve, görüyorsunuz ya, kendilerine ziyafet çekmediğim ve ödünç para vermediğim için oluyor bütün bunlar. Canımı sıkacağı için ben ziyafet filan vermem öyle; bende böyle alışkanlık yok. Lokmamı paylaşmaya gelen hoş gelmiştir. Ödünç para vermeyi reddedince, geveze olup çıkarlar. Başı dara düşmüş bir adam bana gerçekten başvurabilir, paramı ne niyetle istediğini anlatabilir bana: Sözlerinden parayı iyi yolda kullanacağını, paradan sağlam bir yarar sağlayacağına aklım yatarsa, dünyada geri çevirmem ve dünyada kendi çıkarımı düşünmem.»

Çiçikov içinden, vay, vay! Bu ne iyi şey böyle! diye düşündü.

Kostanjoglo:

«Hayır, geri çevirmem dünyada,» diye sürdürdü: «Gelgelelim har vurup harman savuracağını gözüm kestirirse, zırnık bile koklatmam. Allah yazdıysa bozsun! Böyle biri dostuna ziyafet çeker, biri evi donatır baştan başa, daha doğrusu çapkın bir kadınla maskeli balolara koşar, bir jübile uğruna boş bir yaşam sürer, böyle hovarda bir herifi topraklardan sürmek gerek!»

Bu sırada Kostanjoglo yere tükürdü ve karısının önünde olur olmaz sözler söylemeye başladı. Yüzünü kara bir hüzün sarstı. Alnı öfkesini ve heyecanını ortaya döken çizgilerle kırış kırış oldu.

Çiçikov, gerçekten hoş, ahududu şerbetinden bir bardak daha doldurup içerken:

«İzin verirseniz,» dedi, «şu yarım kalan konuşmamızı tamamlayalım... Sözünü ettiğiniz çiftliğin sahibi olduğumu düşünürsek, ne kadar zamanda zengin olabilirim..»

Kostanjoglo sert ve kızgın bir sesle:

«Bir çırpıda zengin olmak isterseniz,» diye karşılık verdi, «hiçbir zaman mal mülk sahibi olamazsınız; zamanla uğraşmadınız mı, hemen doldurursunuz küpünüzü.»

Çiçikov:

«Çok doğru!» dedi.

Kostanjoglo, Çiçikov'a bile gücenmiş gibilerden, sert sert:

«Evet,» diye konuştu. «Çalışmayı sevmeli insan, yoksa hiçbir halt edemez. Kır yaşamını sevmek gerek, evet! İnanın buna, hem hiç de sıkıcı değildir bu. Kır yaşamı çekilir şey değildir derler... ama ben eğer, bu bayların yaptıkları gibi, uğursuz kulüplerine, meyhanelerine ve tiyatrolarına gitmek üzere, pek pek bir günlüğüne kalkıp kente inersem, sıkıntıdan ölürüm. Gidi aptallar, gidi eşek milleti! Ekip biçen insanın sıkılmaya zamanı olmaz. Yaşamı baştan başa doludur. İşlerin türlü türlü oluşunu ele alın hele. Ama ne işler! Ruhu yücelten işler! Kırda insan doğanın, mevsimlerin ardından gider; evrende olup biten her şeyle işbirliği eder. Bütün bir iş yılını gözlerinizin önüne getirin: ilkbahar gelirken her hazırlık başlar, tohumların hazırlanması, seçilmesi, buğdayın ambarlarda havalandırılması, angaryaların şuna buna bölünmesi. Her şey göz önüne alınmış ve önceden ölçülüp biçilmiştir. Artık, ırmakların buzları erir erimez, toprak uyanır uyanmaz, sebze bahçelerinde ve bağlarda bel başlar; tarlalarda iki dişli bel ve saban; dikilir, ekilir. Sizce, ne ekilir? Yakındır biçme! Tüm toprağın mutluluğu! Milyonlarca canlının yiyeceği! Yaz gelir... Biçilir Allah biçilir... Derken harman sırası gelir; çavdardan sonra buğday; derken arpa, yulaf; milet harıl harıl çalışmaktadır; yitirecek bir dakikası bile yoktur insanın; yirmi gözü de olsa çalışmaya bakar. Eğlence bitti mi bitti, işe başlamalı; göz işleri vardır ambarların, kilerlerin, ahırların onarılması vardır, kadın işleri de vardır aynı zamanda; bilanço tutulur, iş tamam mı diye bakılır... A bir de bakarsın kış bastırmıştır! Buğdayın her havada savrulması; tohumların, ambarlardan dükkânlara götürülmesi; ağaçların devrilmesi ve hızarcılığı; ilkbahar yapıları için tuğlaların ve kereste odununun taşınması. Bir değirmene gidilip, işyerlerine bir göz atılır. Ben ise, bir oduncu eğer baltasını iyi kullandı mı, iki saat geçirebilirim ona baka baka, çalışma benim canıma can katar. Ve eğer, bundan başka, bütün bunların belli bir amaç uğruna yapıldığı, çevredeki herkesin, meyvesi ve kârı var diye işine canla başla sarıldığı ve işini ilerlettiği görülürse, artık duyulanı anlatmaya dilim varmaz. Ama servetiniz çoğaldığı için değil –para bir yana– ama bütün bunlar sizin eseriniz olduğu için; siz yaratmışsınızdır, bir büyücü gibi çevrenize bolluk ve mutluluk saçmışsınızdır.»

Kostanjoglo, çizgileri artık yok olmuş yüzünü kaldırarak:

«Siz böyle bir sevinci nerede bulursunuz?» dedi.

Bir kral taç giyme gününü anlattığı zaman yüzü nasıl parlarsa onun da yüzü öyle pırıl pırıl parlıyordu.

«Evet, dünyanın dört bir bucağında bulamazsınız böylesine bir sevinci! İnsan burada Tanrı'ya öykünür. Tanrı kutsal sevinç uğruna yaratmıştır her şeyi ve ister ki insan da aynı biçimde kendi çevresinde mutluluk yaratsın... Bakın bakalım hiç buna sıkıcı bir şey denir mi!..»

Çiçikov, bir cennet kuşunun ötüşlerini dinler gibi dinliyordu bu güzel sözleri. Ağzının suyu akıyordu. Gözleri bile yaşarmıştı, mutluluk belirtisiydi bu. Durmadan dinledi.

Bayan Kostanjoglo ayağa kalkarak:

«Konstantin, salona geçelim mi?» diye sordu.

Herkes ayağa kalktı. Çiçikov kolunu gene bayana uzattı, ama düşünceleri ciddi bir hal aldığından, davranışlarında artık o aynı çeviklik yoktu.

Onları izleyen Platonov:

«Sen çeneni boşuna yoruyorsun, ne olursa olsun kır yaşantısı sıkıcı,» dedi.

Konuğumuz aptal değil, diye düşünüyordu Kostanjoglo; dikkatli, konuşmalarında ciddi ve hiç geveze değil. Bu düşünceden sonra, sanki kendi sözlerinden kendi hoşlanıyormuş gibi içi dolup taştı, akıllıca öğütleri dinlemeye elverişli bir insanla karşılaştığı için mutluluk duyuyordu.

Hepsi mumlarla aydınlanmış, balkonun ve bahçeye bakan camlı kapının karşısındaki küçük, rahat bir salonda yer aldılar. Yıldızlar uykuya dalmış parkın doruklarından onları gözleyedursun, Çiçikov nice zamandır duyulmamış bir mutluluk duydu. Sanki uzun yolculuklardan sonra kendi yuvasına dönüyormuş ve istediklerine fazlasıyla kavuşmuşçasına yolculuk sopasını «Yetti artık!» diyerek şöyle bir yana atıyormuş gibi geliyordu ona. Ev sahibinin özlü öğütleri ona huzur vermişti.

Ona daha fazla dokunan, ona ötekilerden daha özlü gelen konular her insan için de vardı. Ama çoğu zaman, birden, uzak bir köşede, gerçek bir inziva köşesinde, iç açıcı konuşmasıyla size kazılmış yolları, kötü kötü konakları, boş çağdaş heyecanı, insan düşlerinin aldatıcılığını unutturan bir adama rastlanır. Böyle yaşanmış bir gece belleğe silinmezcesine kazınır, o bellek ki bu gecenin bütün ince noktalarını olduğu gibi saklar: Orada bulunanlar, her birinin yeri, ellerinde tuttuğu şey, duvarlar, köşeler, en ufak nokta.

Çiçikov o gece, işte böyle her şeye dikkat etti: Kendi halinde döşeli güzel oda, ev sahibinin yüzündeki cana yakın hava ve hatta halının rengi... Platonov'a uzatılmış o ucu amber çubuk; Yarbas'ın burnuna burnuna salmaya başladığı duman, hayvanın aksırması; kibar ev sahibi kadının, durmadan: «Kes artık canım şunu, sıkıyorsun!» gibi sözlerle kesilen kahkahası; mumların o tatlı ışığı; bir köşede öten cırlakböceği; bülbüller uyumlu şakıyışlarla yemyeşil ormanları çınlatırken, yıldızlara donanmış ağaçların doruğundan kendilerini gözleyen ilkbahar gecesi...

Çiçikov:

«Kuzum Konstantin Fedoroviç, konuşmanızı dinlemek hoşuma gidiyor,» dedi. «Ben Rusya'nın hiçbir yerinde sizin kadar bilge bir insana rastlamadım diyebilirim.»

Kostanjoglo, bu sözlerin hiç de şişirme olmadığını sezerek gülümsedi.

«Hayır, Pavel İvanoviç, eğer bilge birini tanımak isterseniz, bizde gerçekten bu sıfata yaraşır, ayağına su dökemediğim bir adam var.»

Şaşıran Çiçikov:

«Bu kim olabilir?» diye sordu.

«Murazov, bizim içki kesenekçisi.»

Çiçikov:

«Bakın ikidir ondan söz açıldığını duyuyorum!» diye bağırdı. «Bu adam yalnızca çiftlik arazisini değil, bütün bir Devlet'i bile çekip çevirir. Çar olsaydım eğer, onu hemen maliye bakanı yapardım.»

«Dendiğine göre, eşsiz bir adammış; on milyon toplamış.»

«Ne on milyonu! Kırk milyondan fazla. Bu gidişle Rusya'nın hemen hemen yarısı onun olacak.»

Gözleri faltaşı gibi açılan Çiçikov:

«Vallahi öyle. Gün gibi ortada. Birkaç yüz bin rubleye sahip olan biri yavaş yavaş zenginleşir; ama milyonları olan için, sınırsızdır iş alanı: Hangi işe atılırsa atılsın, gelirinin hep iki ya da üç katını kazanır. Artık rakipleri yoktur; onunla kimse boy ölçüşemez. Verdiği fiyat yasadır; kimse üstesinden gelemez.»

Çiçikov istavroz çıkararak:

«Aman Tanrım!» dedi.

Kostanjoglo'nun gözlerinin içine baktı. Soluğu kesiliyordu.

«İnanılmaz şey doğrusu bu! İnsanın aklı duruyor! İnsan bir böcek karşısında bilgeliğe hayran olur; ama günün birinde ölüp gidecek olan herhangi bir insanın bu kadar paraya sahip olmasına pek şaşıyorum. Bir konu üzerinde soru sormamı bağışlayın: Bu servetin başlangıçta günahsız olarak kazanılmamış olduğu gelmiyor mu akla?»

«Namuslu yoldan ve yasal biçimde kazanılmış.»

«İnanmıyorum ben buna! Olanaksız bu! Binlerce ruble için, haydi neyse ne; ama milyonlar!..»

«Tam tersine, binlerce rubleyi alnının teriyle kazanmak deveyi hendekten atlatmak demektir ama, milyonlar zahmetsizce toplanıverir. Bir milyoner çapraşık yollara sapmaya gerek duymaz; o yalnızca burnunun dikine gidecek ve rastladığını alacaktır: Ötekilerin bunu yapmaya gücü olmayacaktır; demek rakipler olmayacaktır arkada! İş alanı geniştir, diyorum size; elde ettiği her şey, servetinin iki üç katı olur... Fakat insan bin ruble para ile ne kazanır? Yüzde on, yirmi.»

«Anlaşılması güç nokta, onun bu işe sıfırdan başlaması!»

Kostanjoglo:

«Zaten her şey hep böyle olur» dedi. «Dünyaya zenginlik içinde gelen fazlasını istemez, daha doğuştan doymuştur gözü. Ortasından değil, başından, rublelerle değil kapikle, yukarıdan değil aşağıdan işe başlamalı; yalnızca bu şekilde insanları ve iş yapacağı çevreyi tanımayı öğrenir. Sırtına şunu bunu yükledikten, her kapiğin korkunç bir çalışma ile kazanıldığını anladıktan, bütün dikenli yolları aştıktan sonra kendini yetiştirir ve her işe gözü pekçe girme gücünü bulur, engel tanımaz artık, inanın bana gerçektir bu. Ortadan değil de başından başlamalı. Bana: 'Bana yüz bin ruble verin de servet sahibi olayım' diyen adam, güven vermez bana; tam alnının kabağından değil de, körlemesine nişan alır. Kapiklerle başlamalı.»

Çiçikov istemediği halde ölü canları düşünerek:

«Öyleyse, ben de servet sahibi olacağım,» dedi; «gerçekten sıfırla işe başlıyorum da ondan.»

Ev sahibi kadın:

«Konstantin, Pavel İvanoviç'in yatma zamanı,» dedi, «sen durmadan çene çalıyorsun.»

Kostanjoglo karısını dinlemeden:

«Elbet zengin olursunuz. Altın akacak size. Gelirlerinizle ne yapacağınızı bilemeyeceksiniz.»

Kendinden geçmiş gibi olan Pavel İvanoviç, tatlı düşlerin büyülü ülkesinde dolaşıyordu. Düşünceleri dalgalanıyordu. Yarınki kazancın pırıl pırıl dokusu üzerine süsler işliyor, kulaklarında şu sözler çınlıyordu: *Altın akacak...*

«Konstantin, Pavel İvanoviç'in uyuması gerek.»

«Anlaşıldı! Sen istersen git uyu!»

Kostanjoglo durdu, oda aralığından Yarbas'ın yankı verdiği, Platonov'un gürül gürül horlayışları duyuluyordu çünkü. Gerçekten yatma saati olduğunu düşünerek, kendisine: «Yetti şu horlama!» diyerek Platonov'u sarstı ve Çiçikov'a iyi geceler dedi. Herkes ayrıldı ve hemen uykuya daldı.

Bir Çiçikov uyumuyordu. Düşüncesi uyanık duruyordu. Düzmece değil, gerçek bir çiftliğin sahibi olma yollarını tasarlıyordu. Bu söyleşiden sonra, yükünü tutma olanağı ona o kadar açık görünüyordu ki! Çiftlik işletmenin güç yönü kolaylaşmış ve anlaşılır duruma gelmişti, hem yaradılışına da o kadar yakışıyordu ki! Ölülerini başından atmak ve bir toprağa kavuşmak kalıyordu ona yalnızca. Kendini daha şimdiden Kostanjoglo'nun derslerini uygulama alanına çıkarıyor, tez canlılık ve güvenle davranıyor, işlerin dünkü durumunu iyice bilmeden hiçbir yenilik yapmıyor, gözünü dört açarak her şeyi inceliyor, her köylünün üzerine düşüyor, kendini tek başına ekip biçmeye adamak için bütün ipe sapa gelmez şeyleri bir yana bırakmış görünüyordu. Bir düzenin var olduğunu ve tarım makinesinin tüm çarklarının birbiri ardından günü gününe iş gördüğünü onaylayarak duyduğu zevki tadıyordu daha şimdiden. İşler tıkırında gidecekti, durup dinlenme nedir bilmez bir değirmende tohum bir çırpıda un olacaktı, boy boy fire ve döküntüler bile gelire dönüşecekti... Kostanjoglo, en iyi yönetmen, her an önüne çıkıyordu. Bu Rusya'da gerçek bir saygı beslediği tek insandı; çünkü bugüne kadar insanlara sınıfları ya da korkunç servetleri yüzünden saygı duymuştu, yoksa zeki oluşları yüzünden değil. Onunla konuştuktan sonra her düşüncesinin gerçekleşeceğine aklı yatmıştı. Şimdi bir başka tasarı kurcalıyordu kafasını: Hlobuyev'in çiftliğini satın almak. Elinde avcunda on bin ruble vardı; zengin olma isteğiyle dolu her insana el uzatmaya hazır olduğunu söylediğine göre, Kostanjoglo'dan on beş bin ruble alma yolunu bulmayı düşünüyordu; alt tarafı, gerek şuna buna başvurarak, gerekse sadece alacaklıları bekleterek, işini yoluna sokacaktı. Bu dalga şöyle olabilirdi: alacaklı, gönlü dilerse artık mahkeme kapılarına koşabilirdi!

Çiçikov bu şeyleri uzun uzadıya düşündü. En sonunda uyku, denildiği gibi bütün evi dört saattir kollarında tutan uyku, gelip onu da buldu ve Pavel İvanoviç derin bir uykuya daldı.

IV

Ertesi gün her şey iyi biçimde düzene girdi. Kostanjoglo hiç karşılık beklemeden, hiç kefilsiz, yalnızca uluorta bir makbuz karşılığında on bin ruble verdi gönülden: Onun çiftlik beyi olacak her insana el uzatma isteği böyleydi.

Çiçikov'a bütün işletmesini gösterdi. Bir dakikasını bile boş geçirmedi; ortada hiçbir aksaklık yoktu; köylülerin en küçük ihmali bile yok olmuştu. Biri yanılmayagörsün, Kostanjoglo, dört tarakta bezi olan adam, onu hemen ayak üzeri dikerdi. Hiçbir yerde işsizlik görülmüyordu. Her yüzde zekâ ve hoşnutluk okunuyordu. Basit ama güzel bir yönetim sayesinde, her şey kendiliğinden oluyordu. Ormanların ve çift sürüşlerin peş peşe gelişi Çiçikov'u büyüledi sanki. Bu adam gürültüsüz patırtısız, tasarılar kurmadan, insan soyunun mutluluğunu sağlama yolları üzerinde ileri geri konuşmadan ne çok iş becermişti! Artık zamanını salonlarda ipe sapa gelmez şeyler söylemek ve salonların pırıl pırıl taşlarında kaymakla geçiren başkent insanı meğer ne de boş bir yaşam sürüyormuş! Bütün bunlar Çiçikov'da bir çiftliğe kavuşma isteğini pekiştiriyordu.

Kostanjoglo çiftliği birlikte gezip görmek için Hlobuyev'e kadar konuğuna arkadaşlık etmeyi üzerine aldı. İyi bir kahvaltıdan sonra, üçü birlikte, sevinçten uçan Pavel İvanoviç'in arabasıyla yola koyuldular; ev sahibinin arabası arkadan boş geliyordu. Yarbas, kuşları ürküte ürküte önden koşuyordu. On beş verst yol aldıktan sonra, Kostanjoglo'nun ormanlarını ve tarlalarını aştılar. Sonra varır varmaz, çiftliğin görünümü değişti: Tek tük buğday; ormanda ağaç kütükleri. Bir tablo olmaya değer güzellikteki görünüşüne karşın küçük çiftlik uzaktan tavlayı andırıyordu. Her şeyden önce, yeni taştan, içinde in cin top oynayan bir konak dikiliyordu: Yıllar boyunca boş kalmış olduğu anlaşılıyordu. Bu ev başka bir evi saklıyordu, burada oturuluyordu. Ev sahibini saçlar karmakarışık, gözler yamuk yumuk, henüz uykudan uyanmış buldular. Kırk yaşlarında kadar görünüyordu, boynunda yamuk yumuk bağlanmış boyunbağı, redingotunda bir yama, ayakkabılarında da bir delik vardı.

Ziyaretçilerin gelişi onu sanki uzun bir ayrılıktan sonra yeniden kardeşlerini görüyormuşçasına sevince boğdu.

«Konstantin Fedoroviç, Platon Mihayloviç, sizleri görmek ne zevk! İnanamıyorum gözlerime! Kimsenin ziyaretini beklemiyordum. Herkes borç para isterim korkusu yüzünden benden bucak bucak kaçıyor, vebadan kaçar gibi. Ah! Yaşam ne acı, Konstantin Fedoroviç. Aslında benim suçum bu; bir domuz gibi yaşadım. Sizi bu kılıkta, ayakkabılar delik deşik karşıladığım için özür dilerim, Baylar. Sizlere ne sunabilirim?»

Kostanjoglo:

«Aramızda teklif yok. İş için geldik biz. Size bir alıcı getiriyorum: Pavel İvanoviç Çiçikov,» dedi.

«Sizinle, tanıştığıma sevindim. Verin elinizi sıkayım.»

Çiçikov ona iki elini birden uzattı.

«Pavel İvanoviç, size düzenli bir çiftlik göstermek isterdim. Ama özür dilerim. Baylar, yemek yediniz mi?»

Kostanjoglo kısa kesmek için:

«Evet, yedik,» diye karşılık verdi. «Uzun boylu kalmayacağız; haydi hemen dolaşalım.»

«Öyleyse, gidip pasaklılığımı ve tavlamı görelim.»

Hlobuyev'le konukları şapkalarını giydiler, hep birden çiftliği görmek istediler... İşe köyden başladılar; her yanda paçavralar asılı, küçük küçük pencereli eski yıkıntıların yükseldiği uzun bir sokak...

Hlobuyev yeniden:

«Gidip benim pasaklılığımı ve tavlamı görelim,» dedi. «Gelmeden önce iyi etmişsiniz de yemek yemişsiniz. Düşünün, Konstantin Fedoroviç, bir piliç bile kalmıyor bana: ne durumda olduğumu anlayın.»

Hlobuyev, Platonov'a:

«Güç,» diyordu. «Ne kadar güç olduğunu düşünemezsiniz! Para yok; buğday yok; ayakkabı yok; siz dayanamazsınız buna. Genç olsaydım bana mısın demezdim; ama, ihtiyarlığın eşiğindesin, sıkıntı bastırınca ve eline bakan bir kadınla beş de çocuk olunca, aklına istemediğin halde kara kara düşünceler gelir...»

Platonov:

«Ama çiftliğinizi satsanız, durumunuz gene düzelmez mi?» diye sordu.

Hlobuyev kollarını kaldırarak:

«Asla böyle olmaz!» dedi. «Her şey alacaklılarıma borçlarımı ödemeye gider, bin ruble bile kalmaz bana.»

«Ne yapacaksınız, öyleyse?»

«Tanrı bilir.»

«Neden bu sıkıntılardan kurtulmaya çalışmıyorsunuz?»

«Ne yapabilirim ki!»

«Allah Allah, bir iş aramak kalıyor size.»

«Basit bir il kâtibiyim ben. Ne yer verirler bana? Kötü bir iş. Ne aylık alabilirim? Beş yüz ruble!»

«Çiftlik kâhyası olun.»

«Kim bir çiftlik teslim eder bana? Kendiminkini batırdım.»

«Fakat insan açlıktan ölme tehlikesi altında kalınca, gene de bir şey yapmalı. Kentten birinin yardımı sayesinde, size bir memurluk bulabilir mi diye sorayım enişteme.»

Derinden bir ah çeken Hlobuyev kuvvetle onun kolunu sıkarak:

«Hayır, Platon Mihayloviç,» dedi. «Hiçbir işe yaramam: Erkenden yıprandım; gençlik çılgınlıklarımın sonucu olarak böbrek ağrısına tutuldum, omuzumda da romatizma var. Ne yapabilirim? Ne demeye Devlet Hazinesi'ni soymalı? Para getiren memurluk yok değil. Allah göstermesin, bana bir aylık maaş ödemek için, yoksul halkın işleri çoğaltılır!»

Bak eğlencenin sonu nereye varmış! diye düşünüyordu Platonov. Benim sıkıntımdan daha kötü bir durum bu.

Böyle konuştukları sırada Çiçikov'la birlikte geriden gelen Kostanjoglo, renk vermiyordu.

Yıkıntıları parmağıyla göstererek:

«Bakın,» diyordu, «köylülerini ne yürekler acısı duruma sokmuş! Ne arabalar var, ne atlar. Görüyorsunuz, hayvanların ötesi berisi bakımından, kendi malını korumayı bir yana sermiş: Gerekirse her şeyi satıp savın; ama köylüye hayvan sağlayın, bir tek gün bile işsiz kalmasın diye. Sizin anlayacağınız, artık bu kötülüğü yıllar temizleyemez. Köylüler aylaklık ve sarhoşluk hastalığına tutulmuşlar. Yalnızca bir yıl boş kalma onları iyice bozmuştur; işte pisliğe ve serseriliğe alışmışlardır... Ya toprak! Toprak ne durumda?»

İzbelerin hemen arkasında görülen çayırları göstererek:

«Toprağa bakın!» dedi. «İlkbaharda bütün buralara su basmış. Ben keten ekerdim buralara, keten ki bana, beş bin ruble para getirirdi, şalgam ekerdim, dört bin ruble kazanırdım. Yamaçtaki şu çavdara bakın; geçen yılın sürgünleri, çünkü biliyorum bu yıl hiçbir şey ekmemiş... Ya şu çukurlar!.. Buralara öyle tohum ekerdim ki doruğuna bir karga varamazdı. Böyle bir toprağı, bir defineyi yüzüstü bırakmak ha! Elinde çift sürmek için aletim bile olmasa, sebze yetiştirmeye bakardım! Ben böyle yapardım işte. Al eline belini; karını, çocuklarını, uşaklarını çalıştır, geberirsen iş başında geber, a hayvan herif! Sofra başında bir domuz gibi tıkınırken değil, işini görürken öl!»

Bu söz üzerine, Kostanjoglo yere tükürdü, alnını kızgın bir renk sardı.

Bir yamaca vardılar; uzakta bir ırmak kıvrımı parladı; daha ötede, General Betrişçev'in evinin, korular içine gizlenmiş bir bölümü göründü. Arkasında uzaklığın mavimsi bir toz bulutuyla sardığı ağaçlıklı bir tepe seçiliyordu; bu ufak tefek işaret sayesinde Çiçikov, hemen buranın Tentiyetnikov'un çiftliği olabileceğini anladı.

«Buralarda orman yetiştirilseydi,» dedi, «manzaranın güzelliği hiçbir yerde bulunmazdı.»

Kostanjoglo birden ciddi bir tavırla ona bakarak:

«Ah! Düşünce bakımından toysunuz siz!» dedi. «Dikkat edin; manzara derken, ekmeksiz ve manzarasız kalırsınız. Yararı düşünün; güzellik kendiliğinden gelir. Kentler tanıktır buna! Şimdiye kadar, en güzel kentler kendiliğinden ortaya çıkan kentlerdir; her yapı kentin gereksinimlerine ve zevklerine göre yapılmıştır; kötü kurulmuş kentlere gelince, kışladan farksızdırlar... Eksik olsun güzellik! Gereksinimleri düşünün...»

«Uzun boylu beklemek yazık olur: Her tarafı istediğim şekilde görmeyi çok isterdim...»

«Yirmi beş yaşında bir delikanlı mısınız?.. Petersburg'lu bir memur mu yoksa?.. Sabırlı olun ayol! Altı yıl çalışın: Dikin, ekin, durmadan toprağı sürün. Bu iş insanın anasını ağlatır. Hele toprağa hız verin ki o da kendiliğinden size yardım etmeye başlasın, bu iş herhangi bir makineye benzemez. Hayır, dostum; emrinize ayırabileceğiniz yetmiş kol olduğu halde yedi yüz kişi çalışıyormuş gibi verim alacaksınız. Her şey on kat artmış olacak! Ben hiçbir şeye karışmıyorum, her şey kendiliğinden yürüyor. Evet, doğa ana sabrı sever; bu Tanrı'nın bizzat ortaya koyduğu, sabırları çoğaltan bir yasadır.»

«Sizi dinlerken insan güçlendiğini sanıyor. Ruhu yükseliyor.»

Kostanjoglo tepeyi gösterirken, acı bir duyguya kapılarak:

«Bakın nasıl sürülmüş toprak!» diye bağırdı. «Daha fazla kalamam burada; bu düzensizliği ve bu başıboşluğu görmek beni öldürür. İşinizi artık bensiz de bitirebilirsiniz. Tanrı'nın nimetlerini boş yere har vurup harman savuran bu aptaldan, bu hazineyi almak için elinizi çabuk tutun!»

Kostanjoglo bozuldu; kızgın bir heyecana kapılıp, Çiçikov'dan izin istedi ve gitmek üzere çiftlik beyinin yanına sokuldu.

Şaşıran Hlobuyev:

«Ne o, Konstantin Fedoroviç!» diye sordu. «Daha yeni geldiniz, hemen gidiyor musunuz?»

Kostanjoglo:

«Zamanım yok. Acele bir iş çağırıyor beni eve,» diye karşılık verdi.

İzin aldı, arabasına bindi ve gitti. Hlobuyev gitmesinin nedenini anlar gibi oldu.

«Konstantin Fedoroviç böylesine dayanamaz,» dedi; «onun gibi bir çiftçi için böylesine kötü işletilen bir çiftliği görmek hoş değildir. Düşünün Pavel İvanoviç, bu yıl hiçbir şey ekmedim. Vallahi öyle! Tohum yoktu, toprağı sürmek için alet de yoktu... Kardeşiniz, Platon Mihayloviç, denildiğine göre, kendisinin ne olduğunu biliyor doğrusu; Konstantin Fedoroviç'e gelince, kendince bir Napolyon'dur. Çoğu zaman içimden derim ki: 'Bir tek adamın nasıl oluyor da bu kadar aklı oluyor? Bari bir parçası benim gibi bir aptala verilmiş olsaydı!..' Baylar, tahta köprüyü geçerken dikkat edin de bataklığa düşmeyin; ilkbahar gelince şu kalasları değiştirin diye emir verdim sözüm ona... Zavallı köylülerim acıdılar bana; bir örnek olmalı onlara; ama ben ne yüzle örnek olabilirim? Kendimi çok bilmiş insan olarak gösteremem. Pavel İvanoviç, alın onları ellerinize. Ben kendim sünepe olursam, onlara kalkıp da nasıl düzen öğretebilirim? Kendilerini çoktan azat edebilirdim; ama bu hiçbir işe yaramazdı ki. Daha önce yaşamayı öğrenmeleri gerek. Aralarında uzun zaman yaşayan ve yorulma neymiş bilmez bir çalışma örneği gösteren ciddi ve dürüst bir insan olmalı... Bana kalırsa, Rus, uyandırılmış olmalıdır, yoksa paslanır ve uyur.»

Platonov:

«Garip,» dedi. «Rus neden kendini oluruna bırakıyor, eğer bir halk adamı uyandırılmazsa, neden bir sarhoş ve düzenbaz oluyor?»

Çiçikov:

«Eğitim eksikliğinden dolayı,» dedi.

Hlobuyev:

«Tanrı bilir,» dedi. «Biz mürekkep yaladık; üniversitede dirsek çürüttük; ama iyi miyiz gene de? Ben ne öğrendim? Besbelli yaşama sanatı, ama bütün incelikler yolunda hapı yutma sanatı; bir yığın pahalı şeye alıştım. Saçma bir şekilde okuyup yazdığım için değil mi bu? Hayır, öteki öğrenciler de aynı durumlardaydı çünkü. Belki doğuştan zeki oldukları için, bu eğitimden içlerinden ikisi üçü gerçek bir yarar sağlamışlardır; ötekiler ise kendilerini yalnızca sağlığı bozan ve para yürüten şeyi öğrenmeye zorlarlar. Biz böyle işte estek köstek okuduk; daha ilerisine gitmeden görünüşle yetiniyoruz. Hayır, Pavel İvanoviç, görüyorsunuz ya, yaşamayı bilmiyorsak, bir başka nedene dayanır bu, aklımdan çıkan bir başka nedene.»

Çiçikov:

«Evet,» dedi; «bu oluyor.»

Hlobuyev:

«Buradan girelim içeri,» dedi. «Köylülerimin topraklarına bir göz atalım. Görüyorsunuz, mantık bizim harcımız değil. İçimizden hiçbirinin mantıklı olmasını aklım almıyor. Birinin düzenli bir yaşam sürdüğünü, bir yana para biriktirdiğini gözlerimle görsem gene de inanmam; yaşlanınca şeytan gene dürtecektir onu, varını yoğunu bir çırpıda har vurup harman savuracaktır. Okuyup yazmış ya da elifi görse mertek sanır soydan olsun, inanın bana, biz hep böyleyizdir! Bizde eksik bir şey var; ama bu nedir, söyleyemem.»

Dönüşte de aynı tablolar çıktı ortaya. Her yerde yürekler acısı bir düzensizlik göze çarpıyordu. Sokağın tam ortasında, yeni bir bataklık kurulmuştu. Köylülerde aynı sünepelik, beyin ardından gitme gibi aynı mızmızlık görülüyordu. Kirli elbiseli, titiz bir kadın, avazı çıktığı kadar imdat isteyen zavallı bir kız çocuğunu, kıyasıya pataklıyordu. Daha ötede iki köylü, bana mısın demeyen bir ilgisizlik içinde, sövüp sayan kadını gözlüyorlardı. İçlerinden biri sırtından çok kıçını kaşıyor, öteki ise esniyordu. Yapılar da esniyordu, damlar da. Görünüşleri Platonov'u esnetti. İşte benim yarınki çiftliğim, diye düşündü Çiçikov: Delik delik üstüne ve yama yama üstüne. Gerçekten, bir izbe dam yerine bir cümle kapısı ile kaplanmıştı; yıkıldı yıkılacak olan pencereleri beyin ambarından aşırılmış payandalar tutuyordu. Görüldüğü gibi çiftlik Triçka kaftanı gibi yönetiliyordu, dirsekleri yamayalım diye etekleri ve kol ağızlarını kesiyorlardı.

İnceleme sona erip de eve yaklaştıkları sırada Çiçikov:

«Çiftliğiniz çok kötü durumda,» dedi.

İçeri girdiler. Odalarda tatsız bir lüks ve sefalet göze çarpıyordu. Bir yazı masası üzerinde Shakespeare cildi duruyordu; masa üzerinde sırt kaşımak için fildişinden bir kaşağı bulunuyordu. Zevkle ve modaya göre giyinmiş ev sahibi kadın, kentten; oradaki tiyatrodan söz açtı. Çocuklar kanlı canlı, haşarı erkek ve kız çocuklar pek temiz giyinmişlerdi; bir dadıları bile vardı. Fakat dadı dediğimiz sonradan ortaya çıktı. Keten etek-, gelişigüzel bluz giymesi, ufak tefek köylüleri hiç umursamadan sağa sola koşması dikkate değerdi. Ev sahibesi çenesi düşük bir kadının gelişini karşıladı, onup alıp odasına götürdü; çocuklar da arkalarından gittiler; erkekler yalnız kaldı.

Çiçikov:

«E, fiyatınız nedir?» diye sordu. «Yalnız, açık söyleyeyim, son, en düşük fiyatı bekliyorum, çiftlik umduğumdan da daha kötü durumda çünkü.»

Hlobuyev:

«Yürekler acısı bir durumda, Pavel İvanoviç,» dedi. «Hem bu kadarla kalsa gene iyi. Gizleyecek değilim: Sayımda bulunan yüz köleden kala kala şimdi elli can kaldı, hepsi koleradan öldü; bunlar da ölecekler, ölüler gibi sayılacaklardı; eğer mahkemelere başvurulmasaydı, hem iyilik olurdu bu. İşte bu nedenle topu topu otuz beş bin ruble istiyorum.»

Çiçikov işi pazarlığa dökmek istedi.

«Yok daha neler! Böyle bir çiftliğe otuz beş bin ruble ha! Bırakın şunu yirmi beş bine.»

Platonov kaygılandı:

«Pavel İvanoviç, alın,» dedi. «Çiftlik su içinde bu kadar eder. Siz eğer, otuz beş bin ruble vermezseniz, kardeşimle ben ortaklaşa alırız.»

Yüreği ağzına gelen Çiçikov:

«Olur, alıyorum,» dedi. «Anlaştık; ama yarısını bir yıl sonra ödemek koşuluyla.»

«Olmaz, Pavel İvanoviç, tamamen olanaksız bu. Siz yarısını şimdi verin, geri kalanını da on beş günde ödersiniz. Şu rüşvetçi memurlara kaptıracak param olsaydı. Lambard daha çoğunu verirdi bana.»

Çiçikov:

«Doğrusu, ne yapacağımı hiç bilmiyorum,» dedi. «Bende ancak on bin ruble var.»

Kostanjoglo'dan ödünç alınmış parayla birlikte, elinde toptan yirmi bin ruble olduğu halde gene de yalan söylüyordu; ne var ki bu kadar büyük bir parayı birden ödemek ona güç geliyordu.

«Olmaz, yalvarırım size, Pavel İvanoviç! Şuradan şuraya gitmek kısmet olmasın ki on beş bin ruble gerek bana.»

Platonov:

«Beş bin ruble ödünç veririm size,» dedi.

Çiçikov durmadan, ama, borç yiyen kesesinden yer! diye düşünerek:

«O zaman olur işte!» dedi.

Sandık arabadan getirildi. Pavel İvanoviç öbür beş bin rubleyi ertesi gün getirmeye söz vererek, Hlobuyev için sandıktan on bin ruble çıkardı. Zaten söz veriş sözde kalıyordu; Çiçikov'un niyeti üç bin ruble getirmekti; geri kalanını da iki üç gün sonra verecekti ve üstelik aklına eserse, daha sonra, Pavel İvanoviç para vermeye karşı özel bir tiksinti duyuyordu. Ancak önemli bir zorunluluk başgösterince, parayı o günün hemen ertesi günü ödemeyi yeğlerdi. Zaten biz hepimiz böyle davranırız. Bir istekliyi alaya almak hoşumuza gider: Bırakınız üşüsün çadırda! Onun için her saat önemliymiş ve işleri başından aşkınmış vız gelir bize! Dostum, sen gene yarın bir uğra; bugün zamanım yok deriz!

Platonov, Hlobuyev'e:

«Nereye gidip yaşayacaksınız?» diye sordu. «Başka bir çiftliğiniz var mı?»

«Kente atmalı kapağı: Bir evciğim var orada, Kente inmek nasıl olsa çocuklar için gerekli; müzik, dans, din dersi öğretmenleri gerekecek, hiçbir fiyata köyde böyle öğretmenler bulunmaz.»

Çiçikov, yiyecek bir lokma ekmeği yok, bir de kalkmış dans dersi aldıracakmış çocuklarına, diye düşündü.

Platonov içinden, tuhaf şey! dedi.

Hlobuyev:

«E, satışı ıslatalım,» dedi. «Hey Kriyuşka, dostum, haydi, getir bir şişe şampanya.»

Çiçikov içinden, ekmeği yok, yok ama şampanyası var! diye geçirdi.

Platonov ne düşüneceğini bilmiyordu.

Hlobuyev bakın nereden bulmuştu şampanyayı. Kente kvas aramaya gitmişti ama, bakkal olacak herif kendisine kredi açmak istememişti. İçmek gerektiğinden ve bir Fransız şarap tüccarı, üstelik Petersburg'dan gelme bir tüccar da, herkese kredi açtığından, şampanya almak zorunda kalmıştı.

Şampanya getirildi, üç kadeh yuvarladılar; kafalar dumanlandı. Hlobuyev açıldı: Sevimli ve çalçene oldu, güzel güzel sözler ve öyküler söyledi. Konuşmaları, insanlar ve yaşam üzerine derin bir bilgisi olduğunu gösteriyordu. Bir yığın şeye öyle dikkatlice bakmıştı ki, komşu çiftlik beylerini birkaç sözcükte öyle açık açık dile getiriyor, her birinin eksikliklerini ve yanlışlıklarını tutup birkaç sözcükte o kadar erkekçe ortaya döküyor, sermayeyi kediye yüklemiş öyle soyluların öyküsünü, nasıl ve hangi koşullarda battıklarını inceden inceye biliyor, en küçük alışkanlıklarını o denli gülünç, o denli garip garip anlatıyordu ki, dinleyicileri, büyülenmiş gibi, kendisinde hemen hemen ilgi çekici zeki bir adam hali görüyorlardı.

Çiçikov:

«Doğrusu şaşıyorum,» dedi. «bu kadar akıllı olduğunuz halde işin içinden sıyrılma yollarını bulamıyorsunuz.»

Hlobuyev:

«Evet, tasarılarım var,» dedi.

Onlara o saat hepsi de uydurma, hepsi de zırva, insanlar ve yaşam konusundaki bilgisine pek az uyan bir yığın tasarısını açıkladı ki, insan omuzlarını silkerek ancak şu karşılığı verebilirdi: «Ey Tanrım! Dünyanın gerçekleriyle ilgisi olmayan bu bilgiden yararlanabilmek olanaksızdır!» Her şey bir çırpıda yüz ya da iki yüz bin ruble para bulmaya bağlıydı. O zaman, ona öyle geliyordu ki, işleri tıkırında gidecekti; delikler tıkanacaktı; gelirlerini dört katına çıkarabilir ve bütün borçlarını temizleyebilirdi. Ve şu yargıya varıyordu: «Ne yapayım istiyorsunuz? İki yüz ya da yüz bin ruble ödünç vermeyi göze alan iyiliksever insan yok ki! Görüyorsunuz ya, Tanrı bana kurtuluş yolu bırakmamış.»

Çiçikov içinden, Tanrı'nın kalkıp da böyle bir şapşala iki yüz bin ruble para vermesi hani iyi de olur! diye geçiriyordu.

Hlobuyev:

«Evet, bir halam var, üç milyon rublesi olan bir halam,» dedi. «Dinibütün bunak varını yoğunu kiliseye ve manastırlara veriyor; bir yakınına el uzatmaktan söz açıldı mı da cimri mi cimri olup çıkıyor. Artık güç bulunur soydan bir eski zaman halası. Dört yüz kanaryası, basık kara burunlu tüysüz köpekleri, çanak yalayıcıları var, artık suyu çekilmiş uşakları var. En genci altmış yaşındadır, halam ona: 'Hey, küçük!' demekten kendini alamaz. Bir konuk hoşa gitmeyecek bir davranışta bulunursa halam, uşağa, yemek vermemesini emreder, herkes de boyun eğer ona.»

Platonov gülümsedi:

Çiçikov:

«Adı ne, nerede oturuyor?» diye sordu.

«Kentte oturuyor ve adı Aleksandra İvanovna Hanassarov'dur.»

Platonov:

«Neden ona başvurmuyorsunuz?» diye sordu. «Ailenizin durumunu öğrenirse, reddedemez gibime geliyor.»

«Ne gezer! Benim sevgili halam ters kadındır; taş yürekli bir kadın, Platon Mihayloviç. Ondan, ondan para sızdıran bir yığın dalkavuk var çevresinde. İçlerinden biri vali olmak niyetinde. Akrabalığına sığınmıştır... Tanrı yardımcısı olsun! Başarır belki.»

Çiçikov, aptal, diye düşünüyordu. Sütannenin süt çocuğuna dikkat etmesi gibi, ben de böyle bir halanın üzerine titrerdim!

Hlobuyev:

«Konuşma pek kuru oldu!» dedi. «Hey, Kriyuşka! Getir bize bir şişe şampanya daha.»

Platonov:

«Hayır, olmaz, fazla içmem ben,» dedi.

Çiçikov:

«Ben de içmem artık,» diye konuştu.

İkisi de açıktan açığa istemediler.

«Bari beni görmeye kente gelin. 8 Temmuz günü, kentin ileri gelenlerine bir ziyafet vereceğim.»

Platonov:

«Ama da yaptınız ha!» diye bağırdı. «Sizin durumunuzda bir ziyafet!»

Hlobuyev:

«Ne istiyorsunuz? Kaçınılmaz bir iş bu,» dedi. «Bende onları ağırlayacak kadar kibarlık var.»

Platonov gözlerini iri iri açtı. Rusya'da, başkentlerde olduğu gibi taşra da, yaşamı karışık bir bilmece olan bilgelerin yaşadığını henüz bilmiyordu. Böyle biri her şeyi silip süpürmüş gibidir; karşılığında verecek hiçbir geliri olmadığı halde, borçlardan beli iki büklümdür; ama gene de tutup bir ziyafet çeker. Bütün davetliler bu sondur, ev sahibini yarın deliğe tıkarlar, derler. Aradan on yıl geçtiği halde, bilge gene yerindedir, üstelik eskiden bin beter borca batmıştır ama, davetlilerin bu son, ev sahibi yarın kodesi boylayacak, diye düşündükleri sırada bir ziyafet çeker.

Hlobuyev'in kentteki evi pek kötü sayılmazdı. Burada bir gün papazlar dua okur; ertesi gün Fransız oyuncuları komedi oynarlardı. Evde kimi zaman bir lokma ekmek bulunmazdı; kimi zaman ise eve her boydan sanatçı girer, her biri bir armağan getirirdi. Hlobuyev'in durumu kimi zaman öylesine kötüleşirdi ki onun yerinde bir başkası olsa kendini çoktan ya ipe çeker ya da beynine bir kurşun sıkardı, fakat onun zevk ve eğlence içinde geçen yaşamıyla taban tabana zıt nokta şu ki, dine bağlı oluşu onu umutsuzluktan korurdu. Bu çileli anlarda, tutar, çile çekmiş, acılara göğüs germiş azizlerin yaşamını okurdu. Ruhu o zaman alabildiğine yumuşar, yüreği sızlar, gözleri yaşlarla dolardı. Tanrı'ya yalvarırdı ve garip şey, beklenmedik bir yardım eli hemen imdadına yetişirdi. Eski dostlarından biri onu anımsayıp para gönderirdi kendisine ya da başına gelenleri rastlantıyla öğrenen yabancı bir dost, iyilik olsun diye, ona büyük bir armağan verirdi; yahut hiç sözünü etmediği bir işte talih yüzüne gülüverirdi. O zaman Taşra'nın uçsuz bucaksız perişanlığını saygıyla karşılar, bir Te Deum okutur(*) ve gene vur patlasın çal oynasın bir yaşama başlardı.

(*) Bütün Katolik kiliselerinde okunan bir ağıttır ve azizlere adanmıştır.

Platonov, ayrılırken Çiçikov'a:

«Doğrusu, üzüntü veriyor bana,» dedi.

Çiçikov:

«Eli açık bir çocuk!» diye karşılık verdi. «Böyle adamlar acımaya değmez.»

İkisi de düşünmeyi hemen bıraktılar. Platonov cenazenin ardından duyulana benzer bir gevşeklikle incelerdi başkalarının durumunu: yarının acıları yüreğini dağlıyordu ama, izlenimler ruhuna derinlemesine işlemiyordu, o kendini düşünmüyor ben mi düşüneyim diye pek yerinde mantıkla birkaç dakika sonra artık Hlobuyev'i aklından silip atmıştı. Çiçikov'un aklı fikri yaptığı anlaşmaya saplanıp kalmıştı. Kendini, şimdiye kadar hayali sayılan bir çiftliğin birden gerçek beyi olarak gördüğünden dalgınlaştı, tasarıları ve düşünceleri ciddileşti ve istemediği halde yüzüne anlamlı bir hava verdi. «Sabır, çalışma! Bu güç değil: Ben anamdan doğdum doğalı bunlarla yuvarlandım. Benim için yeni şeyler değil bunlar. Ama şimdi, bu yaşımda, acaba gençliğimdeki sabrı gösterebilir miyim?» Kazancı düşündüğü an, iş ona kârlı gibi geliyordu. En iyi toprakları parça parça satın almış olduktan sonra, insan araziyi ipotek edebilirdi. Burayı tek başına yerleşim yeri haline getirebilir ve komşusu iyiliksever Kostanjoglo'yu örnek alarak öğütlerinden yararlanabilirdi. Üstelik burasını bir daha (ekip biçmeden zevk duymasa bile, kaçaklarla ölüleri saklayarak) satabilirdi de. Bu tutum kendisine başka bir kazanç sağlardı: Ödünç alınmış parayı Kostanjoglo'ya ödemeksizin bu yerlerden çekip gitmekten onu kimse alıkoyamazdı. Çiçikov bunu böyle kabul ediyordu, insanı küplere bindiren ve baştan çıkaran bu düşünce, kendiliğinden doğdu. Aklınıza birden gelen bu kötü düşünceleri kim yaratıyordu?

Pavel İvanoviç yeni bir zevk, iyi kötü çiftlik beyi olma, topraklara, gereçlere, et ve kemikten canlara sahip olma zevki duyuyordu. Yavaştan sıçramaya ellerini çırpmaya, göz kırpmaya, parmağını tıpır tıpır vurarak bir yürüyüş havası mırıldanmaya ve pek yüksekten cesaret verici birkaç söz ve *a güzel yüzüm* ve *a koca civcivim* gibi ünlemler yumurtlamaya başladı. Fakat tek başına olmadığını düşünerek birden durdu, coşkusunu bastırmaya çalıştı, bu seslenişlerden kimilerini kendi kişiliğine seslenişlerdir diye kabul eden Platonov, «Ne oldu?» diye sorduğu zaman da şu karşılığı verdi: «Hiç!»

Platonov arabacıya:

«Sür bakalım!» diye bağırdı.

İşte o zaman çevresine bakan Çiçikov, güzel bir orman içinden, karla kaplı bir şarampol gibi pırıl pırıl parlayan ak gövdeleri, yemyeşil ince, uzun ve hafif dalgalarıyla yükselen kayın ağaçları arasından nicedir döne dolana ilerlediklerini sezdi. Bülbüller tekdüze ötüşlerine karşın türlü türlü şakıyordu; otlar arasında sarı orman laleleri görünüyordu. İnsan tarlalara birden dalmayagörsün, o göz alıcı görünüm anlatılamazdı. Ağaçlar arasından bir kilise görünüyordu beyaz beyaz, öbür yandan da bir parmaklık seçiliyordu. Yolun sonunda, kendilerini karşılamaya gelen, başı kasketli, elinde budaklı bir baston tutan bir bay belirdi. Önünden kısa bacaklı bir İngiliz köpeği koşuyordu.

Platonov:

«İşte kardeşim,» dedi. «Dur arabacı!»

Arabadan indi, Çiçikov da indi. Köpekler çoktan sarmaş dolaş olmuşlardı. Kısa bacaklı Azor, Yarbas'ın burnunu yaladı, Platonov'un ellerini yaladı, sonra Çiçikov'un üzerine sıçrayıp kulağını yaladı.

İki kardeş kucaklaştılar.

Vasili:

«Söyle, Platonov, niyetin ne senin?» dedi.

Platonov vurdumduymaz bir tavırla:

«Ne demek istiyorsun?» diye karşılık verdi.

«Nasıl olur? Üç gündür öldün mü kaldın mı diye haber salmadım. Petuh'un bir seyisi geri getirdi senin hımbılı. 'Gitti,' dedi, 'bir bayla beraber'. Bari, nereye gittiğini, kaç gün kalacağını bildirmiş olsaydın! Kardeş, hiç insan böyle yapar mı? Kaç gündür neler düşündüğümü Tanrı bilir.»

Platonov:

«Evet, unuttum sana söylemeyi,» dedi. «Konstantin Fedoroviç'e gittik, sana da selamı var, kız kardeşimiz de selam yolladı. Pavel İvanoviç, size kardeşim Vasili'yi takdim ederim. Vasili, sana Pavel İvanoviç'i takdim ederim.»

Tanıştırılma bitince, iki adam ellerini uzattılar, sonra şapkalarını çıkararak öpüştüler.

Vasili, bu Çiçikov da kimin nesi? diye düşünüyordu. Kardeşim Platonov dostlarını seçmede dikkatli değil.

Görgü kurallarının gerektirdiği kadar, Çiçikov'un yüzünü inceledi; kahramanımızın görünüşü içine su serpti.

Öte yandan Çiçikov da, görgü kurallarının gerektirdiği kadar, yeni geleni gözden geçirdi. Kardeşinden daha küçüktü, saçları daha koyu ve yüzü ise daha az güzeldi; ama yüz çizgilerinde daha bir canlılık, daha bir içtenlik vardı. Az uyuduğu anlaşılıyordu, ama Çiçikov buna hiç de önem vermedi.

«Vasili Pavel İvanoviç'le birlikte, kutsal Rusya'yı dolaşmaya karar verdim. Bu yolculuk belki yok eder sıkıntımı.»

Şaşıran Vasili:

«Nasıl da bu kadar çabuk karar verdin?» diye sordu.

Şöyle de diyebilirdi: «Üstelik ömründe ilk gördüğün, belki de şeytana külâhı ters giydiren bir adamla!»

İçi güvensizlikle dolarak, Çiçikov'u tepeden tırnağa süzdü; iyi terbiyeli biri olduğunu gördü.

Şöyle sağdan demir parmaklıklı kapıya doğru döndüler. Çevre eski, ev de eskiydi; artık şimdi yapılmayan biçimde, yüksek bir dam altında saçakları olan evlerden biri. İki koca ıhlamur ağacı bahçenin yarısını gölgeliyordu; ağaçları bir yığın tahta kanepe çevreliyordu. Leylaklar ve çiçekli kuşkirazı ağaçları çevresi yaprakla kaplı bahçede bir inci gerdanlık gibi duruyordu. Ev temelli maskelenmişti; yalnızca dallar arasından alttaki kapılarla pencereler görünüyordu. Oklar gibi düz gövdelerin ardında, mutfakların ve uşakların oturdukları yerlerin beyazlığı seçiliyordu. Ortalık baştan başa yeşillikti, bülbüller şakıyordu avaz avaz. Ruhu ister istemez bir gevşeme duygusu sarıyordu. Her köşe, insanların dostça yaşadığı, her şeyin kolay ve az karışık olduğu altın çağları anımsatıyordu.

Platonov'un kardeşi Çiçikov'u oturmaya davet etti. Ihlamurların çevresindeki kanepelere oturdular. Pembe Nankin pamuklusundan güzel bir gömlek giymiş, on yedi yaşlarında bir oğlan, pırıl pırıl renkli, kimileri yağ gibi kimileri soğuk limonata gibi çıtır çıtır, kıvas sürahileri getirdi ve önlerine koydu. Bundan sonra, bir ağaca yapışmış bir sakız balını aldı ve bahçede yok oldu. Enişteleri Kostanjoglo gibi, Platonov kardeşlerin de özel uşakları yoktu öyle; bahçıvanları sıra ile bu işi görürlerdi. Vasili uşakların bir sınıf kuramayacağını savunuyordu; bu iş için ayrıca adam kullanmayı gereksiz bulurdu; gömlek ve kaftan giymesine karşın, Rus iyi, uyanık ve çalışkan bir insandır; ama, bir kez ceket giydi mi, elinden iş gelmeyen biri, durgun biri olup çıkar, gidip banyoya girer ve sırtında ceketle uyur, ama ceketinin altında pirelerle tahtakuruları vıcır vıcır kaynar. Vasili'nin belki hakkı vardı. Köylüler elbise giydi mi ne oldum delisi olan kişiler olup çıkarlardı; kadınlar hep pırıl pırıl şapkalar giyerlerdi; gömleklerin yenleri bir Türk şalının işlemelerini andırırdı.

Vasili, Çiçikov'a:

«Serinlemek ister misiniz?» diye sordu. «Bu içkiler hanidir evimizin yüz akı olmuştur.»

Çiçikov ilk sürahiden bir kadeh doldurdu; *lipec* denen –bir tür şerbet– bu içkiyi bir zamanlar Polonya'da içmişti. Şampanya kadar keskindi; kokusu hoştu.

«Bir Nektar!» dedi.

Bir başka sürahiden bir bardak su doldurdu; en güzeli bu idi.

«İçkilerin kraliçesi!» dedi. «Saygıdeğer enişteniz, Konstantin Fedoroviç'te birinci sınıf bir içki içtim diyebilirim; ama sizdeki kvas ondan hiç de aşağı kalmıyor.»

Vasili:

«İçki dediğiniz bizde yapılır: Yolunu yordamını bulan kız kardeşimdir. Yolculuk nereye böyle?» diye sordu.

Çiçikov eğilerek dizini ovuşturduğu sırada, kanepede hafiften sallanarak;

«Yolculuk ediyorum,» diye karşılık verdi, «kendi işlerim için değil de başkasının işleri için yolculuk ediyorum. General Betrişçev candan dostum, hatta diyebilirim ki velinimetim, benden akrabalarını yoklamamı istedi. Akrabalar hiç kuşkusuz önemlidir ama ben burada kendi hesabıma bulunuyorum; çünkü sağlık yönünü bir yana bırakırsak, dünyayı ve dünyanın değişikliklerini görmek demek sanki canlı bir kitap ve ikinci bir bilim demektir.»

Vasili düşünmeye başladı, bu adam biraz yüksekten konuşuyor ama, gerçek payı var sözlerinde, diye geçiriyordu içinden. Bir sessizlikten sonra, Platonov'a seslenerek, dedi ki:

«Platonov, bu yolculuğun seni gerçekten iyileştirebileceğine inanmaya başlıyorum. Uyuşukluktan başka bir şey yok sende. Sen yalnız bıkkınlıktan ya da yorgunluktan değil, izlenim ve aşırı duygulanma hataları yüzünden uyuşuksun. Ben ise, tam tersine, işlerin bu kadar çabuk olup bittiğini duymamak ve her şeyi içime atmamak isterim.»

Platonov:

«Her şeyi içe atmak neye yarar?» dedi. «Sen her şeyi dert ediniyor ve kendi kendine korkular yaratıyorsun.»

Vasili:

«Her an terslik olursa, nasıl kafana takmazsın?» dedi. «Yokluğunda Lenitsin'in bize ettiği oyunu biliyor musun sen? Hayır. Böyle işte! İlkbahar gelince köylülerimizin her yıl, eski geleneğe uyarak şenlik düzenledikleri o boş alanın üzerine oturdu. Gerçi ben bu yere hiçbir değer vermem... Ama köyün anıları buraya bağlıdır; gelenek bence kutsal şeydir, bunun için her şeyi gözden çıkarmaya hazırım ben.»

Platonov:

«Bilmiyordu belki, bu yüzden satın almıştır,» dedi. «Hem bu Petersburg'dan henüz gelmiş, yabancı biridir. Sorunu açmalı kendisine.»

«Bal gibi de biliyor. Söylettim bunu ona, ama kaba kaba sözlerle karşılık verdi.»

«Kendin gitmelisin sen; tartışmalısın. Konuş onunla.»

«Allah etmesin. Kendine büyük pozlar veriyor. Ben gidip görmem onu. İstersen sen git.»

«Seve seve giderdim; ama, bu işlerden ben hiçbir şey anlamadığım için beni kandırabilir.»

Çiçikov:

«İsterseniz, işi ben alırım üzerime,» dedi. «Hele bir anlatın şu konuyu bana bakalım.»

Vasili ona şöyle bir baktı ve düşündü, işte bir yolculuk heveslisi!

Çiçikov gene:

«Ama o adam hakkında bir fikir verin bana,» dedi, «söyleyin konu nedir?»

«Bu kadar tatsız bir işi üzerinize yüklemekten yüzüm kızarır benim. Bence, büyük bir adam değil bu: Bizim taşra eşrafından bir aileden doğmuş, Petersburg'da işini tutmuş, orada önemli bir adamın piç kızıyla evlenmiştir; bir de kalkıp dev aynasında görür kendini. Ama hayvan değiliz bizler. Yasa için ne modaya bakarız, ne de kilise için Petersburg'a bakarız.»

Çiçikov:

«Orası öyle,» dedi; «ama konu nedir?»

«Görüyorsunuz, toprağa ihtiyacı var. Böyle davranmasaydı, seve seve anlaşabilirdim onunla. Şimdi ise bu bok herif korktuğumu sanıyor.»

«En iyisi anlaşmak, bana kalırsa; bu iş de belki böylece kapanıp gider. Bana iş yüklediklerinden dolayı kimse gocunmadı... General Betrişçev bile...»

«Fakat böyle bir adamla çene yarışına çıkmaya kalkmanız canımı sıkar benim...» (*)

Çiçikov:

«... Bu konunun gizli kalmasına özellikle dikkat etmeli,» dedi, «çünkü bu iş yasalara aykırı değil, ama rezalet çıkabilir.»

Lenitsin başını hafiften yana eğerek:

«Doğru, doğru,» diye karşılık verdi.

Çiçikov:

«Aynı düşüncede olmak ne zevk!» diye konuştu. «Ben de,

(*)Özgün yapıtta birtakım sayfalar eksiktir.

hem yasal ve hem de yasal olmayan bir iş yaptım: Görünüşte yasadışı ama, aslında yasal ipotek yaparak, yaşayan cana iki ruble para veren kimseyi tehlikeye sokmak istemem. İşin ilerisine gidersem –Allah vermesin!– çiftlik beyi için kötü olur sonra bu. İyi bir iş becermek, üstelik zavallı çiftlik beyini vergi ödemek gibi bir sıkıntıdan kurtarmak için, sayım listesinde yazılı olan kaçaklardan ve ölülerden kazanç sağlamaya karar verdim. Aramızda yalnızca biçimsel bir anlaşma yapacak, ölüleri canlı gibi göstereceğiz.»

İskemlesini biraz oynatan Lenitsin, gene de çok garip, diye düşünüyordu.

«Mesele şu ki...» diye başladı.

Çiçikov:

«Ama rezalet olmayacak bunda, her şey gizli olacak,» diye karşılık verdi. «Söylediğim gibi, namuslu, yaşını başını almış ve hatırı sayılır soydan insanlar arasında gizlilik güveni içinde bir iş çevirmek söz konusu.»

Bunu söylerken, gözlerinin içine dik dik bakıyordu. Lenitsin'in yaptığı işlerin içine o kadar ustaca ve o kadar özlüce burnunu soktu ki, adam müthiş şaşırmıştı. Haksızlık etmek olamazdı ve gizli bile olsa, haram yemek doğru değildi. Ne garip serüven diye düşünüyordu. İyi insanlarla bile sıkı fıkı dost olmamak gerekirmiş!

Ama talih Çiçikov'a güler gibi oldu. Bu karanlık işin sonucuna yardım etmek içinmiş gibi, Lenitsin'in genç karısı içeri girdi; soluk yüzlü, ufak tefek, sıska, ama Petersburg havasına alışık bir kadındı, görgülü kişileri pek tutardı. Ondan sonra içeri, dadının kollarında yeni evlilerin tatlı aşk meyvesi bir yavrucuk girdi. Davranışlarının atikliği ile, başını yana eğme biçimiyle Çiçikov, Petersburg'lu bayanı, sonra da çocuğu büyüledi. Çocuk ağlamaya başladı; fakat, kendisine: «agu, agu, yavrum,» diyerek, parmaklarını çıtlatarak ve saatinin akik yazısını parlatarak, Çiçikov yavruyu kollarına almayı başardı. Derken onu havaya kaldırmaya başladı ve bebeğin güzelim gülümseyişini kazandı, bu da ana babasını sevindirdi. Ama birden, sevincin etkisi altında ya da başka bir nedenden ötürü çocukcağız bir halt etti.

Bayan Lenitsin:

«Eyvah! Aman Tanrım!» diye bağırdı, «üstünüzü kirletti!»

Çiçikov yeni giysisinin yeninin gerçekten iyice kirlendiğini gördü. Hay adı batasıca yumurcak, şeytan çekici! diye düşündü hırsla.

Ana, baba, dadı koşup kolonya getirdiler; hep birden giysiyi temizlemeye başladılar.

Çiçikov, yüzüne yeterince şen bir hava vermeye çalışarak:

«Önemli değil,» dedi.

Ama içinden durmadan, kurtlar kapasıca seni! Beni iyi becerdi, piçkurusu! diye düşünürken, gene:

«Yaşamının bu güzelim çağında bir çocuk, böyle bir şey yapmaz olur mu hiç?» dedi.

Görünüşte anlamsız gibi görünen bu durum Çiçikov'un hatırı için ev sahibini iyice düzene soktu. Bir çocuğa karşı temiz okşayışlarda bulunan ama bu yolda giysisini feda eden bir konuktan nasıl olur da bir şey esirgerdi? Kötü örnek olmamak için işi gizlice karara bağladılar, çünkü tehlikeli olan rezalet hiç o kadar önemli değildi.

«İzin verin de, sıram gelince, ben de bir yardımda bulunayım size. Platonov kardeşlere karşı arabulucunuz olmak istiyorum. Size toprak gerekli değil mi?..»

İKİNCİ PARÇA

... Her insan bu yeryüzünde işlerini döndürür. Çiçikov'un yolculukları başarılı geçti; kasalar açıldı, içlerindeki paranın bir bölümü ünlü sandığa geçti. Çiçikov bilge biriymişçesine kafasını çalıştırmıştı; çalmıyor, fırsatlardan yararlanıyordu. İçimizden her biri bir şeyden pay alır: Devlet ormanlarının payı, yüklendiği işlerin payı; biri, geçici bir oyuncu kız uğruna çocuklarını yüzüstü bırakır; biri Hambs mobilyaları ya da bir araba uğruna köylülerini soyar. Ne demezsiniz, dünya kötü yola sürüklenen şeylerle dolup taşmaktadır: Korkunç pahalı lokantalar maskeli balolar, bayramlar, Çingenelerle eğlenceler... Herkesin bunu yaptığı bu modaya uyduğu bir çağda karşı koymak güçtür. Karşı koyabilirseniz koyun hadi! İşte Çiçikov da, rahatı seven bir yığın insanın izinden yürüyerek kendi çıkarına dolap çevirdi.

Çiçikov çoktan gitmiş olurdu; ama yollar amansızdı. Bu sırada kentte bir başka panayır kurulacaktı, önemli kişilere göre panayır. Bundan önceki panayır özellikle karaborsacılar tarafından köylülerden satın alınmış atlar, büyükbaş hayvanlar, ham ürünler üzerine iş görüyordu. Şimdi ise, yenilik tüccarları Nijni-Novgorod panayırından satın alınmış mallarını öne sürüyorlardı. Rus para keselerinin kemirgenleri: Fransız koku satıcıları, Fransız şapka satıcıları, –Kostanjoglo'nun deyimince, her şeyi sömürmekten hoşlanmayan, yumurtalarını toprağa gömen şu Mısır çekirgesi,– alınteri ve emekle kazanılmış paraları silip süpürmeye geliyorlardı.

Ama kötü ürün bir yığın çiftlik beyini yerine yurduna bağlı tutuyordu. Artık yalnızca memurlur su gibi para harcıyorlardı; ne yazık ki karıları da öyle. Bu son zamanlarda insanlığa yeni yeni gereksinimler aşılamak amacıyla basılmış boy boy kitaplar okudukları için, her yeni zevki tatma isteğiyle yanıp tutuşuyorlardı. Bir Fransız pek düşük fiyatla, yarısı veresiye yemek yenilen –o zamana kadar taşrada görülmemiş bir yer– bir lokanta açmıştı. Burası sadece kalem şeflerinin değil, bir de iş için dairelere gelenlerin yarın verecekleri rüşvetleri hesaplayan küçük memurların güle oynaya geldikleri bir yerdi. Her biri yanında iyi insanlar var diye caka satmak istiyordu. Sınıflar eğlencelerde birbirine taş çıkarıyorlardı... Kötü hava ve çamura karşın arabalar vızır vızır işliyordu, bu arabaların nerelerden kopup geldiklerini Tanrı bilirdi, belki de Moskova'dan çıkmışlardı yola, fena etki bırakmamışlardı... Tüccarlar, memurlar, şapkalarını hemencecik çıkararak bayanların gönlünü alıyorlardı. Artık eski moda, uzun sakallı, kürk şapkalı insanlar görünmüyordu. Hepsinde Avrupai bir hava vardı.

Bir kanepeye oturmuş, sırtında *altın işlemeli* bir Acem oda giysisi geçirmiş Çiçikov, Yahudi uyruklu, Alman ağızlı bir kaçakçıyla, çene yarıştırıyordu; gömlekler ve bir zamanlar tıpkısını Radzliov gümrüğünde bulduğu, deriyi yumuşatmak ve şaşılacak derecede beyazlatmak gibi büyülü özelliği olan en iyi cins sabundan iki kalıp almak için çoktan, ince bir Hollanda bezi kuponunu elden çıkarmıştı. Bu her aydın insana yaraşır gereksinimlerden anlar bir adam olarak alışveriş yaptığı sırada gelen bir arabanın gürültüsü camları hafifçe titretti ve Ekselans Aleksi İvanoviç Lenitsin içeri girdi.

«Ekselans hazretleri bu bezi, bu sabunu, dün alınmış ıvır zıvır şeyleri nasıl buluyorlar?»

Bunu söylerken Çiçikov, başına altın ve uydurma inci işlemeli, kendisine bir İran şahı üstünlüğü verecek olan bir şapka geçirdi.

Fakat Ekselans soruya karşılık vermeksizin kuruntulu kuruntulu;

«Size söyleyeceklerim var,» dedi.

Alman ağızlı saygıdeğer kaçakçı hemen gönderildi; yalnız kaldılar.

«Başımıza ne uğursuzluk geliyor! Cadının beş yıl önce kaleme alınmış bir başka vasiyetnamesi bulundu: Çiftliğin yarısı bir manastıra bırakılmış; geriye kalan yarısı da vesayeti altında bulunan iki yetim arasında bölünmüş; işte hepsi bu.»

Çiçikov iyice sarsıldı.

«Ama bu vasiyetname sökmez. Hiçbir değeri yok; ikincisi hükümsüzdür,» dedi.

«Bu geçersizleştirme ikincisinde yazılı değil ki.»

«Ama kendiliğinden olur bu. Merhumenin istediğini iyi bilirim: yanında bulunuyordum; ilk vasiyetname hiçtir. Kim imzalamış? Tanıklar kim?»

«Yasal olarak onaylanmış, iki tanıkça da imzalanmış: Vicdan Mahkemesi'nden eski yargıç, Kavanov'la Burmilov.»

Çiçikov, vay canına! Kavanov namuslu geçiniyor; Burmilov

ise, bayram günleri, kendisine Tevrat'tan parçalar okunan kaba sofu bir bunaktır, diye düşündü.

Her şeyi göze almaya karar verdi ve yüksek sesle:

«Saçma bu!» dedi. «İşin girdi çıktısını ben iyi biliyorum; merhumenin son anlarında bulundum. Buna yemin billâh ederek tanıklık etmeye hazırım.»

Bu yerli yerinde sözler bir an için Lenitsin'in yüreğine su serpti. Aklından, vasiyetnameyi yazanın Çiçikov olduğu kuşkusu geçiyordu. And içmeye böylesine can atması, bal gibi tam tersini gösteriyordu. Pavel İvanoviç'in İncil üzerine and içme cesaretini gerçekten gösterip göstermeyeceğini bilmiyoruz; herhalde, bunu yapmaya cesareti vardı.

«Siz rahat olun: ben bu işi yasa adamlarının birçoğuyla görüşeceğim. Siz ise, oturun oturduğunuz yerde, işin dışında kalmalısınız. Ben kentte istediğim kadar kalabilirim.»

Çiçikov hemen hayvanları koşturdu ve davalardaki başarısıyla ün salmış bir avukatın kapısını çaldı. On beş gündür suçlanmıştı, onu yükünün altından kimsenin kaldıramayacağını iyi biliyordu. Herkes biliyordu ki, başarıları yüzünden, altı kez sınırdışı edilmesi gerekiyordu. İnsan her bakımdan kuşkulanıyordu ondan: ama kimse tersini gösterecek kanıtlar süremiyordu öne. Bu işte düpedüz bir sır vardı; öykümüz eğer bilgisizlik çağlarında geçseydi, kahramanımız besbelli büyücü damgasını yemiş olurdu. Avukatın soğuk hali, oda giysisinin kirli oluşu, güzelim maun ağacı eşyaya, cam küre altındaki pırıl pırıl parlayan saat sarkacına, ince pamukludan bir örtü arasından görünen avizeye, bütün çevresini kuşatan ve Avrupa kültürünün gerçek izini taşıyan her şeye uymuyordu besbelli.

Zıtlık Çiçikov'un dikkatini çekti; fakat, bunun üzerinde pek durmadı; işin ince noktalarını sayıp döktü; iyi bir öneriyi ve zorlu işlemi ödüllendirmekten geri kalmayan bilgiyi ayartıcı sözlerle allayıp pulladı.

Yasa adamı söz sırası geldiğinde toprak işlerinin kötülüğünü anlattı ve bu işi üç kişinin iki kişiden daha iyi çevirebileceğini ileri sürdü.

İster istemez, sağlam kanıtlar toplamak gerekiyordu. Filozofun kuşkulu soğukluğu hemen geçti. Cana yakın bir adam, Çiçikov'a karşı bile görgülü olmaktan geri kalmayan sevimli bir laf cambazı oldu.

«Sorunları karıştıracak yerde, izninizle size vasiyetnameyi iyice incelememiş olduğunuzu söyleyeyim: Bu vasiyetname eklentisini yok etmeli. Bir zaman için evinizde tutun onu. Her ne kadar gizli de olsa, bazı memurlara yana yakıla dil dökecek... Öyle sanıyorum ki bu işin içinden çıkacağım.»

Çiçikov içinden, anlıyorum, diye düşündü.

«Bir vasiyetname eklentisi olup olmadığını doğrusu anımsamıyorum.»

Sanki vasiyetname kendi elinden çıkmamıştı!

«Bunu incelemeniz iyi olur.»

Avukat alabildiğine bir iyilikle:

«Zaten,» dedi, «kötü bir şey de olsa, üzülmeyin. Umudunuzu kesmeyin hiç. Kul sıkılmayınca Hızır yetişmez. Bana bakın. Hep sakinimdir ben. Bende aranan özellik budur, çok serinkanlıyımdır.»

Hukuktan anlayan filozofun yüzü, doğrusu ya olağanüstü bir durgunluk saçıyordu, bu, Çiçikov'un yüreğine su serpti.

«Kuşkusuz önemli bir şey bu,» dedi; «ama gene de ortada durumlar, düşman tarafından boş suçlamaları, içinden çıkılmaz, ortalığı karıştıracak kadar belalı durumlar olduğunu bilin.»

Yasa adamı alabildiğine bir iyilikle:

«İnanın bana, korkaklıktır bu,» diye karşılık verdi. «Öyle yapın ki mesele yazıyla belgelenmiş olsun, ortada sözlü hiçbir açıklama bulunmasın. Sonucun yaklaştığını, bir çözümün tehlikeli olduğunu görür görmez, kendinizi haklı çıkaracak ve savunacak yerde, başka başka sözler söyleyerek işi karıştırmaya bakın.»

«Yani şey için...»

«Karıştırmak, yoksa fazla şey değil; bu işe, içine başka kişilerin de burnunu sokturan yardımcı haller katmak: işte hepsi bu! İsterse, Petersburg'dan gelme bir memur dolap çevirmeye kalksın bakalım!»

Özel bir iç rahatlığı ile, sanki bir öğretmenin Rus dilbiliminde önemli bir konuyu açıkladığı öğrenciye bakması gibi, Çiçikov'un gözlerinin içine baka baka:

«Evet, isterse, denesin bakalım!» diye yineledi.

Çiçikov da, öğretmeninin açıkladığı önemli konuyu anlayan öğrenci gibi, filozofuna memnun memnun bakarak:

«Çok doğru, ama ortada işi kördövüşüne çevirecek çetrefil durumların bulunması koşuluyla,» dedi.

«Hep bulunur böyle durumlar. İnanın bana; bıkıp usanmadan denemek insanı zeki kılar. Her şeyden önce, size yardım edileceğini getirin aklınıza. İşin ucu çok kârlı: memurların olması iyidir, yararları dokunur... Uzun sözün kısası, bir yığın insan bu işle uğraşmalı. Birkaç kişinin boş yere işe karışmasının önemi yok; kendilerini temize çıkarabilir, yazıyla karşılık verebilirler... İşte bu böyle olur!.. İskambil kâğıtlarını o kadar usturuplu karıştırmalı ki kimse bir şey anlamasın. Ben niçin serinkanlıyım? Baştan başa çizili bir yaşam yolum var da ondan. İşlerim sarpa sarmaz, valiyi, vali yardımcısını, polis müdürünü, genel hazine müdürünü karıştırırım işlerime: hepsi bu tezgâhtan geçer. Onların bütün iş ve davranışlarını, kinlerini, dargınlıklarını, hilelerini bilirim. İşten yakasını kurtarsalar bile başkaları bulunur. Yalnız bulanık suda balık avlanır.»

Ve filozof avukat gene Çiçikov'un gözlerinin akına, öğretmenin Rus dilbiliminden gene pek önemli bir parçayı öğrencisine açıklaması gibi zevkle baktı.

İyi huylu yasa adamından ayrılan Çiçikov, içinden, doğrusu, bilge bir adam bu! diye düşündü.

Yüreği iyice rahatlayan Çiçikov, arabanın esnek yastıklarına gel keyfim gel dercesine rahatça kuruldu ve Selifan'a yağmurluğu indir diye emir verdi. (Yasa adamının yanına kalkık yağmurluk ve kapalı pencerelerle gitmişti.) Emekliye ayrılmış bir süvari albayı gibi ya da Vişnepokromov gibi oturdu; bacaklarını üst üste atmıştı, hafiften kulak üzerine düşmüş yeni ipek bir şapkanın altında pırıl pırıl parlayan güleç bir yüzle başını gelip geçenlere çeviriyordu. Selifan çarşıya gitme buyruğunu almıştı. Dükkânların eşiğinde duran, yabancı ve yerli tüccarlar saygıyla şapkalarını çıkarıyorlardı. Çiçikov da kibirli davranmıyor, karşılık olarak şapkasını kaldırıyordu. Zaten içlerinden çoğunu tanıyordu; ötekiler, yabancılar, kendini satmasını bilen bu adamla hemen tanışanlar da, onu aynı şekilde selamlıyorlardı. Tifuslavl panayırı hâlâ sürüyordu; atlardan ve tarım ürünlerinden sonra şimdi kibar insanlar için lüks eşyalar satılıyordu. Tüccarlar arabayla gelmişler, kızakla dönmeye ant içmişlerdi.

Dükkânın önüne çıkmış, Moskova işi redingotlu, bir kumaş tüccarı, bir eliyle, sinekkaydı tıraş olmuş çenesini okşaya okşaya, bir eliyle de güzelim şapkasını çıkarıp Çiçikov'u selamlıyordu.

İncecik bir sesle:

«Onur veriyorsunuz bize!» dedi.

Çiçikov dükkâna girdi.

«Peki, dostum, gösterin bana kumaşınızı bakalım.»

Güler yüzlü tüccar hemen tezgâhın yanındaki kalkıp inen bir tahtayı kaldırdı; kendine böylece bir yol açarak, sırtı mallara ve yüzü de alıcıya çevrik oldu. Baş açık, elinin ucunda gene şapka olduğu halde, Çiçikov'u bir kez daha selamladı. En sonunda şapkasını başına geçirdi ve iki elini tezgâhın üzerine dayayarak, dedi ki:

«Nasıl bir kumaş istersiniz? İngiliz kumaşları mı, yoksa yerli malı mı?»

Çiçikov:

«Yerli malı,» diye karşılık verdi; «ama birinci sınıf, İngiliz denen kumaş.»

Tüccar dayalı dirsekleri üzerinde ustaca sallanarak:

«Hangi renkleri tercih edersiniz?» diye sordu.

Çiçikov:

«Alaca zeytuni ya da kırmızı benekli, cam yeşili,» diye karşılık verdi.

«Size tamamen birinci sınıf vereceğim. Daha iyisini bulmak için, gelişmiş ülkelerin başkentlerine gitmeli. Oğlum, şu yukarıdaki 34 numarayı indir bakalım. Onu değil, dostum: bir halk adamı(*) gibi gene çığrından çıkıyorsun. Nah şunu! At onu! Kumaş diye buna derler işte!»

Ve topu açan tüccar, bunu Çiçikov'un burnuna soktu neredeyse, o kadar ki bizimki, ipekli kumaşı sadece okşamakla kalmadı, kokusunu bile duydu.

«Bu iyi, ama daha iyisi var,» dedi. «Ben gümrüklerde çalıştım. Bana daha iyisini gösterin, daha koyusunu şöyle, al benekli cam yeşilini.»

«Anlıyorum, modaya uygun renk istiyorsunuz. Bende esaslı bir kumaş var. Size şunu söyleyeyim ki fiyatı da yüksektir, kalitesi de yüksek.»

Avrupalı tüccar uzandı. Top düştü. Bir an için karşısındakinin yeni kuşaktan olduğunu unutarak, eski el alışkanlığıyla kumaşı açtı, ışığa tuttu, hatta dükkândan dışarı çıktı, kumaşı orada da ışığa tutarak gösterdi, en sonunda konuştu:

«Güzel renk: alev gibi kırmızı.»

Pazarlık yapıldı; tüccar yalnızca etiket fiyatına satacağını söylediyse de, fiyat üzerinde de karara varıldı. Top hemen çözüldü –iki elin kuru bir vuruşu masa işini gördü– ve akıl almaz bir çabuklukla Rus usulü paketlendi. Paket sicimle bağlandı, ustaca düğüm atıldı. Bir makas vuruşu sicimi biçimlice kesti, hepsi hop arabaya götürüldü. Tüccar şapkasını çıkardı. Şapkayı çıkarmada kendine göre nedenleri vardı: iş kârlıydı.

Bir ses:

«Siyah kumaşı gösteriniz,» dedi.

Miras konusunda kendisine uzun uzadıya bir söz söylemek zorunda olduğunu düşünerek, görmeyeyim diye arkasını çeviren Çiçikov, içinden, hay kör olasıca, işte Hlobuyev, diye geçirdi. Fakat öteki çoktan onu görmüştü.

«Olur mu böyle, Pavel İvanoviç, neden kaçıyorsunuz benden? Sizi hiçbir yerde bulamadım; artık açık açık konuşmalıyız.»

(*) Kumaş tüccarı, anlamlarını bilmediği sözler kullanıyor. 'Halk adamı' aynı zamanda, sermayeyi kediye yüklemiş insan demektir. Tüccar ilk anlamda kullanıyor.

Çiçikov, ellerini sıkarken:
«Sayın dostum,» dedi, «inanın ki sizinle konuşmak istiyorum; ama hiç zamanım yok.»
O anda şöyle düşünüyordu, canın cehenneme! Birden, Murazov'un içeri girdiğini gördü.
«Vay! Aman Tanrım, Atanas Vasiliyeviç! Ne güzel rastlantı!»
Ve onun arkasından dükkâna damlayan Vişnepokromov:
«Atanas Vasiliyeviç!» diye bağrıdı.
Ve saygılı tüccar, şapkasını engin bir hareketle çıkararak, yerlere kadar eğilip, şöyle dedi:
«Atanas Vasiliyeviç'e sevgiler sunarım!»
Yüzler, milyonerlerin alçakgönüllü insanlarda uyandırdıkları o kölece saygıyı yansıtıyordu.
İhtiyar, herkesi selamladı, doğrudan doğruya Hlobuyev'e seslenerek:
«Özür dilerim! Uzaktan dükkâna girdiğinizi görünce, yanınıza gelmeye karar verdim. Zamanınız varsa ve benimle gelirseniz, zevk verirsiniz bana. Size söyleyeceklerim var.»
Hlobuyev:
«Peki, Atanas Vasiliyeviç,» dedi.
Vişnepokromov:
«Hava ne güzel,» dedi, «doğrusu bulunmaz hava!»
«Evet, Tanrı'ya şükür, güzel hava. Ama ekinler için biraz yağmur yağmalı.»
Vişnepokromov:
«Öyle,» dedi, «ekinler için biraz yağmur yağmalı.»
Yağmura hiç de gereksinimi olmayan Çiçikov:
«Evet, biraz yağmur fena olmaz,» dedi.
Bir milyoneri onaylamak iyidir hep.
Murazov'un gidişinden sonra, Çiçikov:
«Başım dönüyor!» dedi. «Düşün ki on milyonu varmış bu adamın! İnanılmaz şey!»
Vişnepokromov:
«Doğaya zıt bir şey,» dedi; «sermayeler tek elde kalmamalı. İnsandaki paraya gelince, başkalarına da para kazandırmalı-

dır: ziyafetler, balolar vermeli, ekmekten gelen iyilik dolu bir lüksü işçilere ve sanatçılara dağıtmalı.»

Çiçikov:

«Benim anlamadığım nokta,» dedi «on milyonu olduğu halde, bir dilenci gibi yaşaması! İnsanın on milyonla ne yapabileceğini Tanrı bilir! İsterse, generallerle prensleri sık sık ziyaret eder.»

Tüccar:

«Evet,» diye söze karıştı; «on parmağında on hüner olmasına karşın, Atanas Vasiliyeviç'in birçok konuda bilgisi yok. Bir tüccar mal satınca, büyük tüccar olup çıkıyor ve böyle hareket etmek, tiyatroda bir loca kiralamak, kızını bir generalle evlendirmek zorunda kalıyor. Oysa sıradan bir yüzbaşı kendi dalgasını çeviremez. Gene aşçı kadınına yamanır ve yemeklerini bir lokantada yer.»

Vişnepokromov:

«Evet doğru,» dedi, «neler yapmaz on milyonla insan! Bana on milyon verin de görürsünüz siz.»

Hayır, diye düşünüyordu Çiçikov, pek bir halt yapamazsın sen. Ama ben, başka iştir bu.

Bu korkunç denemelerden sonra, neler yapmazdım on milyonla ben, diye düşünüyordu Hlobuyev. Deneyim her kapiğin değerini öğretir. Başka iş çevirirdim. Bir dakika düşündükten sonra, kendi kendine: «Şimdi bundan daha akla yatar şekilde çöplenelim mi?» diye sordu. Omuzlarını silkerek, ekledi: «Kör tarafından bulsun! İyice inanıyorum ki milyonları eskiden olduğu gibi har vurup harman savururdum!»

Murazov'un kendisine ne diyeceğini öğrenmeye can atarak, hemen dükkândan çıktı.

Murazov onun içeri girdiğini görünce:

«Sizi bekliyordum, Semyon Semyonoviç,» dedi; «odama geçelim.»

Onu, sadelikte yedi yüz ruble yıllık maaşlı bir memurun odasından geri kalmayan odacığa götürdü.

«Söyleyin bana, durumunuzun şimdi düzelmiş olduğunu görüyorum. Halanızın ölümünden bari elinize bir şeyler geçti mi?»

«Doğrusunu söylemek gerekirse, Atanas Vasiliyeviç, durumumun düzelmiş olup olmadığını biliyorum. Elime topu topu elli köleyle otuz bin ruble para geçti, bu paralarla da borçlarımın bir bölümünü ödemek zorunda kaldım; işte gene cep delik, cepken delik. Vasiyetname işinin ne karışık olduğunu bilirsiniz. Atanas Vasiliyeviç! Anlatırım size neler olduğunu, ağzınız açık kalacak. Bu Çiçikov...»

«İzninizle Semyon Semyonoviç; bu Çiçikov'a gelmeden önce, Önce sizden konuşalım. Söyleyin bana bakalım, ne çoraplar ördüler başınıza?»

Hlobuyev:

«Durumum kötü,» dedi. «Belalardan kurtulmak, borçlarımı iyice temizlemek ve iyi bir yaşam sürebilme olanağına kavuşmak için bana en azından beş bin ruble para kalmalıydı, yoksa fazla değil.»

«Bu paraya sahip olsanız, yaşamınızı nasıl düzenlerdiniz?»

«O zaman bir küçük daire kiralar ve çocuklarımın eğitimiyle uğraşırdım. Kendimi düşünmek olmaz: İşim bitti benim, artık doğru dürüst hiçbir şey değilim ben.»

«Yan gelip yatardınız o zaman. Ama bilirsiniz ki, işsizlikte de, bin tarakta bezi olan bir insanın düşünemediği kötülük istekleri doğar.»

«Siz ne diyorsunuz, hiçbir işe yaramam ben: Adamakıllı uyuştum, böbreklerim hasta.»

«Ama işsiz güçsüz nasıl yaşarsınız? İnsan dediğin işsiz, yersiz nasıl yaşar dünyada? Tanrı'nın bütün yaratıklarını inceleyin: her biri bir işe yarar; her birinin kendine göre işi vardır. Duanın bile bir yeri vardır ve insan, en akıllı yaratık, boş durur mu? Doğru mu bu?»

«Ama ben temelli işsiz olmayacağım ki! Çocuklarımın yetiştirilmesiyle uğraşacağım.»

«Hayır, Semyon Semyonoviç, hayır, artık hiçbir şey güç değil. Kendi kendini yetiştiremeyen insan nasıl olur da çocuklarını yetiştirebilir? Biricik eğitim örnek olma eğitimidir. Onlar için yaşamınızın örnek alınmaya değer yanı var mı? Hem yaşamınız yalnızca zamanı tembel tembel geçirmeyi ve iskambil oynamayı öğretecektir çocuklarınıza! Olmaz, Semyon Semyonoviç, yavrularınızı bana verin; bozacaksınız siz onları. Ciddi düşünün: boş gezenin boş kalfası olmak başınıza iş açmış sizin, kaçmalısınız bundan. Hiçbir şeye dört elle sarılmadan nasıl yaşanır? İnsan şöyle ya da böyle bir iş yapmak zorundadır. Gazeteci bile bir işe yarar. Yavan ekmek yer, yer ama alnının teriyle kazanılmış ekmek yer, bir işe yaramanın mutluluğunu duyar.»

«Vallahi, Atanas Vasiliyeviç, kendimi yenmeyi denedim! Boşuna! İhtiyarladım, elden ayaktan düştüm. Memur olabilir miyim? Kırk beş yaşındayken nasıl gider de ağzı süt kokan kâtiplerle bir sıraya oturabilirim? Hem rüşvet bile alamam. Haksızlık eder ve başkalarının lokmasını çalarım. Zaten, kast kuruyorlar aralarında. Olmaz, Atanas Vasiliyeviç, düşünmesine düşündüm ben; her memurluğu gözden geçirdim; hiçbir yerde dikiş tutturamam. En iyisi beni düşkünler yurdu paklar.»

«Düşkünler yurdu çalışan insanlar içindir; gençliklerini vur patlasın çal oynasınla geçirenlere gelince, böylelerine karıncanın ağustosböceğine dediği gibi karşılık verilir: *Oynayın, şimdi de bakalım!* Sonracığıma, düşkünler evinde de, uğraşılır ve çalışılır, whist oynanmaz.»

Murazov yüzüne bakarak:

«Semyon Semyonoviç,» dedi, «yanılıyor, beni de yanıltıyorsunuz.»

Murazov onun gözlerinin içine bakıyordu; ama zavallı Hlobuyev ne diyeceğini bilemedi. Murazov karşısındakine acıdı.

«Dinleyin, Semyon Semyonoviç... Dua edin; kiliseye gidin; biliyorum, ne solo okumalarından geri kaldınız, ne sabah dualarından. Erken uyanmaktan hoşlanmadığınız halde kiliseye gidersiniz; sabahın dördünde gidersiniz kiliseye, o zaman herkes uyur.»

«Bu başka bir iş, Atanas Vasiliyeviç. Benim yaptığım, dünya için değil, hepimizi dünyaya getirmeyi buyuran Tanrı içindir. İnanıyorum ki Tanrı benim için bağışlayıcıdır; inanıyorum ki, insanlar beni ayaklar altına attıkları, en yakın dostum yüzüme gülerek beni aldattığı zaman, günahlarıma karşın o beni bağışlar ve kabul eder.»

Hlobuyev'in yüzünde bir hüzün belirdi. Sanki onu kendi başına bırakmak içinmiş gibi, Murazov bir an sustu, sonra:

«Neden yalnızca insanın değil, toplumun da hoşuna gidecek bir iş yapmıyorsunuz? Bu kadar bağışlayıcı olan Tanrı'ya çalışın. İş, dua kadar hoştur. Herhangi bir işe bağlanın, ama bunu insanlar için değil de Tanrı için yapıyormuşsunuz gibi yerine getirin. Bir kirece su karıştırın ama bunu Tanrı adına yaptığınızı düşünün. Bu işin şu yararı olacaktır ki kötülük etmek için, kumarda yitirmek için, başkasının lokmasına göz dikenlerle birlikte yiyip içmek, en sonunda sosyete yaşantısı sürmek için zaman kalmaz size. Söyleyin bana, Semyon Semyonoviç, İvan Potapiç'i tanır mısınız?»

«Hem tanır ve hem de çok sayarım onu.»

«Evet, iyi bir tüccardı. Yarım milyon parası vardı. Her yerde çıkarını gözetir, alabildiğine yaşamak isterdi. Oğlu Fransızca öğrendi, kızı bir genaralle evlendi. Artık ne dükkânda görülüyordu ne de Borsa'da; hep meyhanede, dostlarıyla yiyip içmekle geçiriyordu günlerini, sonunda, topu attı. Başka acı, Tanrı oğlunu elinden aldı. Şimdi de biliyorsunuz, yanımda memurdur. Yeni deri döktü. İşleri gene yoluna girdi. Yeniden ticarete atılsa, beş yüz bin ruble kazanabilirdi. Ama 'Hayır,' diyor, 'memurum, memur ölmek istiyorum. Önceleri karın ağrısı çekerken, su toplaması beni ağına almayı beklerken, şimdi bakın sapasağlam ve turp gibi, oysa eskiden karın ağrısı çekerdim, su toplaması yakama yapışsın diye pusu kurardı... İstemem böylesini!' Şimdi, artık çay içmiyor: kara buğdayla lahana çorbasından başka bir şey koymuyor ağzına. Pek yufka yüreklidir ve içimizden biri değilmiş gibi yoksullara yardım eder, parasını çarçur edenlere yardım etmekle daha mutlu olacaktır da ondan.»

İhtiyar onun ellerini tuttu. Zavallı Hlobuyev kara kara düşünüyordu.

«Semyon Semyonoviç! Bana üzüntü verdiğinizi bir bilseniz! Hep sizi düşünüyorum! Dinleyiniz. Biliyorsunuz ki manastırda kimseyi kabul etmeyen toplumdan kaçmış biri var. Dikkate değer zeki bir insandır. Az konuşur, ama bir öğüt verince de... Ona adınızı vermeden bir dostum olduğunu söylüyordum... çok acı çeken bir dostum. Önce beni dinledi, sonra birden beni sorguya çekti. 'Kendini düşünmeden önce Tanrı'yı düşünmeli. Bir kilise yapılıyor ve para az geliyor: para bulmalı kilise uğruna.' Bundan sonra, yüzüme kapıyı çarptı. 'Bu ne demek oluyor?' diye düşündüm. 'Öğüt vermek istemiyor mu?' Gidip başpapazı buldum. İçeri yeni girmiştim ki bana: 'Kilise için para yardımı yapmayı üzerine alabilen birini tanıyor musunuz?' dedi. 'Ötekilerden daha yaşlı olan ve bu güzel esere kendi eliyle bir yardımda bulunmayı düşünen varlıklı ya da ticaretle uğraşan bir adam bulmalı.' Şaşkınlıktan aklım başımdan gitti. 'Ey, Tanrım! İşte o toplumda kaçmış birinin söylemek istediği şey bu. Bu işi Semyon Semyonoviç'e yüklüyor. Yolculuk etmek hastalığına iyi gelir. Çiftliğinin kâhyası ile köylüye ve köylüden kentliye giderek, yaşama koşullarını ve her birinin gereksinimlerini öğrenecek, öyle ki dönüşünde birkaç yer gezip tozduktan sonra bölgeyi evde oturmayı seven insanlarımızdan daha iyi tanıyacaktır.' Doğrusu böyle insanlar gereklidir. Sorunları gerçekte olduğu gibi tanıyan bir memur bulmak için bol bol para vereceğini söylüyordu prens bana; 'kırtasiyecilik yüzünden,' dedi, ortalıkta hiçbir şey görülmüyor; hepsi pusulasını şaşırmış.»

Hlobuyev, ona şaşkın şaşkın bakarak:

«Öneriniz uygun. Atanas Vasiliyeviç,» dedi. «Böyle bir öneriye inanamıyorum; bu iş için eline çabuk, yorulmak nedir bilmez bir adam olmalı. Hem ben, yiyecek hiçbir şeyleri olmayan karımı, çocuklarımı nasıl nasıl bırakabilirim?»

«Onlar için kaygılanmayın. Bakımlarını ben üzerime alırım; çocuklarınızın öğretmenleri olur. Omzunuzda heybeyle dilenecek yerde, Tanrı'dan istemek daha iyidir; daha soyludur. Size ufacık yaylı bir araba veririm; sarsıntılardan korkmayın, sağlığınıza iyi gelir bu. Geçerken en düşkünlerin yardımına koşasınız diye size, yol için para vereceğim. Böylelikle bol bol iyilik edebilirsiniz; yanılmazsınız ve el uzattığınız insan buna layıktır. Böyle yolculuk ederken, insanların nasıl yaşadıklarını görmeyi öğrenirsiniz. Kilise için yardım topladığınızı bilirler, herkesin korktuğu bir memur gibi huylanmazlar sizden, sizinle yürekten konuşurlar.»

«İyi bir düşünce bu, ben bunu hiç değilse karınca kararınca gerçekleştirmeyi pek isterdim; ama bana gücümün üstünde gibi geliyor.»

Murazov:

«Gücünüze göre bir iş var mı?» dedi. «Hayır, her şey insanın gücünü aşar; Tanrı'nın yardımı olmadan, insan hiçbir şey yapamaz. Yalnızca dua ederek gösterir gücünü. İnsan istavroz çıkarır, Tanrı'nın yardımını ister, küreklere asılır ve kıyıya varır. İşi uzun uzadıya düşünmek boştur; kutsal bir buyrukmuş gibi kabul edin yalnızca. Araba hazırlanmış olacak, gidip başpapazdan kütük defteriyle duasını alın; sonra da haydi yola!»

«Eğiliyor ve bunu kutsal bir işaretmiş gibi kabul ediyorum.»

Tanrım, kutsa beni! dedi içinden. Kendini o saat güçlü buldu. Acılı durumundan kurtulma umuduyla zihni canlanmış gibi oldu. Bir ışık beliriyordu uzakta.

Murazov:

«Şimdi bir soru sormama izin verin,» dedi. «Bu Çiçikov denen adam da kim?»

«Size onun hakkında duyulmamış şeyler anlatacağım. Pek çirkin anlaşmalar yapıyor... Atanas Vasiliyeviç, vasiyetnamenin uydurma olduğunu biliyor musunuz? Yetimlerin malı sayılan çiftliğe ait, resmi bir vasiyetname bulundu.»

«Ne diyorsunuz? Kim yazmış sahte vasiyetnameyi?»

«Çiçikov deniliyor, vasiyetnamenin merhumenin ölümünden sonra imzalandığı da söyleniyor. Bu iş için, parayla tutulmuş bir kadın vasiyetnameyi yazmış. Uzun sözün kısası, rezalet mi rezalet mesele. Başka başka yerlerden bir yığın dilekçe geliyor. Nişanlılar Marya Yeremeyevna'nın karşısına çıkıyorlar; iki memur bu kadın yüzünden birbirine giriyor. İşte işler bu merkezde, Atanas Vasiliyeviç.»

«Bu konuda hiçbir şey bilmiyorum, doğrusu ayıplanacak bir

iş. Pavel İvanoviç, açıkça söylüyorum, müthiş sır küpü bir insan bence.»

«Yakın bir mirasçı olduğumu anımsatmak üzere, bir dilekçe de ben yazdım...»

Dışarı çıkarken Hlobuyev, kozlarını aralarında paylaşsınlar! diye düşünüyordu. Atanas Vasiliyeviç budala değil. Düşünüp ettikten sonra bu işi bana verdi mutlaka. Eninde sonunda kabul edeceğim. Giderken düş kurmaya başladı, aynı anda Murazov da hâlâ şöyle diyordu içinden, şu Pavel İvanoviç, ne malın gözü adammış! Bunca gücü ve bunca iradesi olsun da iyilik yapmaya kalkmasın!

... Bu arada, mahkemelere dilekçe üstüne dilekçe yağıyordu. Kimsenin adını sanını duymadığı mirasçılar türedi. Kargaların bir leşe üşüşmesi gibi, herkes ihtiyar kadın tarafından bırakılmış korkunç mirasa göz dikiyordu. Çiçikov'un sahtekârlığı, son vasiyetnamenin sahteliği, ilk vasiyetnamenin de sahte olduğuna ilişkin ihbarlar, hırsızlık ve toprak hırsızlıklarını gösteren kanıtlar çıktı ortaya. Çiçikov ölü canlar satın almak ve gümrüklerde çalıştığı sırada mal kaçırmakla suçlandı. Bütün yaşamı kurcalandı, eski serüvenleri ortaya çıkarıldı. Bunların nasıl olup bittiğini Tanrı bilir; ama, Çiçikov'un yalnız kendi başına düşündüğü ve dört duvar dışındaki hiç kimsenin hiçbir şey bilmediği kanıtlar bulundu. Dahası, yasa adamından gelme bir pusula işin içinde iş olduğunu anlattığı halde, bütün bunlar adaletten gizli kalıyordu.

Pusula kısacıktı: «Size kızılca kıyametin kopacağını bildirmek istedim. Yalnızca telaşa kapılmamak gerektiğini unutmayın. Sükûnet, sükûnet. Her şey düzelecek.» Bu kâğıt parçası Çiçikov'un yüreğine iyice su serpti. «Bir deha!» diye söylendi.

Olacak bu ya, terzi o sırada ona giysisini getirdi. Alev gibi yeni, kırmızı giysisiyle kendisini görme isteğiyle yanıp tutuşuyordu. Pantolonu giydi, pek yakışmıştı. Kollukları iyice uygundu, baldırları da hokka gibi oturmuştu; kumaş, gevşek gevşek dört bir yana yayılıyordu. Tokayı arkadan takınca, karnı davul gibi şişti. Bağırarak fırçayı terziye fırlattı: «Hiç olmamış! Ama bütünüyle fena sayılmaz!»

Giysi pantolon gibi iyi kesilmiş görünüyordu: Kırışıklık yoktu; paçalar pek uzundu; alınan ölçüye uyuyordu. Sağ koltukaltının bir parça dar olduğunu görerek üzülen Çiçikov'un dırdırlanması üzerine, terzi gülümsemekle yetindi; ölçüsü gayet yerindeydi.

Terzi saklanmamış bir zafer işaretiyle:

«Sakin olun, şu işçiliğe bakın,» diyordu; «Petersburg bir yana, hiçbir yerde bu kadar iyi çalışılmaz.»

Terzi tabelasına: *Londra ve Paris Terzisi* diye yazdığı halde, Petersburg'dan gelmişti. Eli ağır değildi ve iki kentin de reklamını yaptığı için Karlsruhe ya da Copenhag adını tabelalarında kullanan bütün meslekdaşlarının ağzını kapamak istiyordu.

Çiçikov terzinin hesabını gördü, artık, bir başına kalınca, aynada, estetik duygusuna vurgun sanatçı gibi, *âşık gibi,* boşuna inceledi kendini. Tablonun her bölümü yerine yerleşmiş gibi görünüyordu; al yanaklar, daha ayartıcı çene; beyaz yakaları yanaklarına renk veriyordu. Mavi saten boyunbağı yakaya güzellik veriyordu; modaya uygun göğüslük kıvrımları, boyunbağına güzellik veriyordu; ipek gibi parıldayan alev renkli frak, güzellik veriyordu. Sağa döndü: mükemmel. Sola döndü: gene mükemmel! Bir mabeyincinin ya da kendini Fransızca küfür sallayan bir adamın çıtkırıldımlığı! Uzun sözün kısası, inceliğin doruğu! Başını hafifçe yana eğip, orta yaşlı ve doğru dürüst eğitim görmüş bir bayanla çene çalan kendini beğenmiş bir adamın duruşunu verdi kendine: Güzel bir tablo konusuydu, ortada sanatçı ve fırça yoktu yalnızca. Pavel İvanoviç sevincinden havaya sıçrayarak ayaklarını şöyle çaprazlamasına vurdu. Komidin sallandı, bir kolonya şişesi yere düştü. Hiç oralı olmadan şişeye, «aptal,» dedi, sonra düşünmeye başladı, nereden başlayayım ziyaretlerime? En iyisi...

Kapının önünde birden bir mahmuz şakırtısı duyuldu. Bir jandarma, sanki tek başına bir orduyu temsil ediyormuş gibi pürçalım, içeri girdi.

«Hemen genel valiye gitmeniz emrediliyor!»

Çiçikov aptallaşıp kaldı. Önünde bıyıklı bir dev duruyordu: Başında bir at kuyruğu, her omuzunda bir kılıç kayışı, yanlamasına koca bir kılıç. Ona öyle geldi ki öbür yanında bir silah asılı duruyordu ve Tanrı bilir daha neler... Bu insanda sanki bütün bir ordu birleşmişti! Karşı koymak istedi, ama dev kestirip attı:

«Hemen gitmeniz için emir var!»

Çiçikov kapının önünde bir başka devin gölgesini sezdi; pencereden bakarken, bir araba gördü. Ne yapmalıydı acaba? Böyle, güzelim alev kırmızısı giysisiyle, arabaya binmek zorunda kadı ve yüreği küt küt atarak, jandarmanın ardı sıra valinin konağına gitti. Kapıda soluk alması için zaman bile vermediler.

Nöbetçi memur:

«Girin içeri! Prens sizi bekliyor,» dedi.

Sanki bir sis arasından bakıyormuş gibi postaların paketler taşıdığı bir sofa, derken bir salon gördü. Şunları düşüne düşüne buradan geçti, beni yargılamadan, doğru Sibirya'ya sürecekler. Yüreği kıskançlıktan gözleri dönmüş bir âşığın yüreğinden daha çok çarpıyordu. En sonunda uğursuz kapı açıldı; oda göründü; dolaplar; dosyalar, kitaplar, sonra da ateş püsküren prensi gördü.

Canavar! dedi içinden Çiçikov, kurdun kuzuyu parçalaması gibi parçalayacak beni!

Kızgınlıktan dudakları titreyen prens:

«Tamam!» diye bağırdı; «size acıdım; kentte kalmanızı emrettim size, yoksa küreğe yollayabilirdim: ama siz, bana teşekkür edecek yerde, bir insanın dünyada yapamayacağından daha yüz kızartıcı dolandırıcılıklarla kepaze ettiniz kendinizi!»

Zangır zangır titreyen Çiçikov:

«Ekselans, nasıl yüz kızartıcı dolandırıcılık?» diye sordu.

Prens yaklaşarak ve gözlerini Çiçikov'a dikerek:

«Kadın,» dedi, «buyruğunuz altında vasiyetnameyi imzalayan kadın da yakayı ele verdi ve sizinle yüzleştirilecek.»

Çiçikov'un gözlerinden bir bulut geçti. Bir çamaşır gibi bembeyaz kesildi.

«Ekselans! Size bütün gerçeği söyleyeceğim. Suçluyum,

düpedüz suçlu, ama pek o kadar sandığınız gibi değil; düşmanlarım iftira etti bana.»

«Size kimse iftira edemezdi, çünkü sizde yalancıların yalancısının bile düşünebileceğinden daha yaman numaralar varmış. Öyle sanıyorum ki, bütün yaşamınızda, alçakça olmayan tek hareket yapmamışsınızdır. Tarafınızdan kazanılmış her kapik alçaklıkla toplanmıştır; tarafınızdan kazanılmış her kapik bir hırsızlık ve kötülüktür, cezası da kırbaç ve Sibirya'dır! Ölçü tamdır! Hemen içeri atılacaksınız, orada da, en biti kanlı sefillerin arasında, yazgının senin için ne karar vereceğini beklemek zorunda kalacaksın. Bu gene de bir iyiliktir sana, çünkü sen daha betersin onlardan; onlar çizgili gömlek ve tulum giyerler, oysa sen...»

Alev kırmızısı fraka baktı ve bir çıngırağın ipini çekti.

Çiçikov:

«Ekselans,» diye bağırdı, «merhamet ediniz! Siz de aile babasısınız. Bana değil, bari ihtiyar anama acıyınız!»

Öfkeli prens:

«Yalan söylüyorsun sen!» diye gürledi. «Bir zamanlar bana çocukların ve var olmayan karın aşkına yalvardın, şimdi de anam diyorsun.»

«Ekselans! Ben bir alçağım ve düzenbazların düzenbazıyım... Yalan söyledim gerçekten, ne çocuklarım vardı benim, ne ailem, yalnızca Tanrı tanığımdı, hep bir karım olmasını, erkeklik ve yurttaşlık görevlerimi yerine getirmeyi istedim, sırf herkesin saygısını kazanayım diye... Ama umduğum çıkmadı! Ekselans, yaşamımı, korkunç koşullar içinde kazanmam gerekti. Her adımda şeytanca istekler... Düşmanlar... Bütün ömrüm bir kasırga ya da rüzgârların esintisinde dalgalarda çırpınan bir gemi gibi geçip gitti. Ekselans, ben de bir insanım!»

Gözlerinden birden bir yaş selidir boşandı. Alev kırmızı frak, kadife yelek, saten boyunbağı, güzelim pantolonla, kolonya kokusu saçan saçıyla, prensin ayaklarına kapandı, küt diye alnını yere vurdu.

Prens:

«Geri çekil! Alıp götürsünler şunu!» diye bağırdı.

Çiçikov prensin çizmesini iki eliyle tutarak:

«Ekselans!» diye inledi.

Prens bir sinir sarsıntısına tutuldu.

Çiçikov'dan kendini kurtarmaya çalışarak:

«Geri çekilin diyorum size!» diye gürledi.

Çiçikov prensin çizmesini bırakmadan ve güzelim alev kırmızısı giysisiyle arkasından yerde sürünerek:

«Ekselans, bağışlanmadıkça burada kalacağım!»

Prens insanın ezmeye içinin elvermediği bir böcek karşısında duyulan garip tiksinti duygusu içinde:

«Bırakın beni,» dedi.

Öyle bir tekme indirdi ki Çiçikov'un burnu, dudakları ve çenesi kan içinde kaldı; ama gene de yakaladığını bırakmak istemiyor ve çizmeye daha sıkı yapışıyordu. Kapı gibi iki jandarma onu çizmeden zorla çekip ayırdılar ve karga tulumba odalardan geçirdiler. Yüzü uğursuz ve kaçınılmaz ölüm karşısında duyulan korkunç bilinçsiz durum içinde, yaradılışımıza ters düşen bir ürküntü içinde sapsarıydı, dövülmüştü.

Merdiven başında, Murazov'a rastladı. Bir umut ışığı belirdi. Jandarmaların elinden, az da olsa kurtuldu ve şaşırıp kalan ihtiyarın ayaklarına kapandı.

«Tanrım! Pavel İvanoviç! Neler olmuş size!»

«Kurtarın beni! Cezaevine, ölüme götürüyorlar beni...»

Jandarmalar gene yakasına yapıştılar ve sözünü tamamlamaksızın alıp götürdüler.

Gardiyanların çizme ve dolaklarıyla leş gibi kokan pis ve ıslak bir hücre, beyaz tahtadan bir masa; işe yaramaz iki iskemle; demir kafes geçirilmiş bir pencere, sıcaklık vermeksizin çatlakları arasından tüten biçimsiz bir soba: işte yaşamın tadını çıkarmaya ve alev kırmızısı giysisiyle yurttaşların dikkatini çekmeye çalışan kahramanımızın içine yerleştirildiği yer böyleydi. Gerekli şeyleri almaya, şapkasını bile almaya zaman vermemişlerdi... Kâğıtlar, ölülerin anlaşmaları, her şey şimdi yasa adamlarının ellerindeydi. Yığılıp kaldı ve açgözlü bir kurt gibi kemiren derin bir üzüntü sardı yüreğini. Böyle bir çile günü bitecek ve Çiçikov artık bu dünyada olmayacaktı. Fakat bir dost eli uzanıyordu ona. Bir saat sonra zindanın kapısı açıldı, ihtiyar Murazov içeri girdi.

Korkunç bir susuzluktan ciğeri yanmış, toza bürünmüş, yorulmuş da yorulmuş, kanı çekilmiş, kaynak suyundan kuru boğazına su akıtan bir yolcu, zavallı Çiçikov'un bu görünüm karşısında duyduğu serinlik ve canlılığı duyamazdı.

Umutsuzluk içinde yığılıp kaldığı yerde, Murazov'un elini tutarak, öperek ve bağrına bastırarak:

«Kurtarıcım!» dedi. «Bir zavallıyı görmeye geldiğiniz için Tanrı kutsayacaktır sizi!»

Gözyaşları döktü.

İhtiyar acıyan gözlerle süzdü onu:

«Ah, Pavel İvanoviç, Pavel İvanoviç, siz ne yaptınız?» dedi.

«Ne diyorsunuz! Ölçüyü kaçırma gibi belalı bir unutkanlık yıktı beni! Tam anında kendimi tutamadım. Şeytan beni ayarttı, aklın sınırlarını aşırttı bana! Suç, suç işledim, doğru; ama insana nasıl böyle davranırlar? Yargı vermeden, araştırma yapmadan, soylu bir adamı deliğe tıkmak!.. Soylu bir adamı, Atanas Vasiliyeviç!.. Ona evine gitmeye, eşyalarını toplamaya fırsat vermek! Şimdi her şey açıkta kaldı. Çekmecem, Atanas Vasiliyeviç, çekmecem! Bütün varım yoğum onun içindedir. Alnımın teriyle yıllar yılı çalışmayla, yoksunluklara katlana katlana biriktirdiğim, çekmecem, Atanas Vasiliyeviç! Hepsini çalacak, yağma edecekler hepsini! Ey Tanrım!»

Bu yeni üzüntünün acısına dayanamayarak zindanın kalın duvarlarını aşıp geçen, uzaklarda ağır ağır çınlayan bir sesle hıçkırmaya başladı. Saten boyunbağını çözdü ve yakanın kenarını sıyırdı, güzelim alev kırmızısı giysisini parçaladı.

«Ah, Pavel İvanoviç! Kör etmiş bu servet gözlerinizi! Korkunç durumunuzu görmekten uzaklaştırmış sizi.»

Pavel İvanoviç ayaklarına kapanarak:

«Benim velinimetim, kurtarın beni, beni kurtarın!» diye inledi. «Prens sizi sever, hatırınız için her şeyi yapacaktır.»

«Hayır, Pavel İvanoviç; ben ne kadar istersem isteyeyim olmaz bu. Siz bir insanın ellerinde değil, sert bir yasanın hükmü altındasınız.»

«Beni ayartan, insan soyunun celladı, Şeytan'dır!»

Kafasını duvara çarptı ve masaya öylesine şiddetli bir yumruk indirdi ki eli kanadı; ama hiçbir acı duymadı.

«Atanas Vasiliyeviç, ne kara talihim varmış benim! Görülmüş müdür böylesi? Bir parça para kazandıysam, canımı dişime takarak çalışarak kazandım bunu, yoksa birçoğu gibi insanları soyarak ya da Hazine'yi tamtakır bırakarak değil. Neden mi para biriktiriyordum? Günlerimi iyi geçirmek için; iyilik ve vatan borcudur diye almayı düşündüğüm karıma, çocuklarıma bir şey bırakmak için. İşte bu yüzden kazanmak istiyordum! Çapraşık yoldan gittim, bana yakışan buydu. Ama insanın hiçbir zaman doğru yoldan yürümediğini ve dolambaçlı yoldan daha hızlı gittiğini görünce oldu bu. Ne var ki çalıştım, çabaladım. Elde ettiğimi, zenginlerden elde ettim. Hazineden binlerce ruble para aşıran, yoksulların derisini yüzen, yiyip içeceği bile olmayanların son lokmalarına göz diken şu alçakları düşünün!.. Ne talihsizlik, deyin! İnsan ne zaman rastlantıyı elde etmeye kalkarsa, bu rastlantıya ne zaman parmağının ucuyla dokunsa bir fırtınadır kopar; geminizin parça parça olduğu bir dalga içinde bulursunuz kendinizi. Sermaye sermaye diye üç bin ruble param vardı, iki katlı bir evim vardı, bir zamanlar iki çiftlik satın aldım... Atanas Vasiliyeviç, nedir böyle bir gözden düşme? Böyle acılar neden? Yaşamım dalgalar içinde bocalayan bir yelkenli değil miydi? Kutsal adalet nerede? Bir sabrın, örneksiz bir vefanın karşılığı bu mu? Üç kez silbaştan işe başladım; bütün varımı yoğumu yitirdikten sonra, az bir parayla sarılıyordum işe, öyle ki bir başkası böyle anlarda umutsuzluğa kapılarak bir meyhane gediklisi olup çıkardı. Belalardan kurtulmak için nasıl da dayanmam gerekti!.. Başkalarının zahmetsiz para kazanmalarını kabul edelim, ben ise her kapiği alnımın teriyle kazandım. Tanrı tanığımdır, yorulmak nedir bilmez bir çalışmayla elde ediyordum parayı.»

Acısının etkisi altında hüngür hüngür ağladı, bir iskemleye

yığıldı, yırtılan giysisinin eteğini parçaladı ve biraz öteye attı. Bir zamanlar özene bezene baktığı saçlarını iki eliyle tutarak kıyasıya yoldu; beden acısı içinde gönül yarasına dönecek bir nokta bulunuyordu.

Murazov bu olağanüstü manzarayı uzun uzadıya sessizce inceledi. Bir süre önce saygıdeğer bir insanın ya da bir milyonerin kibriyle göğsünü kabartarak yürüyen öfkeli adam şimdi göğsü bağrı açık ve hiç de yakışık almaz bir kılık içinde, yırtık giysi, düğmeleri çözük pantolon, kanlı eller, kızgınlığını insanla alay eden amansız güçlere akıta akıta çırpınıyordu.

«Ah! Pavel İvanoviç, Pavel İvanoviç! Gücünüzü ve sabrınızı iyi bir iş uğruna harcamış, iyi bir yolda yürümüş olsaydınız, ne insan olurdunuz! Ne iyilik yapmış olurdunuz! İyiliği sevenler sizin para toplamak için gösterdiğiniz kadar iyiliğe verseydiler kendilerini, iyilik yolunda bencilliklerini ve çılgınca tutkularını feda etmeyi bilselerdi, hey Tanrım, ne mutlu olurdu dünyamız!.. Pavel İvanoviç, Pavel İvanoviç! Siz din kardeşlerinizden daha çok kendi kendinize karşı suçlusunuz gene. Kendinize verilmiş bulunan zenginlikleri kendi ayağınızla teptiniz. Büyük bir insan olabilecek yeteneklere sahip olduğunuz halde bunları kötü kullandınız, kendinizi mahvettiniz. İşte benim en ağırıma giden bu.»

Ruhun sırları vardır. Yolunu şaşırmış biri doğru yoldan ne denli uzaklaşırsa uzaklaşsın, haksızlık içinde çürüyen bir suçlu ne denli merhametsiz olursa olsun, eğer yaptığı kötülük ve rezillikler başına kakılırsa elinde olmadan sarsılır ve dünyası altüst olur.

Zavallı Çiçikov, ihtiyarın ellerini tutarak:

«Atanas Vasiliyeviç,» dedi, «ah! buradan kurtulmayı, tekrar varıma yoğuma kavuşmayı başarırsam! Size yemin ediyorum ki artık bir başka yaşam süreceğim. Kurtarın beni, velinimetim, kurtarın beni!»

«Ben ne yapabilirim? Yasalara karşı gelemem. Bunu yaptığımı kabul edelim: ama prens doğru adamdır; hiçbir özveriden çekinmeyecektir.»

«Velinimetim! Sizce hiçbir şey olanaksız değildir. Beni korkutan yasa değil: ben yasayla uğraşmayı bilirdim; fakat yok yere kodese atılmış olmak, bir köpek gibi burada uyuşup kalmak, oysa varım yoğum, kâğıtlarım, çekmecem... Kurtarın beni!»

İhtiyarın ayaklarına sarıldı, ayaklarını gözyaşlarına boğdu.

İhtiyar Murazov başını sallayarak:

«Ah! Pavel İvanoviç, Pavel İvanoviç!» dedi, «bu servet gözlerinizi nasıl kör etmiş! Sizi kalbinizin sesini dinlemekten alıkoyuyor.»

«Ruhumu da düşüneceğim, ama kurtarın beni!»

«Pavel İvanoviç, sizi kurtarmak benim harcım değil, ama hakkınızda namuslu davranmak ve sizi buradan çıkarmak için elimden geleni yapacağım. Eğer, bütün bekleyişe karşı, bu işte başarı gösterirsem, uğraşmanın karşılığı olarak, sizden kazanç tutkunuzu bir yana bırakmanızı rica edeceğim. Size namusum üzerine söylüyorum, eğer bütün varımı yoğumu yitirseydim –ki sizden daha çoktur malım– ağlamazdım. Önemli olan, elinizden alınabilen mallar değil, ama kimsenin ne çalabildiği ne de kaçırabildiği mallardır! Bu dünyada yeterince yaşamışsınız. Yaşamınıza kendiniz, dalgalar arasında çırpınan bir gemidir diyorsunuz. Ömrünüzün sonuna kadar geçinecek paranız var. Sakin bir köşeye, bir kilisenin ve alçakgönüllü insanların yanına yerleşin; ya da kendi kanınızdan mirasçılara bırakmak gibi derin bir istek duyuyorsanız, temiz süt emmiş, sade bir yaşama alışık namuslu bir kızla evlenin. Bu dünyayı ve baştan çıkarmalarını unutunuz. Dünya da sizi unutsun; barış dinlemez dünya. Görüyorsunuz, dünyada yalnız arzu ya da ihanet bulunur.»

«Kuşkusuz, kuşkusuz! Sade, akla uygun bir yaşam sürmeye, çiftçilikle uğraşmaya niyetim vardı. Beni baştan çıkaran, doğru yoldan ayıran aldatıcı şeytandır. Şeytan'dır bu.»

Bir zamanlar sıkı ve ölü bir bilginin, karanlık geçen bir çocukluğun yavanlığının, baba ocağı yalnızlığının, ilk izlenimlerdeki yoksulluğun, kendisini, karışık, karla örtülü bir çatı arasından, acı acı kollayan yazgının keskin bakışının, onda boğduğu, bilinmedik duyguların yeniden kıpırdadığını seziyordu. Bir inilti kopardı ve yüzünü elleriyle örterek, acılı bir sesle:

«Doğru, doğru!» dedi.

«İnsanları tanıma ve feleğin çemberinden geçme yasasına aykırı bir girişim sizin hiçbir işinize yaramamıştır. Ama bunların kendilerine göre yerli yerinde iyiliği olsaydı!.. Haydi, Pavel İvanoviç, tutmalısınız kendinizi; bunun henüz zamanı var...»

Çiçikov, Murazov'u titreten bir sesle:

«Hayır, çok geç!» diye inledi. «Yanlış yolda yürüdüğümü, doğru yoldan çıktığımı şimdi anlamaya başlıyorum elbette; ama ne istiyorsunuz? Benden daha güçlü bir şey bu! Gerektiği gibi büyütülmedim. Babam bana zorla ahlak dersi veriyor, beni dövüyor, atasözleri kopya ettiriyordu; ama gözümün önünde kendisi komşulardan odun çalıyor ve hatta beni kendisine yardım etmeye zorluyordu. Gözlerimin önünde namussuzca bir iş yaptı ve velisi olduğu yetim bir kızı baştan çıkardı. Örnek, atasözlerine üstün geldi. Acı bir yaşam sürdüğümü, görüyor anlıyorum. Atanas Vasiliyeviç; ama kusurlarım bende kuvvetli bir nefret uyandırmıyor. Ruhum iyilikten hoşlanmıyor, bir ikinci doğa, bir alışkanlık sayılan güzel işlere karşı bu olağanüstü sevgiyi duymuyorum... Gerçeği söylüyorum. Ne yapmalı?»

İhtiyar derin derin içini çekti.

«Pavel İvanoviç, o kadar iradeniz, o kadar sabrınız var ki! İlaç acıdır ama tek kurtuluş yolunun bu olduğunu bilen hangi hasta, bir ilacı geri çevirir ki... İçinizde iyilik aşkı yoksa, zorla, istemeden yaratın bu aşkı. Bu size sevdiği için iyilik yapan insandan daha hoş gelecektir. Kimi zaman zorlayın kendinizi; hemen doğacaktır aşk. *Cennet zorla kazanılır* denmiştir bize; insan cennete zorla girer ancak, Pavel İvanoviç, sizde başkalarında olmayan bu güç, bu sarsılmaz sabır varken nasıl olur da üstesinden gelemezsiniz? Bence siz bir kahramansınız. Oysa şimdi bütün insanlar zayıf, iradesizdir.»

Bu sözler Çiçikov'a iyice dokundu ve içindeki bamteli titrer gibi oldu. Gözlerinde bir karar işareti belirdi. Usulca:

«Atanas Vasilieviç!» dedi, «özgürlüğümü ve belli bir para

karşılığında buradan çıkma yollarını üzerinize aldığınıza göre, ben de yeni bir yaşama başlayacağıma ant içerim. Bir çiftlik satın alacağım; çiftçilik edeceğim; elimden geldiği kadar, kendim için değil, başkalarına yardıma koşmak için para biriktireceğim: kendimi unutacağım; unutacağım kentlerin eğlence âlemlerini; basit, bir lokma aşım kaygısız başım bir yaşantı süreceğim.»

İhtiyar iyice sevinerek:

«Tanrı bu isteğinizi güçlendirmeye kadirdir!» dedi. «Prens'in sizi serbest bırakması için bütün gücümü göstereceğim. Başarıp başarmayacağımı bilmiyorum; sanırım yazgınız değişecektir. İzin verin de kucaklayayım sizi, çünkü bana büyük bir sevinç verdiniz. Tanrı yardımcınız olsun! Prensi bulmaya gidiyorum.»

Çiçikov yalnız kaldı.

Bütün varlığı altüst olmuş ve yumuşamıştı. Madenlerin en serti, en ateşe dayanıklısı platin bile, potada alev yükselince, erimeye başlar. Körük hızlandırılırsa ve sıcaklık dayanılmaz duruma gelirse, sert maden beyazlaşır ve sıvılaşır; en dayanıklı insan bile acının potasında erir, acı çoğalınca ve dayanılmaz bir ateş alınca, kendi doğasını yumuşatmaya bakar..»

«Şahsen bilmiyor ve duymuyorum; ama bütün gücümü başkalarına duyurmaya çalışacağım. Kötü ve sefil bir insanım ama güçlerimi başkalarını iyiliğe yöneltmeye harcayacağım. Kötü bir Hıristiyanım ben ama rezalet çıkarmamaya bakacağım. Başkası üzerinde iyi bir etki bırakmak için, dişimi tırnağıma takacak, alnımın teriyle çalışacağım! Artık hiçbir işe yaramaz insan olmayacağım! Çiftçilik beni çekiyor; tutumluluk, çalışma ve hatta vefa denen yeteneklere sahibim. Yalnızca karar vermeli...»

Ahlaksal yönü uyanan ve aklı başına gelir gibi olan Çiçikov, böyle düşünüyordu. Karanlık bir içgüdüyle, doğayı, insanın kendisini saran rastlantılara, karışıklıklara, güçlüklere karşın, dünyanın her yerinde yapmak zorunda olduğu ve yapabildiği bir işin var olduğunu anlamaya başlıyordu sanki. Ve kentlerin gürültüsünden ve çalışmayı unutmuş insanın işsizlikten ötürü yarattığı baştan çıkarmalardan uzak bir yaşam, bu yaşam gözlerinde öylesine tütmeye başladı ki, durumunun bütün acısını çoktan unutmuştu.

Yüreğine bir parça su serpen ve onu bu düşüncelere yönelten talihine şükredecekti neredeyse.

Fakat yürekler acısı hücresinin kapısı açıldı, bir memur girdi: Samosvistov, geniş omuzlu ve sağlam bacaklı, sapına kadar dost, uçarı ve arkadaşlarının da söyledikleri gibi hinoğlu hin, irikıyım bir zevk düşkünü. Savaş zamanında, bu adam harikalar yaratabilirdi: Tehlikeli, geçilemez yerlerden kendine bir yol açmak, düşmanın gözü önünde bir topu çalmak, tam ona göre bir işti. Ama askerlik mesleğinde ne denli namuslu bir insan olursa, sivil yaşamda o denli rezillikler yapardı. Garip huyları vardı; arkadaşlarıyla can ciğer geçiniyor, onları ele vermiyor ve onlara karşı hep sözünde duruyordu; ama üstlerine, içinde bir geçit, her zayıf köşeden yararlanarak, gedik açılması gereken bir düşman bataryası gibi bakıyordu.

Kapının arkasından sertçe kapandığını gördükten sonra:

«Durumunuzu biliyoruz, her şeyi öğrendik,» dedi. «Korkmayın, her şey düzelecektir. Hepimiz sizin için çalışıyoruz ve bizler de sizin uşaklarınız sayılırız. Toptan otuz bin ruble istiyoruz; bir metelik bile fazla değil!»

Çiçikov:

«Doğru mu?» diye bağırdı. «Demek tümüyle temize çıkacağım?»

«Tümüyle! Tazminat bile alacaksınız.»

«Bu zahmete karşılık... ne istiyorsunuz?»

«Otuz bin ruble. Her şey bunun içinde: Memurlarımız; genel valinin adamları; yazıcı...»

«İyi ama, nasıl verebilirim?.. Bütün eşyalarım... sandığım... hepsi de alınıp mühürlendi şimdi...»

«Bir saat sonra her şeyiniz elinize geçer. Nasıl, anlaştık mı?»

Çiçikov boyun eğdi. Yüreği çarpıyordu. Bunun olabileceğine inanamıyordu.

«Şimdilik, haydi hoşça kalın! Ortak dostumuz size sakin ve yürekli olmanızı söylemekle görevlendirdi beni!»

Samosvistov çekilip gitti. Yalnız kalan Çiçikov, artık, kulaklarına inanmıyordu; bu konuşmanın üzerinden henüz bir saat geçmeden, çekmecesini getirdiler; kâğıtlar, para hepsi yerli yerinde duruyordu. Samosvistov gene Çiçikov'un evine gitmiş, memurlara gözlerini dört açmalarını söylemiş, nöbetçiye işi sağlam kazığa bağlamak için yardımcı askerlere dikkat etmesini emretmişti. Artık, sandığı ve hatta Çiçikov'u okka altına götürebilecek kuşkulu kâğıtlarıyla birlikte ölümcül vücudunu örtmek için gerekli her şeyi elde etti. Bu beklenmedik paket Pavel İvanoviç'te anlatılmaz bir sevinç yarattı. Pırıl pırıl bir umuda kapıldı ve yeniden, güldüren tabloları düşünmeye başladı: tiyatroda bir gece, dalga geçtiği bir oyuncu kız. Köy ve sessizlik ona yavan geldi; kent ve gürültü, yeniden parıltılar... Yaşamak buydu işte!

Bununla birlikte, dairelerde, mesele görülmemiş biçimlere bürünüyordu. Yazıcıların kalemleri işliyor ve her şeye dikkat eden, inceden inceye düşünen kafalar, kendi kargacık burgacık yazılarına sanatçılar gibi hayran hayran, çalışıyorlardı. Avukat, şu görünmeyen büyücü, bütün düzeni yönetiyordu; ne olup bittiği anlaşılmadan herkesi şaşkına çeviriyordu. Karanlık iş sarpa sardı. Samosvistov bile duyulmadık bir küstahlıkla daha güzel bir dolap çevirdi. Yakayı ele vermiş kadının hapsedildiği yeri öğrenerek, dosdoğru oraya gitti ve öyle amirce bir tavır takındı ki nöbetçiler kendisine saygı gösterdiler, hazır ola geçtiler.

«Çoktandır burada mısın?»

«Bu sabahtan beri, Ekselans.»

«Seni hemen değiştirecekler mi?»

«Üç saat sonra, Ekselans.»

«Sana ihtiyacım olacak. Subaya gidip yerine bir başkasını yollamasını söyleyeceğim.»

«Başüstüne, Ekselans.»

Bu işe kimseyi karıştırmamak için, hemen, bir dakika bile yitirmeden evine gitti, bıyıklı ve favorili jandarma kılığına girdi: şimdi onu şeytan bile tanıyamazdı. Bu kılıkla Çiçikov'un evine gitti, karşısına ilk çıkan kadını yakaladı ve bu kadını tutup, kendi gibi sağlam yapılı iki memura teslim etti, bundan sonra, kural gereğince, elde silahla nöbetçinin karşısına dikildi.

«Haydi git... komutan senden nöbeti alayım diye beni yolladı.»

Onun yerine geçti. İşte gereken de tam buydu. Bu sırada meseleden hiç haberi olmayan bir başkası ilk kadının yerine getirildi. İlk kadın öylesine kayıplara karıştı ki kimse onun ne olduğunu bir daha öğrenemedi.

Samosvistov asker giysisi içinde çalışırken, avukat da dışarıda mucizeler yaratıyordu. Doğru valiye gidip savcının kendisi aleyhinde ihbar yazdığını bildirdi; jandarma komutanına gidip, kentte gizlice oturan bir memurun kendisine oyun ettiğini söyledi. Bu kentte oturan memur, jandarma komutanını ele veren ağzı daha sıkı bir başka memur olduğunu da bildirdi. Onları öyle bir duruma düşürdü ki hepsi de kendinden öğüt istemek üzere yürüdü: ihbarlar birbirini kovalıyordu, hiçbir zaman ortaya çıkmayan işler patlak verdi; hatta aslı astarı olmayan konular atıldı ortaya. Her şey vergiye bağlandı; şu bir piçti; bunun ise bir metresi vardı; filanca evli barklı kadın, bir adamla mercimeği fırına veriyordu. Rezaletler, uydurmalar Çiçikov'un hikâyesine ve ölü canlara o kadar karıştı ki, bu işlerin hangisinin daha garip olduğunu kestirmek hepten olanaksız bir duruma geldi: hepsinin de bir önemi var gibi görünüyordu.

Kâğıtlar en sonunda genel valinin eline ulaşınca, zavallı prens bunlardan bir şey anlayamadı. Bir özet çıkarma işiyle görevlendirilen, alabildiğine zeki ve kurnaz bir memur, az kalsın aklını kaçırıyordu. Bu sıralarda prens çeşit çeşit, birbirinden daha çetrefil bir yığın işle uğraşmıştı. Taşranın bir bölümünde, kıtlık ortalığı kasıp kavuruyordu. Buğday dağıtmak üzere gönderilmiş memurlar, gerektiği kadar iş görmemişlerdi. Başka yerde dinibütün ihtiyarlar başkaldırıyordu. Biri aralarına ölüleri bile rahat bırakmayan ve ölü canları satın almak isteyen Deccal'in doğuşunun söylentisini yayıyordu. Gene yenilerini isteye işleye günahlarına pişman oluyorlar ve Deccal'i ele geçirme bahanesi altında uluorta, insanların kellerini uçuruyorlardı. Başka bir yerde, köylüler çiftlik beylerine ve polis komiserlerine karşı ayaklanmıştı. Serseriler onları köylülerin çiftlik beyi olmaları ve fraklar giymeleri için zamanın gelmiş olduğuna inandırmıştı, oysa çiftlik beyleri kaftanlar giyiyor ve köylülere benziyorlardı; bütün bir ilçe, o zamanlar çiftlik ağaları ile polis komiserlerinin kum gibi kalabalık olduklarını düşünmeden kalkmışlar, vergiler vermeyi reddetmişlerdi. Sert önlemlere başvurmak gerekti.

Zavallı prens alabildiğine üzüntü içindeydi. Bu sırada Murazov'un gelişi bildirildi ona.

«Girsin içeri!» dedi.

İhtiyar girdi.

«Vay canına, ne adammış sizin Çiçikov! Onun tarafını tutuyor, onu savunuyorsunuz, ama o şimdi öyle bir işe burnunu sokmuş ki bunu en ipten kurtulmuş hırsız bile göze alamazdı!»

«İzin verin de arz edeyim size, Ekselans, bu işten ben pek bir şey anlamıyorum.»

«Bir vasiyetname işi! Hem de ne koşullar içinde!.. Herkesin önünde kırbaçlanmayı hak etti.»

«Ekselans, ben Çiçikov'u savunmak için konuşmuyorum, ama henüz belli değil; soruşturma bitmemiştir.»

«Elimizde kanıt var: ölenin yerini almış kadının yakalanmış olması. Onu sizin önünüzde sorguya çekmek istiyorum.»

Prens zili çaldı ve bu kadının getirilmesini emretti, Murazov susuyordu.

Prens kıza köpüre:

«Alçakça bir iş! Üstelik, utanıp sıkılmadan kalkmışlar, kentin en ileri gelen memurlarını, hatta valiyi bile bu işe karıştırmışlar. Onun hırsızlar ve sahtekârlarla birlik olması gerekmezdi!» dedi.

«Vali miras sahibidir, övülecek miras hakları var; bu mirasa dört bir yandan üşüşen ötekilere gelince, pek insanca bir olaydır bu Ekselans. Zengin bir insan sağlam ve akla yatar belgeler bırakmadan ölüyor; dört bir yandan hevesliler rahibe koşuyorlar: işte böyledir insan yaradılışı.»

Prens şiddetle:

«Evet, ama neden alçaklıklar oluyor?.. Sefiller!» dedi. «Elimde bir tek namuslu memur yok. Hepsi de dolandırıcı!»

«Ekselans, içimizden kim günahsızdır ki? Kentimizin bütün memurları becerikli kişilerdir; çoğu pek çalışkandır, üstelik gevşemek kolaydır.»

«Söyleyin bana, Atanas Vasiliyeviç, tanıdığım biricik namuslu insan sizsiniz. Sefilleri savunmaya ne hakkınız var?»

Murazov:

«Ekselans, sefil dediğiniz insan, ne olursa olsun gene de insandır. Günahlarının yarısı, bilindiği gibi, kabalığa ve bilgisizliğe dayanan bir insanı niçin savunmamalı? Çünkü bizler her an haksızlıklar eder ve kötü niyet bile beslemeden, durmadan başkasının felaketine neden oluruz. Ekselans hazretleri de büyük bir haksızlık etmiştir.»

Konuşmanın gelip dayandığı bu beklenmedik noktada şaşıran prens:

«Nasıl!» diye bağırdı.

Murazov düşünmek için bir an durdu ve en sonunda dedi ki:

«Söz gelişi Derpenikov konusunu anımsayın.»

«Atanas Vasiliyeviç! Devlet'in temel yasalarına karşı işlenmiş bir suç, vatan için bir ihanet demektir!»

«Doğru bulmuyorum bunu. Fakat henüz feleğin çemberinden geçmemiş, başkaları tarafından ayartılmış ve kandırılmış bir delikanlıyı baştan çıkarıcıların biri kadar ağır suçlamak yerinde midir? Çünkü Derpenikov da Voronov gibi aynı cezaya çarpıtırıldı; ne var ki suçları aynı değildi.»

Düpedüz heyecanlanan prens:

«Allahaşkına...» dedi. «Bu konuda bir şey biliyorsanız, söyleyin bana. Daha yakında, cezasını hafiflettirmek için Petersburg'a yazdım.»

«Hayır, Ekselans, bilmediğiniz bir şeyi bildiğim için böyle konuşmuyorum. Bununla birlikte Derpenikov'un lehine bir durum var, ama kendisi bunu söylemek istemiyordu; çünkü bunu söylemek bir başkasına haksızlık etmek olurdu. Ama sizin o sırada belki pek acele ettiğinizi düşünüyorum. Bağışlayın, Ekselans; kendi zayıf aklımca yargı veriyorum; bana açıkça konuşmamı söylemiştiniz bir zamanlar. Benim de emrim altında bir yığın adamım, iyi ve kötü, bir yığın işçim vardır. Bir insanın suçları daima incelenmelidir; çünkü suçlu soğukkanlılıkla incelenmezse, tepeden inme bağrılırsa, gerçek itiraflar ele geçirilmez, o yalnızca ürkütülmüş olur. Ama suçlu içtenlikle, bir kardeş gibi sorguya çekilirse, her şeyi kendiliğinden itiraf edecek ve merhamet dilenmeyecektir; kimseden merhamet istemeyecektir. Çünkü açıkça görecektir ki kendisini cezalandıran insanlar değil, yasadır.»

Prens düşünüyordu. Bu sırada içeri genç bir memur girdi, elinde bir havluyla saygılıca durdu. Görülüyordu ki insanın özel işlerde çalışması kolay değildi. Dosyaları deli gibi inceleyenlerin küçük sınıfına mensuptu. Üne, tutkuya, öykünme ruhuna yabancı, yalnız bu işte bulunma zorunda oluşuna memnun kaldığından değil, zaten hayat ona bu iş için verilmiş olduğundan dolayı çalışıyordu. Karışık bir işi izlemek, çözümlemek, ipuçlarını çıkarmak: onun özelliği buydu. Çalışmasının, uğraşıp didinmelerinin, uykusuz gecelerinin karşılığını bol bol almıştı, yeter ki iş sonunda aydınlığa çıksın, yeter ki gizli nedenler açıklansın; yeter ki, birkaç sözle, herkesi akla yatacak duruma getirmek üzere, sorunu açıkça ortaya serme gücünü kendinde bulsun. Bir öğrencinin, güç bir cümleyi açıklamış ve büyük bir yazarın düşüncesinin gerçek anlamını çıkardıktan sonra duyduğu sevinç, onun karışık bir işi çözmüş olduğunda duyduğu sevincin yanında solda sıfır kalırdı, denebilir. Bundan başka...........(*)

«... Kıtlığın ortalığı kırıp geçirdiği yerde, buğdaydan anlarım; ben bu işi memurlardan daha iyi bilirim; gereken şeyi kendi gözümle görürüm. Ve izninizle, Ekselans, dinibütün ihtiyarlarla konuşacağım. Onlar saf insanlarla yürekten konuşurlar. Kim bilir? Belki meseleyi düzeltebilirim. Bunu memurlarınız beceremezler; bir mektuplaşma olmuştur, onlar öylesine kâğıtlara dalmışlardır ki, bu onları, sorunları görmekten alıkoyar. Sizden para istemeyeceğim, çünkü insanlar açlıktan ölürken kendi çıkarını

(*) Burada büyük bir bölüm eksiktir.

düşünmek ayıp olur düpedüz. Bir yanda buğdayım var, gene Sibirya'da buğday aramaya adam saldım, gelecek yaz getirirler buğdayı.»

«Tanrı sizi böyle bir iş için ödüllendirecektir, Atanas Vasiliyeviç. Size hiçbir şey demeyeceğim, çünkü iyi bilirsiniz, bu durumda sözler yetersizdir. Ama dilekçe konusunda size bir söz söylememe izin verin. Benim bu işi tamamlamaya hakkım var mı, acaba sefilleri bağışlamak, doğru mu, yasalara uygun mu?»

«Ekselans, vallahi, böyle denilemez; bir yığın yetenekli insan vardır aralarında. Pek sıkıntı verici durumlar vardır; bir insan kimi zaman tamamen suçlu gibi görünür: ama yakından bakılacak olursa, gerçek suçlunun o olmadığı anlışılır.»

«Ama ben gözlerimi yumarsam ne derler sonra? Hemen başkaldıracak ve hatta beni korkuttuklarını ileri sürecek olanlar arasında suçlular vardır. Saygıda kusur edecek ilk insan onlar olacaktır...»

«Ekselans, izninizle ben de düşüncemi söyleyeyim size: Hepsini toplayın, bildiğiniz her şeyi onlara anlatın ve özel durumunuzu bana açtığınız gibi onlara da açın ve bir öğüt isteyin kendilerinden. İçlerinden her biri sizin yerinizde olsa ne yapacaktır?»

«Dümen çevirmeyi ve ceplerini doldurmayı, soylu bir duyguya boyun eğmeye tercih mi ederler sanıyorsunuz? Size kalıbımı basarım ki alay edeceklerdir benimle.»

«Sanmam, Ekselans. İnsanda, çürümüş bile olsa, adalet duygusu vardır. Hiç değilse Rus böyledir, yoksa Yahudi için... Hayır, saklanacak hiçbir şeyiniz yok sizin. Bana söylediğinizi olduğu gibi tekrarlayınız. Sizi ün hastası, kendisi hakkında hiçbir şey duymak istemeyen, burnu havada bir insandır, diye dillerine dolamışlar; onlara gösterin kim olduğunuzu. Kendinize karşı pek doğrusunuz. Sanki onların karşılarında değil de, Tanrı önünde itirafta bulunuyormuşsunuz gibi konuşun.»

Düşüncelere dalan Prens;

«Atanas Vasiliyeviç,» dedi, «bunu düşüneceğim, öğüdünüze gene de tekrar tekrar teşekkür ederim.»

«Çiçikov'a gelince, Ekselans, serbest bıraktırınız onu.»

«Şu Çiçikov'a buradan pek çabuk gitmesini, ama yeterince uzağa gitmesini söyleyin! Sizin arabuluculuğunuz olmasaydı, dünyada bağışlamazdım ben onu.»

Murazov eğildi ve hemen Çiçikov'u görmeye gitti. Onu keyifli, fayans tabaklı bir düz tepsi içinde pek iyi bir lokantadan kendisine getirilmiş olan yağlı bir yemeğin başına geçmiş buldu. Daha ilk sözlerde ihtiyar, Çiçikov'un uğursuz memurlardan biriyle şimdiden çeneye dalmış olduğunu gördü. Kurnaz hukukçunun esrarengiz arabuluculuğunu bile sezdi.

«Dinleyin, Pavel İvanoviç,» dedi, «size özgürlüğü getiriyorum, ama hemen kentten ayrılmanız koşuluyla. Eşyalarınızı toplayın, yallah yola çıkın! Bir dakika bile yitirmeyin, yoksa işler karışacaktır. Burada başınıza çorap ören biri olduğunu biliyorum; dünyada hiç kimsenin onu kurtaramayacağı bu işi meydana çıkaracaklarını size gizlice söyleyeyim; ötekileri onun elinden kurtarmak besbelli iyidir, o burada yolunu buluyor... Şimdi bulunduğumuz durumdan daha iyi, daha hoş bir durumda bırakmıştım sizi. Ciddi söylüyorum size. Aslında uğruna insanların birbirleriyle tartıştıkları ve sanki, öbür yaşamı düşünmeksizin yeryüzü yaşamının mutluluğu elde edilebilirmiş gibi birbirlerinin kanına girdikleri bu servetler önemli değildir pek. İnanın bana, Pavel İvanoviç; yeryüzünde yok edilsin diye her şey bir yana bırakılmadıkça, ruh mutluluğu ile uğraşılmadıkça, maddi mutluluk hiç gelmeyecektir. Kıtlık ve yoksulluk zamanları gelip çatacak, bütün ulusta olduğu gibi her insanda da... ama az az kıtlık, az az yoksulluk başgösterecektir. Bu kesindir. Siz ne derseniz deyin, vücut ruhtan medet umar. Ölü ruhları değil, kendi canlı ruhunuzu düşünün; Tanrı da bir başka yolda size el uzatsın! Ben de yarın gidiyorum. Acele edin! Yoksa, ben olmadım mı dumandır haliniz!»

Bu sözlerden sonra, ihtiyar çıkıp gitti. Çiçikov düşünmeye başladı. Yaşam ona gene ciddi bir iş gibi göründü. Murazov'un hakkı var, dedi içinden, bir başka yola girmenin zamanı! Az sonra cezaevinden çıktı. Bir memur taşıyordu çekmecesini...

Selifan'la Petruşka efendilerinin kurtuluşuna dünyalar kadar sevindiler.

Çiçikov onlara tatlı tatlı:

«Haydi, yiğitlerim,» dedi, «pılıyı pırtıyı toplayıp yola çıkmalıyız.»

Selifan:

«Emirleriniz başüstüne, Pavel İvanoviç,» dedi. «Kızakla gidilmeli: kar yağdı ama fena değil. Eminim, şimdi, kentten ayrılmanın tam zamanı. Canıma o kadar tak etti ki artık kenti görmek istemiyorum.»

Çiçikov:

«Sen git arabacıya da arabayı kızakların üzerine yerleştirsin.» dedi.

Kendi de kente indi, ama hiçbir veda ziyaretinde bulunmak istemedi. Kendi başına en amansız serüvenlere koştuğu halde, böyle bir serüvenden sonra artık veda ziyaretleri canını sıkıyordu. Bütün rastladıklarını başından savdı ve sadece alev kırmızısı ünlü giysiyi satın aldığı tüccarın dükkânına gizlice girdi. Gene dört arşın kumaş alıp terziye götürdü. İki misli fiyatına, terzi güç bela astar geçirmeye karar verdi, işçisini bütün gece mumların ışığında çalıştırdı. Giysi ertesi sabah, ama bir parça geç bitmiş oldu (atlar çoktan koşulmuştu). Çiçikov giysiyi denedi. İlki gibi bu da hokka gibi oturuyordu üzerine. Fakat, o ne, başında beyaz ve düz bir tel gördü ve içinden acı acı konuştu; neden böyle bir umutsuzluğa düşeyim? En yerinde nedenlerle saçlarımı yolamam ya!

Terziye borcunu ödedikten sonra, en sonunda garip bir düşünceyle yola çıktı. Artık eski Çiçikov değildi; eski, yenisi yapılmak üzere yıkılmış, ama mimar henüz planı yapıp getirmediğinden işçilerin ne yapacaklarını bilmedikleri bir yapıya benzetilebilirdi.

Pek pek bir saat sonra ihtiyar Murazov da sazdan yaylı bir arabayla Potapiç'le yola çıktı, Çiçikov'un ayrılışından bir saat sonra da prens, Petersburg'a gitmeden önce kendileriyle görüşmek istediğini bütün memurlara bildirdi.

Büyük salonda toplanmış, validen asli danışmanlara varıncaya kadar memurların bütün hepsi –kalem şefleri, danışmanlar, yargıç muavinleri; bütün Kisloyedov'lar, Krasnonosov'lar, Samosvistov'lar; çanak yalayıcılar, kılkuyruklar, hiçbir şeye burunlarını sokmayanlar, az çok satılık vicdanları olanlar– hiç oralı olmadan, genel valinin gelişini bekliyordu. Prens anlaşılmaz bir hava içinde göründü: yürüyüşü gibi bakışı da sertti. Herkes selam verdi, çoğu yeri öpercesine eğildi.

Prens hafif yollu bir selam verdikten sonra:

«Petersburg'a gitmeden önce, hepinizi görmeyi ve hepinize işin doğrusunu anlatmayı uygun buldum. Burada rezilce işler oldu. Hazır bulunanların çoğu neden söz ettiğimi bilirler sanıyorum. Bu iş şimdiye kadar namuslu sandığım insanların da içine karıştığı, daha da yüz kızartıcı olaylara yol açtı. Her karışıklığın gizli maksadını da, insanın yasal yollarından yürüyerek sağlayamadıkları şeyi de biliyorum. Ne kadar gizlenirse gizlensin, bu olayların elebaşısını ve gizli amacını biliyorum. Gerçek şu ki sıkıyönetime, yalnızca savaş zamanlarında kurulan divanıharbe başvurma niyetim yok; konuyu kendisine açtığımda İmparatorun bana hak vereceğini sanıyorum. Sivil yönetimin iler tutar yanı kalmayınca, kâğıtlar, dolaplarla birlikte yakılınca ve en sonunda bir yalancı tanıklar ve düzme ihbarlar çığı ile, zaten karanlık bir işi daha da karartmaya kalkışınca, buna biricik son verme yolunun divanıharp olduğunu sanıyorum. Sizin bu konudaki düşüncenizi öğrenmek istiyorum.»

Prens, sanki bir karşılık bekliyormuş gibi sustu. Hepsi de başları öne eğik duruyordu. Çoğu sapsarı kesilmişti.

«Bir başka iş de biliyorum, gerçi ilgililer bunu kimsenin bilmediğine inanmışlardır. Ama bu sıkıyönetim tarafından çözülmüş olmayacaktır, çünkü soruşturmayı ben yürüteceğim, eşkiyayı ben bulacağım ve gerekli bilgileri ben sereceğim ortaya.»

Toplantıdakilerden biri titredi; kılkuyruklar ise şaşkına döndü.

«Elebaşları, rütbelerinden ve servetlerinden yoksun kalacaklarını, kendilerine işten el çektirileceğini bilsinler. Bu arada suçsuzlar da besbelli acı çekeceklerdir. Ne yapabilirim ben? Bu iş pek yüz kızartıcı, ama adalet böyle istiyor. Bunun ötekilerine ders olmayacağını bildiğim halde –bugüne kadar namuslu olanlar gibi, kendi yerlerini alacak olanlar da, kendilerine gösterilecek güvenin tersine, namussuz olacaklar, aldatacaklar ve vicdanlarını satacaklardır– her şeye karşın, zora başvurmak zorundayım, çünkü adalet borcunu istiyor. Zorbalıkla suçlanacağımı biliyorum; ama hepiniz adaletin kör oyuncağı olarak bana saygı göstermek zorundasınızdır.»

Prens sakindi. Yüzünde ne öfke okunuyordu, ne de kızgınlık. «Şimdi içinizden çoğunun kaderini ellerinde tutan ve hiçbir merhametin yumuşatamadığı insan, bu insan hepinizden özür diliyor. Her şey unutulmuş, silinmiş olacaktır, isteğini yerine getirirseniz hepiniz için bağışlanma dileyeceğim. İşte bakın... Biliyorum ki hiçbir şey, ne korku, ne cezalar, adaletsizliği ortadan kaldıramaz: adaletsizlik temelli kökleşmiştir. Rüşvet almak gibi kötü davranış, bu gereksinimdir. Biliyorum ki, çoğu insan için akıntıya karşı koymak zordur. Şimdi ülkesini kurtarmanın gerektiği anda olduğu gibi, göğsünde henüz Rus yüreği taşıyan ve ruh yüceliği sözünü az çok anlayan insanlara sesleniyorum. İçimizden hangimizin daha suçlu olduğunu kurcalamak neye yarar? Belki hepinizden suçlu benimdir; belki başlangıçta sizlere pek sert davranmışımdır; belki de, bana yararlı olmayı gönülden isteyen çoğunuzu, aşırı bir kuruntu yüzünden geri çevirmişimdir, oysa bunu yapmayabilirdim... Eğer yurttaşlar adaleti ve ülkelerinin iyiliğini gerçekten sevselerdi, davranışlarımdaki büyük burunluluğa aldırmaz, kendi tutkularını ve kişiliklerini feda etmek zorunda kalırlardı. Özverilerine, köklü iyilik sevgilerine ilgisiz kalmamam, bilgilerinden ve akıllıca öğütlerinden yararlanmamam olanaksızdı. Bunnunla birlikte, astın üstünün suyuna gitmesi, üstün kalkıp da astın nabzına göre şerbet vermesinden daha iyidir. Bu herhalde pek yerinde ve pek kolaydır, çünkü astların pek pek bir üstleri vardır, oysa üstün yüzlerce astı. Ama her birinin suçluluk derecesini şimdi bir yana bırakalım. Bizi yıkan yirmi ulusun saldırısı değildir, hatayı kendimizde arayalım; bir yanda yasalardan daha güçlü iyilikle kurulmuştur bu ülke.

Herkes suçludur, değerler bile herkesin bilgisine göre verilmiştir. Bütün yasa koyuculardan ve yöneticilerden daha bilge de olsa, kötü memurların yasadışı davranışlarını meslekdaş gözetlemesi altında kısıtlasa bile, kötülüğü ortadan kaldırmaya üst düzeydeki hiçbir yöneticinin gücü yetmez. Her birimiz halkların ayaklanma çağında olduğu gibi birleşip düşmana karşı silaha sarılmadıkça, böylece adaletsizliğe karşı savaşmak zorunda olduğumuzu düşünmedikçe, bütün bu kötülükler ortadan kalkmayacaktır. Rus olarak size, birbirinize kan bağı ile bağlanmış size, başvruyorum şimdi. Düşüncelerdeki büyüklüğün ne olduğunu anlayanlara sesleniyorum. İnsanın her yerde önüne çıkan görevleri anımsamaya çağırıyorum. Ödevinizi ve yeryüzündeki işlerinizin zorunluluklarını daha yakından incelemeye çağırıyorum sizi, çünkü hepimizde tuhaf bir gösteriş var, ve biz...

ÖLÜ CANLAR'IN İLK BÖLÜMÜ ÜZERİNE NOTLAR(*)

Bir kentin betimlenmesi. Yüceye varan hiçlik. Ölçüyü aşan gevezelik, dedikodular. Bütün bunlar aylaklıktan nasıl doğuyor ve nasıl yeterince gülünç bir biçim alıyor. Zırdeli insanlar nasıl su katılmamış aptallıklar etmeye kalkıyorlar.

Kadınların, konuşmalarındaki *özellikler*. Kimsenin kimseye acımadığı özel dedikodular nasıl genel dedikodulara karışmıştır.

Gülünçlük yüceliğine varan düşünceler nasıl doğuyor. Millet nasıl dedikodu etmeye can atmış ve nasıl kadınca işler yapmaya ve uzun sözün kısası yün bereler örmeye girişmiştir.

Değersiz ve güçsüz bir yaşam nasıl oluyor da donuk ve duygusuz bir ölü yerine geçiyor. Ölüm duygusuz bir dünyanın kapısını çalıyor. Ama ömrün o iskelet kadar duygusuzluğu okurda da görülebilir sık sık.

Yaşamın korkunç karanlıkları dağılıp gider ama içinde büyük bir sır gizli kalır. Korkunç bir olay değil mi bu? Fıkır fıkır kaynayan, ama boş yaşam, başlı başına bir olay değil midir?.. Balolar, fraklar, dedikodular, kartvizitler ölümü düşünmenin önünü alır...

Özellikler. –Kadınlar, biri Çiçikov şöyledir, biri böyledir diye birbirine girerler; her biri kendi görüş şeklini ortaya döken gürültülere kulak verir yalnızca.

Öbür bayanların sahneye girişi.

Her bakımdan güzel kadının zevke düşkün illetleri vardır ve yalnız aklının ustalığı ile değil, bir de en içten duyguları anında durmasını bilerek bunlara nasıl gem vurduğunu anlatmayı sever. Gerçekte dünyanın en masum işleri olup bitmiştir. Tüm çekingenliklerine ve özelliklerine karşın, gençliğinden bu yana, bir

(*)Bu notlar, yapıtın ikinci bölümünün yakılışından sonra yazılmıştır.

kent kolcusuna benzediğini düşünerek, onunla kimse içli dışlı olmaya kalkmamıştır. «Hayır, şekerim! Anlarsınız ya, hemen uzaklaşmak ve gene hatırlamak üzere, mahremiyetime bir adam sokmayı severim» Baloda Çiçikov'a işte böyle davranır. Ötekiler de kendilerine bir yaşam yolu çizmişlerdir. Biri saygılıdır. İki bayan, kol kola girerer, yeterince uzun uzadıya gülmeye ant içmişlerdir. Derken Çiçikov'un cana yakın davranışlardan tümüyle uzak olduğunu anlarlar.

Her bakımdan güzel kadın, balo davetiyelerini okumayı seviyordu. Viyana kongresinin bildirisi onu müthiş ilgilendiriyordu. Bayan süslenip püslenmeyi seviyor, yani başkalarının giyinip kuşanmalarını övmekten ya da yermekten zevk alıyordu.

Daha önceden yerlerine yerleşmiş kadınlar içeri girenleri şöyle bir süzüyorlar.»

«N... kenti giyinmesini, hiç bilmez ah! Bilmez hiç. Bu atkı ne de kötü gidiyor şuna!»

«Valinin kızı amma da fiyakalı giyinmiş!»

«Yok canım, müthiş rüküş giyinmiş, cicim!»

Eğer işler böyle olsaydı...

Bütün kent ve dedikodu fırtınası kümesinde toplanmış insanlığın o dört bir yanı saran aylaklığını gösterir.

Sosyetenin belli başlı ve değersiz yönü.

İkinci bölüme ayrılmış, başka başka aylaklık biçimlerine ayrılmış tarafı ortaya çıkarmak.

Her biçimdeki genel aylaklığı küçük kentin aylaklığına benzetmeye nasıl çalışmalı? Ve burada nasıl etmeli de genel aylaklığı ortaya dökmeli?

Bunun için bütün benzeyişleri işaretlemek ve bir bir incelemek...

ÖLÜ CANLAR'IN İLK BÖLÜMÜNDEKİ BİRKAÇ KAHRAMAN ÜZERİNE YAZARIN DÜŞÜNCELERİ

Bu insanlara neden rastlamış olduğunu kendi kendine sormadı bile... Bizler genel olarak hiçbir zaman şöyle sormayız: «Şu ve şu olayları neden böyle ele aldık da neden başkalarını ele almadık? Neden şu ve şu kişileri gördük de neden başkalarını görmedik?» Bununla birlikte, yaşamımızın en küçük olayının bile kendine göre bir oluş nedeni vardır ve çevremizde her şey bizi eğitmeye ve aydınlatmaya çalışır. «Yeryüzü canlı bir kitaptır. Doğru; ama biz bu sözleri öyle ahmakça dilimize dolarız ki bunları ağzına alana gülerekten aptal damgasını yapıştırırız...»

Şu domuzoğlu domuz, şu Sobakeviç denen alçak, köylülerini batırmak bir yana, tembelliğe ve sarhoşluğa alışmalarına engel olurken, Manilov'un, sapına kadar mert ve belli başlı bir soyluluğu olan bu adamın, uygunsuzluğa katlanarak ve tatsız güzellikten inadına nefret etmeye çalışarak, bütün ömrünü kimseye iyilik etmeden niçin kırda geçirmiş olduğunu da kendi kendine sormadı bile. Koraboçka denen bu yerden bitme dul, kendi toprağının yönetimini ele alarak her şeyi, çekmecelerini ve kasacıklarını çil çil paralarla doldurmaktan kendisini neden bir parça geri alamadı: Hiçbir can ipotek edilmemişti ve, kibar kilisede, işler yolunda gidiyordu. –Ama gene de yetişmiş, ince ve aydın, başkentleri dolduran, general rütbesine erişmiş, insanları sevmeye can atan ve durmadan iyilik ocakları açan kimseler, hiçbir özür kabul etmek istemeksizin kıtlıktan daha amansız kıtlıkla, müdürlerini sürekli para sorunları ile yormazlar. Böylelerinin bütün köylüleri vefalıdır; her dükkân sahibi, kentin her tefecisi onların alacaklısıdır.

Çiçikov, böyle durumlarda, kalkıp: «Taşra köylerimizin nasıl kaynakları sakladığı göz önüne getirilemez» gibi ünlü bir atasözünü dillerine dolayan büyük kentlilerin çoğu gibi bu işleri artık düşünmedi. Soyluluk düşkünleri –Nozdryev'e göre, Çiçikov'un kafasından çıkmıştır. İnsandaki her şeyin bastırıldığı, sonsuza dek uyumamak için hep uyanık durmak zorunda kaldığı belalı yaşa geldiğini unutup gitti. Bir yığın alışkanlığa ve bir yığın yaşama sevincine kavuşmak için öz kişiliğini yitirinceye kadar, insanın kendini, yeryüzü geleneklerine, tembelliğe köle olmuş bir toplumdaki düzenli budalalıkların çarkına kaptırdığını (bir delikanlı için değil de yaşını başını almış bir insanın, fıkır fıkır kaynayan gençlik ateşinin gevşettiği insan için çok korkunç şey) sezmedi. Ruhun derinliklerine dalmak istiyorsak da, artık ruhu bulamıyoruz: Ruh taş kesilmiştir ve insan müthiş bir Piluşkin'e dönmüştür...

BU YAPITIN OKURUNA

Ey okur, kim olursan ol; nerede bulunursan bulun; hangi yüksek katta ya da tam tersine hangi aşağılık hayatta yaşarsan yaşa, Tanrı izin verir de kitabım eline geçerse ve okuyabilirsen senden yardımıma koşmanı rica ederim.

Gözlerinin altında bulundurduğun, belki de ilk basımını okuduğun kitap, ülkemizin havasını çalan bir insanı dile getiriyor. O Rusya toprağımızı dolaşıyor, soylulardan alçaklara varıncaya kadar gittiği yerlerde türlü türlü insanlara rastlıyor. Özelliklerinden ve erdemlerinden çok Rusya'nın eksikliklerini ve kusurlarını göstermeye çalışmıştır; çevresini saran bütün insanların bizim zayıflıklarımızı ve işlerimizi gösterme hünerleri vardır; en güzel, en soylu karakterler öbür bölümlerde görülecektir. Ben bu kitapta, sorunları gelişigüzel, ama Rus gerçeğine uygun bir biçimde ele aldım. İyice öğrenemediğim nokta şudur: Bütün bir insan ömrü ülkemizde olup biten şeyin yüzde birini bile tanımaya yetmez. Hem sonra, vurdumduymazlığım, aceleciliğim, deneyim eksikliğim beni öyle yanılgılara, öyle yanlışlıklara düşürdü ki, her sayfada yapılacak bir düzeltme bulunabilir. Ey okur, senden beni yola getirmeni rica ederim. Bu lekeye kem gözle bakma. Ne denli okuyup yazmış olursan ol ve ne denli yüksek mevkide bulunursan bulun, kitabımı ne denli önemsiz karşılarsan karşıla, kitabıma eklenti yazmak ve kitabımı bir biçime sokmak özenim, sana ne kadar hoş görünüse görünsün, senden gene de bunu yapmanı rica ederim. Ve sen, az mürekkep yalamış ve kıyıda bucakta kalmış okur, beni yola getirmek için kendini pek öyle bilgisiz filan sanma. Yaşayan, dünyayı gören, insanları birbirinden ayıran herkes, başkalarına benzemeyen bazı incelemeler yapmış, başkalarının hiç bilemedikleri bazı şeyleri öğrenmiştir. Gözüne çarpanları bana da göstermeni rica ederim senden. İnce eleyip sık dokuyarak okuduğuna göre, kitabımın hiçbir yerinde söylenecek hiçbir söz bulamaman olmaz.

Şu bağlı bulunduğum çevrelerde yaşayan ve feleğin çemberinden geçmiş insanlardan yalnız biri, tek sayfasını bile atmadan bütün kitabıma bir eklenti yazarsa; elde kalem, önünde bir tutam kâğıt, kendini okumaya verirse; eğer, birkaç sayfa okuduktan sonra, bütün kendi yaşamını ve tanımış olduğu insanların yaşamını, tanığı olduğu bütün olayları, görmüş yahut tarafımdan anlatılmış öykülere benzeri ya da yakınlığı var dendiğini duymuş olduğu her şeyi anımsarsa; eğer bütün bunlardan sonra, kendi anılarına dayanarak bunu not etmeyi ve yapıtı baştan sona kadar okuduktan sonra, eliyle doldurulmuş her sayfayı günün birinde bana göndermeyi gönülden isterse, bana ne büyük hizmette bulunmuş olurdu. Bu işte üslûbun güzelliği, deyimlerin seçimi pek az önemlidir: Üslûbun yeri yoktur, bu işte yalnız doğruluğun sözü geçer. Minnettarlığımı kendisine peşin peşin söylerim.

Yüksek sınıftan, kendi soyları bakımından benim dilime doladığım çevreye yabancı, ama kendi içinde yaşadığı çevrenin girdisini çıktısını bilen bir insanın kitabımı bir daha okumaya karar vermesi, kendi dünyasındaki yaşamı boyunca rastladığı bütün kişileri bir bir gözünün önüne getirmesi, koşullar arasında benzerlik olup olmadığını, aşağı tabakada geçen şeyin kimi zaman yüksek tabakada da geçip geçmediğini kılı kırk yararcasına incelemesi de iyi olurdu gene. Bu anda aklına gelecek olan her şeyi, bu sahtekârlığı yaratan ya da ortadan kaldıran koca dünyanın her olayı, gelenekleri, arzuları, alışkanlıkları ile birlikte insanları da, giysilerinden evlerini eşyalarına ve duvarlarına kadar çevrelerini kuşatan şeyleri de unutmadan, gözlerinin altına düştüğü gibi yazması da hoş olurdu. Ben bu sınıfı, ulusun gözbebeğini tanımalıyım. Her şekliyle, hiç değilse ölçüdeki her şeyiyle. Rus yaşamını şöyle böyle tanımadan yapıtımın son bölümlerini yayımlayamam.

Düş kurma ya da insanları başka başka durumlarda betimlemek ve çeşitli işlerde peşlerini kovalama yeteneğine sahip birinin, bir kelime ile, okuduğu her yazarın düşüncesini enine boyuna tartması ve yükseltmesi, bu insanın kitabımın bütün kahramanlarını bir bir incelemesi hiç de fena olmaz. Böyle birinin, kahramanlarımın şu ve bu duruma nasıl düştüklerini bana açıklamasını isterdim; başlangıçlarına göre yargı vermekte tez davranmak olmaz, bu yargıya sonra sonra varmak gerekir; yeni birkaç rastlantıyla karşılaşabilirler; tarifime bunu eklemek iyi olurdu. Yapıtımın yeni, gözden geçirilmiş ve düzeltilmiş baskısı için bütün bu açıklamaları dikkate almak isterdim.

Düşüncelerini benimle paylaşmayı pek isteyecek olan kişilere rica ediyorum bir parça. Eğitimi, zevkleri ve düşünceleri bakımından kendilerine eşit olan, sorunları açıklamasız iyice anlayabilen bir insana yazdıklarını hiç akıllarına getirmemelerini; tersine, kendilerinden çok daha az eğitim görmüş ya da eğitimden büsbütün yoksun bir insanın varlığına inanmalarını rica ederim. Beni akıllarına getirecek yerde, bütün yaşamı kırlarda geçen kaba saba bir köylüyü göz önüne getirmek daha yerinde olurdu. Eğer ortağım bu görüşümü yitirmezse, incelemeleri daha ilgi çekici, benimkinden sanmadığı kadar daha ince olurdu.

Okurlarım benim gönülden duamı dikkate alırlarsa, aralarından birkaç candan dost belirttiğim şeyi uygulamak isterse, bu eleştirilerimi bana iletebilirler. Bunları adıma yazılı bir mektup zarfına yerleştirdikten sonra, bu zarfı bir ikinci zarfa koysun ve bunu kendisinin oturduğu yere yakın bulunan şu kentlerden birini seçerek ya da Moskova Üniversitesi'nde Profesör Bay Stefan Petroviç Şeviriyov'a göndersin.

Aşırı bir sözdür ama, pek insanca bir heyecan konusunda, bana ahlaki ve fikri yararları dokunan gazetecilere ve onların yazılarını okuyan edebiyatçılara candan teşekkür ederim. Onlardan, bu kez de düşünceleri ile beni aydınlatmalarını rica ederim. Öğütlerini ve eleştirilerini seve seve karşılayacağıma ant içerim.

ÖLÜ CANLAR KONUSUNDA ÇEŞİTLİ KİŞİLERE DÖRT MEKTUP

I

Ölü Canlar'a karşı yapılan bazı saldırıların o sert tonuna haksız yere kızıyorsunuz; bunun kendine göre iyi bir yönü vardır; bazen kayıplar da olmalıdır. Güzelliklerin baştan çıkardığı insan, yanılgıları göremez ve herkesen özür diler; gözden düşen ise, tam tersine, içinde yaşayan açıkça ortaya döker ki görmek için kendinizi zorlamış olursunuz. Gerçeği duymak fırsatı o kadar az ele geçirilir ki, sesin alaylı tonundan özür bile dilenebilir. Bulgarin, Senkovski, Poleyov gibi eleştirmenler, yazmak istemeden önce bana Rusçayı öğrenmemi söyleyen bir öğütle işe başlayarak, çok yerli yerinde sözler söylediler. Eğer ben, gerçekten, kalkıp hemen bastıracak yerde, elyazısını çantamda bir yıldan fazla bir zaman saklamış olsaydım, oldukça eksikli bir şekilde bunu yayınlamanın olanaksızlığını görmüş olurdum. Beğenmedikleri halde, hicivler ve şakalarla aydınlığa çıkardılar beni. Oh! Sürekli alaylar ve bu yere çalan ton ve bu iğneli şakalar bize ne iyilik etmiştir doğrusu! Ruhumuzun içi öylesine miskince bir kendini beğenmişlik, öylesine kötü tutkular saklar ki, her an her şey olabilir, silahla delik deşik edilmiş, dövülmüş, çarpılmış olmak, üstelik de bize vuran ele teşekkür etmek zorunda kalırız.

Ama, edebiyatçılar tarafından değil, bir de gerçekten deneyimli insanlar tarafından da, daha kıyasıya eleştirilmiş olmak isterdim. Ne yazık ki, edebiyatçılar arasında işlek hiçbir zekâ sesini çıkarmadı. Bununla birlikte *Ölü Canlar* çok gürültü kopardı, sızlanmalara yol açtı. İnsanları şaka, gerçek, karikatür ile iyice yerden yere çaldı. Yanılgılar, tarih yanlışlıkları, göz göre göre saçmalıklarla dolu olmalarına karşın, bunlar her birimizin her gün gözlerimizle gördüğünüz şeylere düzenli bir saldırıya geçtiler. Birinin bana çullanacağı ve kızgınlığı sırasında arandığım gerçeği önüme sereceği umuduyla, içine birtakım kızdırıcı yerler bile soktum. Neden kimse sesini çıkarmadı? Herkes bunu yapabilirdi ve herkes bu işin farkındaydı. Memur, gerçekten olmuş iki üç olayı ileri sürerek öykümün gerçek dışı olduğunu bana herkesin önünde kanıtlayabilir, böylelikle de her cümleden daha kesin bir yalanlama çıkarabilirdi karşıma. Böylece her şeyi benim söylediklerimle iyice pekiştirebilirdi. Olayların anlatılması derin sözlerden ve edebi sorunlardan daha etkilidir. Tüccarla, çiftlik sahibi ile, uzun sözün kısası kalem tutmasını bilen herkesle, bu anlatıcının toplumdan uzak bir yaşam sürmesini ya da her bakımdan Rus toprağını arşınlamasını söz konusu etmek de yasaya uygundur. Onun özel düşüncesinden çok, her insanın işi, yaşayışı, yetişmesi toplum merdiveninin hangi basamağında olursa olsun, sorunları özel bir görüş açısından görme alışkanlığı vardır. *Ölü Canlar* konusunda, *Ölü Canlar*'dan daha ilgi çekici ve yalnızca bana değil, üstelik hepimize de –hiçbir şey bunu gizleyemez– Rusya'yı çok kötü tanıdığımız için, çok şey öğretecek başka bir kitap yazabilir.

Ah! Neden kimse sesini duyuramadı avaz avaz! Gerçekten deniliyordu ki her şey ölmüş, yaşayan canlar ise, Rusya'da ölü canlar'ın yerini tutuyormuş. Ve Rusya'yı kötü tanıyormuşum diye çullandılar üzerime! Sanki Ruhül-Kudüs'ün bir ilhamına kapılmışım gibi hiçbir yol gösterici olmadan dört bir yanda geçen her şeyi tanımak –her şeyi öğrenmek zorunda kalıyordum gerçekten! Ben dört duvar arasında bir yaşam, bir kesiş yaşamı sürme mesleğine köle olmuş bir yazarım, üstelik hasta ve Rusya'dan uzakta yaşamak zorunda kalmış biriyim; nasıl eğitebilirdim kendimi? Evet, nasıl eğitebilirdim kendimi? Ne kendi içlerine kapanmış ve çalışma odası bulunması gereken bir işle uğraşan insanlardan sayılan yazarlardan, ne de gazetecilerden öğüt alamazdım. Yazarın tek efendisi vardır: Okur. Ve bu okurlar beni eğitmeyi kulak ardı ettiler. Günahımı gerektiği gibi temizlememek için Tanrı'ya müthiş bir hesap vermek zorunda kalacaklarını da biliyorum. Ve bunlar boş sözler değildir: Beni gören Tanrı önünde, hiç de boş sözler değildir bunlar!

1843

II

Şiirimin bütün lirik bölüklerinin yalandan kurulmuş olacaklarını sanıyordum. Bunlar o kadar az parlaktılar, öykünün iç düzenine ve havasına o kadar kötü uyuyorlardı ki, benden yana çıkanları olduğu gibi düşmanlarımı da yanılgıya sürüklediler. Yazarı genel olarak ilgilendiren her parçayı bana öğretmek zorunda olduklarını sandılar; bu parçaların benim hatırım için doğduklarını görerek yüzüm kızardı. Ama neye hak kazandığımı gördüm! Doğrusu iyi kesilmiş, yalnız beyaz ipliklerle dikilmiş olan bir eseri –terzi elinden, bir deneme olsun diye çıkmış böyle şeytanca bir giysiyi– hiçbir biçimde ortaya çıkarmak zorunda kalmış olmazdım. Sanatıma ve mesleğime insanların o kadar az önem vermelerine şaşıyorum. Bir yapıtın düzenini ve kuruluşunu incelemedeki yeteneksizliklerinde olduğu kadar eleştirmenlerimin öfkesinde de yanılgı vardır. Kimi bölümlerin öbürlerine oranla korkunç denecek derecede uzun olmasına dikkat etmek gerekir ki, bu bölümlerde yazar kendi başına yarattığı havaya dayanamamış, kendini baştan çıkarmıştır. Yapıtın ikinci bölümünün birincisinden çok daha az çalışılmış olduğuna; büyük eksiklikler taşıdığına; içindeki ikinci derecedeki olayların asıl olayların zararına olarak çoğaldığına; bölümlerin renk renk olmasının yapıta bir fıkra havası verdiğine ve yapıttaki fikri ortadan kaldırmaya çalıştığına kimse dikkat bile etmedi. Uzun sözün kısası, en akla yakın saldırılara geçilebilir, beni yapamadıklarından daha çok ve son derece daha akıllıca yere çalabilirlerdi. Ama sözü bile olmadı bunun. Yapıtta bir gurur, bir yeterlik, şimdiye kadar hiçbir yazarın yapamadığı bir kendini övme bulan gazetecilerin yaptıkları en yere çalıcı lirik sözün yeri var. Son bölümün bir yerinde gördü ki, Çiçikov'un yola çıkışını yazdıktan sonra, yazar, kahramanını ana yolun tam ortalık yerinde bırakarak onun yerine geçiyor ve eşyaların usandırıcı tekdüzeliği, çöl gibi uçsuz bucaksız oluşu ve bir denizden sanki öbürürüne geçer gibi Rus toprağından yükselen gamlı türkü ile aklı başından gidiyor, Rusya'yı bile sigaya çekiyor kendi bağrını yakan şu anlaşılmaz, şu öğrenilecek duygulu açıklamasını istiyor: Neden, içinde sakladığı her canlı yaratık ve her şey kendisine göz dikiyor ve ondan bir şey bekliyormuş sanıyor? Ne şunun ne de bunun değil, ama yalnız içten bir duyguyla, hasta sözü sayıldıkları halde bu sözlerde bir gurur belirtisi, sıkıcı bir farfaralık görülmüştür. Şimdi de aynı izlenimi taşıyorum. Kırlarımızın enginliği içinde titrediğinde, türkümüzden kopan yürek yakıcı seslere dayanamıyorum. Yüreğimi dağlıyor. İçimizden her birinin buna benzer duyguya kapılışına da şaşıyorum. Kim ki, bu kuş uçmaz kervan geçmez, içinde oturulmaz yerler karşısında, yüreğinin çarptığını duymaz; kim ki, türkümüzün yanık sesleri karşısında, gönlünde acı sitemleri sezmez –ben ona haydi haydi şöyle derim– bu adam işini önceden iyice yapmıştır, bir Rus ruhuna sahip değilse bile yapmıştır işini.

Bu olup bitenleri bir yana bırakalım. İmparator Birinci Petro bize Avrupa kültürünü aşılayarak gözlerimizi açtığından ve elimize bütün çalışma olanaklarını verdiğinden bu yana hemen hemen yüz elli yıl geçmiştir; oysa ovalarımız hâlâ gamlı ve ıssızdır; çevremizdeki her köşe artık içinde oturulamaz görünüyor; öyle ki biz kendi evimizde oturmuyor, anayolda barınıyoruz; sıcak ve kardeşçe bir yer olmak şöyle dursun, bizim için Rusya karlı, buzlu bir menzildir, burada yalnız bir menzil müfettişi görülür ki bana mısın demeden şu sert karşılığı verir: «atlar yok!» –Nedendir bu? Suç kimindir? Devletin mi yoksa bizim mi? Ama devlet iş görmekten elini eteğini çekmiş değildir: bütün yönetmelik, bütün karar, bütün emir ciltleri bunu gösterir; yabancı devletlerin kurumları arasında benzerleri bulunmayacak olan şeyleri hesaba katmaksızın, yapılmış yapı, basılmış kitap, her türlü kurumlar, okullar, yoksul dernekleri, iyiliksever dernekleri gibi kurumların bolluğu bunu gösterir. Yüksekten sorunlar atılır ortaya, ama bunlara aşağıdan karşılık verilir. Kendi ruh yüceliğini ortaya çıkaran sorunların çoğu yukarıdan gelir. Ve buna aşağıdan ne karşılık verilir ki? Her şey kendi havasında olur, bir düşünceyi uygulama, vücudunu saracak ve ille de ruhuna girecek şekilde uygulama sanatında olur. Bir buyruk pek anlaşılır ve pek kesin olmuş bile olsa, bunu istenilen şekilde, yalnızca insan ışığı altında değil de kutsal ışık altında adaleti kabul edeni ilgilendiren şekilde uygulama arzusu aşağı tabakaya yayılmadıkça, ölü bir yazıdan öteye geçemez. Bundan başka her şey kötü kötü değişir. Her yeni buyruğun yeni bir gelir kaynağı, işlerin düzenlenmesini yeniden bir biçime sokma, çarklara yeni bir çark ekleme olması için, her türlü dolapları çevirmesini bilen bizim o ciğeri beş para etmez dümencilere ve lüpçü memurlara bakalım.

Uzun sözün kısası, bakışlarının dalıp gittiği her yerde, yasaları uygulamakla görevli insanlar arasında gözlerim suçlular görüyor. Ünlü olma ve rütbe alma sevdası güden, pek ileri gitmiştir.

Aramızda, bütün işlerini yerine getirdikten sonra, Rusya'nın kendilerine elverişli hiçbir şeyi olmadığını; bundan böyle, kuş uçmaz kervan geçmez alanlarında, hiçbir kimsenin kendilerine toz kondurmaya kalkar gibi olmadığını; herkesin kendilerinden memnun kaldığını ve kendilerinden hiçbir şey beklemediğini milletin önünde bir bir söyleyebilenlerin bir hayli bol olup olmadığını biliyorum. Ama biliyorum ki, ben bu sessiz sızlanışı duymuşumdur. Hâlâ da duyuyorum. Ne kadar alçakça olursa olsun, ben, yazarlık mesleğinde, ortaya daha dişe dokunur bir yapıt çıkarabilirdim. İçimde öteden beri yerleşmiş iyilik arzusunun önemi; artık solda sıfırdır, artık biricik iyilik, ele kalemi almaktır! Bu lekeyi nasıl temizleyebilirdim? Sözgelişi, *Ölü Canlar* adı yeni yapıtım, gerektiği gibi yazılmış olsaydı, acaba gerektiği kadar etki yaratabilir miydi? Öz düşüncelerimi, ama pek yalın düşüncelerimi ortaya dökmeden bunların yalan yanlış anlam kazanmalarına ve daha çok dokunaklı bir anlama bürünmelerine ben neden oldum. Suç kimin? Gerçek dostlarıma, boşuna laf ebeliği eden hevesli amatörlerin kabına sığmaz arzularına boyun eğebilmek zorunda mıyım? Koşullar yaratmak ve çözüm bulmak amacı ile, kitabımın basımını hemen yapmaya mecbur olduğumu söylemek zorunda mıyım? Hayır. Alnının akıyla bir kez lekesini temizlemeye karar veren insan, koşullara boyun eğmek zorunda kalamazdı; gerekirse, hemen el açacaktı, ama ne gelgeç pişmanlıklarda, ne de uydurma dünya görüşlerinde hiçbir özveri olmayacaktı. Bu saçma sapan görüşlere boyun eğmek için eser yazan biri kendi vatanını sevemez. İşte bundan dolayıdır ki karakterimin o yüz kızartıcı zayıflığını, o şeytanca alçaklığını sevgimin yeteneksizliğini duydum kanımda, işte bundan dolayıdır ki bağrımda şu Rusya'nın kapsadığı her şeyi taşıyarak, bu acı sızlanışı duydum kanımda. Fakat içimde üstün bir güç doğdu; benzeri bulunmayan yanlışlıklar hiç olmaz değil ve her şeyden önce bağrıma taş bastım, bu ıssız yerlerin görünüşü içime heyecan verdi: sonsuzlukları güzel bir iş alanı gibi göründü bana. Ve, olanca kalbimle, Rusya'ya şu çağrıda bulundum: «Sen ki içinde kendilerine iş görülecek bunca yerler bağışladın, kahramanlar yaratmak gelmedi mi elinden?»

Bu doğrusu ne bir cümledir ne de bir boş söz. Hayır; ben bu çağrıyı hâlâ ve hâlâ duyarım içimde. Şimdi, Rusya'da, insan her an bir kahraman olabilir. Her durum, her iş kahramanlık bekler. Her birimiz kendi durumunun ve işinin azizliğini (her iş azizdir) öylesine yere çaldı ki işlerini istenilen yükseklige çıkarmak için kahramanca uğraşmak gerekir. Ben şimdi, yalnızca kendisi kahramanlığı bildiğinden ve önüne bunca sonsuzlukların serildiğini gördüğünden, yalnız Rus halkına vergi sayılan bu soylu işi buldum. Bir gurur ve bir farfaralık belirtisi sayılan bu açıklama, işte böyle doğdu içimden.

III

İnsan kalbini iyi bilen senin, tıpkı başkaları gibi bana kalkıp saçma sapan sorular soruşuna doğrusu şaşıp kalıyorum. Bu sorulardan çoğu izlenmesi gerekli şeylere dayanıyor; bu merak neye yarar? Sence yalnız biri gerçekten iyi ve gerçekten doğrudur ama, yerli yerinde karşılık vermek her ne kadar kuşkuluysa da bu sorunun da başka sorularla birlikte sorulmasını isterdim. İşin öğrenilecek yanı şu: hepsi de portrelere benzemekle birlikte son yapıtlarımın ve hele *Ölü Canlar*'ın kendi başlarına az ilgi çekici kahramanları, acaba neden bize daha az dost, daha az yakın, sanki içlerinde özel çizgiler bulunuyormuş gibi görünüyorlar? Daha geçen yıl, buna karşılık vermek için, hatta sana karşılık vermek için, anamdan emdiğim burnumdan geldi. Oysa şimdi hepsini bir bir söyleyeceğim: eğer kahramanlarım cana yakınsalar, bağrımdan çıkıyorlar da onun içindir bu; son yapıtlarımın tümü yüreğimin öyküsüdür. Bunu daha doğrusu dürüst anlatmak için, yazardan daha çok neyin nesi olduğunu söyleyeceğim sana. Üzerime durmadan toz kondurdular: can damarım sayılan yüzümü hiç tanıyıp etmeden, yeteneğimin bazı yönlerini gördüler. Bunu görebilecek tek insan Puşkin oldu. Bana, hiçbir yazarın en ince noktaların hemen gözler önüne serilmesini sağlayabilir derecede yaşamın garipliğini ortaya çıkartmak, adiliğe bile pek güçlü bir anlam vermek başarısını henüz göstermemiş olduğunu söyledi hep. İşte benim öz hünerim, başka hiçbir yazarın gerçekten sahip olmadığı hüner. Doğuştan kanıma işleyen bu hüner, gitgide ahlaksal bir bunalımla çoğaldı. Ve o zamanlar kendi kendime, hatta Puşkin'e bile açıklayamadığım budur işte.

Bu hüner *Ölü Canlar*'da gene daha gülünç şekilde kendini gösterdi. Eğer *Ölü Canlar* Rusya'yı bu kadar korkutmuş ve bu kadar gürültü koparmış ise, yaraları meydana çıkardıkları, yahut iç hastalıkları değiştikleri için değildir bu; göklere çıkmış kusurun ve zulme uğramış masumiyetin yürekler acısı manzarasını gösterdikleri için de değildir. Hayır, benim kahramanlarım hiç de cani değillerdir. Okurların hepsiyle kafa dengi olsun diye içlerinden birine cana yakın bir özellik eklemek yeterdi bence; fakat beraberliğin adiliği buna isyan etti. Kahramanlarım, biri diğerinden daha aşağı olarak birbirini kovalar, okur da kuvvet veren bir olayı, soluk kesilen bir yeri arar; kitabı kapadı mı, içinde havanın bulunmadığı bir mahzenden çıktığını ve yeniden gün ışığına kavuşturduğunu sanır. Garip, hainler bağışlandı; düztabanlar ise hiç bağışlanmıyor. Rusya'nın yeteneksizliği, eksikliklerinden ve kusurlarından daha çok bundan korktu. Övülmeye layık bir korku! Alçaklık karşısında böyle bir nefret duymak için, besbelli bu nefrete engel olan hünerlere sahip olmak gerekmiş. İşte benim öz hünerimin neden iieri geldiği; ruh durumum ve ahlaksal yükselişim bu işte, birbirine el uzatmasalar, bu hüner, tekrar söylüyorum, bu kadar ilerlemiş olmazdı. Okurlarımdan her biri, kahramanlarıma gülerken bana da güldüğünü biliyordu ama.

Kusurlarımın da hiçbiri; erdemlerimin de hiçbiri başkalarına tepeden bakma yolunda pek o kadar güçlü değildi; bundan başka, tüm kepazelik –üstelik en ufak parça uğruna– bende toplanmıştı; ben dünyada, hiç kimsede, bu kadar aşırı kepazelik görmedim. Tanrı bana pek garip bir huy vermiş. İçime birkaç hüner yerleştirmiş; en güzeli, nasıl teşekkür edeceğimi bilmediğim hüner, en iyi olma arzusudur. Ben hiçbir zaman kusurlarımı sevmedim, kutsal aşkı, şöyle birden ve hepsini birlikte değil de, yavaş yavaş kusurlarımı bulmamı istemiş olmasaydı, o zaman artık onun o sonsuz iyiliğini göremezdim, kuşkusuz ipe çekerdim kendimi. Kusurlarımı teker teker buldukça, yüksekten gelen bir ilham, bende, kendimi bunlardan kurtarma arzusu yaratıyordu; olağanüstü bir ahlaksal bunalım kusurlarımı kahramanlarıma yüklemeye sürükledi: Bu bunalım doğrusu nasıl oldu, bunu öğrenmek senin işin değildir; kimin için olursa olsun bunda en ufak bir yarar görseydim, çoktan ortaya dökmüş olurdum bunu. O zamandan bu yana, kendi öz kepazeliklerimi kahramanlarımın rezaletlerine eklemeye kalktım. Bakın nasıl yapıyordum: kusurlarımdan birini ele alarak, bunu durumu ve mesleği benimkilerden başka olan birine yüklüyordum; onu, namusuma yere çalarcasına el uzatan ölümsüz bir düşman şekli altında göstermeye çalışıyordum; kendi kinimle, kendi alaylarım, kendi hicivlerimle yürütüyordum bunu. Eğer biri kalemimden ilk çıkan canavarları görmüş olsaydı iyice korkmuş olurdu. Ben, Puşkin'e, *Ölü Canlar*'ımın, henüz ilkel biçimdeki ilk bölümlerini okuduğumda, gülmekten hoşlanan ve okumamı dinlerken durmadan gülen adamın, yüzünü ekşittiğini sana söylemem yeter; yüzü gitgide karardı. Okumayı bitirince, ağlamaklı bir sesle konuştu: «Tanrım, Rusya'mız ne de gamlıymış!» Bu yetti bana. Rusya'yı avucunun içi gibi bilen Puşkin, bütün bunların, yalnızca karikatür ve uydurma olduğuna dikkat etmemişti! Bundan böyle ruhun en derin köşesinden doğma bir yapıtın ne demek olduğunu karanlıkların ve insanı canından bezdiren ışık eksikliğinin kişioğullarına nasıl korkunç şekilde gösterilebileceğini de anladım. Bunun üzerine *Ölü Canlar*'ın bırakabileceği acı izlenimi hafifletme yolunu düşündüm. Gördüm ki çoğu rezaletler kızılmaya layık değildi; en iyisi bütün hiçliği göstermekti. Bizim Rusların kendi alçaklıkları karşısında ne diyeceklerini de görmek istedim. Uzun zamandır durup kalmış tasarıya göre, *Ölü Canlar*, doğrusu, şiirin ilk bölümünde görülmesi gereken hiçten yaratıklardı. Bununla beraber, bunların portrelerini çizmek şöyle dursun bunlarda, kuşkusuz değeri düşük bir şekilde, kendilerine başkalarından daha iyi değer biçen insanlardan alınma çizgileri bir araya toplamak gerekiyordu. Burada kendiminkilerden başka, dostlarıma ait çizgiler de bulunur. Bazı çizgiler senindir; yüreğin rahatlayınca gösteririm bunları sana; bu o zamana kadar sırrımdır benim. Yasal mallarını bağışlamak üzere, tanıdığım bütün iyi yürekli insanlarda tesadüfen aşağı ve kötü neler olduğunu ortaya çıkarmak zorunda kaldım. İlk bölümün neden iyiden iyiye aşağılıkla dolu olduğunu bana sorma da yalınayakla çık ortaya; gelecek bölümler sana karşılık verecektir. Bütün eksikliklerine karşın, ilk bölüm işini görmüştür: kahramanlarım ve kahramanlarımın hiçlikleri adına herkeste nefret uyandırmıştır; kendi kendimizden hoşnut olmamayı ve gerekli saydığım belli bir hüznü yaratmıştır. Bu yeter bana şimdilik. Anlaşılan, basılmasına acele edecek yerde, artık kitabıma son verseydim, bütün bunlar daha büyük bir önem kazanmış olurdu. Benden henüz yeterince ayrılıp gitmiş olmayan kahramanlarım, gerçekten bağımsız bir yaşam sürmüyorlar. Kendilerine, kendilerinin olabilen toprakta oldukça sıkı bir adım attıramadım; kendilerini yeterince bir Rus havası ile kuşatamadım. Kitap son bulmadan yazılmıştır; fakat ruh bundan henüz yavaş yavaş sıyrılmıştır ve bir an önce basılması, bana, yaygın ve yoksun Rus yaşamının yazılışında yapabildiğim hataları gösterecek okurlarımı kızdıracağı için yararlı olabilir. Eğer bana, mektubunun yarısını doldurduğunu ve yalnızca boşuna bir merakı gidermek için olduğu kadar daha başka zeki, kendilerini senin gibi işlek ve pratik bir yaşantıya kaptırmış olan insanlara da yapılmış bütün uyarıları toplamış olsaydın; eğer kitabıma söylediklerimi şöyle şöyle yükseltmek yahut sıfıra indirmek gibi yürekler acısı bir yığın olay katmış olsaydın –hem insan, kitabımın her sayfası için, o sizin taşra köşenizde böyle olayları ya da böyle masalları tomar tomar bulabilir– iyi bir yapıt yaratmış ve benden de yürekten bir teşekkür kazanmış olurdun. Benim de böylece ufkum genişlemiş, düşüncelerim yenilenmiş, günahım da hafiflemiş olurdu!

Ama kimse dinlemek istemiyor: benim sorunlarımı kulak arkası eden herkes, yalnızca kendi sorunlarına önem veriyor; üstelik kimileri, ne istediklerini pek bilmeden, benden bilmem nedense serbestlik ve içtenlik bekliyorlar. Soruyorlar, önceden kestirmek gibi boşuna telaş neye yarar? Doğada her şeyin nasıl yerli yerinde, nasıl ağır ağır, düzenli düzenli tamamlandığına; her olayın nasıl arka arkaya geldiğine baksana! Tanrı bilir neden, sanki kara sıtmaya tutulmuşuz gibi, titreyecek ve telaşa düşecek yalnız bizleriz. İşte bana böyle yazıyorsun; «İkinci cilt, tez elden basılmalıdır.» Bu sözleri iyice ölçüp biçtin mi? Ben birinci cildi pek erken bastırmakla zaten bir budalalık ettim; ikinci cildin basımında da acele edersem, gene bir budalalık ederim, çünkü genel bir hoşnutsuzluk uyandırdım yalnızca. Aklımı mı oynattım? Bu hoşnutsuzluk bana gerekli, gocunanlar belki bir şey derler bana. Ve sen ikinci cildin tam bu sıralarda çıkması gerektiği sonucunu sanki nereden çıkarıyorsun böyle? Aklımı mı çeliyorsun yoksa; yoksa bu ikinci cildin ruhunu mu elde ettin? İkinci cilt, sana kalırsa, hemen çıkmalıymış; bana kalırsa, iki üç yıl sonra çıkmalıdır, o da o zamana kadar koşullar benden yana olursa. İkimizden acaba kimin hakkı varmış? Öteden beri ikinci cildi kafasında tasarlayanın mı, yoksa ikinci cildin içinde neler olacağını bilmeyenin mi? Rusya'da ne garip adam, besbelli başkasının hiçbir şey yapmadığı düşüncesi karşısında sevineceğini aklından geçirerek, bir dostu ayartmaya kalkıyor. Herhangi bir insanın kalkıp kendisini iyiden iyiye ciddi bir yapıta verdiği ama dört bir yandan hemen üzerine çullanıldığı görülmüştür; artık yapıt eksikse elini daha çabuk tutmasını söylerler. Seni bu kadar uyandırdığım yeter artık. Dokunaklı soruya karşılık verdiğim gibi şimdiye kadar kimseye açmadığım şeyi bile söyledim sana. Yalnızca, bu itirafın üzerine. Benim de kahramanlarıma benzeyen bir canavar olduğumu sanma.

Hayır, ben onlara benzemiyorum. Ben iyiliği severim; iyiliği ararım; iyilik beni coşturur. Kendime hoş görünmek şöyle dursun, kahramanlarım gibi yapıp kendi rezaletlerim içinde, rezaletlerimden yaka silker, gönlümü iyiliklerden ötelere salan alçaklıklardan tiksinirim. Bunlarla savaşırım ve Tanrı'nın izniyle savaşacağım. Çünkü bizim akılları başlarında olanlarımızın yaptıkları gibi, insanın kendisini yalnızca okulda bir biçime sokmasını ve sonra da yüz çizgilerinin en küçüğünü bile değiştirememesini kabul etmek bir aptallıktır! Böyle bir saçmalık pek pek bir zıpırın sulu beyninden doğabilir. Kahramanlarıma aktara aktara, onlara öz rezaletlerimi böyle, sanki başkasının kepazelikleriymiş gibi yükleye yükleye, alçaklıklarımın çoğundan yakamı kurtardım artık. Göz alıcı mirasın ve alçaklığın yüzümüze aptalca geçirdiği kahramanlık maskesini alçaklıktan çekip alarak, kendimi kurtarmaya başladım. Beni dünyaya getiren ve kusurlarımı gidermemi isteyen Varlık'a içimi dökünce, ruhumda gene bir yığın kötülük görüyorum; ama bunlar geçen yılın kötülükleri değil artık; kutsal bir kuvvet bana bunlardan yakamı kurtarmada el uzattı. Şu sözlerimi alaya almamanı öğütlerim sana: mektubumu okuyunca, bir an aklını başına topla; bütün yaşamı düşün, o zaman sözlerimin doğruluğunu anlarsın.

Karşılığımı iyice düşünürsen, öteki sorularına da uyabildiğini göreceksin bunun. Şimdiye kadar, neden okurlarıma, güçlendirici sahneler sunmadığımı da anlayacaksın böylece; kahraman olarak neden namuslu kişileri ele almadığımı göreceksin. Böyleleri bulunmazdı. İnsan az da olsa bunlara benzemedikçe, insan zorla ve sabırla uydurma rütbeler almadıkça, kaleminizden dökülen her şey iskelet kokar ve göğün yerden uzaklaşması gibi gerçekten ötelere gitmiş olur. Karabasanlar da uydurmadım; bu karabasanlar sıkıyordu beni.

1843

IV

Böyle olması gerektiği için *Ölü Canlar*'ın son cildi ateşe atılmış oldu.

Yeniden doğmak için önce ölmek gerekir. Ateşli bir çalışma ile dolu beş yılımı alan, her satırı içimde bir sarsıntı yaratan bir yapıtı, içine ruhumdan en iyisini verdiğim bir yapıtı yakmak bana acı geldi. Gelgelelim her şey yanmıştı ve karşımda ölümü görerek benden sonra artık yaşamımdan güzel bir anı bırakmayı istediğim bir anda olmuştu bu.

Bana böyle bir yaşama gücü vermiş olduğu için Tanrı'ya tekrar tekrar teşekkür ederim. Alev, kitabımın son sayfalarını yalar yalamaz, özü, yeni kuş(*), daha pırıl pırıl ve daha ışıl ışıl alanlarda birden dirildi; o zaman gördüm ki ahenkten elime geçirdiğim henüz ancak karışıklıktı. İkinci cildin basımı, kendisine vermiş olduğum şekilde, iyilikten çok kötülük yaratabilirdi. Bazı amatörlere vermiş olduğum zevkin önemi devede kulaktır: düşünmek zorunda olduğum amatörler değildir, ben *Ölü Canlar*'ı, hiç kuşku yok ki okurlarımın çoğu için kaleme aldım. Birkaç güzel karakteri, kuşağımızın erdemlerinin kusursuz oluşlarını göstermek, büyük burunlu oluşumuzu ve yan tutarlığımızı çoğaltmaktan başka bir sonuç yaratamazdı. Bizlerden, hele delikanlılardan çoğu, Rus erdemlerini hesapsızcasına göklere çıkarırlar; içlerinde bu erdemleri yükseltecek yerde, yalnızca bunları dört bir yana yaymaya ve Avrupa'ya şöyle bağırmaya can atarlar: «Bakın, ey yabancılar, biz sizlerden daha iyiyiz!» Bu övünme alabildiğine tehlikelidir. Hep başkalarını küplere bindiren bu övünme kendisini ortaya atana zarar verir. Övünmek, dünyanın en güzel işini bile hiçe

(*) Yeni kuş: Phoneix karşılığıdır. Birkaç yüzyıl yaşayan, ölse de yansa da kendi külünden doğan bir mitoloji kuşudur. Sözcüğün ikinci anlamı ise «eşsiz ve az yetişir adamdır.»

indirir. Ve bakın, henüz hiçbir şey yapmadan, yarınki yiğitliklerimize tepeden bakıyoruz! Bana gelince, ben geçici bir gayretsizliği üstün tutarım. Bu son durumda, insan, kendi alçaklığını, kendi hiçliğini görmeyi kabul etmiştir, hatta istemediği halde, her şeyi hiçlikten yaratan Tanrı'yı bile aklına getirir; ilk durumda ise, tam tersine, kendini gururun babasına, erdemlerinin yalancı ışığı ile insanların gözlerini kamaştıran şeytana kaptırmak için kendi kendinden kaçar. Öyle çağlar vardır ki olanca alçaklığını keşfeden insan, toplumu ya da bütün bir kuşağı iyiliğe götürebilir; öyle çağlar da vardır ki aydınlık, herkesi içine alacak olan bir yol gösteren insan, yalnızca güzellikten ve iyilikten rahat rahat söz açabilir. Ve, belki de, ikinci cildimin özü sayılabilen bu nokta, kendini, hiç göstermiyordu; işte bu yüzden yaktım onu. Hakkımda karar vermeyin; sonuçlar çıkarmayın; bende umdukları şekilde; ideal yazarı görmek isteyen, bu ülküye karşılık vermemi dört gözle bekleyen dostlarım gibi yanılırsınız. Beni yaratırken Tanrı benden mesleğimi hiç saklamadı. Edebiyatta çığır açmak, yalnız çok sade ve çok temiz bir lekeyi, içimizde her birinin benim kadar iyi düşünebildiği lekeyi temizlemek için dünyaya gelmişim. Benim alanım ruhtur ve yaşamın kılı kırk yararcasına incelenmesidir. Ağır davranmak ve etkisi yüzyıllar sürecek bir yapıt yaratmak zorundayım üstelik. Varsın başkaları tez davransın; ben alışığım buna. Gerekirse yakarım, hem bal gibi haklıyım; çünkü yalvarıp yakarmaksızın hiçbir şey beklemiyorum. Günden güne bozulan sağlığımın bana ikinci cildi yazma fırsatı vermemesinde korkmakta haklısınız. Sağlığım doğrusu ya iyi değil hatta bazen rahatsızlığım öyle azap verici oluyor ki, Tanrı'nın yardımı olmasa dayanamam. Elden ayaktan düşmem bir yana, soğuk o kadar içime işliyor ki bir türlü kendimi ısıtamıyorum; hareket etmeliyim ama buna gücüm yok. Her zaman için verimli olmayan bir işe pek pek günde bir saat ayırabiliyorum. Fakat hiç aklım başımdan gitmiyor. Beni iyiden iyiye güzelliğe sürükleyen Varlık, bu Varlık bana bu yapıtı tamamlama gücü verecektir. Bedence kuvvetten düşecek olursam, ruhum gitgide sağlamlaşacak, ve bedenim kuvvetlenen ruhumu, yeniden kuşatacaktır. Öyle sanıyorum ki, saati gelince kendisine yürekler acısı beş yılımı verdiğim bu yapıtı birkaç hafta içinde tamamlayacağım.

1846

SON